Les enquêtes impossibles

DU MÊME AUTEUR

Derniers Voyages, Flammarion, 2013.
Incroyable !, Flammarion, 2012.
Enquête sur 25 trésors fabuleux, avec Jean-François Nahmias, Flammarion, 2012.
Le bonheur est pour demain, avec Jérôme Equer, Flammarion, 2011.
L'Enfer, avec Jean-François Nahmias, Flammarion, 2011.
Ils ont marché sur la tête : 450 faits divers inouïs, impayables et désopilants, avec Jérôme Equer, Albin Michel, 2010.
Kidnappings : 25 rendez-vous avec l'angoisse, avec Jean-François Nahmias, Albin Michel, 2010.
Sur le fil du rasoir : quand la science traque le crime, avec Jérôme Equer, Albin Michel, 2009.
La Terrible Vérité : 26 grandes énigmes de l'histoire enfin résolues, avec Jean-François Nahmias, Albin Michel, 2008.
26 dossiers qui défient la raison, avec Grégory Frank, Albin Michel, 2008.
Mort ou vif : les chasses à l'homme les plus extraordinaires, avec Jean-François Nahmias, Albin Michel, 2007.
Complots : quand ils s'entendent pour tuer, avec Jérôme Equer, Albin Michel, 2006.
Ils ont osé ! : 40 exploits incroyables, avec Jean-François Nahmias, Albin Michel, 2005.
Crimes dans la soie : 30 histoires de milliardaires assassins, avec Jean-François Nahmias, Albin Michel, 2004.
Destins sur ordonnance : 40 histoires où la médecine va du meilleur au pire, avec Jean-François Nahmias, Albin Michel, 2003.
Sans laisser d'adresse, avec Grégory Frank, Albin Michel, 2002.
Survivront-ils ? : 45 suspenses où la vie se joue à pile ou face, avec Jean-François Nahmias, Albin Michel, 2001.
Je me vengerai : 40 rancunes mortelles, avec Jean-François Nahmias, Albin Michel, 2001.
Les Dossiers extraordinaires, vol. 3, Éditions n° 1, 2001.
Les Dossiers extraordinaires, vol. 2, Éditions n° 1, 2000.
Les Dossiers extraordinaires, vol. 1, Éditions n° 1, 2000.

(Suite en fin d'ouvrage)

Pierre Bellemare
Jérôme Equer

Les enquêtes impossibles

Documentation : Véronique Le Guen

Flammarion

ISBN : 978-2-0812-9555-1

Avant-propos

J'ai le plaisir de vous présenter depuis de nombreuses années « Les Enquêtes impossibles » sur la TNT, et, chaque fois que l'occasion m'est donnée de vous rencontrer, vous me faites part de votre intérêt pour ce programme. Avec Jérôme Equer, nous allons vous faire découvrir dans ce livre des enquêtes qui, pour la majorité, se situent hors des États-Unis et font intervenir des experts tout aussi efficaces que leurs collègues d'outre-Atlantique.

Si des individus à l'esprit particulièrement torturé réalisent des actes abominables sur le territoire américain, vous vous en rendrez compte, nous possédons en Europe, hélas, des personnages tout aussi effrayants et capables des pires atrocités.

En cadeau, et pour renouer avec les histoires extraordinaires qui ont bercé votre jeunesse, j'ai enregistré à votre intention – sur un CD que vous trouverez à la fin du livre – 25 enquêtes incroyables qui, je l'espère, vous passionneront tout autant.

Bonne lecture et bonne écoute.

Pierre Bellemare

Seppuku

Le 8 juillet 2005, à 17 heures, l'auxiliaire de police Naoko Araki, affectée à la circulation, remarque qu'une feuille de papier a été pliée et glissée sous l'essuie-glace d'une camionnette en stationnement. Imaginant que son propriétaire a signalé de cette manière que son véhicule était en panne, elle la détache du pare-brise. Le message a été rédigé artistiquement à l'encre et au pinceau sur un *wagami*, un luxueux papier fabriqué à partir de fibres de mûrier. Ce détail intrigue la policière. En lisant le texte, ses beaux yeux se débrident. *Un corps a été déposé dans le secteur est du jardin du Palais impérial, près des douves, à 200 mètres de l'entrée réservée au public.*

La femme glisse la missive dans une poche de son uniforme.

« Les plaisantins ne savent vraiment plus quoi inventer pour se rendre intéressants », pense-t-elle en souriant.

Naoko poursuit sa tournée, rédigeant çà et là quelques contraventions. Au bout d'un moment, elle s'éponge le front et reprend son souffle. En cet après-midi estival, l'air marin, saturé d'humidité, et la pollution atmosphérique semblent avoir établi un pacte maléfique pour liquéfier l'énergie des Tokyoïtes.

Une heure plus tard, prise d'un doute, Naoko relit l'étrange message. Elle réfléchit, hésite, puis compose sur son téléphone portable le numéro de son *koban*, le poste de police de quartier auquel elle est affectée. Multipliant les formules de politesse et s'excusant du désagrément qu'elle suscite, elle informe son supérieur de sa découverte.

— Apportez-moi ce papier tout de suite, ordonne son chef en raccrochant sèchement.

*

Peu après, le message est entre les mains de Hiro Hitomi, inspecteur de la première division d'enquêtes, en charge des meurtres, des agressions et des coups et blessures. Il se rend à l'endroit indiqué en compagnie de son adjoint, Eta Fuyuki. Tandis que les deux hommes s'apprêtent déjà à rebrousser chemin, Fuyuki remarque qu'un pied violacé dépasse d'une touffe de fougères. Les policiers s'approchent. Ce qu'ils découvrent les fige sur place. Une jeune femme gît dans l'herbe, nue, renversée sur le dos. Son visage exprime une indicible terreur. Des mouches bourdonnent par grappes autour de sa bouche, ses yeux, ses oreilles et son sexe. Et un flot de sang a coagulé sur son ventre lacéré.

Le corps est aussitôt acheminé dans le service médico-légal de la Division générale des Affaires criminelles et examiné par un médecin.

— La rigidité cadavérique a disparu, faisant place à la putréfaction des chairs, informe le praticien. J'ai recueilli des larves de mouches à viande. Elles appartiennent à la première escouade des insectes nécrophages. Elles mesurent 3 millimètres, ce qui indique que la victime a succombé il y a trois jours. Mais, compte tenu de la chaleur qui règne à Tokyo, je dirais plutôt que le meurtre remonte à deux jours.

— Qu'avez-vous constaté de significatif ? demande l'inspecteur Hitomi, qui maintient pressé sur son nez un grand mouchoir.

— Âge : entre vingt et vingt-cinq ans. Taille : 1,62 m. Poids : 46 kilos. Vous avez retrouvé un chemisier blanc déchiré et une minijupe en cuir à proximité du corps. La jeune femme ne portait pas de sous-vêtements. À moins que son bourreau ne les lui ait subtilisés.

— Une prostituée ?

— C'est probable, acquiesce le médecin. La victime présente un petit tatouage derrière l'épaule gauche. Il m'évoque quelque chose.

Le médecin et son aide retournent le corps sur la table de dissection.

— C'est une sorte de *M* inversé, encadré dans un losange.

— C'est le logo des Yamaguchi-Gumi, la plus importante famille des yakuzas, en déduit l'inspecteur sans hésiter. Cette fille appartenait à un gang maffieux.

— Aurait-elle trahi ses souteneurs ? suggère Fuyuki.

— Il y a beaucoup plus étrange, poursuit le légiste en dégageant le drap qui s'est entortillé autour du ventre de la femme.

— Un seppuku ! Regardez, j'ai nettoyé la plaie. On aperçoit nettement que la lame d'un sabre court a pénétré l'abdomen à gauche, au-dessus du nombril. Qu'elle est remontée en diagonale. Puis qu'une seconde incision est venue recouper la première. Et la fille ne se l'est pas infligée elle-même, puisque vous n'avez pas retrouvé le sabre.

— Harakiri, confirme Hitomi, les yeux écarquillés. C'est la première fois que je vois ça.

— Je pense que l'assassin devait maintenir fermement la fille devant lui en l'entravant avec le bras gauche. Puis qu'il l'a éventrée en tenant le *wakizashi* de la main droite.

— Qu'est-ce que ça signifie ? demande l'inspecteur adjoint, éberlué.

— Vous connaissez l'expression *Hara no watte*, littéralement *à ventre ouvert* ? Ce qui signifie en fait à cœur ouvert.

— On dit aussi fréquemment *Hara no misenai, ceux qui ne montrent pas leur ventre,* pour dire cacher sa pensée, ajoute Hitomi. La fille détenait-elle un secret inavouable ?

— Oui. Ou encore *Hara no yomenu*, enréchit le praticien. *Lire dans le ventre*, autrement dit lire dans les pensées.

— *À cœur ouvert, cacher sa pensée, ou lire dans les pensées* : si ces expressions ont un sens, elles nous renseignent peut-être sur le mobile du meurtrier.

— Il s'agit d'un rituel, d'une théâtralisation, suggère le légiste. En utilisant de l'encre, un pinceau et un papier précieux pour indiquer l'emplacement du corps, l'assassin nous a confirmé que la mort par seppuku était intentionnelle.

— Que voulez-vous dire ? demande l'inspecteur.

— C'est en utilisant ces accessoires que, autrefois, les samouraïs rédigeaient leurs dernières volontés avant de se donner la mort. Je me souviens avoir vu une scène de ce genre dans un film de Mizoguchi.

— Ce point est établi. Poursuivons, docteur, avez-vous trouvé des traces d'ADN sur le corps ?

— Non. La fille a été sauvagement violée et sodomisée de son vivant à l'aide d'un objet qui pourrait être le manche du sabre, la lame étant alors rentrée dans le fourreau.

— De quels indices disposons-nous pour l'identifier ?

— J'ai prélevé ses empreintes digitales. Et le bridge qu'elle portait à la place des prémolaires inférieures.

Les empreintes ne figurant pas dans le fichier central informatisé, l'inspecteur principal communique aux dentistes tokyoïtes des clichés de la denture de la victime. L'un d'eux ne tarde pas à se manifester : la fille assassinée – sa patiente – se nommait Takako Tatsuo. Elle était célibataire, âgée de vingt-deux ans, et habitait à Rappongi, le quartier chaud de la capitale.

*

Dès qu'ils sont en possession de ces informations, Hitomi, Fuyuki et un serrurier se rendent à son domicile, un logement d'une surface de dix tatamis, soit environ

17 mètres carrés. En dehors d'un lit de facture occidentale, d'objets de toilette et de quelques denrées alimentaires, abandonnées dans un minuscule réfrigérateur, le studio est vide.

— Pas d'effets personnels, pas même des papiers administratifs, constate Hitomi.

— Takato Tatsuo n'habitait pas ici. Elle ne faisait qu'y passer, en déduit à son tour son adjoint.

— Ça ressemble, en effet, à une chambre de passe. Ou à une planque.

La nuit suivante, munis d'une photo du visage de la victime, rendu presque vivant grâce aux soins d'un thanatopracteur, les policiers arpentent les rues de Rappongi, grouillantes de vie dès la nuit tombée : brassées de néons hystériques cavalant sur les façades ; bars à bière et à saké dégorgeant de karaokés ; marchands de nouilles, le front ceint de bandanas ; sex-shops, salles de jeux et de strip-tease.

Arpentant les trottoirs comme en terrains conquis, des *futen*, des groupes de prostituées, accostent les hommes et leur susurrent des insanités à voix douce. Il y a parmi elles de quoi nourrir tous les fantasmes. De la punkette, lèvres couturées de piercings et crête purpurine, à la fausse collégienne en socquettes blanches et jupe plissée.

Exhibant discrètement leurs cartes professionnelles, les policiers en interceptent quelques-unes et leur montrent la photo de la victime. L'une d'elles finit par l'identifier.

— Oui, c'est Takato, une bonne copine.

— Quand l'avez-vous vue pour la dernière fois ?

— Il y a cinq ou six jours.

— Parlez-nous d'elle.

— Drôle, sympa, très professionnelle. Elle tapinait souvent avec nous dans le quartier.

— Travaillait-elle pour le clan des Yamaguchi-Gumi ? demande abruptement l'inspecteur.

La fille esquisse un pas de côté. Le policier la retient par le bras avant qu'elle ne s'échappe.

— Takato a été sauvagement assassinée. Éviscérée, insiste-t-il. Aidez-nous à trouver le tueur avant qu'il ne s'attaque à vous.

— Je vous ai tout dit.

La prostituée se dégage d'un geste brusque. Elle vire au coin de la rue. Sa silhouette se dissout dans une pluie de néons arc-en-ciel.

Dès lors, les policiers de la brigade criminelle envisagent deux hypothèses : soit Takato Tatsuo a été victime d'un maniaque pervers – un client qu'elle ne connaissait pas –, soit elle a été exécutée par ses souteneurs, vraisemblablement un clan de yakusas. Mais, rapidement, l'enquête tourne court. Les semaines et les mois passent. Sans résultat. L'affaire est finalement classée sans suite dans les archives de la police.

*

Neuf mois plus tard, au mois d'avril 2006, les jardins de Tokyo se métamorphosent en quelques jours. Attendu chaque année avec la même impatience, le *sakura* – la floraison des cerisiers –, symbole de beauté éphémère associé aux samouraïs, réjouit le cœur des Japonais.

Un dimanche, tôt le matin, la famille Noriko se rend au parc Sumida-koen dans lequel trois cents arbres fleurissent en même temps le long du fleuve Sumida, et d'où l'on a une vue imprenable sur la tour de Tokyo.

Au bout d'un moment, M. Noriko s'inquiète : sa fille Samada, huit ans, s'est volatilisée. Tandis que sa femme et son fils la cherchent de leur côté, le père de famille revient sur ses pas.

— Samada ! Samada ! Réponds-moi.

Lorsque, enfin, il découvre sa fille, le sang reflue de son cerveau et son cœur s'affole : Samada est étendue, inerte, au pied d'un cerisier. Noriko se précipite, tombe à genoux, tapote le visage crayeux, pose une oreille sur la frêle poitrine. Il ne soupire de soulagement que lorsque la fillette entrouvre péniblement les yeux. C'est alors qu'il comprend la cause de son évanouissement : le corps d'une femme nue gît sur le gazon, à demi dissimulé derrière le tronc d'un arbre. Une femme décapitée dont la tête a disparu.

Les inspecteurs Hitomi et Fuyuki sont chargés de l'enquête. Le médecin légiste qui les accompagne photographie et examine le cadavre.

— J'estime que la mort remonte à environ trois ou quatre heures.

Le légiste poursuit son examen méticuleux. Comme si la vue de ce corps sans tête ne l'incommodait pas.

— Je ne constate ni trace de coups ni blessure. Par contre, deux marques sont visibles au niveau des chevilles. Le meurtrier a dû tirer le corps par les pieds pour le transporter jusqu'ici.

— Avec de la chance, nous pourrons prélever des empreintes palmaires, note Hitomi.

— Le parc n'est pas la scène de crime, poursuit le médecin. La victime s'était vidée de son sang avant d'y avoir été déposée, et seules quelques marbrures violacées sont encore visibles au niveau du dos et à l'arrière des jambes.

Tandis que des agents en tenue sécurisent le secteur en tendant des rubans jaunes entre les troncs des arbres, l'inspecteur Fuyuki scrute le gazon.

— Le poids du corps a couché l'herbe sur son passage, annonce-t-il à la cantonade.

— Suivez la trace ! Dépêchez-vous avant que les brins d'herbe ne se redressent, hurle Hitomi.

Fuyuki trottine à travers le parc, s'arrête, hésite, repart en courant. Comme un chien de chasse flairant une proie. Au bout d'une demi-heure, il rejoint les autres, essoufflé.

— J'ai localisé l'endroit où le meurtrier a déchargé le cadavre. À l'entrée du parc. La rosée a humidifié la terre battue. On distingue nettement des traces de pas et de pneus. Des experts du service scientifique coulent du plâtre pour faire des prélèvements.

— C'est déjà quelque chose ! grogne Hitomi en se jetant machinalement une pastille à la nicotine dans le fond de la gorge.

Photographiées, numérisées, modélisées, transformées en images 3D, les empreintes sont introduites dans des fichiers informatisés qui répertorient l'ensemble des marques distinctives des pneus et des semelles de chaussures. Au Japon comme ailleurs, les industriels sont tenus de communiquer aux services de police spécialisés des échantillons de leurs nouveaux modèles.

Les résultats sont concluants. Les traces de pneus indiquent que le véhicule du meurtrier était équipé de GT Radial Adventuro, de larges pneumatiques fabriqués par le groupe indonésien Giti Tire, une marque peu vendue au Japon. Quant aux empreintes de semelles, elles révèlent la présence d'un homme portant des chaussures de bateau de la marque Timberland, taille 43, modèle Icon Classic. Calculée par ordinateur, la pression de l'empreinte imprimée dans le sol permet de déterminer que l'assassin de la femme décapitée mesure environ 1,75 m et qu'il pèse entre 66 et 68 kilos.

Fort de ces premières indications, Hitomi passe au crible les enregistrements des caméras de vidéosurveillance disposées tout autour du parc Sumida-koen, entre minuit et 7 heures du matin. Un travail de fourmi. Le policier remarque enfin, sur une image dont le time-code incrusté indique 4 h 34, qu'un pick-up Mitsubishi L200 double cabine traverse les rues du quartier. Une autre caméra le montre à l'arrêt à l'entrée du parc. Le conducteur en descend. Mais l'angle de prise de vues et la faible qualité du contraste ne permettent pas de distinguer les détails.

Le véhicule est abandonné pendant dix-sept minutes. Puis le conducteur se glisse à nouveau derrière le volant. Il démarre et remonte une large avenue à vitesse réduite. On le retrouve à l'arrêt à un carrefour éclairé par de puissants lampadaires. Malheureusement, une fois encore, la caméra est placée de telle sorte que les plaques minéralogiques n'apparaissent pas à l'image. On remarque néanmoins que le Mitsubischi est équipé d'une antenne CB, de feux anti-brouillard additionnels et d'une barre de pare-chocs Safari. Renseignement pris auprès du constructeur, un train de pneus GT Radial Adventuro est compatible avec ce type de tout-terrain.

L'autopsie de la victime ne révèle rien de particulier. La femme était âgée d'une trentaine d'années. Elle ne présentait aucune pathologie. Sa peau était dépourvue de tatouages. Aucun fragment de fibre ou de peau ne s'est incrusté sous ses ongles. Une analyse toxicologique indique qu'elle n'avait pas absorbé d'alcool ou de substance toxique durant les heures ayant précédé sa mort. Le contenu de son estomac montre que son dernier repas s'était composé d'*unagi* – d'anguille d'eau douce – et de *yakimeshi*, de riz sauté. Enfin, ses empreintes digitales ne sont pas répertoriées dans le fichier central.

L'inspecteur Hitomi convoque l'ensemble de sa brigade et résume à son intention les informations dont il dispose.

— Nous avons trouvé le corps d'une femme trentenaire, décapitée dans le parc Sumida-koen. En l'absence de sa tête, de vêtements, de bijoux, et de signes particuliers, il y a peu de chance pour que nous parvenions à l'identifier. Durant les jours qui viennent, épluchez quand même les avis de disparition. Son meurtrier mesure 1,75 m. Il pèse environ 67 kilos. Il se déplace à bord d'un pick-up Mitsubishi L200 double cabine.

Un jeune policier intervient :

— De quelle manière la victime a-t-elle été décapitée ?

— À l'aide d'un sabre long.

— Y a-t-il un lien avec la femme qui avait été éviscérée, il y a quelques mois ?

— La question se pose, évidemment. Mais rien ne permet de relier les deux affaires. Néanmoins, comme vous le savez sans doute, jadis, lorsqu'un samouraï se faisait seppuku, au cours du rituel son meilleur ami lui tranchait la tête à l'aide d'un sabre long, cela afin d'abréger ses souffrances. Pour parvenir à leurs fins, le ou les auteurs des homicides ont utilisé les armes dédiées des samouraïs. C'est le seul point commun entre les deux crimes.

Et, une fois encore, l'affaire s'enlise. Le signalement de femmes disparues ne permet pas d'identifier l'inconnue. Et le service des immatriculations des véhicules estime que les propriétaires de pick-up Mitsubishi L200 double cabine sont si nombreux que localiser celui du meurtrier reviendrait à trouver une aiguille dans une botte de foin.

*

En octobre, érables et ginkgos bilobas, qui embellissent parcs et jardins de Tokyo, se peignent de toute la gamme des couleurs subtiles de l'automne. Du pourpre à l'or.

Le 21, à 10 h 22, le téléphone sonne au siège du Département de la police métropolitaine. La standardiste décroche.

— *Moshi, moshi.*

— Le corps de la troisième femme vous attend dans un chantier, près de la gare de Shinjuku, annonce une voix d'homme détimbrée.

Le correspondant anonyme ricane :

— À vous de le découvrir. Bonne chasse !

Hiro Hitomi, Eta Fuyuki et leur équipe se rendent immédiatement à l'endroit indiqué. Au terme d'une heure de recherche, ils découvrent le cadavre d'une jeune femme nue. Elle gît en position fœtale à l'intérieur d'un fut de 200 litres. Elle a été décapitée, son ventre a été sauvagement lacéré, et ses membres ont été entravés à l'aide d'une corde. Fuyuki ne peut contenir le reflux de bile qui lui brûle la gorge. Il s'éloigne pour vomir.

— Il semblerait que le meurtrier soit passé à une vitesse supérieure, constate sans émotion le médecin légiste. Cette fois, il a combiné les deux techniques de la mort par seppuku : l'utilisation du sabre court pour l'éviscération et celle du sabre long pour la décapitation.

— Et, en prime, il a ajouté le bondage, croit bon de souligner Hitomi. Cette pratique érotique qui a cours, paraît-il, dans certains clubs privés de Rappongi. Le sexe et la mort ! Un classique de la culture japonaise. Souvenez-vous de *L'Empire des sens*, le film de Nagisa Oshima.

— Sauf que, ici, nous ne sommes pas au cinéma, bougonne le légiste. Vous avez un tueur en série sur les bras, inspecteur. Sans doute le plus cruel que Tokyo ait connu depuis la fin de la guerre.

Cette fois, les enquêteurs disposent de trois indices exploitables. D'abord la voix du meurtrier. Elle a été enregistrée automatiquement lors de son appel. Hitomi décide de mettre l'enregistrement en ligne sur le site de la police, dans l'espoir qu'elle puisse être identifiée par un internaute. C'est la première fois que cette technique est utilisée au Japon.

Ensuite la corde qui a servi à ligoter la victime. Elle est constituée de brins de coton tressés et un clip métallique a été retrouvé dans le fond du fût. Renseignements pris, ces types de corde et d'attache sont fréquemment utilisés par les pêcheurs de Yokohama, le port de Tokyo.

Enfin, la victime a pu être identifiée grâce à ses empreintes digitales. Il s'agit d'Akina Ota, une prostituée âgée de vingt-huit ans, condamnée trois ans plus tôt pour trafic de stupéfiant et donc fichée par la police.

— Le serial killer s'attaque à de jeunes prostituées du quartier de Rappongi, résume l'inspecteur aux hommes de son staff, à nouveau réunis au grand complet. Il porte des chaussures de bateau et a utilisé une corde dont se servent les pêcheurs, ce qui laisse supposer qu'il a un lien avec les milieux marins. Il vit peut-être à Yokohama et il se rend à Tokyo pour travailler ou pour chasser ses proies. Il connaît les techniques du seppuku et du bondage, ce qui nous amène à penser qu'il connaît les arts martiaux et qu'il s'adonne à des rituels érotiques.

L'inspecteur désigne deux de ses hommes.

— Kanehara et Adachi, vous irez enquêter cet après-midi à Yokohama. J'ai prévenu nos collègues de votre arrivée. Vous concentrerez vos efforts sur les propriétaires de véhicules Mitsubishi double cabine équipés d'une antenne CB et de feux antibrouillard additionnels. Vous essayerez d'établir un lien avec les pêcheurs et les propriétaires de bateaux de plaisance.

Hitomi avale l'une des pilules à la nicotine qui ont, semble-t-il, le pouvoir d'apaiser ses nerfs à vif.

— À partir de ce soir, je veux que les rondes de sécurité soient triplées à Rappongi. Dites aux filles de refuser de monter à bord des pick-up Mitsubishi conduits par des inconnus. Si elles en aperçoivent un en maraude, dites-leur de relever le numéro d'immatriculation des plaques et de nous les transmettre immédiatement.

Avant de quitter la salle de réunion, l'inspecteur-chef lance un ultime avertissement à ses hommes :

— La période qui sépare les meurtres se réduit tandis que leur violence augmente. Le temps joue en notre défaveur. D'après nos profileurs, le pervers peut frapper de nouveau. D'un jour à l'autre. Alors, secouez-vous !

*

— Ma boîte de médicaments est posée à la tête de mon tatami. Je vais la vider dans le creux de ma main et avaler tous les comprimés. Dans une heure ou deux, j'en aurai fini, confesse la femme au téléphone, d'une voix étrangement calme et douce.

— Ne faites pas ça, madame Tanaka, exhorte l'homme à l'autre bout du fil.

— Donnez-moi une bonne raison de ne pas partir rejoindre mes ancêtres ?

— N'êtes-vous pas en train d'appeler le Centre d'entraide aux personnes dépressives ? demande Ginji Ogawa.

— Oui, bien sûr.

— Cela signifie que vous n'avez pas l'intention réelle de vous suicider. Vous traversez une mauvaise passe, c'est tout. Mais les choses finissent toujours par s'arranger. Dans quelques semaines, vous n'y penserez plus. Et vous serez horrifiée à l'idée d'avoir pu abandonner derrière vous vos enfants et vos petits-enfants.

— Mes enfants ? pleurniche la femme. Ma fille vit à Okinawa avec sa famille et je ne la vois pour ainsi dire jamais. Mon fils fait je ne sais quoi à Osaka. Et il se fiche comme d'une guigne que je sois malade et déprimée.

— Comment s'appellent vos petits-enfants, Mme Tanaka ?

— Hana et Yukito.

— Ne pensez-vous pas qu'une *Fleur* et qu'un *Homme des neiges* ont besoin de leur grand-mère pour grandir ?

La femme rit à travers ses larmes.

— Oui, sans doute.

— Alors, écoutez-moi. Nous allons parler tous les deux aussi longtemps que vous le désirerez. Mais, avant cela, allez vider votre boîte de médicaments dans les toilettes. Buvez un grand verre d'eau, et revenez vous allonger confortablement.

Un long silence au bout du fil.

— Madame Tanaka ? Miya ? appelle Ogawa, soudain inquiet.

— Oui, je suis là.

— Avez-vous fait ce que je vous ai demandé ?

— J'ai vidé la boîte de comprimés.

— Excellent. Alors je vais vous raconter l'histoire d'un samouraï courageux qui, il y a deux cents ans, a sauvé une famille prisonnière de sa maison en flammes. Je suis sûr que cela va vous redonner goût à la vie.

Et, pendant plus d'une heure, Ginji Ogawa, un agent de police bénévole dans un centre d'aide aux personnes suicidaires, réconforte la vieille dame. Lorsque cette dernière repose le combiné, une lueur s'est allumée dans son regard. Elle respire à pleins poumons, éponge ses joues baignées de larmes, et trottine vers sa cuisine pour s'y faire du thé. Tandis que l'eau bouillante humecte les feuilles délicates, la femme se fige. Une voix bourdonne dans sa tête. Ou plutôt deux voix se superposent. Celle de l'homme avec lequel elle vient de parler longuement. Et une autre. Une autre étrangement similaire, qu'elle a entendue dans le courant de la matinée. Miya Tanaka réfléchit. Où l'a-t-elle entendue puisqu'elle n'est pas sortie de chez elle ? A-t-elle téléphoné à un ami ? Non. En revanche, désireuse de se faire établir une nouvelle carte d'identité, elle a consulté le site Internet de la police pour savoir quelles formalités accomplir. Puis, par curiosité, elle a cliqué sur une icône qui clignotait. Une voix détimbrée, angoissante, lui était alors parvenue :

Le corps de la troisième femme vous attend dans un chantier, près de la gare de Shinjuku. À vous de le découvrir. Bonne chasse !

La voix rude de Hiro Hitomi avait conclu le message :

Si vous reconnaissez cette voix, composez immédiatement le 110. Appelez la police métropolitaine et faites-vous connaître.

Afin d'avoir confirmation qu'elle n'a pas rêvé, Mme Tanaka se rend à nouveau sur le site Internet de la police. Puis, d'une main tremblante, elle compose le numéro d'urgence.

*

La suite des événements se déroule très vite. L'inspecteur Hitomi contacte le Centre d'entraide aux personnes dépressives et demande discrètement à son responsable d'identifier le bénévole qui s'est entretenu, quelques heures plus tôt, avec une certaine Mme Miya Tanaka. Toutes les conversations étant enregistrées, la réponse lui parvient rapidement. Le bénévole se nomme Ginji Ogawa. Il est *junga*, agent de police. Il réside à Yokohama et se rend chaque jour à Tokyo en train pour travailler dans le quartier de la gare centrale. L'adresse du suspect est communiquée à Kanehara et à Adachi, les inspecteurs que Hitomi a envoyés à Yokohama. Ils s'y rendent et téléphonent.

— Ogawa habite seul dans une maison près du port. Un pick-up Mitsubischi double cabine de couleur grise est stationné devant son garage.

*

Lorsque Ogawa rentre chez lui, vers 19 heures, il est accueilli par cinq hommes en civil. Hitomi entrave ses poignets, le met en état d'arrestation, et lui présente un mandat de perquisition pour fouiller sa maison. L'homme n'oppose aucune résistance.

Le groupe pénètre à l'intérieur. Tout y est méticuleusement ordonné. Une grande photographie en noir et blanc de l'écrivain Yukio Mishima – qui s'était suicidé par seppuku en 1970 – trône dans ce qui tient lieu de salon. Après avoir inspecté le contenu des meubles sans rien trouver de significatif, Hitomi demande au prisonnier de le conduire au garage.

En vingt ans d'expérience dans la brigade criminelle et dans les cauchemars les plus effrayants qui ont hanté ses nuits, jamais il n'a été donné au policier de contempler pareil spectacle.

Au centre d'une petite pièce badigeonnée de peinture rouge laquée trône une demi-douzaine d'armures complètes de samouraïs, présentées debout sur des mannequins. Accrochés sur les murs, trois slips de femme tachés de sang s'offrent à la vue, précieusement présentés dans des cadres en acier brossé. Éberlué, Hitomi erre un moment dans le sanctuaire. Puis, apercevant un congélateur dans un renfoncement du garage, il ouvre la porte machinalement. Il étouffe un cri et bondit en arrière : exposées sur des feuilles de lotus rigidifiées par l'action du gel, deux têtes humaines fixent le visiteur de leurs petits yeux tristes.

— Regardez, chef, intervient Fuyuki en désignant, dans un coin de la pièce, des bouts de marine, des pièces d'accastillage, et un moteur de hors-bord. On dirait bien que cette corde est de même nature que celle qui a servi au tueur à entraver la troisième victime.

Comme la vague de boue d'un tsunami contamine tout sur son passage, Hitomi sent la nausée le submerger. Le sang cogne dans sa tête comme s'il voulait s'en échapper, son estomac se noue, ses jambes flagellent. Reprenant ses esprits, il embrasse la pièce d'un large geste du bras et ordonne d'une voix rageuse :

— Demandez au quartier général de nous envoyer une camionnette. Et qu'on embarque toute cette merde au labo.

Puis, avant de grimper l'escalier qui mène à la rue, il ajoute à l'adresse de ses hommes :

— De ma vie, je n'ai vu autant de preuves médicolégales accumulées dans un endroit aussi restreint.

*

De retour à Tokyo, l'inspecteur interroge le meurtrier multirécidiviste. Davantage pour assouvir sa curiosité que pour obtenir ses aveux. Car les têtes des deux dernières victimes, les sous-vêtements ensanglantés, les cordages, les chaussures de bateau, les empreintes palmaires, et la présence du pick-up sont plus que suffisantes pour confondre Ogawa et le faire condamner à la peine capitale.

— Vous serez pendu, l'apostrophe Hitomi. Vous auriez préféré sans doute que l'on vous offre un sabre court pour vous faire seppuku. Mais je doute que vous ayez le cran d'un samouraï. De toute façon, vous ne l'auriez pas mérité.

Depuis son arrestation, le prisonnier n'a pas encore desserré les mâchoires.

— Pourquoi des prostituées ? demande enfin Hitomi au bout d'un long moment.

— Ces personnes sont indignes de vivre parmi nous. La honte du Japon !

— Aviez-vous pour vocation de purifier la société, de perpétrer un code moral hérité des samouraïs ?

— Exactement. Je pratique le bushido. Je l'enseigne d'ailleurs aux jeunes recrues de la police.

Un frisson glacé parcourt le dos de l'inspecteur.

— Les avez-vous incitées à vous imiter ?

— Chacun doit trouver sa voie, grimper sur les épaules de son maître lorsqu'il a atteint le sommet de la montagne. Quand mes élèves seront parvenus à maturité, ils décideront seuls des actions à mener.

— Avez-vous tué d'autres jeunes femmes, en dehors de celles que nous connaissons ?

— Non. Seulement trois. Je regrette que vous m'ayez empêché de mener ma mission à son terme.

— Quelle était cette mission ?

— Éradiquer Rappongi de toutes ses catins.

— Vous voulez dire assassiner des centaines de femmes ? Les éviscérer, les décapiter et collectionner leurs têtes dans votre garage ?

— C'est le but que je m'étais fixé.

— Êtes-vous affilié à une secte, à une organisation nationaliste ?

— Non. Ces gens-là ne se donnent pas les moyens de mettre leurs idées en pratique. J'aurais aimé être un disciple de Mishima. Pour restaurer l'honneur du Japon, avec les pilotes kamikazes, il a été le seul à avoir eu le courage d'aller jusqu'au bout de ses convictions.

Sentant une torpeur nauséeuse l'envahir, l'inspecteur abrège l'entretien.

— Une dernière chose : pour quelle raison vous étiez-vous porté volontaire pour réconforter les personnes suicidaires ? Cet aspect de votre personnalité ne colle pas avec le reste.

— Trente-trois mille personnes se suicident chaque année dans notre pays. C'est du gâchis. Un manque irréparable. Il y a parmi eux des collégiens stressés, des adolescents, des étudiantes désorientées, des artistes, des mères de famille, des grands-parents… Le sang japonais est un trésor. Je ne veux pas le voir couler en pure perte.

— J'en ai terminé, annonce Hitomi en se levant brusquement de son siège. En ce qui vous concerne, la justice suivra son cours.

Avant de refermer derrière lui la porte blindée de la salle d'interrogatoire, l'inspecteur croise une dernière fois le regard d'Ogawa. Et, durant un instant, il pense que, si Dante avait été dans sa situation, il aurait ajouté un trente-cinquième chant à l'« Enfer » de sa *Divine Comédie*.

2

LE GANG DES COSTELLO

— Je veux vous voir tous les trois devant le garage, prêts à partir dans vingt minutes, hurle Giovanni Costello à l'adresse de ses fils.

Depuis l'aube, la grande maison de Flushing Meadows, dans le district du Queens, à New York, s'est transformée en champ de bataille. Le docteur Costello, chirurgien-dentiste, et ses garçons s'apprêtent à passer trois semaines de vacances en Floride. Et chacun prépare fébrilement ses bagages, enfournant pêle-mêle dans des sacs tee-shirts, chaussures de sport, consoles de jeux et raquettes de tennis.

— Carlo, donne un coup de main à Pietro, s'il te plaît. Vérifie qu'il n'oublie rien.

Depuis que Maria, l'épouse de Giovanni et la mère des enfants, est brutalement décédée d'un cancer, la famille, foudroyée et désemparée, s'est peu à peu reconstruite dans le deuil. Mais aussi dans une joyeuse anarchie. Car, à défaut de méthode dans la gestion du quotidien, les uns et les autres se prêtent mutuellement assistance. Ainsi « le gang des Costello », comme ils aiment à se surnommer, s'est-il transformé en clan soudé dans lequel règne une apparente mais inaltérable bonne humeur.

À 9 heures, Carlo, seize ans, Dante, treize ans, et Pietro, douze ans, se mettent au garde-à-vous, sacs au pied, devant la clinquante Cadillac blanche à laquelle une caravane longue comme un camion a été attelée.

— Prêts à décoller, chef, annonce l'aîné à son père en simulant un salut militaire de fantaisie.

— C'est bien les gars. On a réussi, cette fois, à ne prendre que deux heures de retard sur nos prévisions. Un exploit !

Tandis que Costello boucle portes et fenêtres de la maison et enclenche les systèmes d'alarme, les adolescents grimpent à l'arrière de la berline en chahutant.

En ce début du mois d'août 1998, la chaleur est déjà caniculaire et des bourrasques de vent, chargées de poussière, dansent au sommet des gratte-ciel.

Giovanni Costello traverse les quartiers résidentiels du Queens, s'engage sur le Triborough Bridge jusqu'à Manhattan, traverse Central Park, vire à gauche dans Broadway, et poursuit vers le sud en direction du New Jersey et de l'autoroute 95.

— Quel est le programme, papa ? demande Pietro.

Costello affecte de prendre la voix neutre et rassurante d'un pilote de ligne.

— Bienvenue à bord de cette splendide Cadillac DeVille de la compagnie « Gang des Costello », dont j'aurai achevé de payer les traites dans dix-huit mois. Nous rallierons Miami dans trois jours, après avoir parcouru 2 061 kilomètres. Si les conditions sont favorables, notre vitesse de croisière sera de 110 kilomètres à l'heure. Nous ferons des escales techniques toutes les deux heures pour nous ravitailler en chips et en Coca-Cola. Et deux escales de nuit dans des motels inconnus, avant de gagner notre destination : plages, soleil, surf et tennis.

Les garçons applaudissent et se collent des écouteurs sur les oreilles pour apprécier leur musique de prédilection.

*

Vers 20 heures, obscurité naissante et traînées cramoisies se disputent le ciel. La lune apparaît à l'est comme une rondelle d'os percée de trous. À l'approche de Philadelphie, Costello décide qu'il quittera l'autoroute dès la prochaine sortie. Un repas chaud vite avalé à la cafétéria d'un motel confortable, et chacun gagnera son lit pour un repos bien mérité. Les deux aînés sont affalés sur la banquette arrière ; Pietro dort à l'avant, sur le siège passager.

Le temps d'un éclair, Costello entrevoit le visage de sa femme, disparue à l'âge de trente-six ans, six mois plus tôt. Maria ! Son visage anguleux de petite-fille de Sicilien. Son sourire de Madone. La cascade de ses cheveux noirs et bouclés. Si noirs qu'ils semblaient bleus lorsqu'ils s'étalaient en gerbe frémissante sur la blancheur de l'oreiller. Giovanni se mord la lèvre inférieure pour ne pas crier.

À cet instant précis, une décharge d'une incroyable violence lui électrise les bras. Par réflexe, il s'accroche au volant. Mais une force incontrôlable entraîne la voiture vers le bas-côté. Il s'arc-boute. Un nouveau choc achève de déséquilibrer la Cadillac. Costello jette un rapide coup d'œil dans le rétroviseur. Une gerbe d'étincelles enflamme le ciel. Il comprend que la caravane s'est couchée sur le flanc. Puis qu'elle s'est détachée, lorsqu'une brusque accélération propulse la voiture sur la barrière de sécurité. À l'arrière, les garçons, tirés de leur sommeil, hurlent de terreur. La berline rebondit et décolle du sol. Costello se tourne vers la droite. Les yeux écarquillés de Pietro sont fixés sur lui. Lorsque la Cadillac effectue une série de tonneaux, au milieu des éclats de feu et de métal, Costello bascule dans une cuve sans fond. Pleine de noir, de cris et de sang.

*

— Monsieur, monsieur, êtes-vous OK ? demande Tom Holden, un jeune policier motocycliste, en s'approchant de la vitre à moitié baissée et en se dressant sur la pointe des pieds. Vous pouvez parler ?

La voiture est couchée sur le côté droit. Grâce à la ceinture de sécurité et à l'airbag, Costello a été maintenu collé à son siège. À travers le sang qui lui voile les yeux, il entraperçoit la lueur d'une lampe torche et un éclat métallique sur la visière d'un casque.

— Les enfants. Comment vont les enfants ? murmure-t-il.

— Nous allons tous vous sortir de là, rassure le motard. Les secours sont en route. En attendant, ne bougez plus et essayez de rester calme.

Dix minutes plus tard, ambulance et renfort policier sont sur les lieux. Un barrage est établi pour couper la circulation en amont de l'accident. Des pompiers se précipitent. Ils tentent d'ouvrir les portières. Celle qui est accessible à l'arrière cède d'un coup de barre à mine. Carlo et Dante sont extraits avec précaution de la carcasse. Puis placés sur des plans durs et immobilisés à l'aide d'attelles d'extraction et de minerves. Un médecin vérifie leurs réflexes oculaires et leur prend le pouls. Si Dante semble miraculeusement indemne, il n'en est pas de même pour Carlo. Il est plongé dans le coma et son pouls s'est réduit à un faible battement irrégulier. Pour maintenir sa pression artérielle, l'urgentiste lui pose une voie veineuse périphérique au niveau du poignet. Puis il pratique une intubation trachéale. Dès que son état semble stabilisé, l'adolescent est héliporté ainsi que son frère vers l'hôpital le plus proche.

Ne parvenant pas à ouvrir la portière avant, les pompiers utilisent des pinces pour couper les charnières puis des écarteurs pour forcer les tôles. Mais l'acier de la Cadillac résiste. Ils ont alors recours à un vérin hydraulique. Dès que la portière cède enfin, Giovanni est extrait à son tour du véhicule. Avant que le médecin ne lui pose un masque à oxygène sur le visage, Tom Holden, le jeune policier, a le temps de lui souffler à l'oreille :

— Ne vous inquiétez pas. Vos deux garçons – ceux qui se trouvaient à l'arrière – sont en vie. À l'heure actuelle, ils sont à l'hôpital.

— Et Pietro, demande Costello, le petit qui était assis à côté de moi ?

— Nous allons nous occuper de lui.

*

Vers 22 heures, Giovanni Costello et ses fils – à l'exception de Dante qui n'est que légèrement blessé – font l'objet de soins intensifs dans le service de traumatologie de l'hôpital universitaire de Pennsylvanie.

Pendant ce temps, l'accident a provoqué un embouteillage monstre sur l'autoroute 95. Huit kilomètres de bouchon. Un concert de klaxons. L'exaspération des conducteurs. Des crises de nerfs. Des enfants qui pleurent, déshydratés.

Une automobiliste, dont la petite décapotable a été immobilisée juste derrière le barrage, se dirige vers une voiture de police. Les gyrophares de celle-ci crépitent d'éclairs. Elle s'approche de Tom Holden et de Nick Letterman, les hommes de la patrouille motocycliste.

— J'ai vu ce qu'il s'est passé, dit-elle aux officiers. Je roulais juste derrière la caravane lorsqu'un camion a essayé de la dépasser en se décalant sur la file du milieu.

— Poursuivez.

— Arrivé à sa hauteur, le chauffeur a fait une embardée. Il s'est rabattu sur la droite et a heurté violemment la caravane, la déséquilibrant. Ensuite, il a accéléré et j'ai vu ses feux arrière disparaître dans la nuit. J'ai écrasé la pédale du frein pour ne pas emboutir le convoi qui raclait l'asphalte. Quand la caravane s'est détachée, la voiture qui la tractait s'est renversée et a fait des tonneaux.

Et la femme, visiblement bouleversée, ajoute :

— Je n'arrive toujours pas à m'expliquer comment les voitures qui suivaient sont parvenues à ne pas s'encastrer les unes dans les autres.

— Décrivez-nous le camion qui a provoqué l'accident ? demande Holden.

— Impossible. Comme je vous l'ai dit, je n'ai vu que ses feux arrière. Mais il a mis un certain temps à doubler la caravane. Ce qui me laisse penser qu'il devait être d'une belle taille. Vous savez, un de ces mastodontes qui sillonnent le pays.

*

Lorsque Giovanni Costello émerge du coma artificiel dans lequel le médecin-réanimateur l'a plongé, il lui semble que son cerveau s'est liquéfié. Une douleur lancinante lui martèle le crâne.

— Comment vous sentez-vous, monsieur Costello ? demande une infirmière en se penchant au-dessus du lit.

Un médecin et un policier se tiennent en retrait dans la chambre.

— J'ai l'impression qu'un immeuble de quinze étages m'est tombé sur la tête.

Costello agite douloureusement le bras, ankylosé par l'aiguille d'une perfusion.

— Où sont mes fils ? Comment vont-ils ?

L'infirmière se retourne et implore du regard l'intervention du médecin. Celui-ci s'approche d'un pas hésitant.

— Dante s'en est très bien tiré. Il est choqué. Il n'a que de légères contusions. On s'occupe de lui. Carlo est plus sérieusement touché. Trauma crânien, côtes enfoncées, rate abîmée. Mais il est hors de danger.

— Et Pietro ? gémit Giovanni.

Le médecin marque une pause et déglutit difficilement.

— Nous avons fait tout ce qui était humainement possible pour le sauver, monsieur Costello. Il n'a pas survécu à ses blessures. Il est décédé d'une hémorragie interne en arrivant à l'hôpital. J'en suis sincèrement désolé.

Comme si le cri que pousse Giovanni était trop intense pour franchir la barrière de sa gorge, il éclate dans son ventre comme une grenade. Les yeux exorbités, haletant, l'homme balbutie quelques mots incohérents. Le médecin plante aussitôt l'aiguille d'une seringue dans le tube de la perfusion. Et attend, avant de quitter la chambre, que le cocktail de calmants qu'il a administré fasse effet.

*

— Un des gosses, qui se trouvait à bord de la Cadillac, est mort à l'hôpital, annonce Holden à son collègue en raccrochant l'émetteur-récepteur suspendu à son épaule. Dans ces conditions, le délit de fuite constitue un crime fédéral. Des gars de la scientifique ne vont pas tarder à rappliquer de Philadelphie. En les attendant, la capitaine Hamilton nous demande de considérer cette section d'autoroute comme une scène de crime. On maintient le barrage jusqu'à nouvel ordre pour sauvegarder les indices.

Quelques minutes plus tard, un hélicoptère dépose Sergio Ramos et Matt Beckinsale, des experts en accidents de la police de Pennsylvanie. Silencieux, concentrés, les nouveaux venus patientent en faisant les cent pas dans l'obscurité. Enfin, vers 6 heures, quand une lueur rose layette incendie l'horizon, ils se mettent au travail. Ils commencent par photographier et étudier les épaves de la voiture et de la caravane accidentées. Ils constatent d'abord que le choc a été d'une extrême violence. Tout l'arrière de la caravane a été déchiqueté. Et des centaines de débris jonchent l'asphalte.

— Vise un peu ça, Matt, dit Ramos en désignant des traces rouges sur une plaque d'aluminium froissée.

— Transfert de peinture.

— Ça ne veut pas dire forcément que la remorque et le tracteur étaient tous les deux peints en rouge.

— Exact. Nous savons néanmoins que le tracteur est rouge. C'est une première indication.

— On emmènera la plaque au labo pour la passer au spectromètre de masse. Avec un peu de chance, on pourra identifier la composition et la marque de la peinture.

Les experts scrutent le sol. Un éclat attire leur attention.

— Un morceau de verre, annonce Beckinsale en recueillant l'objet entre ses mains gantées de latex.

— Ça ressemble à un feu indicateur de changement de direction latéral, constate Ramos. Passe-le-moi.

Le policier extrait une loupe oculaire de bijoutier de sa poche et observe attentivement le fragment.

— Bingo ! Un numéro de série a été gravé dans le verre. Encore mieux : il semble complet.

— Ça peut nous amener au fournisseur.

Après avoir épuisé les indices dispersés autour de la caravane, les experts s'approchent de la Cadillac. Ils constatent immédiatement quatre larges traces, incrustées horizontalement dans la portière avant gauche, celle qui a été arrachée par les pompiers et déposée sur le sol.

— Ça ressemble à des marques laissées par un pare-buffle.

Beckinsale sort un mètre à ruban de la besace qui pend à son épaule et effectue quelques mesures.

— Le pare-buffle est fixé sur la calandre du camion, à environ 1,20 m au-dessus du niveau du sol.

— Des milliers de camions sont équipés de ce genre de truc. Attaquons-nous maintenant aux traces de pneus, si tu veux bien, propose Ramos en hélant le pilote de l'hélicoptère qui, assis sur la rambarde, fume une cigarette. Parvenu à sa hauteur, il pointe un index en direction du ciel.

— Joe, peux-tu nous faire grimper à 50 mètres ? On voudrait avoir une vue d'ensemble.

Pendant le vol, Beckinsale maintient la porte de l'appareil ouverte et, solidement amarré, se penche à l'extérieur pour photographier la scène. Il constate que la file des voitures, stoppées au barrage, s'étend vers le nord à perte de vue.

De retour au sol, les policiers sortent un tachéomètre d'une valise et commencent à effectuer des relevés. Grâce à cet instrument, habituellement utilisé par les géomètres, il est possible de mesurer avec précision les angles horizontaux et verticaux des différentes traces de pneus, ainsi que les distances qui les séparent. Ramos et Beckinsale constatent ainsi que le camion roulait approximativement à 106 kilomètres à l'heure et qu'il a commencé à déraper environ 26 mètres avant de venir heurter l'arrière de la caravane. Les traces de frottement des doubles pneus suggèrent également que le système de freinage était en bon état. Ce qui amène les policiers à penser que la cause de l'accident n'est pas due à une défaillance technique, mais qu'elle engage la responsabilité du chauffeur.

Les experts déterminent également que, sous l'effet du choc, la caravane s'est couchée sur le flanc et qu'elle a effectué un mouvement de rotation, avant que l'attache cède sous la torsion et que l'attelage se disloque. Ensuite, devenue incontrôlable, la Cadillac a dérapé vers le centre de la voie où elle a été heurtée à son tour, au niveau de la portière avant gauche, par le pare-buffle fixé à l'avant du camion. Sous l'impact, la voiture a été brutalement propulsée vers le bas-côté. Elle a heurté la barrière de sécurité, s'est soulevée, et est partie en vrille en effectuant des tonneaux.

Avant de considérer que la scène de l'accident ne contient plus d'indices exploitables et donner ordre au service d'entretien de l'autoroute d'enlever les épaves et de nettoyer les débris, les experts exigent de disposer d'une heure ou deux supplémentaires. Sachant que des fragments ont pu être éjectés à des dizaines de mètres à la ronde, ils veulent ratisser les parages une dernière fois. Bien leur en prend. Sur le bas-côté, dissimulé dans l'herbe, Ramos découvre un autre panneau d'aluminium appartenant à la caravane. Ce qui ressemble à un fragment de la lettre A ou de la lettre V vue à l'envers s'est imprimé en creux sur la plaque cabossée.

Pour finir, les experts collectent l'ensemble des indices et regagnent le quartier général de la police de Philadelphie en hélicoptère. Mais le maigre butin qu'ils apportent au laboratoire permettra-t-il d'identifier un camion dans un pays qui en compte des millions en circulation ?

*

Tandis que, sur la section d'autoroute neutralisée, les experts tentaient de reconstituer le déroulement de l'accident, la capitaine Christie Hamilton prenait des mesures pour intercepter le chauffeur du camion fou. Que peut faire un conducteur en état de délit de fuite ? Abandonner son véhicule et s'échapper à pied ou en empruntant un autre moyen de locomotion ? Ou s'empresser d'aller cacher le véhicule impliqué dans l'accident et le faire discrètement réparer ultérieurement, une fois que la pression sera retombée ?

Pour vérifier la première hypothèse, Hamilton téléphone aux gérants des stations-service implantées le long de l'autoroute 95, en aval de l'accident. Elle leur demande d'inspecter aires de repos et parkings afin de lui signaler si un camion, dont la partie avant a été récemment endommagée, n'a pas été abandonné par son chauffeur. N'obtenant pas de réponse positive, elle ordonne que des barrages soient installés au sud de Philadelphie. La sous-chef de la police n'ignore pas que chaque heure qui passe éloigne le fugitif d'une centaine de kilomètres du lieu du drame. Ainsi, en mobilisant hélicoptères de surveillance et patrouilles motocyclistes, engage-t-elle une course contre la montre.

Mais, passé vingt-quatre heures, force est de constater que le chauffard est parvenu à se glisser entre les mailles du filet.

*

Dans la salle de crise, située en sous-sol de l'immeuble de la police de Philadelphie, une trentaine d'hommes et de femmes, inspecteurs et agents en tenue, font cercle autour de Christie Hamilton.

— Reprenons tout à zéro, lance la capitaine. Ramos, nous vous écoutons.

L'expert en accident s'approche d'un tableau qui occupe toute la surface d'un mur.

— En effectuant des relevés sur la scène de crime, nous avons établi que le véhicule incriminé est un poids lourd composé d'un tracteur et d'une semi-remorque. L'ensemble mesure environ 25 mètres de long et pèse entre 45 et 50 tonnes. Le tracteur est de couleur rouge. La calandre est protégée par un pare-buffle composé de quatre barres horizontales en acier. Nous avons par ailleurs trouvé deux autres indices intéressants.

Sergio Ramos fait signe à Matt Beckinsale, son collègue.

Ce dernier tamise les lumières, sélectionne un dossier dans son ordinateur et enclenche le rétroprojecteur. Une photo apparaît sur le tableau blanc.

— Ceci est un feu indicateur de changement de direction, poursuit Ramos. Il est en verre et a été arraché à la remorque lors de l'accrochage. Il porte le numéro de série 18B725.

— Veuillez tous le noter, recommande Hamilton.

— Nous avons également trouvé ceci.

Une seconde photo remplace la première.

— Cette plaque d'aluminium constituait une partie de l'arrière de la caravane des victimes. Vous constatez qu'une marque s'y est incrustée en creux. Elle correspond à un relief qui se trouve à l'avant du tracteur, juste au-dessus du pare-buffle. S'agit-il du logo d'un constructeur ou d'une signalisation quelconque indiquant peut-être la nature du chargement ? À nous de le définir.

Hamilton pointe le doigt sur deux enquêteurs de son équipe.

— Villalonga et Andrews, vous passerez au crible les entreprises qui fabriquent des pare-buffles destinés aux camions.

— Dans tout le pays ? s'inquiète l'un d'eux.

— Oui, dans tout le pays, Andrews. Avez-vous mieux à faire dans l'immédiat ?

La main de la capitaine virevolte à nouveau.

— Nguyen et Blum, cherchez l'entreprise qui a fabriqué le feu de changement de direction. Ramos et Beckinsale creusez cette histoire de marque sur l'arrière de la caravane.

Christie Hamilton avale une gorgée du gobelet de café qu'elle tient à la main et résume la situation :

— Nous ne disposons que de trois indices assez vagues. C'est peu. Je veux néanmoins des résultats rapides.

Les policiers commencent à s'ébrouer.

— Restez en place, je n'ai pas fini.

— Mullerstead, Kennedy et Flory, contactez les syndicats de transporteurs, les associations de routiers, les revues professionnelles consacrées aux camions… bref tout ce qui a un rapport avec notre enquête. Demandez-leur de passer des avis de recherche et de mobiliser les réseaux de CB pour obtenir des informations. On cherche le chauffeur d'un 50 tonnes, tracteur rouge. Il roulait sur la 95, le 4 août vers 20 heures, à 15 kilomètres au nord de Philadelphie. Pour convaincre les uns et les autres de coopérer, dites que l'honneur et la réputation des routiers américains sont en jeu. Que si le fugitif, qui a tué un gamin de douze ans, n'est pas retrouvé, c'est toute leur profession qui sera entachée.

L'officier désigne deux enquêteurs qui font équipe.

— Jackson et Wong faites confectionner une affichette. Elle doit comporter un dessin représentant un camion comme celui que l'on recherche ainsi que les renseignements que je viens d'énumérer. Faites-la imprimer à trois mille exemplaires sur le budget de la mairie. Enfin, contactez les bénévoles d'associations de parents pour qu'ils les distribuent aux stations de péage des autoroutes, sur un rayon de 150 kilomètres.

La capitaine Hamilton claque dans ses mains.
— J'en ai terminé. Nouveau briefing demain matin à 8 heures.

*

Quelques jours plus tard, lorsque Dante Costello est définitivement hors de danger, son oncle et sa tante viennent le chercher à Philadelphie pour le ramener à New York et prendre soin de lui. Giovanni, qui est gardé en observation, et Carlo, qui a subi une intervention chirurgicale et qui se rétablit rapidement, partagent maintenant la même chambre. La dépouille de Pietro est, elle, conservée à la morgue de l'hôpital dans l'attente d'être inhumée dans un cimetière du Queens à côté de la tombe de sa mère.

Afin d'éviter que son fils ne sombre dans la mélancolie, Giovanni improvise à son intention les épisodes d'une épopée loufoque. Intitulée La Fabuleuse Histoire du gang des Costello, elle met en scène une famille de superhéros qui triomphe d'attaques extraterrestres en utilisant les stratagèmes les plus invraisemblables. D'abord agacé, l'adolescent finit par se prendre au jeu et attend chaque soir avec impatience que son père lui raconte un nouveau rebondissement de la saga. Aussi n'est-il pas rare qu'une infirmière surprenne des éclats de rire dans la chambre des convalescents.

*

Au terme de trois jours d'enquête, les policiers de Philadelphie sont parvenus à collecter un certain nombre d'informations. Les agents Nguyen et Blum ont localisé l'entreprise qui a fabriqué le feu de changement de direction. Mais des dizaines de milliers d'exemplaires s'écoulent, chaque mois, dans les garages et les magasins d'accessoires automobiles du pays. Les policiers ont néanmoins appris que le feu dont il est question – qui porte le numéro de série 18B725 – appartenait à un lot acheté par un grossiste de Baltimore. Cette indication laisse penser que le chauffard réside quelque part sur la côte est, peut-être non loin de Philadelphie.

Et, grâce à une photographie des marques laissées sur la portière avant de la Cadillac, Villalonga et Andrews ont déterminé que c'est la société FUPD qui a fabriqué le pare-buffle qui équipait le camion.

— Résumons, intervient Christie Hamilton en tirant un carnet de sa poche et en commençant à lire ses notes. Quinze millions cinq cent mille camions sont en circulation dans ce pays. Environ 40 % d'entre eux sont équipés de pare-buffle. Et à nouveau 20 % le sont de modèles de la marque FUPD. Ajoutez à cela qu'environ 25 % des tracteurs sont de couleur rouge. Ce qui revient à dire que nous avons réduit le nombre de camions à trente-quatre mille cinq cents.

— Autant chercher une aiguille dans une botte de foin ! se lamente Harry Kennedy.

— J'ai mieux, s'exclame Sergio Ramos. En passant la portière au spectromètre de masse, Beckinsale et moi avons trouvé des traces de vinyle. Les barres horizontales du pare-buffle sont protégées de la corrosion par une fine pellicule de cette matière.

— Et, renseignement pris, intervient à son tour Villalonga, FUPD ne livre à ses clients que 10 % de ce produit.

— Ce qui ramène le chiffre à environ trois mille cinq cents. C'est encore trop, constate Hamilton. Faites diffuser à la télévision et dans la presse un agrandissement des marques laissées par la calandre du camion sur la plaque arrière de la caravane.

Le lendemain, une voix juvénile contacte le standard téléphonique de la police.

— Bonjour, je m'appelle Dick Macdonald. J'ai quinze ans. Je téléphone au sujet de l'annonce que vous avez passée à la télé.

— Je t'écoute, mon garçon.

— C'est un Western Star qui a fait le coup.

— Comment peux-tu l'affirmer ?

— Je suis un passionné de camions. J'ai cent cinquante modèles réduits et je suis abonné aux magazines professionnels. Le logo est une partie du *W* en relief qui est fixé sur la calandre, juste au-dessus du pare-buffle.

— Un Western Star, dis-tu ? note l'auxiliaire de police.

— Oui, j'en suis sûr.

— Merci Dick. Donne-moi ton adresse, je t'enverrai un tee-shirt et une casquette de la police.

Cette fois, l'exploitation des indices est significative. Il n'existe à travers le pays que deux cent six tracteurs Western Star de couleur rouge équipés d'un pare-buffle de la marque FUPD dont les barres de protection sont recouvertes de vinyle.

Les experts Ramos et Beckinsale indiquent à un infographiste les dommages probables qu'ont subis tracteur et remorque, afin qu'il réalise un document le plus proche possible de l'original. Le cliché est aussitôt transmis aux postes de police de Pennsylvanie et des états limitrophes.

Six mois s'écoulent. Christie Hamilton se désespère de mettre la main sur le chauffard, responsable de la mort d'un enfant. D'autant qu'à ce jour aucun garagiste n'a signalé avoir pris en charge la réparation d'un tracteur Western Star de couleur rouge.

*

De retour à la maison, la famille Costello se reconstruit dans la douleur. Pietro repose maintenant dans un cimetière du Queens à côté de la tombe de sa mère, recouverte, en ce mois de février 1999, d'une fine couche de neige.

Le 27, vers 22 heures, le téléphone sonne. Giovanni décroche le combiné.

— Ici Christie Hamilton. Je crois que nous tenons votre homme.

— Comment l'avez-vous arrêté ? demande Costello, le cœur battant.

— D'une manière banale. Un jeune flic faisait le plein à une station-service, dans les faubourgs de Philadelphie, lorsqu'il a remarqué que le camion garé à côté de lui correspondait au signalement. Il a interpellé le chauffeur et nous l'a amené. Pour l'instant, il refuse d'avouer et a fait appel à un avocat. Mais je pense que nous parviendrons à le faire craquer avant la fin de la nuit. Je vous tiendrai au courant.

*

James Wilder, l'homme arrêté, semble plutôt sympathique. La trentaine efflanquée. Poli, timide, visiblement terrorisé. L'avocat commis d'office chargé de le défendre lui interdit de s'exprimer. Et conteste d'un bloc l'ensemble des arguments énumérés par Hamilton.

— Ne vous y trompez pas, maître, prévient l'officier. À l'heure qu'il est, deux experts passent le camion de votre client au peigne fin. Et ils ne tarderont pas à établir sa responsabilité. Je vous rappelle que M. Wilder encourt une lourde peine de prison.

— Vous ne disposez d'aucune preuve matérielle pour l'incriminer, me semble-t-il, proteste l'avocat.

— Nous allons la trouver. Comptez sur moi.

Le poids lourd a été remorqué dans un hangar de la police où ont déjà été entreposées les épaves de la Cadillac et de la caravane des Costello. À la lueur de puissants projecteurs, Ramos et Beckinsale auscultent les traces laissées par la collision. Ramos s'attarde sur l'étude de la calandre. Et il constate rapidement une sorte de trou de quelques millimètres de largeur dans le *W* du logo. Perché sur un escabeau, loupe oculaire de bijoutier vissée sur l'œil, pince de Bruxelles en main, il extrait une vis minuscule à tête cruciforme. Supputant qu'elle s'est incrustée dans le logo à la suite du choc, il cherche sa provenance. Et il ne tarde pas à découvrir son emplacement d'origine : un panneau d'aluminium, à l'arrière de la caravane endommagée. L'expert est, dès lors, en mesure de prouver devant un tribunal qu'un transfert s'est produit entre le Western Star et l'attelage des Costello. Forts de cette preuve matérielle, les policiers retournent au commissariat et font part de leur découverte au capitaine Hamilton.

— Le jeu est fini, monsieur Wilder, annonce l'officier. Je vous arrête pour homicide involontaire et délit de fuite.

L'homme s'affaisse sur sa chaise. Comme si tout l'air qui avait transité dans ses poumons depuis des mois s'échappait d'un coup.

*

— Après tout, c'est mieux comme ça, gémit-il, résigné. Je n'en pouvais plus de vivre avec le poids de cet enfant sur la conscience. J'ai, moi aussi, un fils de cet âge, et je n'arrivais plus à le regarder en face.

— Avant que vous ne fassiez le récit de l'accident de votre point de vue, j'aimerais savoir pourquoi vous avez pris la fuite, après la collision ?

— Je suis un transporteur indépendant. Je travaille à mon compte. Et je dois me démener comme un beau diable pour trouver du fret. J'ai acheté le matériel à crédit sur cinq ans : 130 000 dollars pour le tracteur, 80 000 pour la remorque. Une fortune que je n'arrive pas à rembourser. Je travaille pourtant quinze heures par jour. Je tiens le coup avec du café et des cigarettes. Mais j'ai déjà eu deux ou trois accrochages ces derniers temps. Un accident de plus et le malus de mon assurance aurait explosé. Je ne pouvais pas me le permettre. Ça m'aurait mis définitivement sur la paille. Comme je vous l'ai dit, j'ai un fils. Mais aussi une petite fille handicapée. Je me bats pour eux.

La tête du camionneur bascule entre ses mains.

— Que vont-ils devenir sans moi ? sanglote-t-il.

Christie Hamilton se retient pour ne pas hurler. Elle aimerait empoigner James Wilder par les cheveux et le secouer de toutes ses forces. Elle aimerait lui crier au visage qu'il n'est pas le seul à souffrir. Elle aimerait lui dire que son imprudence et les horaires de forçat qu'il s'est imposés ont brisé une famille. Au lieu de quoi, elle ravale sa colère, effleure l'épaule du détenu, et murmure d'une voix presque douce :

— Ça va aller, monsieur Wilder, ça va aller. Soyez courageux.

Reconnu coupable, James Wilder est condamné en cour d'assises à purger une peine de cinq ans de détention dont un an avec sursis. En prononçant la sentence, le juge a pris en compte la situation personnelle du camionneur.

*

À New York, la famille Costello s'efforce encore d'afficher une bonne humeur de façade. Mais le cœur n'y est plus. Des ombres grises voilent les regards. Des rires se glacent devant les photos de Maria et de Pietro, placées côte à côte sur le manteau de la cheminée du salon. Et, tandis que la cendre du temps recouvre le souvenir des jours heureux, l'époque bénie du « gang des Costello » sombre peu à peu dans l'oubli.

3

Les vingt-six dernières secondes

Sous l'effet conjugué du froid et des rafales de vent, les jeunes gens sautillent d'un pied sur l'autre sur le trottoir détrempé. Les guirlandes de Noël de *La Muraille de jade*, le restaurant chinois où ils viennent de dîner, s'éteignent une à une, plongeant la ruelle dans l'obscurité.

— Merci, Hervé, je me suis régalée, souffle Amandine Blandin à l'oreille de son ami, avant de l'embrasser sur la joue.

La ravissante blonde de vingt-quatre ans grimpe en frissonnant au volant de sa 106 Peugeot et baisse sa vitre.

— Je te bipe dès que je suis chez moi.

— Cool. Lève le pied, ce soir les routes sont de vraies patinoires.

— Promis.

La jeune femme donne un tour de clé dans le contact et démarre prudemment dans un panache de fumée blanche.

Nous sommes le 10 janvier 2001. Il est 22 h 56 à Abbeville.

Les événements qui vont s'enchaîner au cours de la demi-heure et des jours suivants vont constituer l'un des faits divers criminels les plus sombres et énigmatiques que notre pays a connu en ce début de XXIe siècle.

Afin de concentrer toute son attention sur la route, dont elle distingue à peine la ligne blanche médiane, Amandine Blandin a coupé la radio de bord et s'est abstenue de fumer. Essuie-glace réglé au maximum de sa vitesse, feux de brouillard allumés, la voiture tangue sous l'effet des bourrasques de pluie.

Après avoir quitté la route D 40, Amandine s'engage sur la D 940 qui mène au Crotoy, le bourg où elle vit seule dans une maison de pêcheur, face à l'estuaire de la Somme.

Il est 23 h 27 quand la lueur aveuglante de phares longue portée se réfléchit dans son rétroviseur. Amandine freine et se rabat sur le côté droit de la route.

— Vas-y, double, puisque tu es si pressé, s'énerve-t-elle en s'accrochant au volant.

Le conducteur de la camionnette blanche qui la suit réduit la distance qui le sépare de la Peugeot. Et, curieusement, il ne manifeste plus l'intention de la dépasser. Bientôt, s'il ne ralentit pas, il percutera le coffre arrière.

— Il cherche à m'envoyer dans le décor, ou quoi ? s'interroge la jeune femme en sentant son cœur s'accélérer.

Lorsqu'elle écrase instinctivement la pédale de l'accélérateur, la voiture patine des quatre roues puis prend brusquement de la vitesse. La lueur des phares de la camionnette blanche diminue en intensité. Amandine se croit un instant hors de danger, mais un virage en devers surgit du brouillard. Il est trop tard. Conductrice pourtant expérimentée, Amandine tire violemment le frein à main. Devenue incontrôlable, la voiture pivote comme une toupie. Elle oscille prête à se renverser, traverse la route en zigzag, et termine sa course dans un champ de betteraves.

*

— Vous avez appelé le Codis, que puis-je pour vous ? demande la voix calme d'une opératrice du Centre opérationnel départemental d'incendie et de secours d'Abbeville.

— À l'aide, au secours ! hurle une femme paniquée à l'autre bout du fil. J'ai eu un accident… une camionnette blanche…

— Gardez votre sang-froid, madame, et dites-moi où vous êtes.

La voix haletante :

— On me pourchasse… On veut me tuer…

Suit un long moment de confusion. Il s'éternise une vingtaine de secondes. Le hurlement de la femme se confond avec la voix goguenarde d'un homme. De plusieurs hommes ?

— Dites-moi où vous êtes ? s'époumone Simone Wolinska, l'opératrice.

Les bruits atroces d'une agression sont entrecoupés de menaces obscènes. La communication téléphonique s'interrompt d'un coup. Elle a duré vingt-six secondes. Le silence retombe comme une chape de plomb. Il est 23 h 32. Simone Wolinska compose fébrilement le numéro d'urgence de la gendarmerie et explique au fonctionnaire de service ce dont elle vient d'être le témoin auditif.

Cette affaire, qui prendra dix ans avant de n'être que partiellement résolue, ne fait que commencer…

*

Sans indication géographique pour déterminer le lieu de l'agression et sans possibilité de localiser le téléphone portable dont s'est servie la victime, puisqu'il a été mis rapidement hors service, les hommes de la brigade de la gendarmerie d'Abbeville doivent se contenter de ratisser les routes départementales à la recherche d'un véhicule accidenté.

Le lendemain de l'appel, une indication leur parvient sur l'identité éventuelle de la victime. Amandine Blandin ne s'est pas présentée à l'agence bancaire d'Abbeville dont elle est la directrice. Et, au Crotoy, ses voisins ont constaté son absence ainsi que celle de sa voiture.

En fin d'après-midi, l'hypothèse de sa disparition est confirmée : sa 106 Peugeot est retrouvée abandonnée sur un chemin creux, en bord de mer. Les roues et le bas de caisse sont couverts de boue. La clé de contact est restée sur le tableau de bord. La voiture, transportée à la gendarmerie d'Amiens sur une plate-forme, est passée au peigne fin. Malheureusement, ni empreintes digitales hormis celles de sa propriétaire, ni fibres ou indices biologiques ne peuvent être mis en évidence.

Le lendemain, 12 janvier, le chauffeur d'un camion de la voirie de Port-le-Grand découvre un corps partiellement carbonisé dans la décharge où il s'apprêtait à vider son chargement.

L'adjudant-chef Armant Parisot, un médecin assermenté, et deux brigadiers se rendent immédiatement sur place. Et ce qu'ils découvrent est terrifiant. À moitié dissimulée sous des ordures, une paire de jambes émerge d'un pantalon baissé jusqu'aux genoux. Les chairs sont boursouflées, violettes, crispées sous l'effet de la rigidité cadavérique. Tout le haut du corps est carbonisé, inidentifiable. Sous une croûte de cendre, seuls des lambeaux de peau rappellent la présence d'un être humain.

Parisot se fige à bonne distance du cadavre.

— Contentez-vous de sécuriser la zone, ordonne-t-il à ses hommes, dont le plus jeune s'est éloigné de quelques pas pour vomir. Ne touchez à rien avant l'arrivée des gars de l'IRCGN (Institut de recherche criminelle de la gendarmerie nationale).

Quelques heures plus tard, en provenance de Rosny-sous-Bois, trois experts scientifiques sautent de l'hélicoptère qui s'est posé dans un champ voisin. Tandis que l'un d'eux photographie au flash les traces de pas en déposant une règle graduée près des empreintes, les autres s'approchent prudemment du cadavre.

Au bout d'un moment, le premier s'adresse à Parisot.

— J'ai ici un préservatif usagé.

— Et moi un mégot, annonce le second.

Estimant avoir recueilli tous les indices disponibles à la périphérie du corps, les gendarmes s'en approchent.

— Dégagez-le des ordures et retournez-le doucement, s'il vous plaît, leur demande le médecin.

Des marbrures brunes, visibles sur l'arrière des jambes, s'intensifient près des chevilles.

— Le cadavre a été transporté. Cette décharge n'est pas la scène de crime, conclut le praticien.

Le corps est glissé dans un sac mortuaire et emmené en fourgon à l'Institut médico-légal d'Amiens.

*

Les mots sont toujours impuissants pour décrire la souffrance que ressentent des parents lorsqu'ils apprennent la mort brutale de leur enfant. Mais, quand André et Antoinette Blandin sont informés du meurtre de leur fille, le traumatisme qu'ils éprouvent dépasse tout ce qu'il est humainement possible d'endurer.

Mme Blandin quitte sa cuisine en hurlant, se rue dans son jardinet, se jette sur le sol gelé et se cogne la tête frénétiquement. Deux gendarmes peinent à la maîtriser et à la ramener à l'intérieur de la maison où un médecin lui injecte une forte dose de tranquillisant.

Tout au contraire, son mari, un facteur rural retraité, est frappé de catalepsie. Il se fige, livide, foudroyé, incapable de prononcer un mot. Seul le tremblement convulsif de ses lèvres trahit le cauchemar dans lequel il sombre. Dans lequel il sombre une seconde fois, devrait-on dire. Car, vingt-six ans plus tôt, ses deux premiers enfants, âgés de six et huit ans, avaient péri dans un accident d'autocar, alors qu'ils rentraient d'un camp de vacances. Naturellement, la naissance d'Amandine, survenue deux ans après le drame, n'était jamais parvenue à effacer cette blessure indélébile. Mais elle l'avait atténuée. Et permis au couple de faire son deuil et de se reconstruire progressivement.

Une signature ADN, prélevée sur André et Antoinette Blandin, permet de confirmer l'identité de la dépouille de leur fille.

L'autopsie révèle ensuite qu'Amandine a été battue à mort à l'aide d'objets contondants – dont sans doute un démonte-pneu – après avoir été violée. Tandis qu'il lui restait un souffle de vie, elle a été transportée jusqu'à la décharge à ordure de Port-le-Grand, aspergée de gazole et incendiée.

Le profilage génétique du sperme recueilli sur le cadavre et le préservatif usagé, ainsi que celui extrait du bout de cigarette, indique qu'au moins deux agresseurs de type européen étaient présents sur la scène de crime. Mais leur ADN ne correspond à aucun échantillon recensé dans le Fichier national automatisé des empreintes génétiques, ce qui signifie que les assassins de la jeune femme n'ont pas été condamnés auparavant pour violence sexuelle.

*

Nommé directeur d'enquête, l'adjudant-chef Armant Parisot interroge en priorité Hervé Gatinière, l'ami avec lequel Amandine avait dîné le soir du meurtre, le dernier à l'avoir vue vivante. Étudiant en troisième année de pharmacie, Gatinière avait rencontré la jeune femme quelques semaines plus tôt aux sports d'hiver.

— Nous étions juste de bons copains, rien d'autre, confesse ce dernier, incapable de retenir ses larmes.

Au terme d'une brève vérification, Parisot apprend que, vers 23 h 45, l'étudiant avait regagné la chambre qu'il partageait avec un colocataire dans la cité universitaire d'Amiens.

L'hypothèse selon laquelle des malfrats auraient tenté de kidnapper Amandine pour l'obliger à leur ouvrir le coffre de sa banque est rapidement abandonnée. Pourquoi, en effet, l'auraient-ils tuée s'ils voulaient dévaliser son agence ?

Parisot se rend ensuite à *La Muraille de jade*, le restaurant chinois d'Abbeville où Amandine a pris son dernier repas. Il se fait remettre les chèques et les facturettes des paiements en cartes bancaires des clients présents dans la salle le soir du meurtre. Et il découvre une information prometteuse : un certain Vincent Lesaffre, trente-huit ans, condamné à cinq ans de prison pour attouchements sur fillettes, y dînait seul. Le suspect est appréhendé. Mais il possède, lui aussi, un solide alibi : dès sa sortie du restaurant, il a passé une partie de la nuit à boire dans un café proche de la gare, le barman peut le confirmer. Afin de ne laisser aucune place au doute, le gendarme fait comparer l'ADN du suspect à celui qui a été recueilli sur la dépouille d'Amandine. Ils ne correspondent pas.

Enfin, le centre opérationnel d'Abbeville transmet au Département signal-image-parole de l'IRCGN une copie de l'enregistrement de l'appel téléphonique de la victime.

La technicienne chargée de l'analyse de la bande sonore avouera plus tard que cette mission a été la plus traumatisante de sa carrière. Et qu'il n'est pas rare qu'elle émerge encore du cauchemar récurrent qui hantait ses nuits : les cris insoutenables d'Amandine, incapable de reprendre son souffle, paralysée par les pleurs comme une enfant en proie à une peur panique.

Mécanique complexe, l'analyse d'une voix enregistrée contient une foule de paramètres. Car une voix, c'est d'abord un souffle d'air qui part des poumons et qui, au passage de la gorge, fait vibrer les cordes vocales. Le souffle devient fréquence puis voix quand il résonne dans les cavités buccales et nasales. Elle n'acquiert son identité propre qu'après avoir envahi le palais, frappé la luette, caressé la langue et effleuré les dents. Tout comme chaque individu possède des empreintes digitales qui lui sont consubstantielles, chacun a une voix unique, même si elle se modifie avec l'âge.

En 2001, les services scientifiques de la gendarmerie nationale ne disposaient pas encore du logiciel d'identification vocale Batvox, venu d'Espagne. Ce système permet aujourd'hui, au terme de statistiques complexes, d'identifier la plupart des locuteurs, quelle que soit leur langue.

Privée de cet outil à l'époque des faits, la technicienne de Rosny-sous-Bois doit se contenter de répertorier les accents, le débit, les intonations et les mots-clés des voix qu'elle distingue sur la bande. Au terme de son expertise douloureuse, elle en tire trois informations capitales : trois hommes étaient présents sur le lieu de l'agression dont l'un semblait être le leader. Ils avaient tous un fort accent picard. Et, dans son appel de détresse, Amandine avait fait mention d'une camionnette blanche.

Fort de ce dernier renseignement, l'adjudant-chef Parisot découvre, en épluchant les mains courantes des brigades de gendarmerie de la région, qu'un véhicule correspondant a été volé sur la voie publique le jour du meurtre, et qu'il n'a toujours pas été retrouvé. Il décide de publier un appel à témoin dans la presse locale, dans lequel il demande aux lecteurs de se manifester s'ils ont eu maille à partir avec le conducteur d'une camionnette de cette couleur. Une automobiliste prend contact avec la gendarmerie. Elle affirme avoir été pourchassée, quelques semaines plus tôt, par un individu conduisant ce type de véhicule.

— En heurtant le coffre de ma voiture intentionnellement à plusieurs reprises, j'ai vite compris que le type qui me suivait cherchait à m'éjecter hors de la route, confesse-t-elle. La nuit tombait. Je roulais en rase campagne. J'étais folle d'angoisse. Soudain, j'ai aperçu un chasseur qui arpentait un champ non loin de là, son fusil, culasse ouverte, coincé sous le bras. Je n'ai pas hésité. J'ai stoppé net, je me suis jetée hors de la voiture, et j'ai couru vers lui en l'appelant au secours. Mon poursuivant est parvenu à éviter d'emboutir ma voiture. Il a abandonné sa camionnette au milieu de la route et s'est lancé à ma poursuite à travers champs. Il a rebroussé chemin quand il s'est aperçu que le chasseur le mettait en joue.

— Avez-vous eu le temps de voir son visage ? demande Parisot.

— Je crois que oui.

— Seriez-vous capable d'établir son portrait-robot avec l'aide d'un dessinateur ?

La femme hésite, secoue la tête.

— Non, mes souvenirs sont trop vagues.

— Accepteriez-vous d'être mise en état d'hypnose afin qu'un médecin vous aide à faire ressurgir de votre mémoire des images latentes, des réminiscences enfouies dans votre inconscient ? Nous avons obtenu de bons résultats avec cette méthode.

Le témoin subit la séance avec succès et un portrait-robot est établi. Mais, une fois achevé, il représente un homme aux traits d'une navrante banalité. Âge : entre vingt et trente ans ; yeux bleus, verts ou gris ; cheveux châtains coupés court. Si le dessin avait été rendu public, des milliers de jeunes Picards auraient pu s'y reconnaître. Y compris sans doute l'un des trois tortionnaires d'Amandine Blandin.

*

Le 8 mars 2001, soit moins de deux mois après le meurtre de la jeune banquière, un nouveau drame met la région en ébullition : le corps sans vie de Victoire Dejean, une adolescente de dix-sept ans, employée de fast-food, est découvert par une patrouille de scouts partie en reconnaissance sur une route forestière. Après avoir été violée et étranglée, la jeune fille a été écrasée sous les roues d'un véhicule.

Ce meurtre est-il lié au précédent ? L'adjudant-chef Parisot rejette provisoirement l'hypothèse de l'existence d'un tueur en série, lorsqu'il apprend du service scientifique que la signature ADN du violeur de Victoire est différente de celles recueillies sur le corps d'Amandine et à proximité de lui.

Pour autant, la disparition tragique de l'adolescente produit un choc considérable. Et un début de psychose s'installe dans les hameaux et les bourgs reculés. Les mères interdisent à leurs filles de sortir seules. Et les hommes qui possèdent un fusil de chasse le gardent maintenant à portée de main.

Pour Antoinette Blandin, la mère d'Amandine, cette nouvelle tragédie est plus qu'elle ne peut en supporter. Comme la digue d'un barrage cède sous la pression des eaux, le chagrin la submerge et l'emporte. Les nerfs en miettes, le cœur poignardé, elle avale d'un coup la totalité des antidépresseurs que son médecin lui avait prescrits et sombre dans un coma végétatif. Transportée dans un hôpital de Berck-sur-Mer, elle est maintenue en vie artificiellement. Mais elle ne parviendra pas à reprendre conscience durant les huit années qui lui resteront à vivre. Fidèle et compatissant, son mari se rendra trois fois par semaine à son chevet. Année après année, il lui soufflera dans le creux de l'oreille combien leur fille était belle et pleine de vie, combien elle était intelligente puisqu'elle était devenue la plus jeune directrice d'agence bancaire de France, combien elle aurait pris plaisir à fêter Noël avec eux et à se régaler, dès la fin du printemps, des poires juteuses qu'elle aimait tant cueillir dans leur petit jardin.

*

En septembre, les premières pages de la presse nationale se couvrent de gros titres à peu près similaires. « Le tueur d'Abbeville frappe une troisième fois », annonce l'une d'elles. « Un tueur en série dans la Somme ? », interroge une autre. Car quand le corps pantelant de Marina Perez, une lycéenne de dix-huit ans, est découvert devant une grange abandonnée à la sortie de Nouvion, la stupeur gagne l'ensemble du pays.

Cette fois, la jeune fille n'a pas subi d'agression sexuelle et son corps n'a pas été déplacé, le prédateur l'ayant étranglée sur place à l'aide d'une ceinture. En revanche, la camionnette blanche, volée le jour du meurtre d'Amandine, est retrouvée à proximité de la scène de crime. Des experts de la gendarmerie prélèvent à l'intérieur du véhicule et sur l'extérieur des vitres treize empreintes digitales différentes, dont la plupart ne sont que partielles et difficilement exploitables. Isolées puis scannées, elles sont introduites dans le Fichier automatisé des empreintes digitales. Mais les résultats obtenus ne sont pas probants.

Les techniciens de la brigade scientifique relèvent également la trace de pneu d'une mobylette que le meurtrier a sans doute utilisée pour fuir, après avoir abandonné la camionnette. Enfin, en détricotant le pull en laine que portait la victime, les spécialistes découvrent que quelques fibres synthétiques provenant d'un autre vêtement s'y sont accrochées au cours d'un transfert. En utilisant un spectromètre de masse pour les analyser, ils en déduisent qu'elles appartiennent vraisemblablement à une veste de survêtement d'un usage courant.

Face à l'urgence de la situation, trente-six gendarmes et dix enquêteurs supplémentaires viennent renforcer les effectifs des brigades d'Abbeville et d'Amiens.

Tandis qu'un climat de peur et de suspicion empoisonne la région, que les jeunes femmes se regroupent pour sortir le soir, que leurs pères ou leurs maris organisent des rondes d'autodéfense à l'entrée des villages, la direction régionale de la gendarmerie organise la plus grande collecte d'ADN jamais réalisée en France. Sur mandat du procureur de la République d'Amiens, tous les hommes âgés de vingt à trente ans résidant à l'intérieur d'un triangle constitué par les trois scènes de crime sont priés de se soumettre à un test, afin que leur signature biologique soit comparée à celles des meurtriers. Cinq mille cinq cents suspects potentiels sont ainsi testés. Et ceux dont l'accent picard est le plus prononcé font l'objet à leur insu d'un double prélèvement. En quelques mois, neuf mille cinq cents actes de procédure sont établis.

Et les moyens d'investigation mis en place par la gendarmerie ne s'arrêtent pas là. Au cours des mois suivants, six cent vingt pistes sont suivies à la suite d'informations ou de dénonciations anonymes. Quatorze mille numéros de téléphone sont passés au crible et, dans certains cas, les opérateurs de téléphonie mobile coopèrent en fournissant des renseignements sur leurs abonnés. Une plate-forme Internet est ouverte afin que chacun puisse communiquer des renseignements en temps réel. Une douzaine d'estafettes quadrillent les routes de campagne, des gendarmes interpellent à l'improviste des groupes de jeunes gens à la sortie des cafés et contrôlent leurs identités.

Une étape importante est franchie avec la mise en service d'Anacrim, un puissant logiciel d'origine canadienne capable de recouper les milliers de pièces de procédures émaillant le dossier, de multiplier les rapprochements entre les témoins et leurs connaissances, entre les horaires, les lieux, les appels téléphoniques ou les véhicules impliqués dans les meurtres.

*

Six mois plus tard, ce dispositif exceptionnel porte enfin ses fruits : Louis Lemaréchal, un marginal de trente-six ans, est appréhendé à Amiens alors qu'il rôdait à mobylette aux abords d'une école de coiffure en importunant des adolescentes. Placé en garde à vue et interrogé par l'adjudant-chef Parisot, l'individu semble désorienté. Mais, tandis qu'il refuse obstinément de s'exprimer, les experts du service scientifique analysent son empreinte ADN, les fibres de son sweet-shirt, et la boue présente sur son vélomoteur.

Bientôt tous les paramètres passent au vert. Condamné pour viol et agressions sexuelles, Lemaréchal a purgé une peine de quatorze ans de réclusion dans une prison du sud de la France. Il en a été libéré quelques semaines avant le meurtre de Victoire Dejean. Son ADN correspond à celui prélevé sur sa dépouille. Les fibres du haut de son survêtement sont identiques à celles incrustées dans le pull de Marina Perez. Et la composition chimique de la boue indique que sa mobylette s'est trouvée à proximité de la scène de crime.

Face aux preuves qui l'accablent, Lemaréchal avoue être l'auteur des deux derniers meurtres. Mais il nie farouchement avoir agressé Amandine Blandin. Parisot n'insiste pas : il n'ignore pas que, le 10 janvier 2001, Lemaréchal croupissait encore derrière les barreaux.

*

L'annonce de cette arrestation apporte une bouffée d'oxygène à une région en proie au doute et à la peur. Pour autant, l'énigme que constitue la mort tragique de la jeune banquière reste entière. Gardant l'espoir qu'un jour justice lui sera rendue, André Blandin se rend au chevet de sa femme, à l'hôpital de Berck-sur Mer, pour la tenir informée.

— Le meurtrier des deux autres jeunes filles a été arrêté, lui susurre-t-il à l'oreille. Bientôt ceux de notre Amandine paieront aussi pour leur crime. Je t'en fais la promesse, ajoute-t-il en déposant un baiser sur les yeux à jamais clos de son épouse.

*

Au fil des mois, alors que l'enquête concernant le meurtre d'Amandine piétine, le dispositif de gendarmerie s'allège. Puis retourne progressivement à la normale. Car aucun élément nouveau ne laisse espérer une quelconque issue positive.

Le temps passe. Dix ans s'écoulent. La vie est un fleuve cruel. Les événements récents chassent les anciens, les recouvrant peu à peu d'une fine couche de cendre. Pour combattre l'amnésie naturelle qui touche ses contemporains, André Blandin rassemble toutes ses économies et achète un espace dans les éditions locales des quotidiens afin d'annoncer qu'il offre 30 000 euros de récompense à quiconque permettra l'arrestation des assassins de sa fille.

Cette initiative n'était nullement nécessaire pour stimuler la persévérance de l'adjudant-chef Parisot, promu au grade de lieutenant depuis deux ans. Car la photo encadrée d'Amandine trône toujours en bonne place sur son bureau, à côté de celle de sa famille. Et, chaque jour, le regard clair et souriant de la jeune fille semble l'inviter à ne pas l'oublier, à ne pas baisser les bras. C'est pourquoi, dès qu'un crime ou qu'une agression sexuelle sont commis dans son secteur, le gendarme vérifie systématiquement que le profil de l'homme arrêté ne correspond pas aux échantillons biologiques des bourreaux d'Amandine. Mais cette ténacité s'avérera-t-elle payante un jour ou l'autre ?

En 2011, en feuilletant un exemplaire de *La Revue de la gendarmerie nationale,* Parisot apprend qu'un collègue, le lieutenant Didier Vasseur, vient d'introduire en France la nouvelle technique d'analyse ADN qu'il a rapportée d'un voyage d'étude aux États-Unis. Parisot le contacte aussitôt et lui explique rapidement le but de son appel.

— J'ai effectivement travaillé à Washington avec des biologistes du FBI sur l'ADN par parentalité, explique Vasseur.

— Tu peux m'en dire plus ?

— Ce procédé, très simple, permet d'identifier des dépouilles rendues méconnaissables à la suite de crashs aériens ou de catastrophes naturelles, par exemple.

— D'accord, mais comment procède-t-on ? demande Parisot, qui entrevoit déjà une lueur d'espoir.

— Sachant qu'une signature biologique est naturellement la composante de l'ADN du père et de celui de la mère, il suffit d'introduire dans un fichier informatisé l'ADN de la personne recherchée. Et l'ADN le plus proche, c'est-à-dire celui de l'un des parents, d'un frère ou d'une sœur, apparaîtra.

— Crois-tu que, dans mon affaire, cela peut donner des résultats ?

Vasseur tarde à répondre.

— Ne te berce pas d'illusion. Pour retrouver l'un des tueurs d'Amandine Blandin, il faudrait qu'un de ses proches figure dans le FNAEG, c'est-à-dire qu'il ait été lui-même un prédateur sexuel à un moment donné de son existence. Les chances sont infimes d'autant, qu'à la différence des États-Unis qui possèdent les noms de plusieurs millions d'individus dans leurs banques de données, nous n'avons, nous, que quelques milliers de références répertoriées.

Bien que la démarche d'Armant Parisot s'apparente à trouver les sept numéros gagnants d'un tirage d'Euro Millions, il dépose une demande d'autorisation de recherche d'ADN par parentalité auprès des ministères de la Justice et de l'Intérieur. Dès qu'il obtient une réponse positive, il recontacte Didier Vasseur et lui fournit les deux signatures biologiques dont il dispose dans l'affaire Blandin.

*

— Bingo ! annonce son collègue au téléphone, trois semaines plus tard. Un nom est sorti du chapeau magique : Jean-Paul Gougler. Homme de cinquante-huit ans, habitant dans un bourg de la Somme, condamné à un an de prison ferme en l'an 2000 pour attouchements sur une mineure de treize ans. Son profil ADN a été introduit dans le FNAEG à la suite de sa condamnation.

— Quel est son lien de parenté avec l'homme que je cherche.

— C'est son père.

En s'efforçant de conserver son calme, le lieutenant Parisot contacte d'autres collègues afin qu'ils lui communiquent d'urgence les noms, dates de naissance et adresses des fils de Jean-Paul Gougler. Une heure plus tard, un courriel apparaît dans sa messagerie. Parisot l'ouvre d'un clic. Deux noms. David, né le 11 avril 1990, et Ludovic, né le 3 septembre 1979. Parisot raye le premier nom. Le garçon n'était âgé que de onze ans à l'époque du meurtre. Par contre Ludovic, son frère aîné avait, lui, vingt-deux ans en janvier 2001.

Parisot bondit sur ses pieds et interpelle les hommes de son équipe de permanence.

— Rendez-vous immédiatement au siège de l'Entreprise générale de plomberie, à Saint-Valéry-sur-Somme, procédez à l'arrestation de son gérant, un certain Ludovic Gougler, et ramenez-le-moi sous bonne garde. Prenez des précautions, l'individu peut être dangereux !

Deux heures plus tard, l'adjudant qui dirige l'équipe d'intervention téléphone.

— Négatif, mon lieutenant, la personne recherchée est décédée dans un accident de la route, le 15 mai 2001. Quels sont les ordres ?

— Placez son père en état d'arrestation pour complicité de meurtre et emmenez-le à Amiens.

Un vertige intense, qui mélange soulagement et frustration, s'empare du lieutenant. Soulagement d'apprendre que l'un des bourreaux d'Amandine ne lui a survécu que quelques mois, et qu'il repose depuis onze ans huit pieds sous terre. Frustration à l'idée que le monstre n'aura jamais à rendre de compte à la justice.

*

L'interrogatoire de Jean-Paul Gougler, le père du suspect décédé, tourne court. Car l'homme semble tout ignorer du passé criminel de son fils. Ainsi, quand le lieutenant le lui apprend, preuves ADN à l'appui, l'autre tombe des nues.

— C'est impossible, il doit y avoir une erreur quelque part ! proteste-t-il, le feu aux joues. Je ne crois pas une minute à vos histoires d'ADN.

— Monsieur Gougler, l'interrompt brutalement l'officier, vous n'êtes pas ici pour contester l'implication de votre fils dans le viol et le meurtre d'Amandine Blandin. La preuve scientifique sera d'ailleurs définitivement établie quand sa dépouille sera exhumée et qu'un prélèvement d'ADN sera effectué. J'attends le feu vert du juge d'instruction pour me rendre au cimetière avec les fossoyeurs.

— Vous allez sortir mon fils de sa tombe ? balbutie Gougler, désemparé.

— Ce que je veux savoir, poursuit Parisot, c'est si votre fils vous avait parlé, d'une manière ou d'une autre, de ce qu'il avait fait dans la nuit du 10 au 11 janvier 2001 et quels étaient ses complices.

— Mais il ne m'a jamais rien dit, se rebiffe l'autre. D'ailleurs, quand le drame s'est produit, j'étais en prison.

— En train de purger une peine pour attouchements sexuels sur une gamine de treize ans, grince le lieutenant. Tel père tel fils !

Jean-Paul Gougler ne relève pas l'insulte.

— Quand j'ai été condamné, j'ai cédé la gérance de l'entreprise à Ludovic. L'ingrat n'est jamais venu me voir au parloir. Ma femme et mes autres enfants non plus d'ailleurs.

— Parlez-moi des circonstances de sa mort.

— Ludovic était un passionné de voitures et de vitesse. Quand l'accident s'est produit, il essayait l'Audi d'occasion qu'il venait d'acheter. Il a percuté de plein fouet un tracteur qui tirait un chargement de betteraves sur une départementale. Je n'ai jamais compris comment la chose avait pu se produire. Ludovic était un as du volant.

Parisot fait glisser une feuille de papier et un stylo sur la table.

— Écrivez-moi les noms des copains de Ludovic. Ceux qu'il fréquentait en 2001, ceux avec lesquels il s'alcoolisait dans les cafés, ceux avec lesquels il faisait des virées nocturnes, ceux avec lesquels il a massacré une fille de vingt-quatre ans.

L'homme gribouille trois noms et demande.

— Qu'allez-vous faire de moi maintenant ?

— Vous remettre en liberté. Et vous laisser interroger votre conscience. Si tant est que vous en ayez une.

Parisot charge deux sous-officiers d'enquêter sur les trois garçons dont Jean-Paul Gougler a donné le nom. Les casiers judiciaires des deux premiers sont vierges. L'un est devenu pompier professionnel et ses états de service sont irréprochables. Un autre s'est engagé dans la Marine nationale. Le parcours du troisième est plus chaotique. Il a été arrêté à deux reprises pour vol de voiture et condamné à un an de prison avec sursis. En revanche, sa grand-mère affirme que, à l'époque du drame, il passait les vacances de fin d'année chez elle, à Boulogne-sur-Mer. Des photos de famille, avec des dates incrustées dans les tirages, le prouvent.

En dépit de cet échec, Armant Parisot décide de poursuivre ses investigations, bien décidé à identifier ceux qui constituaient l'entourage de Ludovic Gougler. Car, à l'évidence, un lien indéfectible, un pacte de silence et de fidélité le liaient à ses complices. Et, tout comme en fouillant les eaux d'une mare stagnante on fait remonter la vase, la mise à nu du passé du garçon fait émerger des relents nauséeux.

Passionné de motos et de voitures dès l'âge de seize ans, Gougler se distingue en organisant des rodéos sauvages sur les routes ensablées du bord de mer. Puis, lorsqu'il prend la gérance de l'entreprise familiale, il n'hésite pas à s'offrir un 4 × 4 flambant neuf, à bord duquel il embarque sa bande et écume bars de campagne et boîtes de nuit.

Sa vie bascule lorsqu'il tombe amoureux de Laëtitia. Mais Laëtitia n'est pas seulement une jeune fille de trois ans son aînée. Elle est sa demi-sœur, la fille issue du premier mariage de son père. Bien sûr, l'affaire fait scandale. La famille menace, les voisins s'indignent, cette alliance contre nature soulève l'opprobre, le curé dénonce en chaire un outrage aux bonnes mœurs et à la morale. Mais rien n'y fait. Les jeunes gens se mettent en ménage à l'écart du village quand le ventre de Laëtitia commence à s'arrondir. Dès la naissance de l'enfant, l'idylle incestueuse se transforme en cauchemar. Le tortionnaire qui sommeillait en Gougler se réveille. Il frappe sa compagne, l'enferme dans la cave, coupe l'électricité, lui confisque son téléphone, et prive l'enfant de nourriture…

Lorsque le père de Gougler sort de prison, il s'arme d'une barre à mine, va délivrer sa fille et son petit-fils de leur gourbi, et les installe chez lui, sous sa protection.

Si le lieutenant Parisot en était encore au stade initial de son enquête, ces informations lui seraient d'une aide précieuse pour cerner la personnalité d'un éventuel suspect. Mais il n'en est plus là. Le profil psychologique de Ludovic Gougler, pour pathologique qu'il soit, ne lui est plus d'aucune utilité. Il ne fait que confirmer qu'elle pouvait être sa dangerosité.

*

Après l'exhumation de la dépouille de Gougler et l'analyse de son ADN – qui correspond bien à celui prélevé sur le corps d'Amandine –, Parisot retourne au cimetière pour photographier les trente-cinq plaques commémoratives qui ornent sa tombe. Il dresse ensuite la liste des noms et des associations des donateurs, persuadé que les complices du meurtrier lui ont rendu un dernier hommage. Il parvient ainsi à recueillir quelques noms d'hommes âgés aujourd'hui d'une trentaine d'années et, avec l'autorisation du juge, fait placer leurs lignes téléphoniques sur écoute.

Quelques semaines plus tard, dans le sous-sol de la gendarmerie d'Amiens, écouteurs collés aux oreilles, carnet de notes à portée de main, un jeune gendarme chargé des écoutes est brusquement tiré de sa langueur par une voix vulgaire, teintée d'un fort accent picard.

— Rien à foutre de cette salope, hurle l'homme au téléphone. Si elle ne file pas droit, je la viole à mort, je lui règle son compte, et je lui brûle la tête dans une décharge.

Le lendemain matin, le rapport d'écoute du gendarme atterrit sur le bureau de Parisot.

— Quelle est l'identité de cet être exquis ? demande le lieutenant.

— Sébastien Baud, mon lieutenant. Trente-cinq ans, ancien fusilier marin. Réformé pour alcoolisme, insubordination et violences.

— Attendez une minute ! l'interrompt Parisot.

Il feuillette un épais dossier.

— Voilà, j'y suis : Baud Sébastien. Le père de Gougler m'avait donné son nom lorsque je l'avais interrogé. Baud était l'un des meilleurs amis de son fils. Et il s'était, effectivement, engagé dans la Royale en 2004.

— J'ai tilté, chef, quand le type a évoqué la menace de viol, de meurtre et d'incinération. Le mode opératoire des agresseurs d'Amandine Blandin.

— J'avais bien compris, Patrick, merci. Qu'a fait ce Baud après son expulsion de l'armée ?

— Des bricoles plus ou moins légales. Travail dans une casse de voitures, vente à domicile, recel de fausses antiquités. Il tient aujourd'hui un café plutôt mal famé sur le port de Cayeux.

*

Le vendredi 18 janvier 2013, vers minuit, cinq véhicules se garent silencieusement dans une rue déserte de Cayeux-sur-Mer. Une escouade lourdement équipée cerne l'*Escale*, le bar de Baud. Sur ordre de Parisot, les gendarmes se ruent à l'intérieur. En plus du gérant, les cinq hommes âgés d'une trentaine d'années, qui faisaient cercle en chahutant autour de la pompe à bière, sont arrêtés.

Dans un premier temps, l'opération coup de poing est décevante : aucune des signatures ADN des suspects ne correspond à la preuve biologique.

Parisot joue ensuite la dernière carte dont il dispose : il demande à un expert de comparer les voix des six hommes à l'enregistrement de l'appel de détresse d'Amandine. En douze ans, des progrès considérables ont été réalisés dans l'analyse informatique des bruits et des voix. Les tests innocentent les consommateurs du café. Mais ils incriminent formellement son gérant, Sébastien Baud. Il est mis en examen pour viol en réunion et meurtre.

*

Le regard du lieutenant Parisot s'attarde souvent sur la photo d'Amandine Blandin, qui trône toujours en bonne place sur son bureau. Son sourire l'appelle-t-il à poursuivre sa mission ? À utiliser les quelques années qui lui restent avant qu'il ne prenne sa retraite pour boucler l'affaire et démasquer enfin son dernier tortionnaire ?

4

Un voyage de noces

Bombay, 16 novembre 2009. La fête bat son plein dans un bruissement de volière. Fastueuse, ostentatoire, indécente dans un pays où un quart de la population vit en dessous du seuil de pauvreté. Car tout ce que la terre et les océans peuvent produire de rare, de cher et de délectable a été sélectionné pour garnir les buffets et assouvir la gourmandise des mille invités triés sur le volet. Hommes politiques, chefs d'entreprise, vedettes du sport et du cinéma se congratulent sous les lambris du Taj Mahal Palace, le joyau hôtelier de l'ex-Empire britannique. S'il ne s'agissait pas de célébrer le mariage le plus fou de l'année, on pourrait croire que ce débordement de luxe est l'œuvre d'un cinéaste bollywoodien mégalomane.

Perchés sur un trône, vêtus à la manière des maharajas, chargés d'or et de pierreries, Mina Khapour et Ravi Chanda, les mariés, échangent des sourires inoxydables sous le crépitement des flashs. Issus tous deux de la grande bourgeoisie indienne, mais de nationalité anglaise et vivant à Londres, ils ont décidé de s'unir pour le meilleur et pour le pire sur la terre de leurs ancêtres. Mina est mannequin et styliste ; Ravi a bâti sa fortune dans le textile. Ils sont beaux et riches. Et leur avenir s'annonce radieux. À moins que Kali la Noire, la déesse hindoue du Temps et de la Mort, n'en décide autrement…

*

Quinze jours plus tard, après onze heures de vol au départ de Londres, le jeune couple atterrit à Zanzibar où il a décidé de s'octroyer une semaine de vacances. Curieuse destination pour un voyage de noces !

— J'ai lu quelque part que ce pays est dangereux, avait protesté Mina lorsque Ravi lui avait fait part de son projet. Pourquoi n'irions-nous pas plutôt aux Seychelles ?

— Banal et ennuyeux, avait tranché Ravi. Je tiens à te montrer le vrai visage de l'Afrique. N'aie pas d'appréhension, nous ne prendrons aucun risque inutile.

La jeune femme s'était laissé convaincre, sans toutefois parvenir à se défaire d'une sourde appréhension.

À la sortie de l'aérogare, Ravi grimpe dans le premier taxi en stationnement et lance au chauffeur l'adresse de *The Residence*, un luxueux complexe hôtelier face à la mer. Une fois de plus, Mina s'étonne de ce choix :

— La navette de l'hôtel était à notre disposition. Pour quelle raison as-tu préféré prendre un taxi ?

— Pour nous plonger d'un coup dans l'Afrique sauvage et mystérieuse, ma chérie, plaisante son mari.

Une demi-heure plus tard, le couple est parvenu à destination. Tandis qu'un groom se charge des bagages, hors de portée de la jeune femme, une vive discussion s'engage entre Ravi et le chauffeur.

— A-t-il exagéré le prix de la course ? s'inquiète Mina, en traversant le hall de l'hôtel.

— Non, bien au contraire, il a scrupuleusement respecté le prix fixé.

— J'ai cru un instant que vous vous disputiez.

— Pas le moins du monde. C'est pourquoi d'ailleurs je lui ai demandé de venir nous chercher en fin de journée pour nous conduire dans un restaurant de fruits de mer que je tiens à te faire connaître.

À 19 heures, les derniers rayons du soleil peignent en aplats cramoisis les toits de l'*Old Stone Town*. Le chauffeur de taxi est au rendez-vous. Au fur et à mesure que la voiture s'enfonce dans les faubourgs obscurs, des grappes d'enfants dansent sur les airs de rap qui s'échappent de radios surdimensionnées. Et, au coin des rues, des hommes jouent aux dominos, accroupis autour de braseros.

Quand le taxi stoppe enfin devant une bâtisse délabrée et plongée dans le noir, Mina sent une boule d'angoisse lui serrer la gorge.

— Nous voilà perdus au milieu de nulle part, gémit-elle. Comment le chauffeur a-t-il pu nous conduire dans un endroit pareil ? Je t'en supplie, rentrons immédiatement à l'hôtel.

Boudeur, Ravi se carre dans le fond de son siège et ordonne au chauffeur de rebrousser chemin. Sous prétexte de prendre un raccourci, ce dernier engage sa Ford dans un lacis de ruelles défoncées. Dix minutes plus tard, le taxi cahote sur une piste de brousse. Mina s'agrippe à la portière en refoulant ses larmes.

*

Après avoir dîné à Bambi New Town chez des amis, John Kansagra, professeur de mathématiques, et son épouse regagnent leur domicile à bord de leur break. Il est 23 h 40. La température a fraîchi et des rafales secouent les eucalyptus qui jalonnent la route. Soudain, surgissant de la nuit, un fantôme chancelant agite les bras dans le pinceau des phares. Kansagra écrase la pédale du frein.

— Aidez-moi, aidez-moi ! hurle le spectre. Ma femme vient d'être kidnappée.

Quand l'inconnu est sur le point de s'effondrer, Kansagra se porte à son secours.

— Comment ça, kidnappée ?

— Nous étions dans un taxi, Mina et moi, lorsque deux hommes ont fait irruption, hoquette l'homme, hagard. Sous la menace d'une arme, ils ont obligé le chauffeur à s'arrêter. Je n'ai pas pu m'interposer, ils menaçaient de me tuer.

L'homme éclate en sanglots, incapable de poursuivre.

— Ne restons pas là, ordonne Kansagra. Grimpez à l'arrière. Nous n'habitons pas loin. Sitôt arrivés, nous préviendrons la police.

*

Une poignée de minutes plus tard, une Jeep s'arrête, sirène hurlante, devant la ferme des Kansagra. Le professeur accueille un inspecteur en civil et deux policiers en uniforme.

— L'homme dont je vous ai parlé au téléphone est prostré dans le salon. Il semble en état de choc.

L'inspecteur Harry Tongo tire un carnet de sa poche et commence son interrogatoire sans préambule.

— Nom, nationalité, âge et profession ?

— Ravi Chanda, britannique, trente et un ans, chef d'entreprise.

— Que vous est-il arrivé ?

D'une voix haletante, entrecoupée de gémissements, Chanda raconte la soirée qui a rapidement viré au cauchemar. Lorsqu'il en vient à l'agression, un flot de larmes inonde son visage.

— Nous roulions sur une route cahoteuse lorsque deux hommes armés ont surgi d'un bosquet. Ils ont mis en joue le chauffeur. Le premier a pris place à ses côtés. Le second s'est engouffré à l'arrière et a braqué son pistolet sur la tempe de ma femme.

— Décrivez-les-moi.

— Jeunes. Vingt ou vingt-cinq ans. Jeans troués aux genoux et tee-shirts bariolés.

— Race ?

— Noire.

Tongo observe plus attentivement son interlocuteur. Une Rolex brille à son poignet.

— Ont-ils exigé de l'argent, les bijoux que portait votre femme ?

— Non.

— Je constate qu'ils ne se sont pas non plus intéressés à votre montre.

— Non, effectivement.

Chanda ne parvient pas à contrôler le tremblement qui secoue ses épaules.

— L'individu qui était près de moi a essayé d'ouvrir la portière pour me jeter dehors. Il n'y est pas parvenu. La sécurité enfant devait être enclenchée. Il s'est énervé, a baissé la vitre, et m'a ordonné de sauter à l'extérieur. J'ai dû obéir. Je n'avais pas le choix.

— À quelle vitesse roulait la voiture ?

— Pas très vite. Je dirais à 30 kilomètres à l'heure.

— Et vous avez sauté ?

— J'ai chuté dans le sable, sur le bas-côté.

Le regard du policier s'attarde à nouveau sur Chanda. Les plis de son pantalon et sa chemise sont à peine défraîchis.

— La piste était sablonneuse, m'avez-vous dit ?

— Quand j'ai réussi à me remettre sur pied, les feux arrière du taxi n'étaient plus que deux minuscules points rouges. J'étais dans un état second. Je suis incapable de me souvenir de ce que j'ai fait ensuite. Quelques minutes ou une heure plus tard, j'ai arrêté la première voiture que j'ai aperçue.

Chanda désigne d'un geste vague le couple qui l'a secouru. Et qui écoute son témoignage avec compassion.

Un hoquet suivi d'un spasme douloureux lui coupent soudain le souffle.

*

Le lendemain matin, un groupe d'écolières découvre une Ford abandonnée dans un chemin de traverse. Une fillette se penche à l'intérieur et son cri suraigu glace d'effroi ses camarades. Aussitôt alerté, l'inspecteur Harry Tongo constate que Mina Chanda gît à l'arrière du véhicule. Une balle de gros calibre lui a transpercé le crâne de part en part. Des experts de la police scientifique prélèvent une douille sur le tapis de sol et une multitude d'empreintes digitales sur les vitres et le tableau de bord. Le sac à main, les bijoux et le téléphone portable de la victime ont disparu. Le médecin légiste constate pour sa part que la jeune femme n'a pas subi de sévices sexuels.

Ravi Chanda relate par téléphone les circonstances du drame aux parents de sa femme. Puis il décide de rentrer à Londres, sans attendre la suite et l'éventuel dénouement de l'enquête. Cette décision contrarie l'inspecteur Tongo. Il insiste pour que Chanda diffère la date de son départ.

— Restez à Zanzibar quelques jours de plus pour identifier les coupables, dès qu'on les aura attrapés.

— Désolé, mais c'est au-dessus de mes forces, pleurniche l'autre. J'ai un besoin urgent d'assistance psychologique.

*

L'identification et l'arrestation du chauffeur de taxi sont une formalité. L'homme est connu des services de police. Il a déjà été condamné à une peine de prison avec sursis pour de menus larcins.

— Ton destin est entre tes mains, lui dit Tongo. Soit tu me donnes les noms des hommes qui ont assassiné Mina

Chanda et, si tu n'es pas directement impliqué, je m'arrangerai pour que tu sortes libre de ce commissariat. Soit tu refuses de coopérer. Et lorsque j'aurai recueilli suffisamment de preuves à charge, le procureur t'accusera de complicité de meurtre et tu passeras les années qui te restent à vivre en prison.

L'homme hésite. Une suite d'émotions contradictoires roule dans ses yeux.

— Je n'ai rien à voir avec tout ça. Après avoir éjecté le type hors de ma voiture, les gars m'ont ordonné de poursuivre ma route. Puis ils m'ont fait descendre. Je n'ai pas demandé mon reste. J'ai pris mes jambes à mon cou, trop heureux de sauver ma peau.

— En abandonnant une étrangère aux mains de malfrats prêts à tout ?

— Que pouvais-je faire ? Ils étaient deux et armés.

L'inspecteur frappe le bureau du plat de la main. Le chauffeur sursaute et se recroqueville peureusement dans le creux de sa chaise.

— On arrête de jouer. Cette affaire est pleine d'incohérences. Je ne crois pas que tu ignorais que le restaurant était fermé depuis deux ans. Je ne crois pas que tu aies voulu prendre un raccourci tordu pour rentrer en ville. Je ne crois pas que deux gars aient pu surgir de nulle part et qu'ils se soient attaqués à ton taxi par hasard.

— Que voulez-vous dire ?

— Qu'il s'agit d'un traquenard et que tu étais dans le coup. Tu as une minute pour me dire la vérité ou je te boucle dans une cellule avec toute la pègre de l'île. Et je te garantis que, cette nuit, tu vas éprouver des sensations tout à fait inédites.

— D'accord, d'accord, chef. L'étranger, l'Indien, je veux dire mon client, m'a payé pour que je trouve deux hommes de main pour tuer sa femme.

— Le connaissais-tu avant qu'il ne débarque à Zanzibar ?

— Non. C'est en arrivant devant l'hôtel qu'il m'a fait sa proposition. Il m'a demandé de le retrouver plus tard dans le hall quand j'aurai trouvé les tueurs. Il a promis de nous donner 2 500 dollars. Je suis allé au rendez-vous. Il avait l'argent. Nous avons convenu d'un plan. Une heure plus tard, nous roulions en direction du restaurant.

— Donne-moi maintenant le nom et l'adresse de ces salauds avant que je ne te brise les reins.

*

Les événements s'enchaînent rapidement. Tandis que la dépouille de Mina Chanda est rapatriée à Londres et que sa famille organise ses funérailles en grande pompe, les tueurs à gage sont arrêtés à leur tour. Une perquisition au domicile de l'un d'eux permet de trouver une arme. L'étude balistique démontre qu'elle a servi à commettre l'homicide. Une comparaison des empreintes digitales, prélevées dans le taxi, indique également que les deux hommes se trouvaient à bord. Accusés de meurtre, de vol avec circonstances aggravantes et de kidnapping, les suspects sont placés en détention dans l'attente d'un procès.

Afin d'étayer son dossier, l'inspecteur Tongo visionne les enregistrements des caméras de surveillance de l'hôtel où les jeunes mariés étaient descendus. Il constate que, dans le hall de l'hôtel, le soir du meurtre, Chanda a remis discrètement une enveloppe au chauffeur. Bien sûr, ces images ne constituent pas la preuve de son implication. Mais elles sont néanmoins suffisantes pour permettre à un juge de lancer un mandat d'arrêt contre lui pour conspiration dans le meurtre de sa femme.

L'information éclate en première page des tabloïds anglais, indiens et tanzaniens. Puis l'onde de choc se propage à la plupart des médias de la planète. Elle suscite tour à tour incrédulité, stupeur et indignation.

Pour quelle obscure raison un jeune marié aurait-il fomenté le meurtre de sa femme ? S'il doutait de son choix, pourquoi n'a-t-il pas rompu ses fiançailles ? Pourquoi a-t-il organisé une cérémonie somptuaire s'il ne croyait pas à la pérennité de ses sentiments ?

Les journalistes chargés de rendre compte de ce fait divers hors du commun, qui réunit tous les ingrédients de la romance macabre, se perdent en conjectures. Sans qu'aucune hypothèse satisfaisante n'apporte d'éclairage.

Par ailleurs, craignant l'impact du drame sur l'image du pays, et dans le souci d'afficher l'efficacité de leur appareil judiciaire, les autorités tanzaniennes délivrent une demande d'extradition à l'encontre de Chanda. Ce dernier engage Max Motherwell, un ténor du barreau de Londres, pour assurer sa défense. Motherwell s'est taillé une réputation d'avocat retors en obtenant des non-lieux dans des affaires de mœurs et de corruption impliquant des sportifs de haut niveau et des personnalités du show-biz.

Quelques jours plus tard, le prévenu comparaît devant la cour de justice de Londres. Il est placé en détention provisoire, le temps que les magistrats décident ou non d'accorder au juge tanzanien l'extradition. Mais un coup de théâtre stoppe la procédure : Motherwell argue que cette mesure met en péril la vie de son client, victime d'un vif syndrome de stress post-traumatique. En échange d'une caution de 250 000 livres et de la confiscation de son passeport, il obtient sa remise en liberté, à condition toutefois qu'il soit placé sous surveillance policière dans le service psychiatrique d'une clinique.

Indigné, le père de Mina Khapour exige que le juge annule sa décision et que Chanda soit extradé. Ne serait-ce que pour identifier les auteurs du meurtre et témoigner à la barre de son éventuelle innocence. Afin d'appuyer sa requête, il fait circuler une pétition, à Londres et à Bombay, et recueille plus de onze mille signatures. Puis il donne une conférence de presse au cours de laquelle il révèle un épisode tenu secret du passé de son gendre.

— Sachez, messieurs, que Ravi Chanda avait déjà été fiancé à une autre femme, deux ans avant de rencontrer Mina. Une jeune fille, elle aussi d'origine indienne. Une personne de très bonne famille dont le père est un industriel mondialement connu. Alors que les préparatifs du mariage s'organisaient à New Dehli, Chanda a rompu brutalement les fiançailles sans fournir d'explication. En dépit de la honte et de l'humiliation qu'avait éprouvées la jeune fille, sa famille s'était dite soulagée, car elle estimait, pour une raison qui m'est inconnue, que cette union était vouée à l'échec. Naturellement, cette information ne change rien au drame qui nous accable. Mais je vous invite néanmoins à y réfléchir.

Lorsque Ravi Chanda prend connaissance des propos tenus par son beau-père, il tente de mettre fin à ses jours. Utilisant son pyjama en guise de corde, il se pend dans sa cellule capitonnée. Grâce à l'intervention rapide d'un infirmier, un médecin parvient à le réanimer. Cet épisode donne du grain à moudre aux journalistes et épaissit le mystère. Compte tenu de l'état de santé dans lequel se trouve le prévenu, le juge anglais sursoit pour une période indéterminée à la demande d'extradition et exige que les soins psychiatriques et la surveillance soient renforcés.

*

C'est donc sans la présence du mari de la victime, par ailleurs soupçonné d'avoir commandité son assassinat, que le procès s'ouvre au tribunal de Zanzibar. Les preuves de la culpabilité des trois inculpés présents sont accablantes. Les tueurs à gage sont condamnés à une peine de réclusion criminelle de vingt-cinq ans. Et le chauffeur de taxi, qui a joué le rôle de recruteur et de receleur, écope, lui, d'une peine de dix-huit ans de prison. Dès l'annonce du verdict, ce dernier hurle son indignation :

— C'est scandaleux. L'inspecteur Tongo m'avait promis l'immunité si je lui donnais le nom des meurtriers. Il s'y était engagé. Nous avions passé un accord.

Le juge stoppe la diatribe d'un geste théâtral.

— Silence ! Nous ne sommes pas en train de jouer dans une série télévisée. En Tanzanie, la justice n'est pas négociable. Pour quelques poignées de dollars, vous avez condamné à mort une jeune étrangère. Aujourd'hui, vous disposez de dix-huit ans pour méditer sur votre responsabilité dans cette affaire.

Un coup de maillet retentissant clôt le procès.

Les reporters, accourus du monde entier, restent sur leur faim. Car, bien que la demande d'extradition de Ravi Chanda n'ait pas été levée, aucune sentence par contumace n'a été prononcée à son encontre. Est-il coupable ou innocent ? S'il est fautif, répondra-t-il un jour de son acte devant un tribunal ? S'il est impliqué dans le meurtre, pour quelle raison a-t-il organisé un simulacre de voyage de noces à l'autre bout du monde ?

Les choses en restent là pendant deux ans. Chanda n'a pas quitté la clinique londonienne et, d'après ce que l'on sait, son état psychique s'est encore dégradé.

*

À l'automne 2012, l'inspecteur Harry Tongo prend sa retraite. Délivré de son obligation de réserve, il convoque Steve Moriaty, journaliste au *Daily News*, dans sa maison perchée sur une colline.

— Ne vous attendez pas de ma part à une révélation fracassante, avertit l'ancien policier en offrant à son visiteur une tasse de thé.

— Je vous écoute quoi que vous ayez à me dire.

— Je voudrais simplement vous donner mon sentiment sur l'affaire Ravi et Mina Chanda. Mes propos n'engageront que moi et ne constitueront d'aucune manière une déclaration officielle puisque, de toute façon, je n'appartiens plus au service actif.

— J'en prends bonne note.

Tongo hésite un instant. Il brasse l'air frais devant lui comme s'il chassait un dernier obstacle imaginaire.

— J'ai longuement réfléchi à cette affaire et mes collègues de Scotland Yard m'ont communiqué les documents qu'ils possédaient sur Ravi Chanda.

— Pensez-vous qu'il soit coupable ? l'interrompt Moriaty, incapable de contrôler son impatience.

— Sans aucun doute.

— Avez-vous des preuves ?

— Lorsque j'ai rencontré Chanda pour la première fois, environ une heure après le faux kidnapping, il m'a dit que les ravisseurs l'avaient jeté hors du taxi et qu'il avait chuté sur le bas-côté sablonneux de la piste. Or, ses vêtements semblaient sortir du pressing et je n'ai pas constaté la moindre trace de sable dans ses cheveux. De toute évidence, il m'a menti. Je pense qu'il a quitté le taxi à l'arrêt et de son plein gré.

Devant l'air dubitatif du reporter, Tongo poursuit :

— D'autre part, Chanda portait à son poignet une Rolex en or. Une montre d'une valeur d'environ 20 000 dollars. Cela m'a sauté aux yeux quand je l'ai vue. Croyez-vous que des malfrats qui prennent le risque de tuer une femme pour la dépouiller de son sac à main, d'un téléphone portable et de quelques bijoux puissent négliger pareil butin ? Ils n'ont pas volé la Rolex car ils obéissaient aux ordres de leur commanditaire.

— Et les caméras de télésurveillance de l'hôtel ont également montré que Chanda a remis une enveloppe au chauffeur de taxi, s'empresse d'ajouter le reporter.

— Nous avons retrouvé une partie des billets de la transaction en perquisitionnant le domicile de l'un des tueurs à gage. Plusieurs d'entre eux portaient les empreintes digitales de Chanda.

— Avez-vous transmis ces informations au procureur ? demande Moriaty.

— Naturellement. Ainsi qu'à mes collègues anglais. Mais le bon fonctionnement de la justice n'est pas de mon ressort. Le lendemain de la découverte du cadavre, Chanda avait déjà regagné Londres et le procureur n'avait plus dès lors d'autre choix que de lancer contre lui un mandat d'arrêt, suivi plus tard d'une demande d'extradition. Vous connaissez la suite.

De la terrasse où ils sont assis, les deux hommes, soudain silencieux, contemplent la ville qui s'étend à leur pied. Plus loin encore, une flottille de cargos et de porte-conteneurs ride la surface de l'océan, mouchetée d'écume.

— L'enquête a été rondement menée, poursuit Tongo. Elle ne présentait pas de difficulté. Chanda a commis beaucoup trop d'erreurs.

— De quoi alors vouliez-vous me parler ?

— Du mobile.

— Êtes-vous parvenu à le déterminer ?

— J'y ai réfléchi. Chanda était riche et la fortune de sa femme ne l'intéressait pas. Quelques centaines de milliers de livres supplémentaires n'auraient rien changé à sa situation. Il n'avait par ailleurs rien à lui reprocher.

— Alors pourquoi l'a-t-il fait tuer ? s'impatiente le journaliste.

— Parce que Ravi Chanda est homosexuel. Homosexuel et d'origine indienne. Ce qui revient à dire que sa culture hindoue lui interdisait de vivre selon ses choix et ses aspirations. Pour ne pas être rejeté par les siens, mis au ban de la bonne société, il a dû feindre de se conformer à la norme.

Steve Moriaty accuse le coup. Il dévisage l'ancien policier avec incrédulité.

— Vous voulez dire que la famille indienne de Chanda est indirectement impliquée dans le drame ?

— Non, on ne peut pas le formuler comme cela. Mais elle a exercé sur lui un chantage affectif, une pression devenue insupportable. Ravi a réussi à donner le change pendant des années. Mais, passé la trentaine, son célibat était devenu suspect aux yeux de ses proches et de ses actionnaires indiens. Il lui fallait agir.

— Je crois savoir qu'il s'était fiancé une première fois.

— Oui. Fiançailles brutalement interrompues et provoquant le scandale. Mais il ne pouvait pas renouveler ce stratagème sans prendre le risque de se faire démasquer.

— Donc Chanda feint de tomber amoureux de Mina Khapour, résume Moriaty. Il fait une demande en mariage, offre une fête qui réunit la jet-set de Bombay, se déguise à l'occasion en maharaja d'opérette. Puis il emmène sa fausse dulcinée en voyage de noces, très loin de Londres, pour mettre à exécution la dernière phase de son plan.

— En parvenant à se débarrasser de celle qu'il prétendait aimer, Ravi aurait accédé au statut de veuf inconsolable. Un deuil éternel. Il aurait ainsi pu vivre discrètement comme il l'entendait. Sans plus se préoccuper du qu'en-dira-t-on.

— Votre analyse est déconcertante, s'indigne Moriaty. Car en aucun cas la fin ne peut justifier les moyens ! Une innocente l'a payé de sa vie. Chanda serait un manipulateur doublé d'un assassin.

— J'en conviens. Il doit être jugé et payer pour son crime. Néanmoins je persiste à penser que Ravi est, lui aussi, victime. Victime des archaïsmes, de l'intolérance et du sectarisme. Victime d'une société figée dans les convenances. Une victime qui n'a pas eu le cran de se revendiquer gay face à son clan.

Tongo sourit, avant de poursuivre :

— D'autres, en Inde, ont eu ce courage. Notamment le prince Mavendra Singh Gohil, de l'État du Gujarat. Il a osé, lui, affronter l'hostilité de sa famille pourtant d'origine royale. Et il n'a pas pour autant péri sur le bûcher.

— Je comprends mieux, bredouille le reporter. Une chose m'échappe encore : pourquoi Chanda a-t-il choisi de se rendre à Zanzibar ? Après tout, il aurait pu tout aussi bien faire appel à des tueurs à gage en Angleterre.

— Je n'ai pas totalement éclairci ce point, confesse Tongo. Peut-être a-t-il sous-estimé l'efficacité de notre police scientifique.

— C'est une explication qui en vaut une autre.

*

Le jour décline. Un épervier solitaire tourne en rond, très haut dans le ciel. Sortant de la maison perchée sur la colline, un homme entre deux âges s'approche. Il transporte un plateau d'argent sur lequel reposent en équilibre des verres et une bouteille. Harry Tongo fait les présentations.

— Steve Moriaty, reporter au *Daily News*.

Puis, désignant l'homme venu se joindre à eux :

— Fred Wilmott, mon époux.

5

La nuit du millénaire

Cinq… quatre… trois… deux… un… 2001 ! hurlent en chœur les jeunes gens en heurtant bruyamment leurs verres et en se jetant dans les bras les uns des autres. L'année, le siècle et le millénaire viennent de s'achever joyeusement.

Corinne Frankel, une ravissante brune de dix-huit ans, a invité deux bons copains à réveillonner dans son petit appartement.

— Allons nous éclater en boîte, propose Arno Verbeke, un géant de près de deux mètres, magasinier dans une supérette.

— Où va-t-on ? demande aux autres Yves Lefébure, un adolescent timide. *Le Perroquet, Le Rayon Vert* ou *le Buzz* ?

— Commençons par *Le Rayon Vert*, tranche Corinne. C'est là qu'il y a toujours le plus d'ambiance.

Légèrement éméché, riant et chahutant, le trio patauge dans les rues enneigées de Lessines, une ville belge située à mi-distance de Bruxelles et de la frontière française.

Le night-club est noir de monde. Tandis que la sono martèle un rap agressif, des éclairs stroboscopiques découpent en tranches d'ombre et de lumière les corps électrisés de dizaines de jeunes.

À 4 h 30, Corinne Frankel quitte *Le Rayon Vert* en compagnie d'une fille de son âge. Elle a hâte de rentrer chez elle car Jacky Ménage, son petit ami, maître d'hôtel dans un restaurant lillois, a promis de venir la rejoindre dès la fin de son service.

Après avoir embrassé sa camarade, Corinne se dirige vers son immeuble en s'enfonçant dans un lacis de ruelles sombres.

Truffée de promesses pour la plupart de ceux qui errent encore dans les rues, cette nuit du millénaire peut aussi pour certains se charger de maléfices. Et se transformer en une lente et terrifiante descente aux enfers.

*

Quelques heures plus tard, Jacky Ménage donne l'alerte. Il a attendu Corinne en vain. Il a saturé son portable de messages. Il a essayé de contacter une demi-douzaine de leurs amis communs. Il a même téléphoné à ses parents, qui ont réveillonné de l'autre côté de la frontière. Personne n'a croisé la lycéenne et personne n'a la moindre idée de l'endroit où elle peut être. En désespoir de cause, il alerte la gendarmerie.

— Ce matin, aucun d'entre nous n'est vraiment dans son état normal, le rassure Luc De Coninck, l'inspecteur principal. Votre fiancée se repose sans doute quelque part, chez des parents ou des amis.

— Corinne n'a pas pu me faire poireauter devant sa porte sans raison valable.

— Inutile de vous inquiéter pour l'instant, jeune homme, recommande le gendarme. Rappelez-moi néanmoins si votre amie ne donne pas signe de vie d'ici à quelques heures.

Vers 20 heures, Ménage recontacte De Coninck. Un tremblement dans la voix trahit son anxiété.

*

Trois jours plus tard, force est de constater que la lycéenne s'est volatilisée. L'hypothèse de la fugue étant provisoirement écartée, l'inspecteur principal privilégie la piste de l'enlèvement ou de l'agression. Quatre de ses hommes sillonnent les abords de la ville, ratissent les bois alentour, les granges isolées et les chemins de traverse. Des affichettes sont placardées dans les vitrines des magasins. Des photos de la disparue sont publiées dans *La Libre* et *Le Soir*. La RTBF, la chaîne de télévision francophone du service public, consacre un reportage à l'événement. Et plusieurs centaines de bénévoles prêtent main-forte aux gendarmes.

Le 4 janvier 2001, alors qu'un crépuscule glacial enveloppe la ville, deux lycéens – des camarades de classe de Corinne – découvrent l'inconcevable. Et ils conserveront à jamais, gravées sur leurs rétines, les images indélébiles de la scène d'horreur : au fond d'un appentis, la dépouille de la jeune fille gît, sommairement dissimulée sous un tas de bûches destinées à alimenter le four d'une pizzeria.

De Coninck et un médecin se rendent sur les lieux. Pétrifié par le froid et la rigidité cadavérique, le corps martyrisé ressemble à une statue de sel implorant la grâce de son bourreau. Sept coups de couteau ont sauvagement déchiré le ventre et la poitrine. La robe de soirée que portait la jeune fille a été lacérée et laisse à découvert ses longues jambes d'albâtre.

Après avoir pratiqué une autopsie, un médecin légiste constate que Corinne a été violée. Puis qu'elle a succombé en quelques minutes à une asphyxie consécutive à des hémorragies pleurale et viscérale. Des lambeaux de peau sont prélevés sous ses ongles et envoyés au laboratoire. Une analyse ADN permettra-t-elle d'identifier l'agresseur ?

*

L'enquête s'avère d'emblée difficile car, entre 4 et 5 heures du matin, des centaines de personnes, la plupart avinées, erraient encore dans les rues de Lessines. Ainsi, n'importe qui a pu croiser la route de la lycéenne. L'un de ses proches comme un parfait inconnu.

De Coninck commence par s'intéresser en priorité à Jacky Ménage. Bien qu'apparemment accablé de chagrin, le jeune homme a pu nourrir une jalousie morbide à l'égard de sa fiancée. Après tout, tandis qu'il s'épuisait au travail, ne passait-elle pas une folle nuit à danser, boire et chahuter ? Grisée par l'ambiance festive, s'est-elle laissé séduire par un beau parleur ? Un ami du couple, qui se serait trouvé dans le night-club, l'aurait-il surprise dans les bras d'un autre ? Et l'a-t-il dénoncée en téléphonant à Jacky ?

Mais Ménage possède un alibi irréfutable. Les voisins de palier de Corinne affirment l'avoir entendu carillonner à sa porte peu après 4 heures, heure à laquelle la jeune fille était encore au *Rayon Vert*. Les voisins se souviennent aussi l'avoir invité à patienter chez eux jusqu'au retour de son amie. Ils n'ont pas oublié non plus que, deux heures plus tard, ils lui ont proposé de dormir sur le canapé de leur salon.

Cette piste étant abandonnée, De Coninck poursuit ses investigations en direction des garçons avec lesquels la lycéenne a réveillonné : Yves Lefébure et Arno Verbeke.

Le premier, âgé de seize ans, est lui aussi rapidement innocenté. Fatigué, il ne s'est pas attardé dans le night-club au-delà de 2 heures du matin. Il est ensuite rentré directement chez lui où sa famille l'attendait pour échanger les vœux de bonne année.

Arno Verbeke est convoqué à son tour au commissariat. À peine est-il entré dans le petit bureau surchauffé que sa stature de catcheur emplit tout l'espace. De Coninck commence son interrogatoire sans grand enthousiasme. Comme s'il se livrait à une tâche de routine.

— Corinne, Yves et toi êtes arrivés au *Rayon Vert* vers minuit et demi, c'est bien ça ?

Le garçon hoche la tête.

— Êtes-vous restés ensemble ou vous êtes-vous séparés ?

— Chacun a retrouvé des potes et a fait du chahut de son côté. On ne s'est plus revus de toute la soirée.

— D'accord. Quand as-tu quitté la boîte ?

Verbeke roule des yeux ronds comme si le policier s'était brusquement métamorphosé en extraterrestre.

— Quitté la boîte ?

— À quelle heure es-tu sorti du *Rayon Vert,* si tu préfères ? demande patiemment De Coninck.

— Comment je le saurais. Je m'étais fait minable à la bière et à la vodka. Je n'ai plus aucun souvenir.

— Fais un effort.

— Il était peut-être 6 heures ou 7 heures.

— Beaucoup de gens devaient déjà être partis à cette heure-là. La boîte était-elle à moitié vide ?

— Possible. J'étais plus en état de voir quoi que ce soit.

— Et qu'as-tu fait, disons vers 6 ou 7 heures ? Es-tu rentré chez toi ?

— Non, je suis encore allé traîner au *Perroquet*. À moins que ça soit au *Buzz*. J'ai encore pris des verres et je me suis endormi dans un coin.

— Donne-moi les noms des copains avec qui tu étais.

— Personne de spécial. Les uns et les autres. J'ai oublié.

— Tu étais au *Perroquet* ou au *Buzz* ?

— Je crois bien que j'ai fait les deux. Ou alors je suis rentré chez moi. Je suis allé dormir dans le garage de mes parents.

De Coninck lève la main au-dessus de sa tête à la manière d'un arbitre infligeant un carton jaune à un joueur fautif.

— Ça ne va pas le faire, Arno. Maintenant tu réponds à mes questions sans me dire une chose et son contraire.

— Je veux bien essayer.

— Reprenons depuis le début. Qu'as-tu fait en sortant du *Rayon Vert* ? Et ne me dis pas que tu étais bourré au point d'avoir tout oublié.

Comme si une brusque étincelle de lucidité venait de frapper son cerveau, le garçon s'anime soudain.

— Ah oui ! Je suis allé chez Corinne. Je me suis même vautré dans la neige avant d'y arriver.

Le pouls du policier cogne un peu plus sourdement dans sa poitrine. Sans qu'il laisse rien paraître de son émotion.

— Chez Corinne ? C'est nouveau, ça ! Qu'allais-tu y faire ?

— Récupérer ma parka et mon portable que j'avais oubliés.

— Continue.

— Quand je suis arrivé devant son immeuble, j'ai entendu qu'elle se disputait avec un gars. Elle lui a dit quelque chose du genre : « Connard, je te faisais confiance ! » Des gifles sont parties des deux côtés.

— Qui était cet homme ? Apparemment, Corinne le connaissait. L'as-tu reconnu ?

— Je ne l'ai pas vu. Il faisait encore nuit.

— Était-ce Jacky Ménage ?

— Peut-être bien. Ou peut-être pas. Corinne et le gars se mettaient une peignée derrière une barrière en bois. Je voyais des ombres. J'entendais des voix.

— Pourquoi n'es-tu pas intervenu ? Avec tes 2 mètres et tes 100 kilos, tu aurais pu prendre la défense de ta copine. Après tout, elle t'avait invité à réveillonner.

— Je tenais à peine debout. Et puis je ne me mêle pas des affaires des autres.

— Qu'as-tu fait ensuite ?

— Je suis retourné au *Perroquet* m'envoyer un dernier verre pour la route.

— Quand tu as appris la disparition puis le meurtre de Corinne, tu n'as pas réagi. À aucun moment tu n'as eu l'idée de venir me trouver pour me raconter ce que tu savais.

— Je vous le dis maintenant. Je réponds à vos questions.

Le policier pousse le combiné téléphonique à travers la table, en direction du garçon.

— Appelle tes parents. Dis-leur que je te retiens ici pour les besoins de l'enquête.

— Vous allez me garder combien de temps ? Je dois retourner bosser. Mon patron compte sur moi.

— Ne t'inquiète pas, je le préviendrai.

*

Le lendemain de son arrestation et de sa mise en examen, Arno Verbeke est soumis au détecteur de mensonge. Le crâne et la poitrine couverts d'électrodes, le garçon est tenu de répondre par oui ou par non à des séries de trois questions. Reposant sur le postulat selon lequel mentir provoque une réaction émotionnelle qui s'accompagne de manifestations corporelles mesurables, le polygraphe enregistre les fréquences cardiaque et respiratoire, la température corporelle, la pression sanguine, la conductance cutanée et le diamètre pupillaire. Bien que cet appareil ait démontré une fiabilité supérieure à 95 %, il n'est considéré, en Belgique, que comme un instrument légal d'appui à un interrogatoire.

— Avez-vous porté des coups de couteau à Corinne Frankel ? demande le polygraphiste.

Les aiguilles encrées de la machine sautillent sur un rouleau de papier millimétré.

— Non.

— Savez-vous qui a assassiné Corinne Frankel ?

— Non.

— Aviez-vous oublié votre parka et votre téléphone portable chez Corinne Frankel et êtes-vous allé chez elle dans le but de les récupérer, dans la matinée du 1er janvier 2001 ?

Le garçon jette un regard apeuré par-dessus son épaule. Comme s'il espérait trouver un quelconque réconfort de la part de l'inspecteur, assis derrière lui.

— Ne te retourne pas et répond rapidement aux questions, ordonne De Coninck.

— Oui. Je suis allé chercher mes affaires.

— Bien. Je vais vous poser une deuxième série de questions, annonce le polygraphiste, les yeux rivés sur le jeune homme, à l'affût des moindres expressions de son visage. Les psychologues de la police n'ignorent pas, en effet, qu'en plus des informations fournies par leur machine, les muscles faciaux de la personne interrogée expriment des micro-expressions d'une vitesse de l'ordre de 0,04 à 0,2 seconde qui permettent, elles aussi, de détecter d'éventuels mensonges.

— Avez-vous aperçu un homme se disputer violemment avec Corinne Frankel, au pied de son immeuble ?

— Oui.

— Êtes-vous amoureux de Corinne Frankel ?

— Je ne crois pas.

— Répondez par oui ou par non.

— Non.

— Avez-vous tué Corinne Frankel ?

— Non.

*

Après avoir dépouillé l'ensemble des données, le polygraphiste est en mesure d'affirmer qu'Arno Verbeke a menti à plusieurs reprises, notamment quand il a affirmé être allé chez la lycéenne chercher des objets oubliés. Une perquisition à son domicile a prouvé le contraire.

L'inspecteur De Coninck transmet ces informations à Victor Van Beuren, le procureur général. Pour faire bonne mesure, il précise également que le résultat du test ADN, réalisé à partir du lambeau de peau retrouvé sous les ongles de la victime, innocente le jeune homme. Dans le doute, le magistrat ordonne le maintien en détention du suspect et somme le policier d'approfondir son enquête.

Les choses en restent là. Pendant trois longues années. Le dossier d'inculpation n'étant pas suffisamment étayé, le procureur répugne à ouvrir un procès qui se terminerait vraisemblablement sur un doute raisonnable et un non-lieu. Arno Verbeke est donc maintenu en détention préventive. Naturellement, les parents exigent que leur fils bénéficie d'une relaxe puisque aucune preuve matérielle ne l'incrimine. Police et justice tergiversent, essaient de gagner du temps, espérant qu'un élément nouveau vienne clore l'affaire. Et, contre toute attente, la situation bascule effectivement lorsque, au mois de mars 2004, Laurent Beckers, un garçon d'une vingtaine d'années, se présente spontanément à la gendarmerie et demande à parler à De Coninck.

— Je t'écoute, mon garçon, qu'as-tu de si important à me dire ? demande l'inspecteur.

— C'est au sujet du meurtre de Corinne.

— C'est toi qui l'as tuée ?

Le visage du jeune homme s'empourpre violemment.

— Mais non, j'ai rien fait. Mais j'ai vu des choses.

— Et tu as attendu trois ans avant de venir me les dire ?

— J'en ai marre de faire sans arrêt les mêmes cauchemars. Du sang et un couteau.

— On reparlera de cela plus tard. Vas-y, je t'écoute.

— La nuit du millénaire, je suis allé en boîte avec la bande du lycée. Quand je suis sorti, vers 5 heures, je suis passé rue d'Arlon pour rentrer chez moi. J'ai entendu des cris. Je me suis approché. J'ai vu un type. Il était couché sur Corinne. Dès qu'il m'a vu, il a bondi sur ses pieds. Il m'a donné deux paires de gifles et un coup de genoux dans le ventre. Quand je me suis redressé, j'avais un couteau sous la gorge. Le gars m'a dit : « Porte la fille dans la remise et dépose-la sur le tas de bois. » Je l'ai fait. Je n'avais pas le choix. Corinne était toute molle dans mes bras. Elle pleurnichait comme un petit chien.

— La connaissais-tu avant ce soir-là ? l'interrompt De Coninck.

— De vue mais sans plus.

— Donc tu la transportes sur le tas de bois, devant la pizzeria…

— Et là le type sort un préservatif de sa poche. Il me le met dans la main et me dit : « Baise-la. » Le manteau de Corinne était dans la neige à côté d'elle, sa robe était relevée et le type lui avait arraché ses sous-vêtements.

— Parle-moi de ce type. Âge, race, corpulence.

— À peu près mon âge, blanc, très grand, costaud, méchant.

— As-tu violé Corinne sous la contrainte ?

— J'ai refusé de le faire, alors le type m'a piqué la joue avec la pointe de son couteau. Puis il m'a attrapé les cheveux et m'a secoué la tête. J'ai cru qu'il allait me tuer, alors j'ai baissé mon pantalon. Mais, bien sûr, je n'arrivais à rien. Le gars m'a tordu le sexe en ricanant et me l'a entaillé. Je saignais. J'avais mal. C'est à ce moment-là que le portable de Corinne s'est mis à vibrer dans son sac. D'un seul coup, le type est devenu comme fou. Il s'est jeté sur elle et l'a lardée de coups de couteau. Après ça, il m'a dit : « Cache-la sous les bûches. » Ensuite, il a allumé une cigarette et il m'a dit : « C'est pas à toi que j'en avais. C'est à la pute. » Avant de partir, il m'a encore dit : « Je sais qui tu es. Si tu parles à qui que ce soit de ce que tu as vu cette nuit, je te saignerai comme un cochon. »

— Et tu es tranquillement rentré chez toi ? demande De Coninck qui contient avec difficulté la colère bouillonnant en lui.

— Je suis retourné au *Buzz*. Je me suis assis seul dans un coin. J'avais honte. Je me suis demandé comment j'avais pu laisser faire une chose pareille. J'ai pleuré et j'ai téléphoné à mon père pour qu'il vienne me chercher.

— As-tu raconté à ton père ce qui s'était réellement passé ?

— Oui, je lui ai tout dit.

— Et il n'a pas jugé utile d'avertir les gendarmes ?

— Si. Il voulait venir vous voir tout de suite mais ma mère n'était pas d'accord. Elle a dit que c'est moi qu'on allait accuser. Que c'est moi qui irais en prison. Mon père a cédé.

— Alors pourquoi venir aujourd'hui me raconter tout ça ?

— Parce que, depuis trois ans, j'arrive plus à dormir. Toutes les nuits, je rêve de Corinne. Je la vois renversée sur le tas de bois. Je vois le type agenouillé sur elle. Je le vois lui donner des coups de couteau. Ma mère m'a emmené voir un psychiatre pour qu'il m'aidc à oublier. Il m'a donné des médicaments, mais ça ne m'a rien fait du tout.

— As-tu raconté les circonstances du meurtre au psy ?

— Ma mère n'a pas voulu. On s'était mis d'accord pour dire que j'avais assisté à un accident de la route. Une jeune fille qui roulait en scooter juste devant moi avait été renversée par un camion. Sa tête avait explosé comme une pastèque. On a dit au médecin que je n'arrivais pas à me débarrasser de cette image. Le psy en a conclu que j'avais un syndrome de stress post-traumatique. Qu'avec le temps je finirais par en guérir.

L'inspecteur se lève et contourne son bureau.

— Attends-moi une minute.

Quand il réapparaît, il tient une photo d'identification judiciaire entre les mains.

— Est-ce que tu reconnais le gars qui a tué Corinne ?

Laurent Beckers observe attentivement le portrait d'Arno Verbeke.

— Non, ce n'est pas lui.

— Sûr ?

— Celui-là n'a pas l'air méchant. L'autre avait une tête de brute. Je ne pourrai jamais oublier son visage.

De Coninck a une soudaine intuition. Il présente à nouveau la photo au témoin.

— Sais-tu qui est ce garçon ?

— Oui. C'est Arno. On se connaît depuis la maternelle.

— Êtes-vous restés copains ?

— On se voit moins depuis qu'on a quitté le lycée. Il a trouvé un boulot dans une supérette et moi je prépare un CAP d'ajusteur.

— Est-ce que vous vous êtes vus pendant la nuit du millénaire ?

— On a dû se croiser dans une boîte.

— T'avait-il dit qu'il avait réveillonné avec Corinne ?

— Oui.

— Tu crois qu'il en pinçait pour elle ?

— C'est bien possible.

— Était-il jaloux de Jacky Ménage, le gars avec qui elle sortait ?

— Il ne m'a jamais parlé de lui.

— Je suppose que tu n'ignores pas qu'Arno est en détention préventive depuis trois ans.

— Oui, à Lessines, tout le monde est au courant.

— Selon toi, est-ce lui qui a assassiné Corinne ?

Le garçon esquisse un pâle sourire.

— J'ai vu le tueur comme je vous vois. Arno n'a rien à voir dans cette affaire.

*

Laurent Beckers est mis en garde à vue pour rétention d'informations et entrave à la justice. Puis, lorsqu'un biologiste établit que son profil ADN correspond à celui prélevé sous les ongles de Corinne, il est suspecté d'homicide et écroué. Néanmoins, il est également plausible que, en se débattant, la jeune fille l'ait égratigné, lorsqu'il l'avait portée dans ses bras.

Dès lors, De Coninck reprend son enquête où il l'avait laissée et passe au crible l'ensemble des renseignements que lui a fourni le jeune homme. Plusieurs éléments semblent l'incriminer. Beckers a, en effet, prétendu que l'agresseur lui avait tailladé le sexe. Or, deux semaines après le drame, rien de tel n'avait été constaté par le médecin du lycée, lors de la visite médicale annuelle.

Dans sa déposition, le garçon a également fait allusion au téléphone de la victime. Selon lui il se serait mis à vibrer, ce qui aurait provoqué la fureur de l'assassin. Mais le portable de Corinne était dépourvu de cette fonction.

Plus troublant encore : Beckers a affirmé que, après avoir poignardé Corinne, le tueur avait proféré des menaces à son encontre, avant de disparaître dans l'obscurité. Mais dans son rapport d'autopsie, le médecin légiste avait déterminé que la victime avait été violée *post mortem*. Ce qui, naturellement, contredit la version de Beckers.

Puis, en procédant à une reconstitution de la scène de crime, De Coninck constate que, au moins à deux reprises, Beckers aurait eu l'occasion de prendre la fuite. Pourquoi ne l'a-t-il pas fait ?

Ensuite, lorsqu'il est demandé à Beckers d'établir le portrait-robot du meurtrier, force est de constater que le visage du meurtrier tel qu'il le décrit lui ressemble étrangement. Inconsciemment et sans y prendre garde, Beckers a en quelque sorte établi son autoportrait.

Enfin, dernier élément incriminant : le garçon refuse obstinément de se soumettre au détecteur de mensonge. Le procureur général Van Beuren l'y contraint par injonction.

Et un coup de théâtre se produit : l'appareil ne détecte aucun mensonge dans les réponses que Beckers donne à l'ensemble des questions posées par le polygraphiste. Mais sa langue maternelle étant le néerlandais, un doute subsiste. Les tests sont donc effectués une seconde fois dans cette langue. Et, cette fois, les résultats diffèrent. Beckers a menti à deux reprises.

*

Incapable de démêler le vrai du faux, et dans l'impossibilité de maintenir Verbeke et Beckers plus longtemps en détention préventive, De Coninck transmet les résultats de son enquête en l'état au procureur. Sous la pression médiatique et populaire, ce dernier décide l'ouverture d'un procès en cour d'assises, dans l'espoir que la vérité finisse par s'imposer au cours des audiences.

*

Le procès s'ouvre dans une atmosphère électrique lorsque les prévenus apparaissent ensemble dans le prétoire. Leurs avocats respectifs ont affûté leurs arguments. Celui d'Arno Verbeke reprend un à un les contradictions qui ont été mises en évidence dans le rapport de gendarmerie et qui semblent accabler Laurent Beckers. Il y ajoute un volet psychologique inattendu.

— Laurent Beckers est un garçon notoirement perturbé, assène-t-il d'emblée. Il présente des traits de caractère qui font état d'un narcissisme pathologique allié à un déni de l'identité féminine. J'ai interrogé plusieurs de ses ex-petites amies, si toutefois ce terme a un sens le concernant – parlons plutôt de flirts adolescents. Toutes les jeunes filles qu'il a approchées ont fait état de ses difficultés relationnelles. Laurent Beckers est un garçon profondément misogyne, sans doute à la recherche de sa véritable identité affective. Sa responsabilité dans le meurtre de Corinne Frankel s'inscrit dans cette logique.

L'avocat de Beckers contre-attaque en arguant qu'Arno Verbeke a passé la soirée du réveillon en compagnie de Corinne, qu'il l'a accompagnée au *Rayon Vert*, et qu'il se trouvait, quelques heures plus tard, sur la scène de crime.

— Arno Verbeke était passionnément amoureux de la victime. Mais un ver de terre peut-il être amoureux d'une étoile ? Un garçon que chacun s'accordait à qualifier d'insignifiant pouvait-il convoiter une séduisante jeune fille ? La relation qu'entretenait Corinne Frankel avec Jacky Ménage, maître d'hôtel dans un grand restaurant lillois, lui avait-elle retiré tout espoir de conquête ? Verbeke a suivi Corinne à la sortie du night-club et, sous l'effet conjugué de la jalousie et de la boisson, il l'a sauvagement agressée dès qu'il en a eu l'occasion.

Ces raisonnements contradictoires ont pour effet de plonger le jury dans la confusion. Lequel des deux garçons a-t-il davantage que l'autre le profil du meurtrier ?

Le jour suivant, quand les audiences reprennent, l'introduction préliminaire du procureur général fait l'effet d'une bombe.

— J'ai bien entendu les arguments des avocats de la défense et je les partage pour ce qu'ils valent. Laurent Beckers est sans doute un jeune homme psychologiquement fragile. Tout comme Arno Verbeke était vraisemblablement un amoureux éconduit et jaloux. Mais l'essentiel, mesdames et messieurs les jurés, n'est pas de considérer ces deux garçons comme des entités distinctes et de les opposer. Il nous faut les juger ensemble comme les complices qu'ils ont été en réalité dans le meurtre de Corinne Frankel.

Sur le banc, les accusés échangent un bref regard d'incrédulité. Dans la salle, leurs familles se toisent avec méfiance. Et le public retient son souffle lorsque Van Beuren poursuit :

— Voilà, selon moi, comment le drame s'est déroulé. Vers minuit et demi, Arno Verbeke, Yves Lefébure et Corinne Frankel se rendent ensemble au *Rayon Vert*. Yves Lefébure rencontre des copains et passe la soirée avec eux de son côté. Verbeke s'alcoolise méthodiquement et s'agace de constater que Corinne est suspendue à son téléphone portable dans l'espoir de recevoir des SMS de Jacky Ménage, son fiancé. Vers 4 h 30, elle quitte le night-club et rentre chez elle, accompagnée d'une amie. Verbeke suit les deux filles à distance. Lorsque Corinne se retrouve seule au pied de son immeuble, Arno l'aborde et l'agresse brutalement. Corinne le repousse et lui dit : « Qu'est-ce qui te prend, connard ? Je te faisais confiance. » Elle parvient à se libérer de l'étreinte et court chercher de l'aide. Lorsqu'elle arrive rue d'Arlon, Verbeke est sur le point de l'attraper. Mais Laurent Beckers, qui prend le frais sous l'appentis de la pizzeria, lui facilite la tâche. Le spectacle de la jeune fille aux abois excite-t-il sa libido ? La rancœur qu'il a accumulée à l'égard des femmes à la suite de ses échecs amoureux s'exacerbe d'un coup. Sans plus réfléchir, il se jette sur Corinne, lui arrache son manteau et ses sous-vêtements et la renverse sur le tas de bois, sans se soucier de la présence de Verbeke qu'il connaît bien. Ce dernier, tétanisé, assiste à la scène sans réagir. Beckers poignarde Corinne et viole son cadavre. Puis, les garçons se séparent et retournent l'un au *Buzz* et l'autre au *Perroquet*. Après avoir retrouvé son calme, Beckers téléphone à son père pour lui demander de venir le chercher. Verbeke achève de se saouler et rentre dormir dans le garage de ses parents. Dès lors, les meurtriers ont scellé un pacte tacite. Ils ont inventé un assassin imaginaire qui les disculpera. Si Beckers n'avait pas été taraudé par le remords, si le cauchemar du carnage n'était pas venu hanter ses nuits, s'il était parvenu à garder le silence, Verbeke aurait continué de croupir quelque temps en prison. Et l'affaire n'aurait sans doute jamais été résolue.

Cette longue démonstration stupéfie public et membres du jury. Le défenseur de Laurent Beckers tente un baroud d'honneur.

— Comment peut-on expliquer, votre honneur, qu'un garçon de dix-sept ans ait pu passer la soirée dans une boîte de nuit armé d'un couteau ?

— Et pourquoi pas ? se contente de répliquer le juge. Nous savons que votre client est un garçon psychologiquement perturbé.

*

Le jury se retire pour délibérer. Au terme du quatrième jour, il parvient difficilement à s'accorder sur un verdict.

Laurent Beckers est reconnu coupable de meurtre sans préméditation, Arno Verbeke est accusé de non-assistance à personne en danger et d'entrave à la justice. Condamné à une peine de réclusion de trois ans déjà purgée à titre préventif, il est libéré. Beckers est, quant à lui, condamné à vingt ans de réclusion.

Lorsque le greffier achève la lecture du verdict, les yeux de Verbeke s'embuent. Ses lèvres forment un merci muet à l'adresse des jurés. Autorisé à quitter le banc des accusés, il se jette dans les bras de ses parents et les étreint en sanglotant. L'avocat de Laurent Beckers chuchote à l'oreille de sa mère : « Nous irons en appel. Cette condamnation est un scandale. Elle ne repose sur aucune preuve matérielle. »

Le public quitte la salle d'audience en silence et se disperse dans les rues de la ville. Un couple de retraités, qui a suivi l'intégralité du procès, entre dans un café et commande des bières.

— On vient quand même d'assister à un drôle de spectacle, constate l'homme.

— Tu veux dire qu'on ne saura jamais la vérité ? demande sa femme avec perplexité. La vérité vraie ?

6

La preuve par le sang

— Détendez-vous, mademoiselle Gao, je vous prie.

Le docteur Deng Minjun défait la bande Velcro qui maintenait le brassard du tensiomètre autour du biceps de la jeune femme.

— Votre tension artérielle est beaucoup trop élevée : 17/9.

Le médecin ajuste ensuite son stéthoscope.

— Pouvez-vous retirer votre chemisier s'il vous plaît, je vais vous ausculter le cœur.

Deng applique le pavillon de l'instrument sur la poitrine nue de la jeune femme.

— Respirez profondément.

Ce 17 octobre 2005, dans un cabinet d'auscultation de l'hôpital Ruijin, à Shanghai, en Chine, Gao Bao, une ravissante jeune femme de vingt-deux ans, est allongée bien à plat sur la table d'examen. Réduit à deux fentes sombres et indéchiffrables, le regard du praticien est braqué sur elle. « Je suis comme un insecte, écrasé sous le microscope d'un entomologiste », pense-t-elle en frissonnant. Quand la main froide de Deng effleure la pointe d'un sein, tous ses muscles se contractent.

— Calmez-vous, mademoiselle Gao, tance le médecin. Vous êtes stressée. Vous tachycardez. Vous avez besoin de repos. Je préfère vous garder en observation quelques heures. Le temps que pouls et tension reviennent à la normale.

L'infirmière qui assistait le médecin s'est éclipsée depuis quelques minutes.

— Je préférerais rentrer chez moi, objecte Bao. Mes parents m'attendent. Ils vont s'inquiéter.

— Ça ne serait pas prudent. Vous vous exposeriez à un malaise vagal.

Un tourbillon de sentiments contradictoires bouillonne dans le cerveau de la jeune femme. Elle hésite, se redresse, déjà prête à bondir sur ses pieds.

— Mettez-vous à l'aise, enjoint le médecin, interrompant le flux de ses pensées. Votre pantalon est trop serré. Il comprime la circulation sanguine.

Deng tend un drap plié à sa patiente.

— Retirez votre jean et couvrez-vous. Je vais vous administrer un léger sédatif.

— Vous allez me faire une injection ? s'alarme Bao

— Non, juste vous faire boire une décoction. C'est indolore.

Le médecin pulvérise le contenu d'une gélule dans un mixer miniature et dilue la poudre obtenue dans un verre d'eau.

— Buvez cela d'un trait, vous vous sentirez mieux.

*

Quand Gao Bao reprend conscience, elle a perdu toute notion du temps. A-t-elle dormi quelques minutes, des heures, ou plusieurs jours ? Elle est incapable de le dire. Le cabinet est vide et silencieux. Sa gorge et ses lèvres sont sèches. Sa tête est en feu. Comme si le tympan d'une cloche avait battu à toute volée à l'intérieur de son crâne, elle a le sentiment d'avoir voyagé à travers des paysages fantasmagoriques peuplés d'homoncules terrifiants, frappant sur des tambours.

Elle s'ébroue douloureusement et regarde sa montre : 5 h 25. Elle croit se souvenir avoir été auscultée par le docteur Deng vers 19 heures. « J'aurais dormi dix heures d'affilée, c'est incroyable ! », constate-t-elle, interloquée.

Bao essaie de reconstituer la chronologie des événements qui l'ont amenée à séjourner dans cet endroit austère et confiné. Elle se souvient que, la veille, elle avait rendez-vous avec Tony Cheung, son fiancé, cameraman à la télévision. Quelques semaines plus tôt, il avait promis de l'emmener passer des vacances dans les montagnes Jaunes, dès les premiers jours de l'automne. Au lieu de quoi et contre toute attente, Tony lui avait annoncé abruptement la fin de leur liaison.

— J'ai bien réfléchi : nous ne sommes pas faits l'un pour l'autre. Reprends ta liberté, lui avait-il asséné, l'abandonnant dévastée et en larmes à la terrasse d'un café.

Marchant dans les rues de la ville comme une automate, Bao avait dirigé ses pas vers l'hôpital Ruijin où sa sœur aînée venait d'accoucher. Mais, à peine la porte de l'établissement franchie, elle s'était effondrée dans un couloir. Une infirmière l'avait fait asseoir dans un fauteuil roulant et l'avait transportée dans le cabinet de consultation du docteur Deng. Ce qui s'était passé ensuite demeurait flou dans sa mémoire.

Bao frissonne sous le drap léger qui la recouvre. Quand elle veut se lever pour atteindre ses vêtements, abandonnés sur le dos d'une chaise, une sensation désagréable la retient. Elle se cambre et retire son slip. Elle constate qu'il est humide. En l'examinant de plus près, elle décèle les traces d'une substance poisseuse.

— Du sperme ! J'ai été violée dans mon sommeil, murmure-t-elle, horrifiée.

La jeune femme roule le slip en boule, le jette dans son sac, et se rhabille prestement. Tandis qu'elle s'apprête à franchir la porte, elle se heurte au docteur Deng.

— Comment vous sentez-vous, mademoiselle Gao ? demande le praticien, affichant un sourire forcé.

— Confuse, nauséeuse, souffle la jeune femme, pressée de prendre la fuite.

Elle trouve néanmoins le courage d'affronter le regard du médecin.

— Quel médicament m'avez-vous donné, hier soir ?

— Un banal sédatif, pourquoi ? Il est néanmoins possible que vous ayez fait des rêves délirants. Est-ce le cas ?

*

Bao se rue à l'extérieur. Heureusement, à cette heure matinale, la circulation est encore fluide. Elle saute dans un taxi et lance au chauffeur l'adresse de l'appartement de ses parents. Ceux-ci, anxieux de l'avoir attendue en vain pendant des heures, se jettent dans ses bras. Sans rien dissimuler de sa nuit de cauchemar, Bao les informe de ce qu'elle a subi. Partagés entre indignation et compassion, ses parents se révoltent.

— Et tu dis que c'est un médecin qui a abusé de toi ? demande sa mère, consternée.

— Oui, le docteur Deng Minjun.

— Le Centre d'accueil des personnes violées n'est pas loin, intervient son père. Nous t'y accompagnerons dès son ouverture.

Dans un premier temps, une femme en blouse blanche examine le slip que portait Bao. Puis, elle procède à un prélèvement vaginal et à une prise de sang.

Une semaine plus tard, si le moindre doute subsistait encore, il est levé par le résultat des examens : à partir du sperme recueilli, la biologiste a déterminé une signature ADN. Et l'analyse toxicologique a établi que Bao a ingéré du Versed, un puissant anesthésiant à base de midazolam.

Cette molécule provoque des effets hypnotiques, sédatifs et amnésiques.

*

Munie des certificats médicaux, Gao Bao se rend au commissariat de police de son quartier et porte plainte contre le docteur Deng Minjun. L'inspecteur-chef Lin Dong enregistre son témoignage avec réticence et lui demande de revenir quelques jours plus tard, le temps pour lui de se livrer à une rapide enquête.

— Pouvez-vous prouver que le docteur Deng vous a bien examinée ? demande-t-il lors du second entretien.

La question déconcerte la jeune femme, car elle s'aperçoit soudain avec inquiétude qu'elle ne possède aucun document attestant d'un rendez-vous.

— En fait, je m'étais rendue à l'hôpital Ruijin pour voir ma sœur qui venait d'y accoucher. J'ai eu un malaise dans un couloir. Dans l'urgence, une infirmière m'a conduite auprès du docteur Deng. Je ne l'avais jamais vu auparavant.

— Connaissez-vous le nom de cette infirmière ?

— Non.

— Était-elle présente quand le médecin a évalué votre état de santé ?

— Non. Elle n'est restée dans le cabinet d'auscultation que quelques minutes, puis elle nous a laissés seuls. J'imagine qu'elle avait à faire dans son service.

— Donc, aucun témoin n'est en mesure d'étayer vos allégations ?

— Allégations ? s'insurge Bao. Mais j'ai été violée et droguée, inspecteur. Les analyses et les certificats médicaux le prouvent.

— Ils prouvent seulement que vous avez eu une relation sexuelle et que vous avez ingéré un sédatif. Mais vous pouviez être consentante et la prise de Versed était médicalement justifiée.

Gao Bao tombe des nues. Le sol se dérobe sous ses pieds. Le policier clarifie aussitôt sa pensée :

— Les accusations que vous portez à l'encontre d'un éminent médecin sont extrêmement graves. Je ne peux pas les prendre pour argent comptant. C'est votre parole contre la sienne.

Il demande encore à brûle-pourpoint.

— Que faites-vous dans la vie, mademoiselle Gao ?

— Je suis étudiante dans une école des arts du spectacle, pourquoi ?

— Êtes-vous bien consciente que si, d'aventure, cette affaire devait atterrir devant un tribunal, le jury devra se prononcer entre la crédibilité du témoignage d'une étudiante de vingt-deux ans et celui d'un médecin, chef de service dans le plus grand hôpital de Shanghai ?

— Voulez-vous dire que l'on mettra ma parole en doute quand bien même je dirais la vérité ?

— On pourra objecter que, dans le but d'obtenir une compensation financière, vous avez provoqué le docteur Deng et que vous l'avez ensuite accusé indûment de vous avoir violée.

— J'aurais organisé un coup monté ? C'est absurde, écœurant ! s'indigne la jeune femme. Je suis victime. Je ne réclame aucune indemnité. Je veux simplement que l'on me rende justice et que mon agresseur soit reconnu comme tel.

L'inspecteur Lin Dong, qui a une fille de l'âge de Bao, se sent en empathie avec cette étudiante révoltée et profondément blessée. Après avoir longuement réfléchi, il propose :

— Écoutez, voilà ce que nous allons faire : je vais obliger le docteur Deng à se soumettre discrètement à une prise de sang afin d'obtenir son ADN. Si le test est positif, je le mettrai en état d'arrestation. Dans le cas contraire, l'affaire s'arrêtera là. Je ne vous poursuivrai pas pour diffamation et faux témoignage. Cet arrangement vous semble-t-il acceptable ?

— Oui. Tout à fait acceptable, je vous remercie.

*

Le policier se rend à l'hôpital Ruijin. Deng Minjun accepte la proposition sans hésiter. Il disparaît avec une infirmière dans son cabinet d'auscultation pour s'y faire faire une prise de sang. Lin Dong recueille l'échantillon et le fait analyser dans le laboratoire de la police. Quelques jours plus tard, le résultat tombe comme un couperet : négatif. Il téléphone aussitôt à Gao Bao pour l'en informer.

— L'ADN du docteur Deng ne correspond pas à celui trouvé dans le sperme de votre soi-disant agresseur. Je suis désolé. Vous ne m'avez pas dit la vérité. Je clos le dossier.

Abasourdie, sous le choc, Bao accueille cette nouvelle avec consternation. Quel subterfuge Deng a-t-il utilisé pour se soustraire à l'analyse sanguine ? A-t-il bénéficié de la complicité de l'infirmière ? Lui a-t-il prélevé du sang à sa place ? Ou a-t-il donné au policier un échantillon provenant de l'un de ses patients ? C'est probable. Mais comment pourra-t-elle le prouver ? Le seul moyen consisterait à renouveler l'opération, mais cette fois en présence d'un huissier de justice ou d'un policier. Gao suggère cette idée à Lin Dong.

— Vous ne manquez pas d'audace, mademoiselle Gao. Vous me demandez maintenant de harceler un médecin dont l'innocence a été prouvée ?

— Si je n'étais pas absolument sûre de mon fait, je n'insisterais pas, plaide la jeune femme.

Lin Dong est troublé par l'obstination de celle qui se prétend victime. C'est pourquoi, prétextant que le laboratoire a malencontreusement pollué l'échantillon, il demande au médecin d'accepter de se prêter à un nouveau prélèvement. Deng s'y soumet sans protester. En présence du policier, il remonte la manche gauche de sa blouse et offre son bras à l'infirmière.

— Piquez plutôt cette veine-ci, lui conseille-t-il.

L'aiguille transperce la peau et le réservoir de la seringue se remplit.

Quelques jours plus tard, Lin rappelle Gao.

— Le test est encore négatif, vocifère-t-il au bout du fil. Cette fois, c'est terminé. Je ne supporte plus vos enfantillages. Si vous insistez encore, je vous colle en prison.

*

Gao Bao a beau retourner l'énigme dans tous les sens, elle ne parvient pas à trouver d'explication. La seule hypothèse qui lui vient à l'esprit est que, en l'absence du médecin, un autre homme se serait introduit dans le cabinet d'auscultation et aurait abusé d'elle pendant son sommeil. Mais quand elle se remémore le regard froid et calculateur de Deng, ses yeux réduits à deux fentes sombres et inquiétantes, son instinct refuse d'adhérer à ce scénario.

— Deng est le violeur, se répète-t-elle comme une antienne. C'est lui et personne d'autre qui m'a agressée !

Deux ans s'écoulent sans altérer la détermination de la jeune femme. Et cela en dépit des mises en garde de ses parents.

— Va de l'avant, lui recommandent-ils. Ne laisse pas ce drame te gâcher la vie.

En 2007, Gao fait la connaissance de Bing Fung, un jeune photo-journaliste avec lequel elle envisage de se marier. Mais, afin qu'aucune ombre n'entache leur relation, elle l'informe du traumatisme qu'elle a subi et des suspicions qu'elle nourrit à l'égard du médecin. Le garçon, bouleversé, cherche de quelle manière il pourrait venir en aide à sa fiancée. Bientôt, il lui fait part de la stratégie qu'il a imaginée.

— Sous prétexte de faire un reportage, je me suis renseigné sur le docteur Deng. Il est de permanence, la nuit, dans son service, une semaine sur deux. Il gare sa voiture, une Mercedes, sur un emplacement qui lui est réservé, sur le parking de l'hôpital.

— Que comptes-tu faire ? demande Bao, soudain inquiète.

— J'irai fracturer une portière de sa voiture et prélever à l'intérieur tout ce que je pourrais trouver pour nous fournir une empreinte biologique : cheveux, mégots de cigarette… des choses de ce genre.

— Si tu te fais prendre, tu iras en prison.

— Fais-moi confiance, la rassure Fung. Tout se déroulera bien.

La semaine suivante, le jeune homme passe à l'action. Un ami garagiste lui a expliqué comment désactiver le système d'alarme de la berline. Il trouve quelques cheveux du médecin sur l'appui-tête du siège conducteur mais constate qu'ils sont dénués de bulbe. En revanche, la boîte à gants contient un baume hydratant pour les lèvres. Fung le subtilise et l'apporte à un laboratoire privé. L'analyse des cellules épithéliales, incrustées dans la crème, permet d'extraire un échantillon d'ADN. Un biologiste le compare à celui recueilli dans le sperme du violeur. Ils sont identiques. Gao Bao détient enfin la preuve que ses accusations étaient fondées. Elle se heurte néanmoins à deux difficultés. Comment pourra-t-elle prouver que la boîte de baume hydratant appartient bien au docteur Deng et qu'il en fait usage ? Et comment pourra-t-elle expliquer à la police la façon dont elle se l'est procurée ? Bao et Fung s'aperçoivent vite avec consternation que leurs efforts sont vains. Que la preuve matérielle de la culpabilité du médecin, qu'ils ont pourtant réussi à se procurer, est inutilisable.

*

Trois ans s'écoulent encore. Fung et Bao se sont mariés. Avec le temps, les souvenirs douloureux de la nuit de cauchemar se sont émoussés. Mais, en 2010, un fait divers, publié dans la presse, ranime les souvenirs de la jeune femme. Zang Fang, la belle-fille du docteur Deng, âgée de dix-sept ans, est retrouvée sans vie dans le luxueux appartement de ses parents. Une enquête préliminaire révèle que la jeune fille a vraisemblablement succombé à une overdose. L'analyse toxicologique et l'autopsie démontrent que la substance responsable du décès est du Versed, absorbé en grande quantité, et que Fang a subi une agression sexuelle. Dès lors, d'accidentelle la cause de la mort est requalifiée en homicide. Une enquête est ouverte et le docteur Deng apparaît rapidement comme le principal suspect, puisqu'il partage le quotidien de la victime et qu'il dispose à sa guise du médicament incriminé.

Gao Bao, qui suit l'évolution de l'affaire avec fébrilité, reprend contact avec l'inspecteur principal Lin Dong.

— J'ignore si vous vous souvenez de moi, dit-elle. J'avais porté plainte, il y a six ans, contre le docteur Deng. Il m'avait violée à l'hôpital, après m'avoir fait absorber du Versed.

— Comment aurais-je pu vous oublier ? ricane Dong. Dans le service, nous vous avions appelée « l'acharnée ». Certes, les similitudes entre votre affaire et le crime de Mlle Fang sont troublantes. Mais, en ce qui vous concerne, nous avions établi l'innocence du médecin en pratiquant à deux reprises une recherche d'ADN.

— C'est exact, mais je dispose maintenant d'un nouvel élément qui démontre sa culpabilité.

— Passez me voir au commissariat demain matin, ordonne Dong.

Et il ajoute avant de raccrocher sèchement :

— J'espère que, cette fois, vos arguments seront solides.

Le lendemain, Gao Bao produit les résultats de la dernière analyse biologique. Mais comme elle le redoutait, le policier décèle instantanément une faille dans le rapport qu'elle lui présente.

— L'ADN présumé du médecin, qui correspond à l'ADN de votre prétendu violeur, a été extrait d'un mystérieux baume hydratant, constate l'inspecteur. Cela fait beaucoup de doutes et d'approximations. Mais, dites-moi, au fait, comment vous êtes-vous procuré ce pot de crème ?

— L'un de mes amis l'a volé sur le bureau du médecin au cours d'une consultation, ment Bao.

— Cela constitue un délit, donc une preuve irrecevable devant un tribunal.

— J'en suis bien consciente, malheureusement.

Lin Dong congédie la jeune femme en lui promettant de la tenir informée des suites de l'enquête. En attendant, il place Deng Minjun en garde à vue. Lors de son interrogatoire, le médecin nie farouchement être impliqué dans l'agression de sa belle-fille.

— Je ne doute pas de votre innocence, minaude Dong. Comment un homme comme vous, un éminent médecin aurait-il pu violer et tuer la fille de sa compagne ? Mais, d'une façon malsaine, l'opinion publique se passionne pour cette affaire. Les journalistes me harcèlent pour obtenir des informations. Je suis obligé de leur donner du grain à moudre. C'est pourquoi, pour lever la moindre ambiguïté, je vais vous demander de vous soumettre à un test de recherche d'ADN. L'acceptez-vous ?

— Naturellement. L'ai-je déjà refusé dans le passé ?

Une infirmière se présente dans la salle d'interrogatoire. Elle prépare son matériel. Puis elle relève la manche droite de la chemise du médecin. Ce dernier se dégage brutalement et présente prestement son bras gauche. L'infirmière tapote le dos de la main, après l'avoir humectée d'alcool.

— Non, piquez plutôt ici, indique Deng. Dans cette grosse veine de l'avant-bras.

— Comme vous voudrez.

L'aiguille s'enfonce dans la chair. La femme actionne le piston de la seringue. Quelques gouttes de sang anémié apparaissent dans le fond du réservoir. Puis le flux déjà exsangue se tarit.

— Je suis désolée, docteur, s'excuse l'infirmière. J'ai dû rater la veine. Je vais piquer ailleurs.

— Non, insistez encore, se rebiffe le médecin.

— C'est inutile, je n'ai pas de sang, s'entête l'infirmière en retirant l'aiguille avec précaution.

Le visage du praticien vire au gris. Même ses yeux, pourtant réduits à deux fentes énigmatiques, dissimulent mal le sentiment de panique et de colère qui le submerge.

L'infirmière revient à sa première idée et pique le dos de la main. Cette fois, du sang vif, remplit instantanément le réservoir de la seringue. Elle confie l'échantillon au policier et remballe son matériel.

— Je vais devoir vous garder en garde à vue dans l'attente du résultat, indique l'inspecteur. Ce sera l'affaire de vingt-quatre heures.

— Le test n'est pas nécessaire, murmure Deng, soudain exténué.

— Pourquoi dites-vous cela ?

— Parce que je suis le coupable que vous cherchez. Mon ADN le prouvera. C'est moi qui ai violé et assassiné ma belle-fille.

Le médecin dégage la totalité de son bras gauche, en roulant sa manche de chemise à hauteur du biceps. L'inspecteur constate alors, au niveau du coude, une cicatrice violacée. Deng Minjun s'explique enfin.

— J'ai également violé Mlle Gao, il y a quelques années. À l'époque, pour ne pas être confondu par ma signature ADN, je m'étais introduit sous la peau un petit tube en plastique très fin, que j'avais rempli du sang prélevé sur l'un de mes patients. Le subterfuge avait fonctionné. Mais le sang contenu dans le tube s'est progressivement asséché. Et je n'avais pas la possibilité de le renouveler parce que le patient sur lequel je l'avais ponctionné était décédé d'un cancer. Et il m'était évidemment impossible d'utiliser le sang d'un autre, puisqu'il aurait contenu un ADN différent.

Le regard éberlué de l'inspecteur virevolte du visage au bras du médecin.

— Pour échapper à la justice, vous vous êtes introduit un tuyau sous la peau, s'exclame-t-il, incrédule. C'est inimaginable !

Le médecin esquisse une grimace.

— Le plus étonnant dans tout cela est que, en six ans, je n'ai pas constaté de phénomène de rejet ni d'infection.

Lorsque Lin Dong reçoit le résultat du test, il constate sans surprise que l'empreinte génétique de Deng est identique à celles recueillies sur le cadavre de sa belle-fille et dans les indices collectés par Gao Bao. Le procès du médecin se déroule à huis clos quelques mois plus tard. Il est reconnu coupable de meurtre et des deux viols et condamné à mort. Il est exécuté d'une balle dans la tête.

*

Ainsi l'opiniâtreté de Gao Bao n'aura pas été vaine. Tel le pot de terre contre le pot de fer, la petite étudiante sera parvenue à démasquer l'éminent médecin. Celle que les policiers avaient gentiment surnommée « l'acharnée » se sera battue jusqu'au bout.

Tandis que son mari sillonne la planète pour rendre compte de l'actualité, Bao crée de somptueux costumes pour les théâtres de la ville. Et sa famille s'est agrandie. Peu de temps après la condamnation de Deng, elle a mis au monde une petite fille.

— Va de l'avant. Ne laisse pas ce drame te gâcher la vie, lui avait autrefois sagement recommandé sa mère.

7

Confession dans le couloir de la mort

En septembre 2004, Mike Hamilton, star montante du journalisme américain, se rend en Côte d'Ivoire pour le compte du *New York Times*. Il part enquêter sur les conditions de vie, souvent inhumaines, des enfants employés de force dans les plantations de cacao. Auteur de plus de deux cents articles publiés, ce reporter d'investigation a gagné ses lettres de noblesse en révélant notamment les filières de blanchiment de l'argent de la drogue en Amérique latine.

Se heurtant sur le terrain à d'innombrables tracasseries administratives, voire à des manœuvres d'intimidation, Hamilton décide d'utiliser un subterfuge pour parvenir à ses fins. Puisqu'il ne peut recueillir en cachette que des témoignages furtifs et parcellaires des rares petits travailleurs forcés qu'il parvient à approcher, il décide de créer de toutes pièces un personnage emblématique, Daouda, un débrouillard de onze ans, gouailleur et intelligent. Daouda exprimera au nom de dizaines d'autres enfants restés anonymes souffrances et privations. Sous la plume de Hamilton, l'effet est saisissant. Le gamin se transforme en porte-parole d'une cause humanitaire. En défenseur des droits de l'enfance telle que la charte de l'Unicef les a définis bien des années plus tôt.

Les articles bouleversent des milliers de lecteurs et des associations de défense des libertés demandent au gouvernement ivoirien de s'expliquer. Ce dernier réagit avec vigueur, dénonçant une supercherie. Tandis que Hamilton est nominé pour l'obtention du prestigieux prix Pulitzer, une plainte en diffamation est déposée auprès de l'ambassade américaine d'Abidjan. La rédaction en chef du *New York Times* s'émeut. Hamilton a-t-il ou non falsifié la vérité ? Pour le savoir, elle dépêche en Côte d'Ivoire une commission constituée de trois grands reporters aguerris. Au terme de quinze jours de contre-enquête, le verdict tombe : Hamilton n'a pas déformé les faits mais il a mis en scène un personnage imaginaire. Daouda n'a jamais existé, et par conséquent les propos que lui a fait tenir le journaliste sont irrecevables.

Par le passé, des reporters de haut vol tels qu'Albert Londres, Joseph Kessel ou plus récemment Ryszard Kapuscinski ont largement utilisé ce procédé, mêlant fiction et réalité, et ils en ont même fait un genre littéraire. Mais cette pratique, courante dans les usages journalistiques de nombreux pays, est inadmissible aux États-Unis où la déontologie est rigoureuse.

Ayant enfreint des règles établies et discrédité sa profession, Hamilton est radié de la liste des candidats au prix Pulitzer et limogé du *New York Times.* Le quotidien désavoue par ailleurs ses articles et présente des excuses à ses lecteurs.

Humilié, déshonoré et sans travail, Hamilton quitte Washington et va se terrer à Boulder, dans le Colorado. Sachant que le scandale a entaché sa carrière et qu'il ne parviendra vraisemblablement pas à rebondir facilement, il se morfond dans un chalet inconfortable, vivant modestement de ses économies. Pour autant, le désir obsessionnel d'être réhabilité occupe chacune de ses pensées. Parviendra-t-il à trouver un nouveau sujet d'enquête, à réaliser un reportage, cette fois-ci incontestable, et à trouver un journal qui acceptera de le publier ?

Quelques mois plus tard, une opportunité extraordinaire se présentera à lui. Elle l'entraînera dans une aventure hors du commun à laquelle il consacrera sept ans de sa vie…

*

Né en 1977 à Burlington, dans l'Iowa, Irvin Jackson passe une petite enfance chaotique auprès de ses parents et de son frère cadet. Son père, qui exerce la profession de couvreur, est un homme instable et belliqueux. C'est pourquoi, au gré de ses incartades et de ses mises à pied, la famille déménage de ville en ville, incapable de s'enraciner où que ce soit. Bientôt, les emplois se raréfient, les périodes de chômage augmentent. Et de modeste, la situation familiale devient précaire puis misérable. Lassée d'une vie errante et sans avenir, Mme Jackson demande et obtient le divorce. Accompagnée de ses enfants, elle trouve refuge dans une communauté des Témoins de Jéhovah, à Ann Arbor, dans l'État du Michigan. Elle épouse peu après l'un d'eux et choisit d'élever ses enfants dans le respect des préceptes jéhovistes.

À l'âge de dix-huit ans, bien que doté d'un quotient intellectuel de 130, Irvin décide de ne pas poursuivre ses études et de se lancer dans la vie active. Il trouve un emploi de vendeur chez un photographe. Mais il n'en abandonne pas pour autant sa pratique religieuse qui, chez les Témoins de Jéhovah, consiste essentiellement à proclamer la « bonne nouvelle » par le porte-à-porte, le démarchage par téléphone ou encore, de façon informelle, sous forme de prédication au coin des rues.

Le garçon fait bientôt équipe avec Naomi, une coreligionnaire de sept ans son aînée. Cette différence d'âge ne faisant pas obstacle aux sentiments qu'ils se portent, ils convolent en justes noces quelques mois après s'être rencontrés. Naomi est une jeune femme douce et aimante qui n'aspire qu'à fonder un foyer et vivre dans la simplicité, en conformité avec ses idéaux chrétiens.

Moins d'un an après leur mariage, un premier enfant voit le jour. Suivi d'un second, dix mois plus tard. Puis

Mary Jane agrandit la famille en l'an 2000. Pour faire face à des charges domestiques devenues écrasantes, Naomi renonce à son emploi de secrétaire. Irvin se retrouve donc seul à assumer l'ensemble des revenus. Et ce n'est pas avec son modeste salaire de vendeur qu'il est en mesure d'y parvenir. La famille doit s'endetter pour déménager d'un camping-car à un appartement meublé. Puis l'achat à crédit d'une voiture d'occasion vient encore grever un budget en perpétuel déséquilibre.

Irvin s'affole. Le spectre de la misère qui a noirci son enfance lui revient en mémoire. Elle le hante. À l'instar de son père, va-t-il à son tour imposer à sa famille une vie de privations ? Va-t-il perpétuer la malédiction ? Alors, quitte à vivoter d'emprunts, il franchit le pas, contracte un prêt de cent mille dollars auprès d'une banque affiliée aux Témoins de Jéhovah, et crée une petite entreprise de nettoyage industriel. Cette initiative est un succès. Plusieurs sociétés lui accordent leur confiance. Les contrats affluent. Il engage trois ouvriers, investit dans des machines modernes et coûteuses pour améliorer le rendement, et commence à envisager l'avenir avec confiance.

Pour autant, plutôt que de patienter le temps que sa situation financière se stabilise, Jackson se lance dans des dépenses ostentatoires. Il achète un van Chevrolet dernier modèle, emmène les siens en vacances à Hawaii, et débourse sans compter pour des frivolités. Se conformant à la tradition des Témoins de Jéhovah, qui impose à l'épouse de se soumettre docilement à l'autorité de son mari, Naomi accueille ces bouleversements sans s'alarmer. Elle est loin de se douter que le bonheur qu'elle entrevoit ne durera que le temps d'un feu de paille…

*

En 2002, l'éclatement de la bulle Internet et la crise boursière qui en résulte ébranlent l'économie américaine.

Depuis le mardi noir de 1929, jamais le pays n'a connu perturbation équivalente. Les indices Down Jones et Nasdaq plongent dans les abysses. Les start-up s'effondrent comme des dominos, entraînant dans leur chute des entreprises traditionnelles.

En trois mois, Irvin Jackson perd la moitié de sa clientèle. Avec des revenus brusquement divisés par deux, les impayés s'accumulent. La famille restreint drastiquement son train de vie. Mais cela n'y suffit pas. Irvin Jackson voit resurgir le cauchemar qui l'obsède. Après avoir goûté à une prospérité éphémère, va-t-il précipiter les siens dans une spirale sans fond ? Va-t-il sombrer dans la déchéance ? Pour éponger ses dettes les plus criantes, il vend meubles et objets. Puis il échange le van rutilant contre un vieux break déglingué. Enfin, il retire ses fils de la coûteuse institution religieuse où il les avait placés pour les inscrire dans une école publique. Naomi accepte ces sacrifices sans protester. Comme on accepte une décision divine.

Quelques mois plus tard, Jackson licencie ses ouvriers et consacre désormais ses nuits à se tuer seul à la tâche. Mais il n'y parvient pas. Ses prestations ne satisfont plus ses employeurs. Deux clients importants résilient leur contrat. Pris à la gorge, il émet des chèques sans provision. Des plaintes sont déposées. Un juge lance contre lui un mandat d'arrêt. Interpellé et mis en examen, Jackson plaide coupable. N'ayant pas d'antécédents judiciaires, bon chrétien et père de famille, il obtient la clémence du juge, qui accepte de le considérer comme une victime de la crise. Il est laissé en liberté mais condamné à accomplir des travaux d'intérêt général jusqu'à ce qu'il parvienne à rembourser l'intégralité de ses dettes. Puis, pour achever sa chute, le conseil des Témoins de Jéhovah l'exclut à vie de la communauté, ce qui brise le cœur de Naomi.

Dès lors, Jackson n'ignore pas qu'il a touché le fond. Qu'il n'aura plus la force ni la possibilité de remonter la pente. Que, s'il persévère dans cette voie, il tombera de

Charybde en Scylla. Alors, plutôt que d'attendre sa faillite annoncée, il se lance dans une fuite en avant qui deviendra irréversible.

Une nuit, il vole un camion et une camionnette dans le garage de la dernière entreprise qui fait encore appel à ses services. Il entasse dans le premier tout le matériel informatique qu'il peut subtiliser dans les bureaux, change les plaques d'immatriculation des deux véhicules, installe ses enfants à bord de la camionnette, confie le volant à sa femme, et quitte la ville avant le lever du jour. Conduisant lui-même le camion volé, il dirige le convoi en direction de l'ouest, en n'empruntant que des routes secondaires.

La suite de cette pitoyable épopée ressemble à une lente descente aux enfers. Jetant son dévolu sur une bourgade du Nevada, Jackson loue un entrepôt où il met en vente à prix bradé le matériel volé. N'acceptant que des paiements en espèces et des clients peu regardants sur la provenance de son stock, il parvient à collecter juste de quoi loger sa famille dans la chambre d'un motel sordide.

Vendre le camion volé est plus problématique. Ayant des doutes sur son origine, un éventuel acheteur demande à la police d'enquêter à son sujet. Lorsqu'un shérif et son adjoint se présentent à l'entrepôt, Jackson a juste le temps de s'éclipser, de récupérer sa famille restée au motel, et de prendre la fuite à bord de la camionnette. Sur la route de San Francisco, il cède pour quelques centaines de dollars à un prêteur sur gages la bague de mariage de son épouse. Traqués et à bout de forces, les Jackson louent un mobile-home dans la baie, sur un terrain vague où échouent les déclassés et les junkies.

*

La nuit de Noël 2004 est un cauchemar. La réserve de gaz du chauffage est épuisée. Emmitouflés dans des couvertures, les enfants, grelottant, doivent se contenter en guise de cadeaux de babioles en plastique récupérées dans des poubelles. Les placards sont vides. Naomi a tout juste de quoi confectionner un plat de spaghettis. Quand les enfants sont enfin endormis, leurs parents prient côte à côte avec ferveur. Car ils sont bien conscients que, dans l'impasse dans laquelle ils se trouvent, seul un recours divin peut encore les sauver.

Le lendemain, Irvin parvient à se faire embaucher quelques jours comme extra dans un restaurant de San Francisco.

*

Le 2 janvier 2005, des voisins du campement sont intrigués de découvrir que la porte du mobile-home des Jackson est restée ouverte. Comme personne ne répond à leurs appels, l'un d'eux pénètre à l'intérieur. Il découvre de la layette, des vêtements de femme abandonnés et des photos de famille. La police est alertée.

Dans la soirée, un restaurateur porte plainte pour vol : l'extra qu'il a engagé pour lui prêter main-forte durant la période des fêtes s'est volatilisé avec la caisse. Il estime le montant du dommage à 2 800 dollars.

Une semaine plus tard, la camionnette conduite par Irvin est retrouvée abandonnée sur un parking de l'aéroport de San Francisco. Les clés sont restées sur le tableau de bord. Elle est vide à l'exception de quelques jouets et d'un paquet de factures. Renseignement pris, le véhicule a été volé quelques semaines plus tôt dans le garage d'une entreprise du Michigan.

Le 12 janvier, un joggeur remarque la présence de deux sacs en coton, échoués sur les berges du *Crystal Springs Reservoir*. Il compose le 911 sur son téléphone portable. En ouvrant les sacs lestés de pierres, les policiers découvrent deux petits corps sans vie : deux garçons âgés d'environ six et sept ans. Le médecin légiste conclut après autopsie que la cause de leur mort est la noyade. Après avoir photographié leurs visages, un expert retouche les images afin de les rendre publiables. Elles sont diffusées sur des chaînes de télévision et dans la presse locale. Des voisins des Jackson croient reconnaître les victimes. Ils confirment à la morgue que les garçons ont bien vécu avec leurs parents dans un mobile-home du campement, quelques jours plus tôt.

Le 18 janvier, un employé du service des eaux, qui effectue des prélèvements de routine dans le *Crystal Springs Reservoir*, aperçoit deux valises reliées entre elles par une ceinture. Une nouvelle fois, la police est contactée. La première valise contient le cadavre d'une femme d'une trentaine d'années. Recroquevillée en position fœtale, elle a été frappée à la tête et étranglée. Dans l'autre, les plongeurs découvrent le corps d'une fillette de quatre ans. Elle aussi a été étranglée. À nouveau, des voisins des Jackson identifient les corps. Un avis de recherche international est aussitôt lancé contre Irvin Jackson, accusé de quadruple homicide, de vols multiples et d'escroquerie.

*

Vêtu d'un short et d'une chemise bariolée, lunettes de soleil posées sur le nez, un homme d'environ vingt-cinq ans se prélasse sur le bord d'une piscine. Autour de lui, des vacanciers sirotent des cocktails et échangent des propos anodins sur les richesses archéologiques qui font l'attrait de cette région du Yucatan, dans le sud-est du Mexique.

Quelques instants plus tard, ayant repéré qu'une jeune femme seule venait de s'accouder au bar de l'hôtel, l'homme attrape sa serviette de bain et se glisse à ses côtés.

— Puis-je vous offrir un verre de bienvenue ? demande Irvin Jackson en anglais.

Puis, retirant ses lunettes et tendant la main à l'inconnue, il se présente.

— Mike Hamilton, ex-reporter au *New York Times.*

— Barbara Vogler, répond l'autre. Je suis allemande, photographe indépendante. Et votre nom ne m'est pas inconnu.

Elle hésite, semble fouiller dans le tréfonds de sa mémoire.

— Ne seriez-vous pas ? Non, vous êtes trop jeune pour cela. Ne seriez-vous pas le célèbre reporter qui… comment dire ?

— S'est fait virer de son prestigieux journal pour avoir soi-disant bidonné un article.

La femme éclate de rire.

— C'est bien ça. Je n'osais pas le dire. On a beaucoup parlé de vous, il y a quelques mois, il me semble.

— Et pas toujours en bien, je dois l'avouer. Mais, commandons un verre, allons déjeuner et, si vous le voulez bien, je vais vous donner ma version des faits.

Dans l'après-midi, Irvin Jackson, qui se fait donc passer pour Mike Hamilton, et Barbara Vogler se rendent en taxi sur le site de Chichen Itza, le joyau de l'architecture maya. Jackson se montre volubile et attentionné. Il aide sa nouvelle amie à gravir les marches abruptes du temple et ne cesse de la renseigner sur les merveilles qui s'offrent à la vue, et que Barbara photographie sans désemparer. De toute évidence, avant l'excursion, le jeune homme a pris le temps de lire et d'assimiler les descriptions qui en sont faites dans les guides de voyage.

Le lendemain matin, tandis que le couple papote avec une poignée de touristes, une dizaine de policiers mexicains fait irruption dans l'hôtel.

— À genoux ! Mains sur la tête, ordonne le chef de patrouille. Lequel d'entre vous est Irvin Jackson ?

Jackson lève une main au-dessus de sa tête et confirme calmement son identité. Il est emmené au poste de police, menottes aux poignets, sous le regard ahuri de sa compagne.

La veille au soir, tandis que le fugitif et la photographe faisaient plus intimement connaissance, une chaîne de télévision américaine câblée avait diffusé un épisode de l'émission *America's Most Wanted*, dans lequel des photos de Jackson avaient été montrées. Faisant dorénavant partie des criminels les plus recherchés des États-Unis, Jackson avait été identifié par un client de l'hôtel qui avait aussitôt alerté la police mexicaine.

Un inspecteur fouille la chambre du présumé meurtrier multirécidiviste. Il trouve une carte de crédit appartenant à son épouse, le reste de l'argent dérobé au restaurateur de San Francisco, et un carnet couvert de notes concernant la civilisation maya. Ayant confirmation que l'homme en état d'arrestation est bien Irvin Jackson, le policier lui offre un choix : soit il accepte d'être immédiatement expulsé sous bonne garde vers les États-Unis, soit il attend qu'un juge mexicain réponde favorablement à une demande officielle d'extradition, ce qui signifie qu'il devra passer au moins six mois dans une geôle locale. Jackson opte sans hésiter pour l'expulsion.

*

Le 26 janvier 2005, Irvin Jackson est inculpé de quadruple homicide et incarcéré dans une prison de San Francisco. L'affaire fait grand bruit. Des journalistes mexicains ont enquêté sur les conditions d'arrestation de l'homme le plus recherché des États-Unis. D'autres ont interviewé Barbara Vogler, qui a révélé que, dans le but sans doute de la séduire, Jackson avait usurpé l'identité de Mike Hamilton. La presse américaine reprend l'information et la diffuse à travers le pays. Y compris dans le *Boulder Weekly Journal*, un hebdomadaire du Colorado. Mike Hamilton dévore littéralement l'article. Passé un instant de stupéfaction, il s'estime concerné d'une manière ou d'une autre par cette étrange affaire. Le fait que Jackson lui ait volé son identité lui donne une sorte de légitimité pour le contacter. Puis il se prend à rêver : s'il parvenait à gagner la confiance du prisonnier, pourquoi ne lui consacrerait-il pas un article de fond ou, mieux encore, un livre ? Ce serait le moyen de se réhabiliter aux yeux de ses confrères et du public.

Après avoir gâché une multitude de feuilles blanches, Hamilton finit par trouver le ton qui lui convient pour rédiger une courte lettre adressée au détenu. Et contre toute attente, ce dernier lui répond par retour de courrier. « Je n'ai pas usurpé votre identité pour nuire à votre réputation ou m'accaparer un peu de votre gloire. Bien au contraire, je l'ai fait pour vous rendre hommage. J'ai lu, en effet, la plupart des articles que vous avez publiés dans le *New York Times* et je considère que vous êtes l'un des meilleurs reporters de votre génération. J'espère que, tôt ou tard, vous aurez l'opportunité de reprendre vos activités. »

Fort de ce *satisfecit*, Hamilton le remercie et bientôt une correspondance assidue s'établit entre le journaliste déchu et le détenu soupçonné d'être le massacreur de sa famille. Prudent, Hamilton se contente dans un premier temps de l'interroger sur son enfance, sa rencontre avec Naomi, ses enfants, ses activités professionnelles, ses conditions de détention. Jackson répond aux questions par des lettres fleuve dont certaines dépassent les cinquante pages. Puis les deux hommes prennent l'habitude de se téléphoner, une fois par semaine et à heure fixe.

*

Le procès s'ouvre le 15 mai 2006. S'il reconnaît être l'auteur des vols commis dans le Michigan et en Californie, Irvin Jackson nie avoir massacré sa famille. Afin de pouvoir suivre la totalité des débats, Hamilton se rend à San Francisco et s'installe dans une pension de famille proche du tribunal.

La première ligne de défense de l'accusé consiste à plaider l'agression perpétrée par un groupe d'hommes masqués. Selon son témoignage à la barre, les malfrats, sans doute sous l'emprise de la drogue, se seraient attaqués aux siens alors qu'il rentrait du restaurant dans lequel il était employé. Parvenu au campement, vers 2 heures du matin, il aurait eu le temps d'apercevoir les meurtriers prendre la fuite. Sous le choc, terrorisé, Jackson aurait découvert l'hécatombe et n'aurait eu d'autre choix que de faire disparaître les corps. Puis de retourner au restaurant fracturer la caisse, acheter un billet d'avion, et disparaître au Mexique. Se sachant sous le coup d'un mandat d'arrêt pour le vol des véhicules et du matériel informatique, il n'ignorait pas que, s'il se livrait à la police, les soupçons du quadruple meurtre se porteraient sur lui.

S'appuyant sur l'analyse de la scène de crime, le procureur a tôt fait de démontrer que ce scénario ne repose sur aucune preuve médico-légale : l'intérieur du mobile-home n'offrait aucune empreinte digitale hormis celles des membres de la famille. Et aucune trace de pneus suspecte n'a été prélevée aux abords immédiats de la caravane. Puis, tandis que les experts de la défense essaient d'avancer des arguments contradictoires, le procureur reprend la parole avec brutalité :

— Avez-vous tué vos fils ?

— Pourquoi aurais-je fait cela ? se défend Jackson. Ma famille, c'était tout ce qui me restait.

— Dans quel état étaient vos fils quand vous les avez découverts dans le mobile-home ?

— Morts, ils étaient morts, balbutie Jackson, des sanglots plein la gorge. Ils avaient été étranglés dans leur lit.

— C'est faux, rugit le procureur en pointant vers l'accusé un index accusateur. Vos fils étaient encore vivants quand vous les avez transportés sur les berges du *Crystal Springs Reservoir*. Ils étaient encore vivants quand vous les avez fourrés dans des draps-housses, tête la première. Ils étaient encore vivants quand vous les avez lestés de pierres. Ils étaient encore vivants quand vous les avez jetés à l'eau. L'autopsie est formelle : vos fils sont morts noyés et non pas asphyxiés ou étranglés.

Irvin Jackson s'effondre dans son box. Comme si un poids écrasant lui broyait les épaules.

— Ce point étant admis, poursuit le procureur, j'en viens aux questions suivantes : avez-vous assassiné votre femme en lui assénant un coup violent à l'arrière du crâne, et avez-vous étranglé votre petite fille ?

L'avocat se penche vers son client et lui murmure quelques mots à l'oreille. Puis il s'adresse au juge avec humilité.

— Votre honneur, je demande un report d'audience, le temps d'étayer le dossier de la défense.

— Je vous accorde huit jours, concède le magistrat.

Puis, avant de clore l'audience, il ajoute comme pour lui-même :

— Mais je doute que ce délai change quoi que ce soit à votre affaire.

*

Dans la soirée, Mike Hamilton prend rendez-vous avec Jackson au parloir de la prison.

Le lendemain matin, séparés par une vitre, journaliste et détenu s'entretiennent par téléphones interposés. Bien qu'ils se rencontrent pour la première fois, ils ont l'impression de bien se connaître. Il est vrai qu'ils ont déjà échangé plusieurs centaines de lettres et qu'ils ont partagé d'innombrables conversations téléphoniques.

— Votre version des faits ne semble pas avoir convaincu le procureur, souffle Hamilton. Allez-vous revenir sur votre déposition ?

— J'ai suivi les consignes de mon avocat commis d'office. J'ai eu tort. Cet imbécile m'a obligé à dire n'importe quoi.

— Que s'est-il réellement passé ?

— Quand je suis rentré du restaurant, ma femme était prostrée à l'intérieur du mobile-home, Mary Jane lovée sur ses genoux. Elle m'a dit qu'elle venait de tuer les garçons. Prétextant je ne sais quelle urgence, elle était parvenue à se faire prêter la voiture d'une voisine. Elle avait fait grimper Josh et Zacharie à l'arrière et avait roulé jusqu'au réservoir. Vous connaissez la suite.

— Vous a-t-elle clairement avoué les avoir tués ?

Jackson secoue la tête dans un mouvement vague qui laisse au reporter le choix entre toutes les interprétations.

— Pourquoi aurait-elle fait cela ? insiste Hamilton. Vous veniez de trouver du travail. Vous auriez pu remonter la pente, repartir d'un nouveau pied.

Jackson dévisage le journaliste à travers la vitre crasseuse, comme s'il découvrait qu'un extraterrestre venait de tomber du ciel.

— Mike, je vous ai raconté ma vie dans des dizaines de lettres. Vous savez tout de moi. Vous savez que nous étions au bout du rouleau. Nous étions traqués par la police, couverts de dettes, et dans l'impossibilité de les rembourser. Dans le restaurant, je ne gagnais que six dollars de l'heure. De toute façon, après les fêtes, je me serais fait licencier. Naomi a préféré abréger la souffrance des garçons avant que nous ne soyons arrêtés et qu'ils soient placés en foyer d'accueil.

— Irvin, avez-vous tué Naomi et Mary Jane ? Avez-vous transporté leurs corps dans des valises ? Les avez-vous jetés dans le réservoir ?

Deux coups de sifflets déchirent la rumeur qui a transformé le parloir en volière vrombissante.

— Trois minutes, hurle un gardien. Après ça, tout le monde dehors.

— Revoyons-nous demain à la même heure, propose Hamilton en enfouissant carnet et stylo dans le fond de ses poches.

Le journaliste s'apprête à raccrocher le combiné. Puis il se ravise.

— Dans ce que vous m'avez dit, un détail m'a semblé incohérent : quand des policiers sont venus enquêter au campement, à ma connaissance, aucune de vos voisines interrogées ne leur a dit avoir prêté sa voiture à Naomi, pendant la nuit des meurtres.

*

Le procès reprend son cours comme prévu, quelques jours plus tard. L'avocat de la défense présente la nouvelle version des faits, telle que Jackson l'a déjà racontée à Hamilton. Elle n'est guère plus convaincante que la précédente. Après six heures de délibération, les membres du jury reconnaissent Irvin Jackson coupable des meurtres de sa femme et de ses enfants. Le juge le condamne à la peine de mort par injection létale.

Six années s'écoulent. Confiné dans une cellule de 7 mètres carrés dépourvue de fenêtre, Jackson attend l'heure de son exécution dans le couloir de la mort. Mike Hamilton poursuit ses visites avec assiduité et la rédaction du livre qu'il consacre à l'affaire compte à présent près de quatre cents pages. Avec une méticulosité maniaque, le journaliste a vérifié toutes les informations fournies par le détenu. Il a retrouvé la trace de ses parents et les a interrogés. Il a noué des contacts avec les Témoins de Jéhovah. Il a approché les anciens clients et employés du meurtrier. Il s'est même rendu quelques jours en Allemagne pour s'entretenir avec Barbara Vogler, la photographe avec laquelle Jackson avait eu une brève liaison au Mexique. Pour achever ce remarquable travail d'enquête, il ne lui manque plus qu'à écrire l'essentiel : les circonstances exactes du quadruple meurtre. Mais, parvenu à ce stade, Jackson s'arc-boute comme un cheval qui refuserait de franchir un obstacle. Il se claquemure dans le silence et aucun argument ne parvient à le faire changer d'avis : quoi qu'il advienne, il emportera son secret dans la tombe.

Un jour, mû par une soudaine intuition, Hamilton offre au prisonnier une photo le représentant en compagnie de sa famille. Il se l'est procurée auprès des services de police. Elle montre un couple heureux dans un jardin public. Deux garçonnets coiffés de casquettes de base-ball sont agenouillés à ses pieds et le visage d'un nourrisson émerge d'un landau. Cette photo, pourtant d'une grande banalité, va jouer un rôle inattendu. Et provoquer une réaction en chaîne qui conduira à la vérité…

— Mike, il y a un an, vous m'avez donné une photo. Je l'ai épinglée sur un mur de ma cellule et je la regarde pendant des heures, confesse Irvin Jackson à Hamilton lors d'une de ses visites. Elle me hante. Je l'examine, je la scrute, je la contemple. J'essaie de comprendre. J'essaie de m'expliquer l'inexplicable. Et je ne vois que le monstre qui est tapi en moi et qui me dévore le cœur. La date de mon exécution approche et je veux donner un sens à ma vie. Un sens à ma mort. Mais, pour cela, j'ai besoin de votre aide.

Hamilton refrène le tremblement qui agite ses mains. Une décharge d'adrénaline vient de l'électriser.

— Sachez que je ferai tout mon possible. Dites-moi ce dont il s'agit.

— Voilà. J'ai décidé de faire don de mes organes à des centres de transplantation : cœur, foie, poumons, pancréas, reins… tout ce que les médecins pourront trouver en moi en état de fonctionnement. À l'exception de mon âme que je réserve au Diable, ajoute le détenu avec un sourire amer.

— C'est entendu, je me renseignerai auprès des organismes concernés.

— En contrepartie, si vous parvenez à satisfaire ma demande, je vous dirai toute la vérité. Vous pourrez ainsi terminer votre livre et le faire publier.

Sans plus attendre, Hamilton entreprend une série de démarches. Tant auprès des autorités pénitentiaires qu'auprès des centres médicaux et des banques d'organes. Et, bientôt, force est de constater que la requête du prisonnier se heurte à une difficulté majeure : selon un chirurgien cardiaque, une exécution par injection létale endommage définitivement les organes. Hamilton rend compte à Jackson de cette incompatibilité.

— Pour que vos organes soient transplantables, il faudrait obtenir de l'État de Californie qu'il accepte de modifier les modalités de votre exécution.

— C'est-à-dire ?

Hamilton détourne le regard et fixe un point au-dessus de l'épaule du prisonnier.

— Une mort par pendaison par exemple.

— Pouvez-vous engager un avocat pour qu'il présente une requête dans ce sens ?

— Je le ferai.

Hamilton se lève, prêt à prendre congé. Mais Jackson l'invite à patienter.

— Vous m'êtes fidèle depuis des années, Mike. Vous avez fait votre part du contrat. Je vais remplir la mienne. Je vous dois bien ça. Je vais vous dire toute la vérité.

*

Comme un pécheur met son âme à nu dans l'obscurité d'un confessionnal, d'une voix sourde, à peine audible, Irvin Jackson raconte au journaliste les événements survenus dans la nuit du 31 décembre au 1er janvier 2005.

— Cette nuit-là, je travaillais dans la salle du restaurant. Elle était pleine de couples heureux, de familles insouciantes et détendues. Au douzième coup de minuit, les gens se sont embrassés, des bouchons de champagne ont sauté, des poignées de confettis ont virevolté dans l'air, saturé de musiques joyeuses. Incapable de retenir mes larmes, je suis allé me réfugier quelques minutes dans les toilettes. J'ai pensé à Naomi et aux gosses. Ils avaient le ventre vide et grelottaient de froid dans le mobile-home crasseux où je les avais abandonnés. Je me suis dit que je n'avais plus rien d'humain pour permettre que de telles choses puissent se produire. Je crois que c'est à ce moment-là que j'ai pris ma décision. Attendre la fin du réveillon a été un cauchemar. Heureusement, mon patron m'a libéré vers 2 heures du matin, quand la plupart des clients étaient déjà partis. De retour dans la caravane, j'ai fait l'amour à Naomi. Son corps était glacé. Elle semblait frigide, sans réaction. Quand j'ai pris le marteau que j'avais glissé au bas du lit et que je l'ai soulevé au-dessus de sa tête, elle m'a regardé de ses grands yeux bleus pleins d'innocence. Je crois même qu'elle m'a souri à travers ses larmes. En tout cas, elle n'a pas eu peur.

Jackson se tasse sur sa chaise. Il est réduit à une quintessence de pure souffrance, à une humanité écorchée vive. Il poursuit :

— Je ne suis pas parvenu à étrangler Mary Jane. Pas tout à fait. Quand je l'ai mise dans la valise, j'ai entendu qu'elle donnait encore des coups de pied contre les parois. Je pense qu'elle est morte asphyxiée pendant le transport. Les deux garçons dormaient. Je les ai déposés à l'arrière de la camionnette sans les réveiller. Quand je les ai jetés dans le réservoir, emmitouflés dans des draps-housses remplis de pierres, je ne les ai pas vus se débattre. Seules quelques bulles sont venues crever la surface de l'eau.

Livide, les traits défaits, Irvin Jackson s'essuie les yeux d'un revers de manche.

— Voilà ma vérité, Mike. Racontez-la dans votre livre et publiez-le. J'espère qu'il aura du succès. Redevenez le grand journaliste que vous n'avez cessé d'être. Et laissez-moi payer mes crimes comme je le mérite.

8

Sept molosses

Après quantité d'essais infructueux, Loïc Cheval, le serrurier, parvient à déverrouiller le portail d'une propriété. Vincent Gireaudet, l'huissier de justice qui l'accompagne, pénètre prudemment dans un jardin en friche. Armé d'un parapluie, il progresse en écartant devant lui ronces et roses sauvages. Des orties lui flagellent les mains.

— Foutu métier, maugrée-t-il.

— Qui espérez-vous trouver, maître ? demande Cheval en désignant, au fond du verger, le pavillon délabré.

Les volets clos grincent sous les rafales de vent.

— Personne, bien entendu. Nous savons tous que Dupoizat s'est volatilisé il y a belle lurette. Mais je dois le vérifier et envoyer mon rapport à l'hôtel des impôts. Ma mission s'arrête là.

Les deux hommes grimpent la volée de marches qui mène à la porte d'entrée. Cheval étudie la serrure.

— Je n'en aurai que pour quelques minutes.

— Faites vite, je suis frigorifié.

Aussitôt la porte entrebâillée, une odeur doucereuse et nauséabonde prend les hommes à la gorge. Odeur de sang, d'excrément, de mort… Gireaudet tire un mouchoir de sa poche et le presse contre son nez. Il fait quelques pas hésitants dans le corridor, tourne à droite, et s'engage dans une pièce qui devait être autrefois le salon. C'est aujourd'hui un champ de ruines : meubles renversés, vaisselle fracassée, tapisseries sauvagement lacérées…

— D'autres sont venus avant nous, constate le serrurier au milieu du chaos.

— Oui, mais ça ressemble davantage à une razzia qu'à un cambriolage. Comme si on s'était acharné à vouloir tout détruire.

— Vous avez raison : aucun objet n'a été épargné.

Tandis que Vincent Gireaudet photographie le désastre à l'aide de son téléphone portable, Cheval erre, désemparé, dans la cuisine.

— Venez voir ici, maître, hurle-t-il.

L'huissier le rejoint en contournant les débris qui jonchent le sol.

— Qu'avez-vous découvert ?

— Regardez, là, sous la table.

Un os de belle taille traîne à côté d'une gamelle. Gireaudet s'en approche.

— Cela ressemble à un fémur.

— Trop court et trop épais pour être humain. C'est à mon avis un os de chien. Savez-vous que Dupoizat possédait plusieurs dobermans ?

— Non. Surtout, ne touchez à rien, recommande Gireaudet. Cette affaire est maintenant du ressort de la gendarmerie. Allons jeter un coup d'œil à l'étage et sortons d'ici au plus vite.

Les hommes grimpent l'escalier et pénètrent dans une première pièce. Même fatras de meubles et d'objets brisés. Même odeur putride et asphyxiante. La seconde pièce a subi un cataclysme équivalent. Enfin, la troisième – celle qui faisait office de chambre à coucher à l'occupant des lieux – semble avoir été dévastée par un raz-de-marée ou un tremblement de terre. À côté du lit défait, de larges giclées brunes ont maculé le papier peint qui recouvre le mur.

— On dirait du sang séché, constate Cheval qui ne peut refréner un léger tremblement.

— Ne restons pas là, se contente de bredouiller l'huissier.

Cette scène digne d'un film d'horreur s'est déroulée le 2 octobre 2006 dans un village de six cents âmes situé entre Montagny-les-Lanches et Vieugy, près d'Annecy, en Haute-Savoie. Elle constitue le prologue à l'une des enquêtes les plus hallucinantes qui se soit déroulée en France en ce début de XXIe siècle.

*

Informé de la découverte de l'huissier de justice et du serrurier, Cédric Blanco, lieutenant de gendarmerie, se rend sur les lieux. Il est accompagné de deux brigadiers et de Luc Bigot, un expert scientifique venu de Lyon. Naturellement, les quatre hommes constatent à leur tour l'acharnement avec lequel le ou les prédateurs ont dévasté la maison. L'ont transformée en champ de ruines.

— Cela ressemble davantage à un acte de vengeance qu'à un cambriolage ou à un saccage gratuit, spécule l'officier. Certes, le vol n'est pas à exclure. Des objets de valeur ou de l'argent ont pu disparaître.

— D'après ce que nous avons appris des voisins, François Dupoizat – un homme âgé de quarante-quatre ans –, technicien du bâtiment, vivait seul avec sept dobermans, récapitule l'un des brigadiers en lisant les notes qu'il a prises à la hâte. Des dobermans qui terrorisaient les habitants du village, lorsqu'un ou plusieurs d'entre eux parvenaient à s'échapper.

Les gendarmes se mettent au travail lentement, méticuleusement. L'expert scientifique ne tarde pas à constater que, dans toutes les pièces du pavillon, des fragments d'os sont disséminés au milieu des débris. Il les regroupe sur un drap, étendu dans le vestibule.

— Le ou les cambrioleurs ont-ils abattu les chiens ? demande Blanco.

— S'ils l'ont fait, ils ont ramassé les douilles derrière eux. Pour l'instant, je n'en ai pas trouvé trace.

— Comment peut-on neutraliser sept molosses sans arme à feu ? s'interroge le lieutenant.

— Pourquoi s'attaquer à une maison gardée par une meute de dobermans ? réplique l'expert, dubitatif.

— Il faut avoir une très forte motivation pour faire cela.

— Il faut être prêt à livrer un combat à mort, vous voulez dire.

*

En fin de journée, Luc Bigot est capable d'affiner ses déductions.

— Nous avons dix-huit fragments d'os de toutes tailles. Il me semble que la plupart d'entre eux sont des os canins. Un laboratoire d'anthropologie sociale devrait pouvoir nous le confirmer. Il y a aussi ce qui ressemble à des os humains. Notamment le fragment d'une boîte crânienne qui a été transpercé par un projectile. Vraisemblablement de calibre .22 long rifle. Je l'ai trouvé sous le lit de la chambre à coucher.

— Et la grande éclaboussure brune sur le mur ? s'enquiert Blanco.

— Du sang humain.

— Donc Dupoizat a été abattu. Nous avançons. Néanmoins, son squelette a disparu.

— Chef, sauf votre respect, j'ai peut-être une explication, hasarde le plus jeune des brigadiers.

— Allez-y, Morin. Nous vous écoutons.

— Le ou les meurtriers entrent dans la maison. Ils assassinent Dupoizat avec une carabine .22 long rifle et volent son argent. Ils ferment portes et volets et disparaissent, laissant les chiens enfermés à l'intérieur. Au bout d'un jour ou deux, les dobermans affamés dévorent le cadavre de leur maître. Puis, pour survivre, ils s'entretuent. Les plus faibles succombent les premiers. Le plus fort et le plus agressif survit jusqu'à ce qu'il meure de faim à son tour.

— C'est ce qui expliquerait la présence du squelette de chien presque complet, découvert dans une chambre à l'étage, en déduit Blanco.

— C'est ce qui expliquerait aussi que les os présentent des marques de crocs, ajoute l'expert.

— Ça se tient. Et ça nous amène à la conclusion suivante : le ou les meurtriers connaissaient très bien Dupoizat. Ils l'ont tué parce qu'ils n'avaient pas peur d'être attaqués par les dobermans.

— Et ce sont les chiens qui, en se battant, ont mis la maison à sac, ajoute le brigadier.

— Partons pour l'instant de cette hypothèse. Cherchons parmi les proches de Dupoizat celui ou ceux qui auraient pu entrer chez lui sans redouter les chiens.

Grâce aux cachets postaux apposés sur le courrier qui s'est entassé dans la boîte aux lettres et qui a débordé dans l'entrée de la maison, les gendarmes parviennent à situer la période au cours de laquelle le meurtre a été commis. Cette évaluation est confirmée par les dates de péremption des produits comestibles abandonnés dans le réfrigérateur. Michel Dupoizat a vraisemblablement été assassiné autour du 10 septembre 2003, soit près de trois ans plus tôt.

*

Dans les jours qui suivent, une demi-douzaine de gendarmes sillonnent les rues du village et effectuent une enquête de voisinage afin de déterminer le profil psychologique de la victime.

— Cet homme-là, on le voyait jamais, bougonne un grand-père. C'était un vrai sauvage, enfermé chez lui sans s'occuper des autres.

— Ah ne me parlez pas de Dupoizat ! morigène une jeune mère de famille. Ses chiens terrorisaient mes enfants. J'étais obligée de les accompagner à l'école armée d'un bâton.

— Quand Dupoizat a disparu sans prévenir, il y a quelques années, tout le monde a espéré qu'il ne reviendrait pas, confesse amèrement la boulangère. Bon débarras !

— Un de ses chiens m'a mordu, admet un adolescent. Mon père a voulu porter plainte. Mais il a préféré laisser tomber par peur des représailles.

— Moi, je n'ai jamais compris comment Arlette Levasseur a pu sortir avec un homme pareil, dit la factrice.

— Qui est cette Arlette Levasseur ? demande le gendarme.

— Une employée de mairie. Elle travaillait à la cantine scolaire.

— Où puis-je la rencontrer ?

— Elle ne demeure plus ici. Elle est partie du jour au lendemain avec sa gamine. Plus personne ne l'a revue.

— Quand a-t-elle quitté le village ?

— Presque en même temps que Dupoizat, si je me souviens bien. Ils sont peut-être partis ensemble.

*

Une rapide enquête auprès des caisses d'assurance-maladie permet au lieutenant Cédric Blanco de localiser la mystérieuse Arlette Levasseur. Elle vit désormais dans une banlieue d'Annecy. Le gendarme se rend chez elle en présence d'un collègue.

— Oui, j'ai fréquenté Michel Dupoizat, confesse-t-elle sans tergiverser. Nous étions même intimes si vous voyez ce que je veux dire.

— Quand avez-vous cessé de le voir ?

— Vers la fin 2003. Valérie, ma fille, avait obtenu le BEPC et je voulais qu'elle poursuive des études. Nous avons aménagé ici pour être plus proches d'un lycée.

— Êtes-vous restée en relation avec Dupoizat, d'une manière ou d'une autre ?

— Je lui ai bien écrit quatre ou cinq lettres. Il ne m'a jamais répondu. Alors, j'ai tourné la page.

— Pourquoi, à votre avis, n'a-t-il pas donné suite ?

— J'imagine qu'il n'avait pas dû apprécier qu'entre ma fille et lui, je choisisse ma fille.

À cet instant, une jeune fille en tenue de joggeuse entre en coup de vent dans le salon du petit appartement. Ruisselante de sueur, le cœur battant, elle s'effondre dans un fauteuil et retire les écouteurs volumineux qui emprisonnent ses oreilles. Quand elle découvre la présence des gendarmes, elle hoche la tête dans leur direction.

— Salut.

— Ma fille, Valérie, croit bon de préciser Mme Levasseur.

— Bonjour. Nous étions en train de parler de Michel Dupoizat, intervient Blanco.

Puis il ajoute, guidé par une soudaine intuition :

— Il a été assassiné dans sa maison, il y a trois ans.

À la stupéfaction du lieutenant, la jeune fille réplique sans s'émouvoir :

— Ce salaud n'a eu que ce qu'il méritait.

— Que voulez-vous dire ?

— Je ne supportais plus qu'il me harcèle. Dès que ma mère avait le dos tourné, il me tournait autour. Il me pelotait. Il m'obligeait à le caresser. J'ai mis fin à tout cela avant qu'il ne me viole.

*

À la suite de cette révélation effarante, Arlette et Valérie Levasseur sont conduites à la gendarmerie, mises en état d'arrestation pour homicide, et placées en garde à vue dans des cellules séparées. Peu après leur incarcération, Cédric Blanco procède à leur interrogatoire.

— Je n'arrive pas à comprendre pourquoi ma fille a inventé une histoire pareille, déclare Mme Levasseur. C'est aberrant. Les choses ne se sont pas du tout passées comme elle le prétend.

— Je vous écoute. Donnez-moi votre version.

— En 2003, en attendant que la mairie qui m'employait rénove la maisonnette qu'elle devait me louer, Valérie et moi avons vécu chez Michel.

— Dupoizat avait-il des gestes déplacés, un comportement inapproprié à l'égard de votre fille ?

— En aucun cas. Michel avait une fille de l'âge de Valérie, une enfant trisomique qu'il avait dû confier à un établissement spécialisé à la mort de sa femme. Il en était mortifié. Je pense qu'il a reporté sur Valérie l'affection qu'il ne pouvait pas lui apporter. C'était une tendresse toute paternelle. Il n'y avait aucune ambiguïté dans son comportement.

— Pourquoi, dans ses conditions, Valérie a-t-elle prétendu que Dupoizat la harcelait sexuellement ?

Arlette Levasseur hausse les épaules.

— Je ne me l'explique pas. C'est absurde. Valérie était, à l'époque, une gamine perturbée depuis que son père m'avait quittée. Allez savoir ce qui se passe dans le cerveau d'une adolescence de quatorze ans ? Elle ne supportait rien ni personne. Je crois aussi qu'elle éprouvait parfois un peu de jalousie à mon égard.

— Approuvait-elle votre liaison avec Dupoizat ?

— Elle ne s'en était jamais plainte. Je crois que la présence d'un homme à mes côtés la rassurait. Elle me sentait moins vulnérable.

— Elle a pourtant avoué avoir tué Dupoizat.

— Mais c'est une pure invention ! La mort de Michel a été accidentelle.

— Dans quelles circonstances s'est-elle produite ?

— Ça s'est passé un dimanche de septembre. Durant l'après-midi, Michel nous avait appris à tirer à la carabine dans le fond du jardin. Quand nous sommes rentrés à la maison, j'ai fait du repassage au rez-de-chaussée tandis que Michel et Valérie sont montés à l'étage. La carabine n'avait pas dû être déchargée. Valérie a joué avec. Elle l'a pointé sur la tête de Michel pour plaisanter et elle a fait mine de tirer. Mais le coup est parti tout seul.

— Comment êtes-vous au courant de tous ces détails, puisque vous n'avez rien vu ? demande le lieutenant.

— J'ai entendu la déflagration. Aussitôt après, j'ai vu Valérie dégringoler l'escalier. Elle m'a raconté, affolée, ce qui venait de se passer. Je suis montée à l'étage et j'ai trouvé Michel affalé dans une mare de sang. Nous étions toutes les deux sous le choc. Valérie sanglotait. Pour la calmer, je lui ai administré deux cachets de Valium.

— Pourquoi n'avez-vous pas appelé la gendarmerie ? Après tout, il s'agissait d'un accident, insiste le gendarme.

— Nous étions paniquées. Nous avons pensé que, si nous disions la vérité, personne ne nous croirait. Alors, nous avons imaginé un scénario. Nous sommes allées enterrer la carabine et la douille dans le jardin. Puis, pour faire croire à un cambriolage, nous avons renversé des meubles, vidé des tiroirs, effacé des empreintes de pas ensanglantés. Pour finir, nous avons fermé les volets.

— Comment les chiens ont-ils réagi ?

— Je crois qu'ils n'ont rien entendu. Ils étaient tous les sept dans le jardin, la gueule plongée dans leur gamelle.

— Qu'avez-vous fait ensuite.

— Nous avons bouclé nos valises. Nous les avons entassées dans ma voiture. Avant de partir, nous avons fait entrer les chiens. Nous avons verrouillé la porte derrière eux et j'ai jeté la clé dans les orties.

— Où êtes-vous allées ?

— Dans un hôtel bon marché sur le bord de l'autoroute, près d'Annecy. Le lendemain, j'ai téléphoné à la mairie qui m'employait pour dire que j'avais dû partir précipitamment à Lille car ma mère venait d'être hospitalisée à la suite d'un AVC. Quelques jours plus tard, j'ai envoyé ma lettre de démission.

— Vous m'avez raconté une belle histoire, Mme Levasseur, conclut Blanco. Une belle histoire, joliment ficelée, mais pleine d'incohérences. Pour commencer, il se trouve que, il y a quelques heures, j'ai épluché les comptes en banque de Michel Dupoizat. Peu de temps avant le meurtre, il avait retiré la somme de cent mille euros en espèces. Or, nous avons passé sa maison au peigne fin et nous n'avons rien trouvé. Avez-vous volé cet argent ?

La femme baisse la tête et fixe ses chaussures comme si elle les découvrait avec stupéfaction pour la première fois.

— Ne mentez plus, vous aggraveriez votre cas, menace l'officier.

— Oui, j'ai découvert l'argent par hasard dans le fond d'un placard. Je l'ai pris. Il fallait que l'on croie à la version du cambriolage. Et puis j'avais tout perdu. Je devais trouver un logement et un nouvel emploi. Trouver les moyens de survivre et d'élever ma fille…

— Le vol a-t-il été le mobile du meurtre ?

— Mais non, se rebelle la femme. Je n'ai rien prémédité. J'aimais Michel. Il a été victime d'un accident. Croyez-moi, c'est la vérité.

*

Arlette Levasseur est reconduite dans sa cellule et sa fille lui succède dans la salle d'interrogatoire.

— Maintiens-tu la version selon laquelle tu aurais tué Michel Dupoizat de peur qu'il ne te viole ? demande Blanco à la jeune fille.

— Bien sûr que je la maintiens puisque c'est la vérité. J'avais quatorze ans à l'époque. J'étais en état de légitime défense.

— Je ne te cache pas que ta mère m'a donné une version des faits totalement différente. L'une de vous ment et j'aimerais bien savoir laquelle.

— Que vous a-t-elle dit ?

— Je n'ai pas à te le révéler pour l'instant. Dis-moi plutôt ce qu'il s'est passé le dimanche 14 septembre 2003 ?

— Michel nous a fait tirer au fusil sur des moineaux puis nous sommes rentrés à la maison, vers 18 heures. Ma mère a fait une lessive ou du repassage, je ne sais plus. Elle m'a demandé de l'aider, mais Michel a insisté de son côté pour que je l'accompagne dans sa chambre. Il voulait me faire écouter le nouveau CD qu'il venait d'acheter. Comme c'était plus cool, j'ai accepté. Dans sa chambre, il a tout de suite commencé à me tripoter. Je l'ai repoussé mais il est devenu de plus en plus insistant. Il m'a attrapée, m'a jetée sur le lit, et s'est couché sur moi. Il a mis une main sur ma bouche. Je me suis débattue. J'ai réussi à me dégager avant qu'il ne me viole. Le fusil et une boîte de cartouches étaient posés sur un fauteuil. J'ai chargé le fusil comme Michel m'avait appris à le faire et je l'ai pointé vers lui. Ça l'a fait rire. Il a marché vers moi. Alors, j'ai tiré sans réfléchir.

— Qu'as-tu fait ensuite ?

— Je suis descendue voir ma mère. Elle avait entendu le coup de feu. Elle était paniquée. Je lui ai expliqué que Michel m'avait agressée et que je m'étais défendue. Ma mère m'a dit : « Il ne faut pas rester là sinon on va t'accuser et tu passeras le reste de tes jours en prison. » Moi, je voulais aller voir les gendarmes. Mais ma mère m'a dit : « Tu es complètement folle, personne ne te croira. » Elle a réfléchi un long moment et elle m'a dit : « On va faire croire à un cambriolage. On va tout mettre sens dessus dessous. » Qu'est-ce qu'on va faire des chiens ? j'ai demandé. « On n'a qu'à les laisser dehors, dans le jardin », a dit ma mère. Non, j'ai dit, c'est pas malin. Si les gens les entendent aboyer toute la nuit, ils viendront voir ce qui se passe. « Est-ce que tu as une meilleure idée ? », m'a dit ma mère. Oui, j'ai dit. On va les enfermer dans la maison. Ils boufferont Michel et après ils se boufferont entre eux. J'avais vu ce genre de truc dans un film d'horreur. C'est ce qu'on a fait et on est parties. On a roulé deux heures sans se parler. Ma mère était morte de trouille. Après, on s'est arrêtées dans un McDo. Et, plus tard, on a pris une chambre dans un hôtel pourri. Voilà exactement comment ça s'est passé.

— Est-ce toi qui as trouvé l'argent ? demande Blanco.

— Quel argent ? De quoi parlez-vous ?

— Des cent mille euros en espèces que Dupoizat avait cachés dans un placard.

— J'étais pas au courant. Ma mère ne m'en a jamais parlé. Moi, j'ai pris des bricoles que j'ai fourrées dans un sac de sport. Ma mère a fait pareil. Pendant trois ans, nous n'avons plus entendu parler de rien. Jusqu'à ce que vous veniez nous interroger.

*

Le lendemain, le lieutenant Cédric Blanco présente les deux dépositions contradictoires à Alain Vigneux, le juge d'instruction chargé de l'affaire.

— Avez-vous des indices matériels pour étayer l'une ou l'autre version ? demande ce dernier.

Le gendarme avoue son impuissance.

— Non. L'intérieur de la maison a été entièrement saccagé par les chiens. Seuls deux éléments ont pu être vérifiés. Dupoizat a bien été abattu à bout portant par un tir venant de bas en haut. Les éclaboussures de sang le prouvent. Et les dobermans ont effectivement dévoré son cadavre avant de s'entretuer. La plupart des os collectés dans la maison avaient été rongés.

— Avez-vous malgré tout retrouvé l'arme du crime ? demande le juge.

— Oui, les prévenues nous ont indiqué l'endroit où elles l'avaient enterrée dans le jardin. Nous l'avons exhumée ainsi qu'une douille. Le calibre est bien celui du projectile qui a tué Dupoizat. Et la douille correspond à la carabine. Mais nous n'avons pas pu prélever d'empreintes digitales.

— Avons-nous seulement la certitude que Valérie Levasseur soit l'auteure du meurtre ? Après tout, sa mère aurait pu lui demander de l'endosser car, en tant que mineure, elle s'exposait à une peine moins lourde.

— C'est une hypothèse à laquelle j'ai pensé.

Le gendarme marque une pause avant de poursuivre :

— Une autre chose me déconcerte : pour quelle raison Arlette et Valérie Levasseur n'ont-elles pas parlé d'une seule voix ? Pourquoi n'ont-elles pas peaufiné un scénario crédible en cas d'arrestation ?

— Ces femmes sont peut-être plus manipulatrices que nous ne le pensons, analyse Vigneux. Peut-être ont-elles bâti leur système de défense sur des récits volontairement contradictoires ?

— Cela leur permet aujourd'hui de semer le doute dans nos esprits, enchérit Blanco. Et de dissimuler éventuellement le mobile réel du crime : le vol des cent mille euros.

— Vous avez raison, approuve le juge. S'il est établi que Valérie a abattu Dupoizat par accident ou en état de légitime défense, le jury ne la condamnera qu'à une peine légère pour homicide involontaire. Par contre, si le mobile du vol est avéré, les deux femmes s'exposeront à des peines de dix à vingt ans de réclusion.

*

Vigneux et Blanco ne peuvent guère avancer plus avant dans leur raisonnement.

La date du procès est fixée au 4 novembre 2007, soit plus d'un an après l'arrestation des suspectes, qui purgent une peine de prison préventive. Défendue par des avocats commis d'office distincts, Arlette et Valérie Levasseur campent sur leurs positions et n'en démordent pas. Et comme le magistrat et le gendarme le redoutaient, le jury est désemparé. Laquelle dit la vérité ? Laquelle s'est enferrée dans le mensonge ? En invoquant la mort accidentelle, Arlette Levasseur tente de disculper sa fille. En prétendant s'être défendue d'une agression sexuelle, Valérie plaide la légitime défense.

Incapable de démêler le vrai du faux, le jury accorde le doute raisonnable aux prévenues. Et le juge condamne Valérie pour homicide par imprudence et accident et sa mère pour complicité, dissimulation de preuves et entrave à la justice. Les sentences sont prononcées : cinq ans de réclusion dont trois ans et demi avec sursis pour Valérie ; six ans pour sa mère.

*

La stratégie machiavélique de la mère et de la fille a-t-elle été couronnée de succès ? L'une d'elles a-t-elle menti pour protéger l'autre ? Ont-elles menti toutes les deux pour s'emparer du magot de Michel Dupoizat ? Nous ne le saurons sans doute jamais.

Aujourd'hui libre, Arlette est toujours cuisinière dans une pizzeria d'Annecy, tandis que sa fille, mariée et mère d'un enfant, est caissière dans une supérette de Calais. Brouillées à la suite du procès, elles ont cessé de se voir. Elles se contentent d'échanger des cartes de vœux le jour du Nouvel An.

9

LE TUEUR DE L'ÉCHIQUIER

Scène I

Le 3 décembre 2001, quittant la station de métro Kakhovskaya d'un pas vif, Akim Chirokov cligne des yeux douloureusement. La lumière hivernale frappe les congères qui se sont accumulées dans la nuit le long des rues. Comme le ferait l'arc d'un soudeur sur une plaque de zinc. L'homme frissonne dans sa vieille parka et enfonce ses poings nus dans ses poches. Inutile de consulter un thermomètre pour savoir qu'aujourd'hui, à Moscou, la température a encore chuté d'une dizaine de degrés. Pourtant, au fur et à mesure que Chirokov se dirige vers le parc Bitsevski, une étrange allégresse gonfle son cœur. Une joie presque mystique. Une exultation de tout son être. Semblable à celle qui l'avait transfiguré lorsque, enfant, il avait filé pour la première fois en équilibre sur son vélo. Il avait alors cinq ans. La scène s'était déroulée le jour où, sous prétexte d'aller faire des courses, son père avait quitté le minuscule logement familial pour ne plus jamais y revenir.

Parvenu à l'entrée nord du parc, le jeune homme fait halte à un kiosque qui vend de l'alcool, des fleurs, des journaux et des sucreries. Il achète une bouteille de vodka bon marché, l'enfouit dans sa poche, et poursuit sa route, en longeant la rivière Chertanovka prise par les glaces.

Arrivé dans une clairière, il s'assied devant l'une des nombreuses tables en pierre sur lesquelles ont été gravés des plateaux de jeux d'échecs. Dès les beaux jours, étudiants et retraités s'y donnent rendez-vous pour disputer d'interminables parties. Chirokov souffle sur ses doigts. Et attend. Au bout d'un moment, son cœur déborde à nouveau de gaieté : la silhouette vacillante d'un vieil homme, engoncé dans un manteau militaire datant de l'ère soviétique, vient d'apparaître au bout du sentier. L'inconnu s'approche timidement, comme s'il craignait d'avance une rebuffade. Affichant un sourire engageant, Chirokov l'encourage d'un signe de tête à venir se joindre à lui.

— Que Dieu vous garde, mon garçon, bredouille le vagabond en guise de présentation.

Chirokov sort de sa poche le goulot de la bouteille et le montre furtivement au vieillard.

— Un peu de réconfort, ça vous dirait ?

— Ça ne serait pas de refus, mon gars, jubile l'autre, les yeux larmoyants. Ça m'éviterait, au moins, de mourir de soif.

Chirokov se lève d'un bond.

— Venez avec moi. Allons trinquer ensemble sur la tombe de mon chien. Je l'ai enterré pas loin d'ici.

— C'était quoi comme race, votre chien ? demande le sans-domicile fixe en trottinant à ses côtés.

— Un husky sibérien.

— Et il s'appelait comment ?

— Elle. C'était une femelle. Elle s'appelait Taïga.

— De quoi elle est morte ?

— De désespoir. Elle ne supportait plus le monde moderne. Le bla-bla des politiciens. L'économie de marché.

Le vieil homme sourit à travers ses chicots.

— Je vois. Elle a fait jouer sa clause de conscience.

— On peut le dire comme ça. Et vous, comment vous appelez-vous ? J'aime bien connaître le nom de ceux auxquels je m'adresse.

— Lazar Binov. J'étais sous-marinier pendant la guerre froide. J'ai fini sur le K-219, avant de me faire débarquer à Vladivostok, en 1987.

Akim Chirokov s'arrête brusquement devant un petit monticule couvert de neige et scrute les alentours. Le jour décline. Le parc est vide. Le froid a encore forci.

— C'est là que Taïga est enterrée.

Chirokov sort la bouteille de vodka de sa poche, dévisse le bouchon avec les dents, et la tend au vieillard. L'autre l'agrippe d'une main tremblante, la porte à ses lèvres, renverse la tête en arrière, et ingurgite une lampée qui semble ne jamais devoir finir. À bout de souffle, il la restitue avec regret à son propriétaire.

Pendant une demi-heure, la bouteille passe de main en main, les deux hommes n'échangeant plus un mot. Enfin, Binov tète les dernières gouttes, s'essuie les lèvres d'un revers de manche, et abandonne le flacon vide à son bienfaiteur.

— Tu as été un frère, mon gars, grogne-il. Sur mon lit de mort, je n'oublierai pas ce que tu as fait pour moi.

Davantage transcendé par la joie qui l'habite que par l'alcool qui coule maintenant dans ses veines, en extase, submergé de bonheur, Akim Chirokov saisit la bouteille par le goulot, la brandit l'espace d'un éclair au-dessus de sa tête, et frappe le crâne du vieillard de toutes ses forces. Le culot éclate. Sous l'effet du choc et de la surprise, Binov vacille en gémissant, le visage couvert de sang. Il tombe à genoux. Chirokov s'acharne. Les coups redoublent. Il frappe la tête, déchire le cou avec le tesson, déchiquette la carotide, lacère le visage, laboure les chairs avec fureur. Son bonheur ne prend fin que lorsque le vieil homme bascule enfin dans la neige, yeux grands ouverts sur un trou noir. Ou sur une interrogation muette et terrifiée.

*

Scène II

— C'est qui encore celui-là ? maugrée l'inspecteur Fedor Oulianov en parcourant le rapport d'intervention qui vient d'atterrir sur son bureau.

La secrétaire de l'officier, une blonde boulotte et revêche, hausse les épaules.

— Aucune idée. Des promeneurs ont trouvé son corps congelé dans le parc Bitsa. Il n'avait rien dans les poches. Pas la moindre pièce d'identité. C'est sans doute l'un de ces traîne-savates sans foi ni loi qui encombre les lieux publics. Comme il y en a des milliers à Moscou.

Et elle ajoute en se pinçant le nez :

— Un de moins, bon débarras ! Personne n'ira pleurer sur sa tombe ou réclamer son corps.

— Comment est-il mort ?

— Sans doute à la suite d'une rixe entre ivrognes. Un médecin a fait une prise de sang sur le cadavre, à la morgue : le type avait deux grammes et demi d'alcool par litre de sang. Il a dû se soûler à mort. Et un de ses collègues de beuverie lui aura cassé une bouteille sur la tête. Il y avait des bouts de verre un peu partout dans la neige. De toute façon, il serait mort de froid. Il a fait – 22 degrés la nuit dernière.

— D'accord, d'accord, s'agace Oulianov. Mais ça fait quand même le vingt-troisième cadavre retrouvé dans le parc en moins de deux ans. Ça commence à bien faire.

— C'est normal, chef : le parc est le rendez-vous des clochards et des alcoolos, plaide la secrétaire. En hiver, ils clabotent comme des mouches.

— Il va bien falloir que l'hécatombe s'arrête un jour, s'obstine le policier. On ne pourra pas cacher la vérité à la presse plus longtemps.

— Comment dois-je archiver le dossier ? s'enquiert la secrétaire, qui feint de ne pas avoir entendu la dernière remarque de son supérieur.

— Faites comme pour les autres. Inscrivez au choix suicide ou accident. Nos statistiques sont déjà déplorables. La Russie est devenue l'un des cinq pays les plus dangereux du monde. Pensez donc, vingt meurtres pour cent mille habitants chaque année ! C'est onze fois plus qu'en France, par exemple. C'est mauvais pour les affaires et le tourisme. N'aggravons pas notre bilan en déclarant des meurtres qui, quoi que nous puissions faire, resteraient irrésolus.

*

Scène III

Lorsque Akim Chirokov regagne la *khrouchtchovka*, la barre d'immeubles de cinq étages construite à la hâte à la fin des années 1950, la nuit enveloppe la sinistre banlieue moscovite. Le ciel est un puits d'encre. Et les branches dénudées des arbres s'agitent dans le vent comme les bras de naufragés appelant à l'aide.

— Où étais-tu passé, mon trésor ? demande Marta, la mère du jeune homme, en se précipitant à sa rencontre pour l'aider à se défaire de sa parka.

— J'ai bu un coup avec des potes.

— Modérément, j'espère.

— Oublie-moi cinq minutes si tu veux bien, maman, je suis fatigué, la tance Chirokov en s'avachissant dans un fauteuil dont le dossier est recouvert d'une broderie crasseuse.

Depuis vingt-cinq ans, le jeune homme partage avec sa mère un deux-pièces exigu, surchargé de fanfreluches et d'images pieuses. Un repaire de misère. Un antre puant le chou et le saindoux rance. Akim allume le téléviseur. Un match de hockey-sur-glace oppose Novgorod à l'UHC Dynamo.

Si, pour suivre le déplacement du palet fusant sur la glace, le regard du meurtrier vire d'un bord à l'autre de l'écran à la vitesse d'un essuie-glace, son esprit vagabonde. Une fois encore comme une image sans fin, rémanente et obsessionnelle, le film de sa vie défile devant ses yeux.

1981 : son père, chauffeur de bus, avait abandonné la famille sans crier gare. Il s'était évanoui dans les rues de la ville, un soir d'hiver. Il n'avait rien emporté à l'exception d'un petit jeu d'échecs dont les pièces avaient été sculptées dans de l'obsidienne et des os de baleine.

Resté seul avec sa mère et son frère jumeau – Stanislav –, Akim avait lentement sombré dans la mélancolie. Quand, en fin de journée, sa mère regagnait le logis, les bras et le visage bleuis de coups, les garçons n'osaient pas lui poser de questions. Mais ils découvraient parfois quelques dizaines de roubles froissés en fouillant dans son sac dès qu'elle avait le dos tourné.

À l'âge de sept ans, Chirokov avait été confié à la garde de son grand-père, un homme féru d'astronomie et de botanique, bourru et taciturne, vivant seul dans une maisonnette à la campagne. Années d'apprentissage et de découvertes.

Le drame survint deux ans plus tard. Retranché dans la cabane du jardin avec une boîte d'allumettes, Akim s'amusait à frire des grillons vivants, maintenus à distance au bout d'une pince. Le feu avait embrasé de vieux journaux goudronnés puis s'était propagé à une bouteille d'essence de térébenthine. Le garçonnet avait été sauvé des flammes *in extremis* par son grand-père. Mais son visage porterait à jamais le témoignage de l'incendie. Greffée, recousue, reconstituée, une moitié était couturée de marques de brûlures et de cicatrices. Dès lors, Akim offrait à la vue de tous un visage clivé, scindé, bipolaire : son profil droit étant celui d'un ange, le gauche celui d'un monstre.

L'accident n'avait pas fait que détruire le visage du garçon, il avait aussi brisé la complicité gémellaire qu'il partageait avec son frère. Et, avec le temps, l'animosité qu'ils éprouvaient maintenant l'un envers l'autre n'avait fait qu'empirer. Car, tandis qu'Akim végétait de petits boulots en emplois précaires, Stanislav, un diplôme d'économie en poche, s'était fait engager dans un cabinet de courtage. Puis, au mitan des années 1990, bénéficiant de la bulle financière, il avait grimpé les échelons hiérarchiques et appartenait désormais à la classe des golden-boys de la nouvelle Russie, ostentatoire et arrogante.

À dix-huit ans, Akim s'était entiché d'une fille de son âge, coiffeuse dans une lointaine banlieue. Mais l'idylle avait rapidement tourné court, la jeune fille le délaissant au profit d'un autre au bout de quelques semaines. Akim avait tué son rival sans autre forme de procès. D'un coup de couteau planté en plein cœur. Jugé irresponsable de son acte au cours du procès, il avait été interné dans un hôpital psychiatrique. Libéré au bout de cinq ans, le cerveau essoré par les neuroleptiques, il était allé se réfugier dans le giron de sa mère, alternant emplois de coursier ou de magasinier et *zapoï*, ces immersions cauchemardesques dans l'alcool qui peuvent durer plusieurs jours.

— À quoi penses-tu, mon trésor ? demande Marta, interrompant brutalement d'une voix aigre la rêverie de son fils.

*

Scène IV

— J'ai l'intention d'enquêter dans le parc Bitsevsky, annonce Katia Gorlanova à Igor Brodsky, son rédacteur en chef.

— Tu changes de rubrique ? ironise ce dernier. Tu quittes les faits divers pour le jardinage ?

La reporter au *Novaya Gazeta*, un bihebdomadaire d'opposition, s'enfonce une chapka en renard sur le crâne, déjà prête à affronter les rues de Moscou, transformées, une fois encore, en banquise sibérienne.

— J'ai dîné hier soir avec un flic que je connais bien. Il est de la brigade criminelle, poursuit la jeune femme. À la fin du repas bien arrosé, il m'a dit que, depuis deux ou trois ans, le parc s'était transformé en un lieu de carnage.

L'attention de Brodsky est brusquement en éveil.

— Qu'est-ce que tu entends par *carnage* ?

— Il semblerait que des dizaines de gens s'y soient fait tuer. Des jeunes, des vieux, des hommes, des femmes… et même des enfants.

— Pourquoi personne n'en a-t-il parlé ?

— Parce que, pour ne pas faire chuter les statistiques d'élucidation des meurtres et sauvegarder leurs primes, les policiers maquilleraient les assassinats en suicides ou en accidents.

— As-tu une idée du nombre de victimes ? demande l'autre.

— Mon informateur a évoqué un chiffre supérieur à trente. C'est hallucinant !

— Quel est leur profil ?

— La plupart sont des marginaux. Des gens dont les familles ne réclament pas les corps. Des pauvres diables que l'on peut enterrer en catimini dans le carré des indigents. Mais il y a aussi parmi eux quelques représentants de la classe moyenne.

— Qui pourrait faire ça ? Des militants d'extrême droite ? L'union slave, le Mouvement contre l'immigration, le Parti national-bolchevik d'Édouard Limonov ?

— Je n'ai aucune piste pour l'instant. On pourrait aussi avoir affaire à un tueur isolé.

— « Le serial-killer du parc Bitsa arrêté », déclame théâtralement Brodsky en mimant dans l'espace l'écriture d'un gros titre s'étalant à la une de son magazine. Comment comptes-tu t'y prendre ?

— En relisant mes cours de première année de l'école de journalisme, s'amuse la jeune femme. En enquêtant sur le terrain.

*

Scène V

— Où êtes-vous allé pêcher ce zouave ? demande Fedor Oulianov aux policiers en uniforme qui ont introduit dans son bureau un homme désemparé, la tête enturbannée de pansements sanguinolents.

— Il errait dans le parc Bitsa, le crâne ouvert, inspecteur, répond le plus âgé.

— Que lui est-il arrivé ?

— Il a probablement été victime d'une bagarre. À la polyclinique municipale n° 220 où on l'a emmené, le médecin a retrouvé quantité de bouts de verre incrustés dans sa tête. Il pissait le sang. D'ailleurs, il est encore en état de choc. Il ne se souvient même plus de son nom.

L'inspecteur s'approche de l'inconnu et l'observe par en dessous comme s'il s'intéressait à un animal étrange, surgi de la préhistoire.

— Renvoyez-le à l'hôpital. Qu'on l'y garde quelques jours en observation. Peut-être que la mémoire lui reviendra.

Dès que les policiers ont tourné les talons, Oulianov appelle sa secrétaire.

— Réunion cet après-midi, à 16 heures. Je veux y voir toute la brigade. Je commence à en avoir ma claque du parc Bitsa et de ces agressions à répétition. Nous devons arrêter un suspect dans les quarante-huit heures. D'une manière ou d'une autre.

*

Scène VI

— Regarde, ma fille, ce que j'ai de caché sous mes jupes, murmure la femme en charge du kiosque planté face à l'entrée de la station de métro Kakhovskaya.

La babouchka exhibe furtivement un cylindre métallique doté d'un embout et d'une gâchette.

— C'est un pulvérisateur de gaz lacrymogène au poivre. Un truc que mon petit-fils m'a acheté au marché noir.

— C'est pour vous défendre ? demande Katia Gorlanova.

— Je veux, oui. Moi, je ne me laisserai pas massacrer comme les autres sans réagir.

— Parlez-moi des autres, justement.

— La police fait le dos rond, mais nous, les gens du parc, on sait. Les cantonniers, les gardiens, les forestiers, les nounous avec les landaus, les retraités qui viennent tous les jours promener les chiens des riches, ils s'arrêtent à mon kiosque en fin de journée. Et ils me disent ce qu'ils ont vu. En échange, je leur offre une cigarette ou un verre de gnole.

— Que vous disent-ils ? s'enquiert la journaliste.

— Les uns n'ont vu que du sang sur la neige. D'autres un pied nu qui dépassait d'une canalisation. D'autres encore le corps d'une fille ou d'un ado, le visage tellement abîmé qu'il en était rendu méconnaissable. Je note les endroits qu'on m'indique sur mon plan du parc.

D'un coup, Katia ne sent plus le froid qui lui mord les doigts. Elle ne voit plus les sinistres frondaisons empanachées de givre. Son cœur s'emballe. Une giclée d'adrénaline lui embrase le cerveau.

— Vous me le montreriez, ce plan ?

— Pourquoi pas, tu m'as l'air d'une brave gosse, complimente la femme.

Elle s'éclipse un instant derrière une pile de marchandises et fouille dans de vieux cartons. Elle réapparaît les joues cramoisies et le souffle court, un papier à la main.

— Regarde, tout est là-dessus.

Une trentaine de petites croix noires maculent un plan détaillé du parc. Un de ceux que, au printemps, les scouts distribuent aux touristes.

Katia détache le luxueux chronomètre d'homme qu'elle porte au poignet.

— Tenez, je vous laisse ma montre en caution. Permettez-moi d'emprunter votre plan. Le temps d'aller en faire une photocopie et je vous le rapporte.

La femme hésite, cueille la montre avec respect du bout des doigts, et tend le papier en retour.

— Je te le prête pour que tu attrapes le tueur. Parce que tous ces morts dans le parc, ce n'est pas bon pour le commerce.

*

Scène VII

Trois jours plus tard, l'inspecteur Fedor Oulianov donne une conférence de presse dans les locaux de la police. Des journalistes se sont déplacés sans trop savoir à quoi s'attendre. Katia Gorlanova s'est installée au premier rang. Un individu patibulaire, chevilles et poignets entravés par de lourdes chaînes, se tient debout, sous bonne garde, sur un coin de l'estrade.

L'officier se racle la gorge et tapote le micro posé devant lui.

— Mesdames et messieurs, j'ai le plaisir de vous informer que la sécurité du parc Bitsevsky est à nouveau pleinement assurée. Des hommes de ma brigade ont, en effet, réussi à neutraliser un meurtrier multirécidiviste.

Oulianov pointe du doigt l'être hirsute qui dévisage les journalistes d'un regard halluciné.

— Vasili Borodine ! poursuit l'inspecteur. Il a été pris hier en flagrant délit, en train d'essayer d'assassiner un promeneur solitaire. Interrogé en présence d'un avocat commis d'office, il a reconnu les faits.

L'inspecteur agite l'air devant lui. Comme s'il chassait par avance des objections.

— Une rumeur persistante circulait selon laquelle, depuis quelques mois, le parc était devenu un véritable coupe-gorge. Dorénavant, le danger est écarté. Chacun peut s'y promener sans crainte.

— De combien d'homicides Borodine est-il l'auteur ? demande un reporter de l'agence Izvestia.

— Plusieurs. Une demi-douzaine d'innocentes victimes peut-être. Nous n'avons pas pu encore en déterminer le nombre exact. L'enquête ne fait que commencer. Je ne manquerai pas de vous tenir informé au fur et à mesure que nous obtiendrons davantage d'informations.

Oulianov invite ensuite cameramen et photographes à s'approcher de l'estrade pour immortaliser l'image rebutante du prisonnier.

Katia Gorlanova quitte la salle précipitamment. Sa tête bourdonne de questions sans réponse.

*

Scène VIII

Lorsque Akim Chirokov découvre des extraits de la conférence de presse de la police dans le journal télévisé, son sang ne fait qu'un tour. Si sa mère n'était pas assise à ses côtés, il hurlerait sa colère et sa frustration. Il se ruerait sur le téléviseur pour le mettre en pièces. Au lieu de quoi, il s'extirpe du vieux fauteuil, enfile des bottes et sa parka usée.

— Où vas-tu, mon trésor ? gémit Marta. Ne me dis pas que tu ressors.

Sans un mot, Chirokov claque la porte derrière lui avec une telle violence qu'un crucifix en laiton se détache d'un mur et vient rouler aux pieds de sa mère.

En grimpant les marches de l'escalier, à la sortie du métro Kakhovskaya, sa fureur dévastatrice est retombée. Le rythme de son cœur s'est lentement assagi.

— Vasili Borodine, grince-t-il pour lui-même, je ne te laisserai pas me voler mes morts !

Parvenu à l'entrée du parc, le meurtrier recouvre son visage d'un passe-montagne. Davantage pour dissimuler la moitié ravagée par les cicatrices que pour se protéger du froid.

À une trentaine de mètres, recroquevillées sur un banc, deux silhouettes noires et fluettes se blottissent frileusement l'une contre l'autre. Quand Chirokov s'en approche, une vague de pur bonheur se répand dans ses veines comme une drogue euphorisante. Le couple de jeunes punks partage un joint en gloussant silencieusement. Feignant de fouiller ses poches, Akim scrute l'orée de la clairière. Lorsqu'il s'est assuré que les allées et les sous-bois étaient déserts, il retire le passe-montagne et affiche un sourire avenant. Et tire ostensiblement de sa poche une bouteille de vodka bon marché.

*

Scène IX

Dans la quiétude de son studio moscovite, confortablement installée sur son lit, son ordinateur portable sur les genoux, un mug de thé brûlant à portée de main, Katia Gorlanova consulte une nouvelle fois la carte qui s'étale sur toute la surface de l'écran.

Boris, son compagnon, lui a prêté les logiciels d'architecture dont il se sert pour concevoir des projets urbanistiques. Ainsi modélisé, converti en 3D, le plan prêté par la kiosquière apparaît sous un jour nouveau. Vingt-neuf croix noires – correspondant chacune à l'emplacement d'un cadavre retrouvé dans le parc – sont dispersées sur un quadrillage. Katia constate un ordonnancement insolite. Comme si les scènes des crimes n'avaient pas été choisies de façon aléatoire. Comme si le serial-killer avait entraîné ses victimes dans des endroits précis pour les exécuter.

La journaliste observe des alignements, des lignes parallèles, des diagonales. Elle réfléchit longuement sans trouver d'explication logique.

Alors que la nuit est déjà bien avancée, un objet attire son attention : un petit parallélépipède carré en bois de rose posé sur sa table de chevet. C'est le plateau du jeu d'échecs qu'elle a rapporté d'un voyage au Népal. Son regard s'y attarde. Puis elle clique fébrilement sur le clavier de son ordinateur pour vérifier son intuition.

*

Scène X

Embusqué à l'orée du parc Bitsa, Akim Chirokov guette sa proie.

Il n'ignore pas qu'entre 16 heures et 16 h 30, une limousine se garera le long du trottoir, qu'un chauffeur zélé ouvrira une portière et aidera sa passagère à poser pied à terre : une blonde longiligne, enveloppée dans un manteau en zibeline. La créature de rêve – sans doute prostituée de luxe ou maîtresse d'un caïd mafieux – tiendra au bout d'une laisse trois chihuahuas surexcités. Sous le regard vigilant du chauffeur, elle promènera ses compagnons canins dans le parc pendant une quinzaine de minutes. Puis, frigorifiée, elle s'engouffrera à l'arrière de la voiture qui disparaîtra jusqu'au lendemain. Chirokov a constaté que ce rituel se répétait à l'identique chaque jour depuis plusieurs semaines. Et, dans son esprit déréglé et pervers, seule cette splendide inconnue peut être digne d'incarner l'une des Reines du jeu d'échecs virtuel et funèbre qu'il élabore pièce après pièce.

Au début, pour personnaliser les Pions, Chirokov s'était attaqué aux sans-grades, aux fantômes du parc, à la valetaille des clochards et des poivrots. Prétextant partager avec eux une bouteille de vodka sur la tombe de son chien, il les avait entraînés vers de petits monticules élevés à l'avance où il les avait sauvagement agressés.

Aujourd'hui, sur l'échiquier imaginaire que son cerveau malade a projeté à travers bois, chacune des seize cases réservées aux Pions correspond à une scène de crime.

Cette tâche accomplie, trouver des inconnus pour incarner les pièces les plus nobles du jeu – Rois, Reines, Tours, Fous et Cavaliers – avait exigé davantage de rigueur. Il ne s'agissait plus pour Chirokov d'éliminer des déclassés. Ses futures victimes devaient posséder des qualités qui les différencieraient des Pions. Touristes, employés du parc, joggeurs ou botanistes amateurs avaient progressivement fait l'affaire. C'est ainsi qu'un jeune cadre, en survêtement et chaussures Nike, lui avait fourni une Tour de premier choix.

C'est pour parachever son œuvre sanguinaire que le psychopathe a décidé de s'offrir la plus belle Reine dont il puisse rêver : l'inconnue de la limousine. Naturellement, mettre son plan à exécution comporte des risques. Car la femme est accompagnée de ses trois boules de poils vociférantes, et son chauffeur ne la quitte pas des yeux durant toute la durée de sa promenade.

Pour parvenir à ses fins, Chirokov imagine singer l'attitude d'un homme ivre afin de s'approcher de la femme sans trop éveiller ses soupçons. Une fois à sa portée, il effrayera les chiens. Puis, profitant de la confusion, il assénera à sa Reine un violent coup de bouteille sur le crâne. Enfin, avant que le chauffeur ne puisse intervenir, il transportera le corps sur une cinquantaine de mètres et l'abandonnera à l'endroit approximatif qu'il a prévu à son intention. Si le chauffeur ne l'a pas criblé de balles d'ici là, il prendra la fuite et s'évanouira dans les sous-bois.

*

Scène XI

Depuis la découverte des cadavres des jeunes punks, atrocement mutilés, les journalistes moscovites se sont déchaînés contre la police, reprochant à l'inspecteur Fedor Oulianov d'avoir exhibé devant eux un bouc émissaire, un clochard amnésique extrait de force d'un hôpital, pour s'épargner la peine de mener une véritable enquête.

Sommé par ses supérieurs d'arrêter le coupable dans les plus brefs délais, Oulianov mobilise sa brigade et la disperse dans le parc, déguisant la plupart de ses hommes en vagabonds, afin qu'ils servent de leurres au psychopathe.

Dans le même temps, Katia Gorlanova fait part de son intuition à Igor Brodsky, son rédacteur en chef.

— Je pense que le serial-killer joue aux échecs à grande échelle, lui dit-elle en étalant sur son bureau des plans du parc, sur lesquels elle a travaillé avec des logiciels. En moins de trois ans, il a massacré trente et une personnes. Les scènes de crime correspondent toutes à l'emplacement des pièces d'un échiquier.

— Quelle est la pièce manquante ? demande Brodsky, fasciné par la perspicacité de sa collaboratrice.

— La Reine blanche.

— Montre-moi sur ton plan l'emplacement qu'elle devrait occuper, selon la logique du meurtrier.

Katia pointe du doigt un espace d'environ 100 mètres carrés, situé à la périphérie du parc, non loin de la station de métro Kakhovskaya.

— Ça devrait se situer quelque part par là.

— Allons-y, décide Brodsky. Nous tenons peut-être un scoop. J'emmène avec nous un photographe et deux gros-bras du service de sécurité.

Quand les journalistes et leurs gardes du corps arrivent sur les lieux, ils enregistrent immédiatement une scène insolite. Une limousine noire est garée le long d'un trottoir ; un homme, qui semble être le chauffeur, se tient debout, les bras croisés, et scrute le parc ; une centaine de mètres plus loin, une jeune femme blonde, vêtue d'un manteau en zibeline, promène des chiens en laisse ; et un homme, une bouteille d'alcool à la main, marche dans sa direction en chancelant.

— C'est la Reine blanche, chuchote Katia en désignant la femme aux chiens.

— Et le pochtron doit être le tueur, souffle Brodski à son tour.

Il se tourne vers les agents de sécurité.

— Préparez-vous à intervenir.

L'homme, qui semble ivre, s'approche imperceptiblement de sa proie. Lorsqu'il n'est plus qu'à un mètre d'elle, d'un geste brusque et imprévisible, il brandit la bouteille au-dessus de sa tête. Ensuite, des événements simultanés s'enchaînent. Comme les plans d'un film, tournés au ralenti. Les agents de sécurité s'élancent, bras chevillés au corps. La bouteille s'abat sur la tête de la femme et une gerbe de sang macule ses cheveux blonds. Les chihuahuas prennent la fuite. Le chauffeur sort un pistolet d'un holster, dissimulé sous son bras gauche, et fait feu. Deux policiers en civil, qui se tenaient embusqués non loin de là, courent à toutes jambes vers le lieu de l'agression. Un genou en terre, le photographe de *Novaya Gazeta* mitraille la scène au téléobjectif. La kiosquière surgit de sa guérite et hurle en se prenant la tête entre les mains. Igor Brodski et Katia Gorlanova restent figés, bouches ouvertes et yeux écarquillés.

*

Scène XII

Dans l'heure qui suit, Olga Ivanova, la jeune femme blonde, et Akim Chirokov sont conduits à l'hôpital. La première souffre d'un traumatisme crânien, le second a reçu une balle de gros calibre dans le genou. Les journalistes ont regagné leur rédaction et préparent à la hâte une édition spéciale. Le titre a été trouvé quelques jours plus tôt par Igor Brodski : « Le serial-killer du parc Bitsa arrêté ! »

Quand Chirokov est en état de s'exprimer, il s'attribue avec fierté la totalité des trente et un meurtres. Et exprime néanmoins le regret de n'être pas parvenu à achever son « œuvre », ajouter la Reine blanche à son jeu de massacre.

Afin d'étayer le dossier d'accusation, l'inspecteur Oulianov obtient un mandat de perquisition pour se rendre au domicile de la mère du détenu. Tandis que la femme sanglote au fond du vieux fauteuil, le policier se déplace avec difficulté au milieu du bric-à-brac d'objets kitsch et poussiéreux. Entre images pieuses, poupées folkloriques et porcelaines ébréchées, il découvre, sur une étagère, un petit jeu d'échecs. Il a vraisemblablement été réalisé par un enfant âgé de cinq ou six ans. Sur un plateau en carton quadrillé, trente-deux capsules de bouteilles de lait, peintes en blanc et en noir, ont été disposées maladroitement.

Lorsque le père de Chirokov avait abandonné sa famille, vingt-cinq ans plus tôt, il n'avait emporté qu'une seule chose : son jeu d'échecs portatif, dont les pièces avaient été sculptées dans de l'obsidienne et des os de baleine.

10

UN GRAIN DE POLLEN

Pour franchir un arbre pourri, tombé en travers du sentier, les jeunes gens mettent pied à terre. Ils soulèvent leurs VTT et franchissent l'obstacle. Puis ils reprennent leur promenade en amoureux. Parvenus au sommet d'une colline, ils contemplent un instant les rouleaux crémeux de l'océan qui se fracassent en contrebas. Le garçon abandonne sa bicyclette et enlace son amie. Le temps est suspendu. Soudain, sous la futaie, une tache rouge attire le regard de la fille. Elle se dégage de l'étreinte.

— Sean, je crois qu'il y a quelque chose de bizarre là-bas.

Le couple fait quelques pas en direction de la tache, à moitié dissimulée sous un bouquet de fougère.

— Oh non ! hurle la fille.

Le corps d'une femme est affalé dans l'herbe. Son visage est cyanosé. Et ses yeux grands ouverts semblent interroger le vide. Comme si, avant de succomber, elle avait cherché à percer une ultime énigme.

Nous sommes le 19 mai 2005 sur les hauteurs de Galway, en Irlande.

*

Guidé par les jeunes gens et accompagné d'une équipe d'adjoints et d'experts, le vice-commissaire d'opération de la Garde civique, Bob Fitzgerald, se rend sur place. La victime, une femme âgée d'environ trente ans, est vêtue d'un chemisier rouge et d'une jupe à carreaux.

— Strangulation, annonce le médecin légiste. Morte il y a environ trente-six heures.

— Des indices ? demande l'officier.

— Elle ne porte pas de chaussures et il n'y a pas de terre ou d'aiguilles de pins sur la plante de ses pieds. Le corps a été déplacé. De toute évidence, nous ne sommes pas sur la scène de crime.

— Quoi d'autre ? Des traces de pas ?

— Des feuilles ont été foulées aux pieds autour du cadavre, mais les marques ne sont pas suffisamment profondes pour permettre de prélever des empreintes de semelles.

— Pas de sac à main non plus. Pas de papier d'identité, constate pour sa part Peter Beckett, l'adjoint du vice-commissaire.

*

L'autopsie révèle deux informations : l'inconnue n'a pas subi de sévices sexuels et deux prénoms ont été tatoués sur ses épaules, Tim et Orson. En revanche, ses empreintes digitales ne figurent pas dans le fichier informatisé de la police. Et sa denture, éclatante et saine, n'a, semble-t-il, jamais fait l'objet de soins, ce qui exclut qu'elle puisse être identifiée par un praticien ou un orthodontiste. Par ailleurs, de minuscules fragments de peau sont visibles sous ses ongles. Dénonceront-ils son agresseur ?

Pour l'heure, Fitzgerald doit se résoudre à faire diffuser un avis de recherche dans les trois principaux journaux de Galway. Une femme d'une cinquantaine d'années ne tarde pas à se manifester.

— Ma fille, Sharon, a disparu. Son profil correspond à la description que vous en avez faite dans la presse. Elle m'avait confié la garde de ses enfants, le week-end dernier, et elle n'est pas venue les récupérer dimanche soir. Je suis folle d'inquiétude. Ses téléphones, fixe et mobile, ne répondent pas. Et on ne l'a pas vue non plus ce matin dans le pub où elle est serveuse.

— Combien a-t-elle d'enfants ? demande le vice-commissaire.

— Deux garçons âgés de sept et cinq ans. Des gosses adorables.

— Comment se prénomment-ils ?

— Orson et Tim.

Un frisson glacé parcourt la nuque du policier.

— Vous allez devoir m'accompagner au service médico-légal, madame…

— Farrow. Sandra Farrow. Ma fille s'appelle Sharon Himes. Elle est en instance de divorce.

*

Le visage de la morte émerge du drap immaculé comme un spectre.

Dès qu'elle l'aperçoit, Mme Farrow fait un bond en arrière et porte instinctivement ses mains à son visage. Un cri d'animal blessé s'étrangle dans sa gorge. Mais, avant de s'effondrer en larmes et aussi curieux que cela puisse paraître, elle fait une remarque surprenante.

— Sharon a été tuée chez elle.

— Comment pouvez-vous l'affirmer ?

— Regardez la petite cicatrice qu'elle porte sur la joue gauche. Sharon se l'était faite en tombant de vélomoteur quand elle avait une quinzaine d'années. Elle en était très complexée et ne sortait jamais de chez elle sans l'avoir dissimulée sous une épaisse couche de maquillage. Même pour se rendre chez sa voisine, elle se passait rapidement un coup de blush sur le visage. Ma fille a été assassinée chez elle. C'est une certitude.

Après avoir tenté maladroitement de réconforter la malheureuse, Bob Fitzgerald l'entraîne, en compagnie d'un expert scientifique, dans la petite maison qu'occupait sa fille.

— La porte n'est pas verrouillée. Elle n'a pas été fracturée non plus, constate Fitzgerald.

— Sharon avait pourtant la manie de toujours la refermer derrière elle et de glisser la clé dans sa ceinture.

— Craignait-elle d'être agressée ?

La femme esquisse un triste sourire.

— Elle craignait surtout que ses fils aillent se bagarrer avec les gosses du quartier, dès qu'elle aurait eu le dos tourné.

Le vestibule dégage un agréable parfum d'encaustique et de tarte aux pommes.

— Restez là, madame Farrow, et ne touchez à rien.

Quelques minuscules taches de sang sont visibles sur le carrelage de la cuisine. Tandis que l'expert effectue un prélèvement, le policier se rend dans la chambre à coucher. Là encore, des traces sanguines sont visibles sur l'embout et le fil d'un séchoir électrique. Le meurtrier s'en est-il servi pour étrangler la victime ? D'autres marques barbouillent le plancher. L'assassin a vraisemblablement essayé de les nettoyer à la hâte, car une odeur d'eau de Javel flotte dans la pièce. Fitzgerald se rend ensuite dans la buanderie. Il ouvre la porte de la machine à laver. Elle est bourrée de linge sale. Avec l'aide de l'expert scientifique, il en extrait délicatement des vêtements d'homme et de femme. La plupart d'entre eux sont tachés de sang. Un éclat métallique attire le regard du policier. C'est un pendentif en argent au centre duquel un lapis-lazuli de belle taille est artistiquement enchâssé. Fitzgerald montre le bijou à Mme Farrow.

— Connaissez-vous ceci ?

— Où l'avez-vous trouvé ? s'étonne la mère de la victime.

— Dans la machine à laver.

— Sharon en avait hérité de sa grand-mère. Elle considérait que c'était l'objet le plus précieux qu'elle possédait. Elle ne s'en séparait jamais. Même pour dormir ou prendre une douche. Il est impossible qu'elle ait pu le jeter par inadvertance dans la machine à laver.

— L'agresseur de votre fille a dû le lui arracher, alors qu'elle le portait autour du cou, car nous n'avons pas retrouvé la chaîne, précise Fitzgerald.

Constatant ensuite que le garage est vide, le policier signale aux postes de police du Connemara le vol d'une Golf VW de couleur noire et transmet son numéro d'immatriculation.

*

Tandis que les vêtements retrouvés dans la machine à laver, le pendentif et les échantillons sanguins sont analysés par l'équipe scientifique, le vice-commissaire récapitule sur un tableau blanc les éléments dont il dispose et explique à ses collaborateurs le déroulement du meurtre tel qu'il le conçoit.

— L'assassin connaissait vraisemblablement la victime car il n'a pas eu besoin de forcer la serrure de la porte d'entrée. Il devait par ailleurs être informé de l'absence des enfants. L'expert a relevé une dizaine d'empreintes digitales différentes à l'intérieur de la maison. Des collègues procèdent actuellement aux vérifications de routine sur l'ordinateur central. Je pense qu'une querelle a aussitôt éclaté dans la cuisine entre Sharon et son agresseur. Querelle qui s'est poursuivie dans la chambre à coucher. Sharon a été frappée au visage et à l'arrière de la tête. Elle a saigné et taché ses vêtements. Je suppose que, ensuite, elle a été étranglée à l'aide du fil d'un séchoir électrique. Le meurtrier l'a déshabillée et a jeté ses vêtements ensanglantés dans la machine à laver.

— Sharon Himes n'a pas été sexuellement violentée, avant ou après sa mort, précise Peter Beckett, l'adjoint du policier.

— Et le vol n'était pas non plus le mobile de l'agression puisque, d'après Mme Farrow, rien n'a été subtilisé dans la maison, ajoute Fitzgerald.

— Quels pourraient être les autres mobiles de l'assassin ? demande Beckett à la cantonade.

— Vengeance, jalousie, suggère quelqu'un.

— L'argent, avance un autre. Sharon avait peut-être souscrit une assurance-vie.

— Nous le vérifierons, assure Fitzgerald. Quoi d'autre ?

— Attaque d'un déséquilibré mental.

— Le mode opératoire ne ressemble pas aux homicides commis par les psychopathes.

— Des vêtements d'homme étaient mélangés à ceux de Sharon dans la machine à laver, intervient Beckett.

— Effectivement, une chemise et un jean d'homme étaient tachés de sang. Mais ils ont pu être souillés par les vêtements de Sharon et nous ignorons à qui ils appartiennent.

— Un criminel n'aurait pas abandonné autant d'indices derrière lui.

— Tout est possible. Nous éclaircirons ce point en priorité.

Fitzgerald poursuit sa démonstration :

— Le meurtrier a ensuite rhabillé Sharon avec des vêtements propres. Puis il a jeté son corps dans le coffre de sa voiture. Il a effectué un trajet de 15 kilomètres et l'a déposé dans la forêt où le jeune couple l'a découvert.

Beckett intervient.

— J'ai consulté une carte. Si le meurtrier a garé la Golf sur le parking le plus proche – ce qui est probable –, il a dû parcourir plus d'un kilomètre à pied en portant le cadavre.

— L'assassin est donc athlétique et endurant, remarque une inspectrice.

— D'autant qu'il a dû couper à travers bois sans emprunter les sentiers, très fréquentés par les promeneurs durant le week-end. Il est ensuite revenu sur ses pas et s'est enfui Dieu sait où au volant de la voiture volée.

Les policiers contemplent les informations qui s'étalent maintenant sur le tableau blanc. Comme s'ils espéraient que des liens logiques les relient par magie les unes aux autres.

— Quelle première conclusion en tirez-vous, chef ? demande finalement Beckett.

— Nous savons que Sharon Himes vivait seule et qu'elle était en instance de divorce. Si le vol, l'argent ou l'agression sexuelle ne sont pas les mobiles, j'opterai pour l'hypothèse de la jalousie et de la vengeance. Dans ce cas, son mari apparaît comme notre principal suspect.

*

Les policiers ne se donnent pas la peine d'aller interroger Albert Himes car, à l'étonnement général, il se présente spontanément à la Garda station, le commissariat.

— Je suis venu pour savoir où vous en êtes dans votre enquête, annonce d'emblée un homme taillé en armoire à glace. Je suis sous le choc. Et je ne sais pas comment annoncer à mes fils qu'ils ne reverront plus jamais leur maman.

— Je vous présente mes condoléances, monsieur Himes, dit Fitzgerald. Merci d'être venu. Quand avez-vous vu votre épouse pour la dernière fois ?

— Le samedi après-midi.

— Donc le jour de sa mort.

— C'est exact. Impossible de deviner ce qui allait lui arriver.

— Dans quelles circonstances l'avez-vous vue ?

— Elle était passée, vers 16 heures, à l'hôtel où je réside. Elle était venue m'avertir qu'elle avait déposé les enfants chez ses parents et qu'ils y resteraient tout le week-end.

— Vous étiez séparés, elle et vous, n'est-ce pas ?

— Oui, une procédure de divorce était en cours.

— Comment gériez-vous la garde des enfants ?

— Je ne les prenais habituellement qu'un week-end sur trois. Depuis que j'ai perdu mon emploi, je tire le diable par la queue.

— Quel métier exerciez-vous ?

— Chauffeur-routier.

— En quels termes étiez-vous avec votre épouse ?

— Nos relations n'étaient pas au beau fixe, bien sûr. Mais nous faisions des efforts pour préserver les enfants.

— Revenons-en à votre emploi du temps.

— Sharon était venue récupérer mon linge sale pour le laver, comme elle le faisait chaque semaine. Elle m'avait aussi proposé d'aller prendre une douche chez elle, le chauffe-eau de ma chambre étant tombé en panne.

Fitzgerald griffonne des notes sur un carnet.

— À quelle heure y êtes-vous allé ?

— À 17 heures.

— Vous êtes-vous disputés pour une raison quelconque ?

— Non.

— Qu'avez-vous fait ensuite ?

— À 18 heures, en sortant de chez Sharon, je suis passé au supermarché acheter des cigarettes.

— De quelle marque ?

— Des John Player Blue.

— Avez-vous un ticket de caisse pour le prouver ? hasarde le policier.

Sans hésiter, Albert Himes tire une facturette d'un portefeuille élimé.

— Regardez : John Player Blue : 9,20 euros. La date et heure de l'achat sont imprimées ici : 17 mai 2005. 18 h 07.

— Vous gardez toujours vos reçus à portée de main ?

— Quand on a peu pour vivre, on fait ses comptes. Et on garde toutes les traces de ce que l'on dépense.

— Un ticket de caisse peut aussi servir à se fabriquer un alibi.

— Pas du tout, s'insurge Himes en tendant devant lui un poignet nu. J'ai mis ma montre au clou. Les factures des épiceries me servent aussi à connaître l'heure exacte.

— Admettons. Poursuivons. Qu'avez-vous fait ensuite ?

— J'avais prévu d'aller retrouver un copain. Il vit à l'autre bout de la ville. Mais la batterie de ma voiture était à plat. Impossible de démarrer. J'ai téléphoné à Sharon pour qu'elle vienne me dépanner. Elle a accepté et m'a demandé de patienter quelques minutes.

— Si je comprends bien, vous n'arrêtiez pas de solliciter la femme avec laquelle vous étiez en instance de divorce : Sharon lave votre linge, elle vous permet d'aller prendre une douche chez elle et, par-dessus le marché, vous lui demandez de dépanner votre voiture en panne.

— Je vous ai dit : nos relations étaient correctes. Et puis Sharon était une brave fille, toujours prête à rendre service.

— Que s'est-il passé ? Est-elle venue ?

— Non. Elle m'a téléphoné un peu plus tard pour me demander de venir l'aider à son tour. Elle avait claqué la porte derrière elle en laissant les clés à l'intérieur. Nous habitons à un quart d'heure à pied l'un de l'autre. Je suis donc retourné chez elle. Quand je suis arrivé, la porte du garage était ouverte et sa Golf n'y était plus.

— Y avait-il de la lumière dans la maison ?

— Non.

— Lui avez-vous téléphoné ?

— Son portable était sur répondeur. J'ai essayé de déverrouiller la serrure avec la pointe de mon canif. Je n'y suis pas parvenu. J'ai attendu une vingtaine de minutes, puis je suis rentré à mon hôtel.

— Quand et comment avez-vous appris sa mort ?

— Hier matin. Quand j'ai lu, au bar de l'hôtel, l'avis de recherche que vous avez publié dans les journaux, j'ai compris qu'il s'agissait d'elle. J'ai téléphoné à ses parents. Ils m'ont dit qu'elle n'était pas venue rechercher les enfants.

Bob Fitzgerald referme le carnet sur lequel il prenait des notes.

— Je crois que c'est tout pour le moment, monsieur Himes.

Une soudaine intuition traverse l'esprit du policier.

— Pouvez-vous, s'il vous plaît, vous mettre torse nu ?

— Quand ? Là, maintenant, devant vous ?

Le vice-commissaire hoche la tête.

— C'est vraiment indispensable ?

— Oui, puisque je vous le demande.

L'homme s'exécute. Son avant-bras droit présente une profonde éraflure.

— Quand vous êtes-vous fait cela ?

— En essayant de démonter la batterie de ma voiture. Le tournevis a glissé.

— Êtes-vous gaucher ?

— Non, pourquoi ?

— Il me semble difficile de se blesser au bras droit quand on est droitier.

— C'est pourtant ce qui m'est arrivé, s'agace l'autre. Je ne sais pas comment je m'y suis pris.

— Accepteriez-vous que nous prélevions un échantillon de votre salive pour faire un test d'ADN ?

Albert Himes cède à la demande, non sans s'être fait longuement prier.

*

Dans l'heure qui suit, Bob Fitzgerald parvient à obtenir d'un juge un mandat pour perquisitionner la chambre du suspect. Accompagné de Peter Beckett et d'un expert, il se rend à l'hôtel où il réside. À peine ont-ils pénétré dans le bar qu'un homme légèrement éméché se détache d'un groupe et marche vers eux.

— Voilà celui qui a tué Sharon, hurle l'inconnu, en pointant un index vengeur en direction d'Albert Himes.

Puis il s'adresse aux policiers :

— J'espère que vous allez coffrer ce salopard.

Beckett s'interpose.

— Qui êtes-vous ?

— Bill Gibson.

— Pourquoi dites-vous cela ?

— Parce que cette ordure ne supportait pas que Sharon l'ait plaqué. Il refusait de divorcer. Il a préféré la tuer plutôt que de la voir refaire sa vie avec un autre. Moi en l'occurrence.

— Donnez-moi votre permis de conduire, ordonne Fitzgerald. Vous viendrez le récupérer ce soir au commissariat.

Les quatre hommes grimpent un escalier étroit et pénètrent dans la chambre que Himes loue au mois. Une épaisse odeur de tabac et d'alcool les prend à la gorge. Des vêtements fraîchement lavés pendent sur une corde en travers de la pièce.

— Vous avez fait une lessive ? s'étonne le vice-commissaire. Vous m'aviez dit que votre femme s'en était chargée.

— C'est vrai, mon linge de la semaine est resté dans sa machine. Mais, dès mon retour dans ma chambre, j'ai lavé ce que je portais sur moi.

Alors que l'expert glisse le linge dans un sac en plastique, Beckett vérifie le fonctionnement du chauffe-eau de la douche.

— Il est hors d'usage, chef. Himes ne vous a pas menti sur ce point.

L'expert prend quantité de photos et passe la chambre au peigne fin. Il s'attarde sur les semelles des quelques paires de chaussures qui garnissent un placard. Il ne constate pas de terre ou de fragments de fougères.

*

Une heure plus tard, les policiers regagnent le commissariat. Bill Gibson, l'homme qui avait prétendu avoir été l'amant de Sharon Himes, les attend en faisant le pied de grue. Fitzgerald le fait entrer dans son bureau.

— Quand avez-vous vu Sharon pour la dernière fois ? demande le policier mécaniquement.

— Le jour de sa mort.

— Dans quelles circonstances ?

— Je suis passé chez elle pour lui proposer d'aller boire un verre sur le port.

— Et ?

— Elle a refusé, prétextant qu'elle avait des choses à faire et que Himes allait bientôt passer prendre une douche. Ça m'a mis en boule.

— Vous êtes-vous querellés ?

— On peut le dire comme ça. Je lui ai reproché de ne pas être assez ferme avec son ex. De ne pas faire de choix clair, de repousser la date de son divorce. Elle m'a demandé de lui laisser du temps pour que les enfants puissent s'habituer à moi.

— L'avez-vous frappée ?

— Disons que je l'ai un peu chahutée.

— Dans la cuisine ou dans sa chambre ?

— Dans la cuisine, je crois.

— A-t-elle saigné ?

— Non. Bien sûr que non. Je me suis contenté de la secouer par les épaules.

— Que s'est-il passé ensuite ?

— Sharon était furieuse. Elle m'a poussé vers la porte et m'a demandé de revenir vers 19 heures, afin que nous discutions de l'avenir de notre relation.

— L'avez-vous fait ?

— Non. Je suis resté chez moi pour regarder le match Cork Hibermians/Waterford en sirotant un pack de bières.

— Quelqu'un peut le prouver ?

— Non, j'étais seul.

— Vous n'êtes donc pas retourné chez Sharon Himes ?

— Non. Je voulais lui donner une leçon. Lui montrer que je n'étais pas à sa botte.

— Vous a-t-elle téléphoné ?

— Non. Personne ne m'a appelé de toute la fin de l'après-midi.

— Nous le vérifierons. Une dernière question : avez-vous de bonnes raisons de penser qu'Albert Himes ait pu assassiner sa femme ? demande Fitzgerald.

— Je sais que Sharon avait peur de lui. Elle faisait tout ce qu'il lui demandait. Cet abruti l'avait menacée à plusieurs reprises si elle maintenait sa demande de divorce.

— Si elle avait décidé de vivre avec vous, Sharon aurait troqué un homme violent contre un autre, ne peut s'empêcher d'observer le policier.

Et il ajoute :

— Des techniciens du laboratoire vont prélever vos empreintes digitales et un échantillon de votre ADN. Après quoi, ils vous restitueront votre permis de conduire.

*

Comme il fallait s'y attendre, les empreintes digitales d'Albert Himes et de Bill Gibson sont présentes partout dans la maison de Sharon. Plus troublant encore : les fragments de peau, retrouvés sous ses ongles, présentent des traces d'ADN appartenant aux deux hommes. Si Gibson a avoué s'être querellé avec elle, Himes a nié avoir eu une altercation. Mais l'éraflure, présente sur son avant-bras, tend à prouver le contraire. Par ailleurs, une empreinte digitale de Gibson a été relevée sur la face en argent du pendentif que portait Sharon, et qui a été retrouvé dans la machine à laver. Dès lors, une question s'impose : qui de Himes ou de Gibson a assassiné la jeune femme ?

*

Deux jours plus tard, la Golf volée est retrouvée, abandonnée dans une ruelle proche du port. Avant de la passer au peigne fin, les experts constatent immédiatement la présence de fleurs, de feuilles et d'écorces sur le siège conducteur et sur le tapis de sol. Le meurtrier a-t-il chuté dans la forêt en transportant le cadavre ? Ils remarquent ensuite que le cendrier de bord est plein de mégots de la marque John Player Blue. Des prélèvements ADN démontrent que les cigarettes ont été fumées indifféremment par Sharon et Albert Himes. La mère de la victime confirme que le couple consommait des cigarettes de la même marque. Pour finir, les experts distinguent des traces de pollen sur la plaque d'immatriculation arrière de la voiture.

Fitzgerald se procure ensuite les enregistrements des caméras de vidéosurveillance, placées à proximité de l'appartement qu'occupe Bill Gibson. En corrélant les différents axes de prises de vues, il parvient à établir qu'entre 16 et 21 heures ce dernier n'est pas sorti de chez lui, comme il l'a affirmé lors de son interrogatoire. Cette constatation réduit les hypothèses. Dans ces conditions, Albert Himes demeure le suspect le plus crédible. Il possède un mobile et un faisceau d'indices le désigne coupable. Mais les preuves matérielles pour l'inculper font défaut. Il a un alibi. Et, face à un jury, un avocat habile pourrait plaider sans difficulté le doute raisonnable.

Le vice-commissaire décide alors d'utiliser un subterfuge. Il convainc Mary Battelford, une amie du couple, de se faire équiper d'un microémetteur. Très affectée par le meurtre de Sharon et révulsée à l'idée qu'Albert puisse en être l'auteur, Mary lui donne rendez-vous dans un salon de thé dans le but de le piéger. Après s'être enquise de la santé des enfants, elle tente de le pousser à baisser sa garde.

— Comment crois-tu que l'assassin peut encore regarder ses enfants en face – si toutefois il en a – après avoir privé deux petits garçons de leur maman ? demande-t-elle.

— Les criminels ne fonctionnent pas comme nous, répond l'autre. Ce sont des animaux à sang froid. La plupart d'entre eux n'éprouvent ni remords ni compassion.

— Mais toi, par exemple, pour une raison quelconque, serais-tu capable de tuer une jeune mère de famille ?

Sentant le piège se refermer sur lui, Himes feint la stupeur.

— Comment peux-tu me demander une chose pareille ? En dix ans de mariage, je n'ai jamais porté la main sur Sharon.

— Vous alliez divorcer et cette perspective te fendait le cœur. Si tu me dis que tu as eu un moment d'égarement, une impulsion incontrôlable, je le comprendrais. Et cette conversation restera strictement entre nous. Dis-moi la vérité, Albert. Je n'en dors plus.

Himes a blêmi. Il se lève brusquement.

— Puisque tu m'accuses du meurtre de Sharon, nous n'avons plus rien à nous dire.

*

Quelques semaines plus tard, tandis que l'enquête est au point mort, Albert Himes annonce à Bob Fitzgerald qu'il a décidé de s'installer à Dublin où le marché de l'emploi est moins sinistré qu'à Galway. Avant de s'y rendre, il va planter une croix et déposer une plaque commémorative à l'orée de la forêt. Mais l'emplacement qu'il choisit est à l'opposé de l'endroit où le corps de sa femme a été découvert. S'agit-il d'une nouvelle ruse ou est-il réellement innocent ?

Durant les mois suivants, Fitzgerald est confronté à un dilemme. Il est intimement convaincu que Himes est coupable, mais il n'a aucun élément tangible pour le prouver. Il ne dispose d'aucune preuve matérielle susceptible d'être produite devant un jury. Dans l'impasse, il passe au crible une nouvelle fois la chronologie du meurtre. Il analyse les détails, récapitule les indices, répertorie les aveux contradictoires du suspect. En vain. Le policier a le sentiment angoissant de tourner en rond, de ressasser les mêmes arguments sans parvenir à détecter la faille. Et il n'ignore pas que le temps joue en sa défaveur.

Enfin, à la fin du mois d'août, une information apparemment anodine lui apporte une lueur d'espoir. Le journal interne de la police annonce la venue en Irlande de Nadine Adams. Cette experte palynologue, agent du FBI et spécialiste mondiale de l'utilisation des végétaux en criminalistique, vient donner une conférence à Dublin. Fitzgerald la contacte aussitôt. Dans un premier temps, la femme argue que son emploi du temps ne lui permet pas de participer à une enquête. Fitzgerald insiste. Il plaide sa cause, fait valoir que le dernier espoir de démasquer un meurtrier repose sur son intervention. Nadine Adams se laisse finalement convaincre à la condition toutefois que la durée de son intervention n'excède pas deux jours. Fitzgerald lui fait parvenir un billet d'avion pour Galway. Puis il collecte les trois éléments qu'il entend soumettre à son analyse : les feuillages, les fleurs et le pollen prélevés dans et sur la voiture de Sharon ; les vêtements que Himes portait le jour du meurtre et qu'il avait lavés dans sa chambre d'hôtel ; et des échantillons de végétaux recueillis à l'endroit où le corps a été découvert.

À peine arrivée à Galway, la botaniste se met au travail et tire bientôt ses premières conclusions.

— Le pollen recueilli sur le siège de la voiture appartient à une espèce d'acacia bien particulière : celle qui se trouvait à proximité du corps. J'ai effectué des comparaisons au microscope électronique et j'ai soumis des spécimens au spectromètre de masse. L'individu qui a tué Sharon est celui qui a utilisé sa voiture pour transporter le corps. Mais cela, vous le saviez déjà. Maintenant pour relier Himes au meurtre de sa femme, il faudrait que je trouve des traces d'un pollen parfaitement identique sur les vêtements qu'il portait le jour de l'homicide. Or, comme vous le savez aussi, ces vêtements ont été lavés à grandes eaux. Pour savoir s'il subsiste des traces de pollen incrustées dans les fibres textiles, je vais découper de fines lamelles de coton prélevées sur le tee-shirt et le pantalon. Je les dissoudrai à l'acide et passerai la soupe obtenue à la centrifugeuse. Si des échantillons végétaux sont présents, ils devraient émerger à la surface et apparaître au microscope.

Les premiers résultats obtenus grâce à ce procédé sont négatifs. Nadine Adams poursuit sa quête toute la journée. Les vêtements du suspect ont été mis en pièces et se sont décomposés dans les bains d'acide. Et il ne reste plus à la botaniste du FBI qu'un ourlet de pantalon à analyser.

Le vice-commissaire a, dès lors, perdu tout espoir de confondre le meurtrier. Soudain, un cri déchire le silence oppressant qui règne dans le laboratoire.

— Bingo ! hurle l'Américaine. Venez voir, Fitzgerald.

Le policier s'approche de l'écran sur lequel l'échantillon observé est agrandi plus d'un million de fois.

— J'ai isolé une particule de pollen d'acacia !

— Je ne vois rien mais je vous fais confiance, se contente de balbutier le policier.

Il ajoute :

— Êtes-vous sûre de votre fait, Nadine ?

— Sûre à 100 %. Un minuscule fragment de pollen s'est glissé à l'intérieur de l'ourlet du jean. C'est pour cela qu'il a été épargné par le détergent de la lessive. Nous avions une chance sur dix mille de réussir.

*

Le rapport d'expertise de Nadine Adams est transmis au juge de Galway. Il signe sur-le-champ une demande de mise en état d'arrestation du prévenu. Himes est arrêté à Dublin et transféré sur la côte ouest. Face à la preuve qui l'accable, il reconnaît avoir tué sa femme au cours d'une violente dispute. Ne se contentant plus de réclamer le divorce, Sharon lui avait dit qu'elle envisageait aussi de lui supprimer le droit de visite de ses enfants, craignant qu'il ne les maltraite pour se venger.

Himes est condamné à purger une peine de vingt ans de réclusion. Aussitôt après l'énoncé du verdict, Bob Fitzgerald donne une conférence de presse.

— Le meurtre était presque parfait, annonce-t-il aux journalistes. Presque parfait. Mais un grain de pollen a grippé la belle mécanique que l'assassin avait imaginée…

11

Le diable en sa demeure

Un puis deux coups de feu claquent sèchement au cœur de la nuit. Fanny Rasmussen, celle qui vient de presser la détente, libère le trop-plein d'air qui comprimait douloureusement ses poumons. La main que prolonge le Walther p22 encore fumant retombe, légère, le long de son corps. Une sensation d'ivresse la fait vaciller. Lorsque ses jambes se dérobent, elle s'assied sur le bord du lit. Face à elle, le visage de porcelaine d'Alexandra Svensson semble lui sourire, enchâssé dans le blanc des draps et de l'oreiller. Ses yeux sont clos, en paix. Des mèches blondes frisottées accentuent la pâleur de son teint. Au centre de son front comme au centre d'une cible, une auréole étoilée laisse perler une goutte de sang. Plus bas, au niveau du bas-ventre, le drap s'imprègne lentement de rouge.

Fanny Rasmussen se redresse, arme à la main. Elle traverse la chambre, se poste à l'encoignure de la fenêtre et écarte le rideau. Dehors, des pinceaux de lune strient l'encre de la nuit et découpent la cime des grands arbres. Le bruit des tirs a été assourdissant. Fanny s'attend donc à voir les cuisines des maisons alentour s'allumer les unes après les autres, des portes s'ouvrir, des lanternes et des lampes de poche zébrer les ténèbres, des hommes en chemise converger vers la maison perchée sur la colline. Mais rien de tel ne se produit. Le silence s'est refermé sur les détonations comme les eaux d'un lac après le saut d'une carpe. Fanny s'accorde cinq minutes, figée dans l'attente. Puis elle se coiffe du passe-montagne qu'elle a emporté, se coule à l'intérieur d'une épaisse parka et chausse des bottes fourrées. Elle referme la porte de la chambre derrière elle et descend l'escalier sans faire de bruit.

Parvenue à l'extérieur, elle est saisie par le froid comme si elle avait ouvert en grand la porte d'un congélateur et reçu en plein visage son souffle glacé. Des larmes lui montent aux yeux. Des volutes de vapeur blanche s'échappent de la laine du passe-montagne. Elle dévale la piste enneigée qui mène au centre du village. Parvenue devant une maison endormie, elle vérifie son arme, dégage le cran de sûreté, et presse la sonnette.

Pas de réponse. Elle insiste. Au bout d'un moment, elle croit entendre, de l'autre côté de la porte, le bruit d'un meuble heurté et le froissement de robes de chambre. Un homme ouvre. Sa silhouette massive se découpe en contre-jour. La stupeur et l'incompréhension se peignent un bref instant sur son visage. Il écarquille les yeux, aspire l'air comme un poisson hors de l'eau. Mais avant qu'il n'ait le temps de balbutier un mot, une balle, tirée à bout portant, le cloue sur place. Il titube. Un second coup de feu le projette dans l'entrée. La femme qui se tient derrière lui se prend la tête entre les mains et tombe à genoux dans la flaque de sang. Lorsqu'elle émet ce qui ressemble à un couinement plaintif, Fanny Rasmussen glisse le Walther p22 dans la poche de sa parka et rebrousse chemin.

Elle parcourt une cinquantaine de mètres en pataugeant dans les congères, se glisse au volant d'une Volvo 340 bleue garée sous des sapins, et démarre en un tour de clé. Puis elle pousse le chauffage à fond et enclenche le lecteur de CD. Les premières notes de *La Grande Messe* de Mozart vibrent à plein volume. Repassant devant la maison de Halvar Bergman, l'homme qu'elle vient de blesser grièvement, Rasmussen tourne à gauche, et s'engage avec prudence sur la route nationale 282 en direction de Stockholm.

Il est 3 h 50 du matin, le 10 janvier 2004. Le fait divers le plus extraordinaire que la Suède ait connu au cours des dix dernières années ne fait à peine que commencer.

*

Une demi-heure plus tard, un 4 × 4 de la police criminelle suédoise et une ambulance se présentent à l'entrée du village, toujours plongé dans les ténèbres. Les véhicules stoppent devant la maison des Bergman. Tandis qu'un médecin urgentiste se précipite aux côtés du blessé pour lui planter l'aiguille d'une perfusion dans le bras, l'inspecteur-chef Olaf Andersen recueille le premier témoignage de Rebecca, son épouse.

— L'individu était de taille moyenne, le visage entièrement recouvert d'une cagoule, bredouille cette dernière entre deux sanglots. Sans prononcer un mot, il a tiré froidement à deux reprises sur mon mari. Puis il a fait demi-tour et il a disparu sans se presser. Quelques minutes plus tard, j'ai entendu une voiture passer devant la maison, mais je n'ai pas pu distinguer la marque ni le modèle. Ensuite, j'ai composé le numéro d'urgence de la police. Puis j'ai téléphoné à Carl Svensson, notre pasteur, avant d'aller réveiller les voisins.

L'annonce du drame s'est répandue dans le village comme une traînée de poudre. Ainsi, avant l'arrivée des secours, des dizaines d'habitants de Knutby se sont-ils déjà rassemblés sur le parvis de l'église pentecôtiste. Sous le choc, transis et consternés, la plupart d'entre eux se sont contentés d'enfiler à la hâte un anorak sur un pyjama ou une chemise de nuit. Entourant un colosse doté d'une spectaculaire barbe rousse, ils sautillent maintenant dans la neige d'un pied sur l'autre en soufflant sur leurs doigts.

— Prions, frères et sœurs, rugit le géant en brandissant une Bible au-dessus de sa tête. Prions pour qu'Halvar ne succombe pas à ses blessures. Implorons le Seigneur pour qu'il lui donne la force de rester parmi nous.

Au bout d'un moment, tandis que les flashs stroboscopiques d'un hélicoptère se fondent dans la nuit, emmenant à son bord le blessé, Carl Svensson invite ses ouailles à venir se réconforter chez lui.

— Venez tous. Je vais vous faire du thé et du café.

L'inspecteur Andersen et les deux policiers en uniforme qui l'accompagnent se joignent aux villageois.

*

Dans la vaste salle à manger lambrissée, de petits groupes se sont formés spontanément. Des femmes gémissent dans leur coin. Des hommes échangent quelques mots à voix basse, chacun essayant à sa manière de trouver une explication à l'agression.

— Aucun d'entre nous n'aurait pu faire une chose pareille, chuchote l'un d'eux.

— La question ne se pose même pas. C'est quelqu'un venu de l'extérieur qui a fait le coup.

— Un étranger, enchérit un autre. Turc ou Afghan.

— Ou un Russe. Les Russes, c'est bien connu, sont sans foi ni loi.

— À force de vouloir accueillir toute la misère du monde, on a fait de ce pays un dépotoir.

— Et la police est impuissante. Même ici, perdus dans nos forêts, nous ne sommes plus à l'abri.

— Dans quel monde vit-on !

— Mais, intervient un petit vieux ratatiné dans un duffle-coat, d'après ce qu'a dit Rebecca, le type n'était pas un rôdeur. Il n'essayait pas de cambrioler la maison. Quand Bergman lui a ouvert sa porte, il l'a tiré comme un lapin.

— Pas plus tard que tout à l'heure, intervient un bûcheron qui n'a pas prêté attention à la remarque précédente, je vais à Stockholm m'acheter un fusil calibre 30.

Soudain, une femme entre deux âges élève la voix.

— Au fait, pasteur Svensson, je ne vois pas votre épouse parmi nous. Est-elle souffrante ?

Comme brusquement tiré d'une profonde léthargie, le barbu jette un regard circulaire sur l'assemblée.

— Vous avez raison, elle n'est pas là. Je n'ai pas pris le temps de la réveiller après l'appel de Rebecca. Elle doit dormir dans sa chambre. Je vais la chercher.

Au bout de quelques minutes, Carl Svensson réapparaît au sommet de l'escalier qui mène à l'étage. Le teint cireux, la démarche flageolante, il dévisage ses paroissiens d'un regard fou. Puis, avant de s'effondrer, il trouve la force de crier à l'attention des policiers :

— Montez vite, ma femme a été assassinée.

*

Les choses s'enchaînent rapidement. Les spécialistes de la police scientifique établissent que le meurtre d'Alexandra Svensson et l'agression perpétrée contre Halvar Bergman ont été commis avec la même arme. Quelques minutes après la découverte du cadavre de sa femme, le pasteur a également constaté l'absence de Fanny Rasmussen, la baby-sitter qui veille sur ses trois enfants, ainsi que la disparition de sa voiture. Il n'en faut pas davantage aux yeux de la police pour faire d'elle la principale suspecte. Un avis de recherche est aussitôt lancé à travers le pays. La police des frontières est alertée et un mandat d'arrêt international est communiqué à Interpol. Cependant une question demeure encore sans réponse : si Fanny Rasmussen est bien l'auteur du meurtre et de l'agression, quels sont ses mobiles ?

En fin de soirée, la jeune femme est arrêtée. Ses crimes accomplis, elle était allée se réfugier dans la maison de ses parents. À peine lui a-t-on passé les menottes aux poignets qu'elle reconnaît les faits.

— Je n'ai fait qu'obéir à la volonté de Dieu, lance-t-elle aux policiers. Je n'ai pas à répondre à la justice des hommes. Faites de moi ce que bon vous semble. Cela m'est égal.

L'inspecteur-chef Olaf Andersen est chargé de l'enquête. Certes, Fanny Rasmussen a avoué avoir assassiné Alexandra Svensson et tiré à deux reprises sur Halvar Bergman. Elle a signé des aveux complets, se dit prête à comparaître devant une cour de justice et être condamnée à la peine qu'elle mérite. Mais elle refuse obstinément d'expliquer les raisons qui ont motivé ses actes. Suspectant la jeune femme d'avoir subi une crise de démence passagère, Andersen fait appel à un psychiatre assermenté pour examiner son état mental. L'expertise de ce dernier est sans appel : la meurtrière est saine d'esprit. Elle a agi de sang-froid. Et elle n'exprime aucun remords ni repentir.

Les choses pourraient en rester là et la justice suivre son cours, mais l'inspecteur n'entend pas classer l'affaire sans avoir entendu de la bouche de la détenue une explication cohérente. C'est pourquoi, jour après jour, il poursuit inlassablement son interrogatoire.

— Je veux bien imaginer que vous étiez secrètement amoureuse du pasteur et que son épouse constituait un obstacle à vos projets, se hasarde l'inspecteur, qui tente par la provocation de lézarder le mutisme dans lequel Rasmussen s'est claquemurée. Admettons cette hypothèse. Mais pour quelle raison avez-vous tiré *aussi* sur Bergman ?

Face au silence obstiné de la baby-sitter, Andersen poursuit dans la brèche qu'il tente d'ouvrir :

— Bergman vous avait-il percé à jour ? Vous avait-il mise en garde ? Avez-vous essayé de le tuer parce qu'il protégeait la famille Svensson de vos tentatives de séduction ?

Assise bien droite sur sa chaise, Fanny Rasmussen caresse du bout des doigts la Bible qu'elle a réclamée et qu'Andersen a mise à sa disposition.

— Vous n'êtes pas habilité à m'interroger, répète-t-elle comme un leitmotiv. Vous êtes un homme et je n'ai de comptes à rendre qu'à Dieu.

*

Bien qu'il ait conscience de commettre une entorse à la déontologie policière, Andersen joue son va-tout pour délier la langue de la prisonnière. Un matin, il prend place face à elle dans la salle d'interrogatoire, un lourd objet en bronze dissimulé dans la poche de sa veste.

— Fanny, que vous le vouliez ou non, vous allez cette fois devoir répondre à mes questions.

La jeune femme adresse au policier un regard fatigué.

— Car, cette nuit, j'ai reçu une visite surnaturelle, poursuit l'inspecteur. Notre Seigneur Jésus m'est apparu dans toute sa splendeur. Il s'est manifesté dans ma chambre, auréolé de lumière.

Fanny redresse la tête. Un léger tressaillement secoue ses épaules. Un éclair de vie passe dans ses yeux.

— Jésus ?

— Je me suis agenouillé à ses pieds. Je me suis signé et il m'a béni. Une onde de béatitude m'a submergé. Alors Jésus m'a dit : « Demain, Fanny te confessera ses péchés et je lui pardonnerai, car je pardonne toujours à ceux qui m'ont offensé et qui font pénitence. Quand elle t'aura dit pourquoi elle a tué Alexandra Svensson et blessé Halvar Bergman, je lui accorderai la paix de l'âme et du cœur. Accomplis cette mission pour l'amour de moi. »

Un mélange d'incrédulité et de fascination semble se livrer combat dans le cerveau de la jeune femme. Son visage grimace et s'illumine tour à tour. Elle hésite, balbutie quelques mots en latin. Ses mains se croisent sur sa poitrine. Alors, sans attendre davantage, l'inspecteur tire brusquement le crucifix en bronze qu'il tenait caché dans sa poche et le brandit devant lui, affectant d'être sous l'emprise d'une force mystérieuse.

— Dis-moi pourquoi tu as fait cela, Fanny. Dis-le-moi au nom du Christ rédempteur dont je suis le messager.

Et, pour improbable qu'il soit, le subterfuge fonctionne. Fanny Rasmussen débite d'une voix mécanique une confession dont certains mots s'étranglent dans sa gorge. Une confession hallucinante qui va relancer complètement l'enquête. Et plonger la Suède dans la consternation.

*

Revenons dix ans en arrière...

Avec ses maisons en bois aux façades barbouillées de peinture rouge, ocre et bleu, le village de Knutby semble endormi depuis deux siècles dans la torpeur de la forêt. Situé à une trentaine de kilomètres au nord-est de Stockholm, il vivote dans un quotidien fait de routine et de privations. Les hommes sont bûcherons de père en fils, leurs épouses élèvent quelques têtes de bétail et entretiennent des potagers parcimonieux. La vie est rude et austère.

Le dimanche, les trois cent cinquante paroissiens que compte le village se réunissent dans le temple pentecôtiste où officie Carl Svensson, un jeune pasteur énergique à barbe rousse.

Seules les festivités de la Saint-Jean offrent un dérivatif à la morosité. Un immense bûcher est alors dressé à l'orée d'un étang et, à la clarté d'un jour sans fin, chacun se régale de renne rôti, se repaît de baies sauvages et étanche une soif imaginaire à grand renfort d'akuavit. Fillettes et jeunes filles en robes blanches, des couronnes de bougies allumées posées sur la tête, dansent au rythme des violons et des accordéons.

Dès lors, la fièvre, trop longtemps refoulée au cours de l'année écoulée, trouve une échappatoire. Le carcan des convenances explose d'un coup comme une chaudière sous la pression. Car nul n'ignore qu'une fois les dernières braises du feu de joie éteintes, chacun retrouvera ses frustrations intactes. C'est pourquoi les uns et les autres donnent libre cours à leurs inclinations. Des garçons affolés pourchassent les filles dans la forêt. Et les passions secrètes et adultérines des plus âgés se règlent furtivement dans les granges isolées. Au matin, une fois la mascarade consommée, le quotidien reprend ses droits. Comme si rien de répréhensible ne s'était produit. Comme si chacun émergeait, la tête bourdonnante, d'un rêve éveillé. Dans l'attente de la future fête de la Saint-Jean…

*

— La vie a radicalement changé le jour où Vera Nyssens est arrivée au village, une Bible entre les mains, raconte Fanny Rasmussen à l'inspecteur, au cours de son interrogatoire.

Âgée d'une quarantaine d'années, cette femme, pasteur itinérante, jette son dévolu sur Knutby pour une raison qui ne sera jamais élucidée. S'installant avec sa fille dans une masure, elle se lie d'amitié avec le pasteur Svensson et se transforme, au fil des mois, en son éminence grise. Bientôt, à force de lectures bibliques et de discussions enflammées, Nyssens convainc le pasteur d'opérer une révolution théologique à l'échelle du village. Il s'agit, selon elle, de retourner à la vraie foi, de faire table rase des aménagements qui ont dénaturé l'Église, d'établir le nouveau credo de la Réforme. Pour ce faire, Nyssens prétend que Dieu a choisi Knutby en guise de laboratoire et ses habitants, élus parmi les fidèles, pour propager la bonne nouvelle à travers le pays.

Ainsi, sous l'influence de son âme damnée, Svensson infléchit progressivement ses sermons dans ce sens. Sa voix de Centaure, sa stature de géant Viking, sa barbe rousse en bataille exercent un pouvoir magnétique sur ses ouailles. Certains adhérent aussitôt aux rites et aux pratiques qu'il leur impose : ne boire que de l'eau et fabriquer son pain, donner l'accolade à ses voisins dès qu'on les croise dans la rue, verser dix pour cent de ses revenus annuels à la paroisse dans le but d'ériger, le moment venu, une croix monumentale sur une colline. D'autres rechignent à se plier aux règles. Peu à peu ostracisés, ils quittent le village et s'installent ailleurs.

Au bout d'un an, le *Comité du Christ* tel qu'il s'est autodésigné, constitué de Vera Nyssens, du pasteur Svensson et de trois paroissiens triés sur le volet, règne en maître sur le village. Les autorités administratives sont reléguées à un rôle de faire-valoir. Les libertés individuelles sont bafouées. Et chacun doit se conformer aux ordres venus de l'église pentecôtiste sous peine d'être mis au ban de la communauté. Ainsi nul jeune couple n'est en droit de convoler sans avoir reçu au préalable le satisfecit du *Comité*.

*

— Un drame est alors venu bouleverser la vie du village, poursuit Fanny Rasmussen dans la salle d'interrogatoire du commissariat de Stockholm. Astrid, l'épouse du pasteur, s'est noyée accidentellement dans sa baignoire.

Olaf Andersen, l'inspecteur-chef de la police criminelle, décide de ne pas enregistrer cette information sans la vérifier. Il exhume le dossier du prétendu accident et se rend au village mener sa propre enquête. Il s'avère rapidement que l'événement est plus complexe que la version qu'en a donnée Rasmussen. Car entre l'accident, le suicide et le meurtre, la vérité n'a jamais été clairement établie. Certes le pasteur avait découvert le corps de sa femme flottant entre deux eaux dans la baignoire. Mais sa tempe gauche présentait une plaie ouverte qui laissait penser que sa tête avait violemment heurté la robinetterie. Plus étrange encore : Svensson avait falsifié le certificat de décès – sachant que sa belle-mère était infirmière –, ajoutant au rapport qu'une analyse sanguine avait révélé qu'Astrid avait ingéré une dose massive d'antalgique avant de prendre son bain. Puis, refusant qu'une autopsie soit pratiquée, il avait précipitamment organisé la crémation du corps. Pour autant ces éléments, bien que suspects, n'avaient pas été suffisamment convaincants pour qu'un procureur ouvre une information pour homicide.

— La pauvre Astrid laissait derrière elle deux enfants en bas âge, raconte encore Fanny Rasmussen. Je suis entrée au service de Monsieur le pasteur pour m'en occuper. Je venais juste d'avoir dix-huit ans.

*

Veuf plus joyeux qu'inconsolable, Carl Svensson se remarie dans les mois qui suivent le décès d'Astrid. Sa nouvelle épouse se nomme Alexandra Nyssens. Elle n'est autre que la fille de Vera, son mentor, le pilier du *Comité du Christ*. Mais tandis qu'Alexandra est enceinte, une rumeur persistante est colportée à travers le village. Elle affirme que le pasteur entretient une relation coupable avec Rebecca Bergman, la femme de son voisin. Et qu'il n'a pas attendu la nuit permissive de la Saint-Jean pour passer à l'acte !

*

— Au fil des mois, le pasteur Svensson m'a inculqué les nouveaux préceptes chrétiens en vigueur dans la communauté, confesse ensuite Fanny Rasmussen face à la caméra vidéo qui, dans la salle d'interrogatoire, filme l'intégralité de ses aveux.

Mais ce que Fanny oublie de mentionner au policier, c'est l'appétit du pasteur. Car posséder une nouvelle épouse ne lui suffit plus. Pas plus qu'il ne se contente d'avoir fait de Rebecca Bergman sa maîtresse attitrée. Il lui faut, en plus, s'attacher les faveurs de la jeune baby-sitter qui loge désormais sous son toit. Bientôt, le pasteur règne en maître sur son harem. Et malheur à celle qui aurait l'outrecuidance de se rebeller. Car, quand il ne prêche pas la parole divine, Svensson passe d'une femme à l'autre, incapable de mettre un frein à sa libido devenue maladive.

Un pas est encore franchi lorsque, prétextant une maladie qui requiert la présence permanente de Fanny à ses côtés, il chasse sa femme de la chambre conjugale et la relègue avec son nourrisson dans une pièce annexe. Cette fois, c'en est trop. Le pasteur a dépassé les bornes. Des villageois se rebiffent. La protestation enfle. Une pétition circule pour que le pasteur soit démis de ses fonctions, mais, par peur des représailles, ceux qui la signent se dissimulent derrière un pseudonyme. Car Carl Svensson n'entend pas céder aux pressions populaires pour mettre de l'ordre dans sa vie amoureuse.

— Monsieur le pasteur m'avait associée à sa quête mystique, concède naïvement Fanny Rasmussen. Nous passions de longues heures à prier dans sa chambre et à commenter des passages de la Bible.

Cet aveu plonge Olaf Andersen dans un abîme de réflexion. Il entrevoit enfin la genèse du drame à venir. C'est pourquoi il tente de recentrer le récit de la jeune femme sur les relations intimes qu'elle entretenait avec le pasteur.

— Vous ne faisiez pas que prier ensemble, me semble-t-il.

— Que voulez-vous dire ? s'insurge Fanny, comme si la question était blasphématoire.

— Je veux dire que vous étiez devenue sa maîtresse. Vous qui êtes une fervente chrétienne, vous ne trouviez pas choquant d'être partie prenante d'un adultère ?

Fanny Rasmussen se trouble. Elle dévisage l'inspecteur comme si elle faisait face à un demeuré. Puis, articulant exagérément pour être bien sûre d'être comprise, elle lâche ces quelques mots :

— Mais nos relations n'étaient pas que sexuelles ! Nous communiquions dans l'extase. Nous nous présentions unis devant Dieu.

— Je vous comprends mal.

— Carl m'avait expliqué que, dans l'Himalaya, des moines détournent l'énergie de l'accouplement pour dépasser les limites de la méditation. Nous faisions la même chose. Nous réconcilions le yin et le yang. En nous fondant l'un dans l'autre, nous nous transformions en un être asexué, immatériel, unique. Nous étions pur amour pour mieux nous pénétrer de la parole divine.

*

Ayant ouvert une brèche dans le système de défense de l'accusée, l'inspecteur-chef s'y engouffre. Et ce qu'il découvre dépasse l'entendement. Il comprend que, trois ans durant, Carl Svensson a conditionné la jeune fille. Qu'il l'a manipulée, qu'il l'a soumise à un véritable lavage de cerveau. En amalgamant érotisme et religion, en pervertissant le message chrétien pour assouvir sa sensualité, il a progressivement transformé une innocente en assassin. Il en a fait sa chose. Un robot prêt à tuer. Une mécanique devenue incapable de distinguer le bien du mal.

— Que s'est-il passé ensuite ? demande Andersen avec appréhension.

— Monsieur le pasteur a eu des visions. La nuit, il se réveillait en sursaut, le visage couvert de sueur. Je lui épongeais le front avec un linge humide. Puis, pour qu'il retrouve sa sérénité, je me jetais à ses pieds et lui lisais une page des Évangiles.

— En quoi consistaient ses visions ?

— Il voyait deux pierres tombales. Deux nouvelles tombes érigées dans le cimetière du village. Sur la première, le nom de sa femme était gravé. Et celui d'Halvar Bergman était lisible sur la seconde.

— Comment Svensson interprétait-il ce cauchemar ?

— Il disait que ces gens étaient possédés par le Diable et qu'ils menaçaient le salut de la communauté.

— Et vous l'avez cru ?

— Bien sûr, puisqu'il m'a montré les lettres.

— Quelles lettres ?

— Celles que Monsieur le pasteur recevait et qui accusaient Alexandra et Halvar d'être des suppôts du démon.

— D'où étaient-elles postées ? Avez-vous pu identifier l'écriture ?

La jeune femme sourit avec indulgence.

— Pour communiquer, Dieu n'utilise pas le service de la Poste suédoise. Et il écrit un peu comme un enfant. Avec des lettres en forme de petits bâtons.

— Naturellement, feint d'approuver Andersen – qui mesure soudain l'étendue des dégâts psychologiques que le pasteur a infligés à sa complice.

Il enchaîne :

— Pour la survie des villageois, quelqu'un devait donc se charger d'éliminer les possédés ?

— Il fallait le faire.

— Et Svensson vous a confié cette mission.

— J'étais la seule en qui il avait confiance.

— Comment vous êtes-vous procuré le pistolet ?

— Carl m'a donné l'arme de son père. Elle était cachée dans le grenier. Puis il m'a dit d'aller accomplir mon devoir, la nuit suivante. Au nom de Jésus-Christ notre Seigneur.

Quelques heures plus tard, Carl Svensson est mis en état d'arrestation pour incitation au meurtre et incitation à tentative de meurtre.

*

Le procès des accusés s'ouvre devant la cour d'assises de Stockholm. Tout de blanc vêtu, un crucifix autour du cou, la barbe rousse en bataille, le pasteur toise le jury d'un regard hautain et couvre de notes fébriles un cahier ouvert devant lui.

Quand Fanny Rasmussen est appelée à la barre pour corroborer sa confession, enregistrée au commissariat et diffusée dans le prétoire, elle se fige, tétanisée. Le regard magnétique du pasteur est vrillé sur elle. Comprenant qu'elle ne dira pas un mot en présence de son mentor, le juge ordonne que Svensson soit évacué de la salle d'audience et qu'il suive les débats à l'extérieur, sur un écran vidéo.

Pendant une semaine, l'opinion publique suédoise est mobilisée par le procès. Chaînes de radio et de télévision diffusent des flashs spéciaux et les journaux titrent sur « le pasteur satanique et la baby-sitter ».

Ensuite, fait rarissime en Suède, le jury délibère instantanément et se prononce unanimement sur la culpabilité des accusés. À l'annonce du verdict, qui requiert une peine de vingt ans d'emprisonnement à l'encontre de Carl Svensson et un confinement en hôpital psychiatrique pour Fanny Rasmussen, un chahut secoue le prétoire. Les habitants de Knutby présents manifestent bruyamment leur indignation. Car nombre d'entre eux restent persuadés que leur pasteur est innocent et qu'il n'a pas eu le temps d'achever sa mission divine. Les forces de l'ordre évacuent la salle dans la confusion.

À l'extérieur du tribunal, des journalistes tendent micros et caméras aux principaux acteurs du procès. Un reporter se précipite vers Olaf Andersen.

— Inspecteur-chef, éclairez-nous sur le fond de l'affaire. Pour quelle raison Svensson a-t-il voulu faire tuer sa femme et son voisin ?

— Il a fait tuer Alexandra parce que, en Suède, le divorce est interdit aux ecclésiastiques. Et il a tenté de faire tuer Halvar Bergman dans le but de s'approprier sa femme. Après s'être débarrassé de Fanny Rasmussen dont il s'était lassé très vite.

12

Les amants de Vérone

Partis du Havre de bon matin, Henri et Marie-Anne Clouzel filent à belle allure sur l'autoroute de l'Ouest à bord de leur Mercedes-Benz S 320. Vautré à l'arrière, Bayou, un caniche noir, dort sur une mallette en cuir. Elle renferme mille billets neufs de 500 francs. Au terme de huit heures de trajet, parvenu à destination, Clouzel gare la berline sur le parking d'une pizzeria située dans les faubourgs de Metz. Comme prévu, le propriétaire de l'établissement, Jacques Delavéra, et son fils Fabien invitent le couple à déjeuner. La salle est vide puisque le mardi est jour de fermeture et que les épouses des restaurateurs se sont absentées.

Outre se régaler d'antipasti et d'escalopes milanaises, à quoi les commensaux ont-ils consacré les heures qu'ils ont passées ensemble ? Nul ne le saura jamais avec précision. Nous sommes le 6 avril 1996. Et personne ne reverra vivants le couple de Normands et leur caniche noir. Les hypothèses – y compris les plus improbables – seront avancées. Et les policiers de la brigade criminelle consacreront de longues années d'enquête pour tenter d'éclaircir ce mystère.

*

Vers 20 heures, Jean et Françoise Gaillard s'inquiètent de l'absence des Clouzel avec lesquels ils partagent un appartement à Metz, lorsque ces derniers sont de passage en Lorraine. Attendus vers 17 heures, ils n'ont toujours pas donné signe de vie, bien qu'Henri possède un téléphone portable dont il fait un usage immodéré. Ont-ils modifié leur emploi du temps et leur itinéraire ? Ont-ils été victimes d'un ennui mécanique ou d'un accident ? Jean Gaillard téléphone à la poignée d'amis qu'il possède en commun avec son colocataire. Aucun d'entre eux n'a été contacté. Enfin, vers 22 heures, Jacques Delavéra, le propriétaire de la pizzeria *Les Amants de Vérone*, est en mesure de fournir une explication :

— Rassurez-vous, Henri et Marie-Anne ont déjeuné dans mon restaurant. Ils l'ont quitté vers 14 h 30.

— Savez-vous où ils se sont rendus ensuite ?

— Je crois qu'ils avaient rendez-vous avec un garagiste, en Allemagne

— Devaient-ils y passer la nuit ?

— Je n'en ai pas la moindre idée, répond aimablement Delavéra. Mais n'ayez aucune crainte, lorsque Henri me téléphonera vous serez le premier informé.

*

Deux jours plus tard, toujours sans nouvelles de ses amis, Jean Gaillard contacte Claire, la fille du couple, qui vit au Havre. Cette dernière s'inquiète aussitôt car il n'est pas dans les habitudes de ses parents de s'absenter plusieurs jours sans lui téléphoner. Comme il est inutile pour l'instant d'alerter la police puisqu'elle n'est pas habilitée à rechercher des adultes portés disparus, la jeune femme se contente de consulter les comptes bancaires de ses parents sur Minitel. Possédant le mot de passe et le code d'accès, elle ne tarde pas à découvrir qu'une somme de 500 000 francs a été retirée en espèces la veille de leur départ. Ses parents ont-ils voyagé avec tout cet argent ? Si oui, quel usage comptaient-ils en faire ? Sachant son père passionné de belles automobiles, Claire téléphone à Gérard Lepetit, son garagiste attitré.

— Votre père m'avait parlé de son intention d'acheter une Ferrari d'occasion en Allemagne, l'informe ce dernier.

— Une Ferrari, dites-vous ?

— Oui, un modèle 348 GTB. Un bolide magnifique, moteur V8 de 300 chevaux.

— Vous avait-il dit à quel prix il comptait l'acquérir ?

— Environ 500 000 francs, je crois.

Le garagiste se racle la gorge, soudain mal à l'aise.

— Cependant, votre père ne souhaitait pas conserver la voiture. Il devait la revendre quelques jours plus tard à un collectionneur français, avec une confortable plus-value.

— C'est-à-dire ?

— Il m'avait dit avoir eu une offre à 700 000 francs. Mais, attention, ma petite dame, s'insurge Lepetit, je n'y suis pour rien. Bien au contraire, je lui avais déconseillé de se lancer dans une opération qui n'aurait pu que lui attirer des ennuis.

— Connaissez-vous les noms du vendeur et du client ? demande Claire.

— Non, ni l'un ni l'autre. Mais pourquoi me posez-vous toutes ces questions ? Est-il arrivé quelque chose ? Pourquoi votre père ne m'a-t-il pas téléphoné après la transaction ?

Claire Clouzel raccroche doucement le combiné et se prend la tête entre les mains.

*

Le lendemain matin, elle saute dans le premier train en partance pour Paris puis poursuit son voyage jusqu'à Metz. Dès son arrivée, elle se rend dans l'appartement que Jean et Françoise Gaillard partagent avec ses parents.

— Silence radio, ma pauvre chérie, bredouille Françoise en serrant la jeune femme dans ses bras. Nous n'avons aucune nouvelle depuis trois jours.

Claire rapporte sa découverte faite sur Minitel et la conversation téléphonique qu'elle a eue, la veille, avec le garagiste. Savoir qu'Henri et Marie-Anne voyageaient avec une fortune en espèces ne fait que raviver l'inquiétude des Gaillard.

— Nous ne pouvons pas rester plus longtemps sans réagir. Je connais Franck Clovis, un reporter d'investigation au *Républicain lorrain.* Peut-être pourra-t-il nous aider, suggère Jean.

*

Franck Clovis est un ours mal léché à barbe blanche. Depuis plus de trente ans qu'il écume faits divers et affaires criminelles, il est devenu une mémoire vivante de la région. Estimant que la disparition inexpliquée d'un couple et de son chien peut présenter un intérêt journalistique, il accepte d'enquêter. Il commence tout naturellement par se rendre à la pizzeria où les Clouzel ont été vus pour la dernière fois. Dès qu'il se trouve face à Jacques Delavéra, son sang se fige. Ce visage dur, cette cicatrice qui balafre la joue gauche, cet accent rocailleux du Sud-Ouest… Aucun doute n'est permis : Delavéra ressemble trait pour trait au tueur auquel il a consacré une série d'articles, vingt ans plus tôt. Prétextant un vague lien de parenté avec les disparus, Clovis interroge le restaurateur en s'efforçant de ne rien laisser paraître de son trouble. Agacé et sur ses gardes, Delavéra débite presque mot pour mot le discours qu'il a tenu à Jean Gaillard au téléphone. Effectivement, Henri et Marie-Anne Clouzel ont bien déjeuné dans son établissement. Ils l'ont quitté vers 14 h 30 pour se rendre en Allemagne où ils devaient faire l'acquisition d'une voiture de luxe, voiture qu'ils devaient rétrocéder plus tard à un collectionneur messin.

Franck Clovis feint l'étonnement.

— J'ignorais que mon cousin se consacrait à ce type d'activité. Excusez-moi si je suis indiscret mais pourrais-je savoir si vous étiez en affaires avec lui.

— Effectivement, nous avions l'intention d'acheter ensemble une friterie à Sainte-Adresse, près du Havre. Nous en avions discuté au cours du déjeuner.

— Aviez-vous trouvé un terrain d'entente ? demande le reporter.

Delavéra balance ses épaules de catcheur de droite à gauche.

— Désolé mais je ne répondrai plus à vos questions. Maintenant, laissez-moi tranquille, j'ai fort à faire en cuisine.

*

Dès son retour à Metz, Franck Clovis rend compte de sa découverte à Claire Clouzel.

— *Les Amants de Vérone*, la pizzeria dans laquelle vos parents ont déjeuné avant de disparaître, est tenue par un individu qui a été condamné, en 1979, à vingt ans de prison pour homicide. Avec l'aide de deux complices, il avait exécuté un garçon de café dans un bois, non loin de la frontière luxembourgeoise. Deux balles de calibre 22 long rifle tirées dans la tête à bout portant. L'affaire n'a jamais été totalement élucidée. Mais tout laissait penser qu'il s'agissait d'un règlement de comptes entre proxénètes. À l'époque, j'avais suivi l'affaire en cours d'assises. Bénéficiant de remises de peine pour bonne conduite, Delavéra a été libéré après avoir purgé les deux tiers de sa peine.

Le sang reflue du visage de la jeune femme.

— Pensez-vous que ce Delavéra ait pu tuer mes parents dans le but de les dépouiller de la somme qu'ils transportaient ?

— Connaissant la dangerosité du personnage, je vous conseille d'alerter la police sans plus attendre.

*

Le commissaire Richard Simonin, officier de police judiciaire, prend l'affaire très au sérieux. Il commence par enquêter sur le passé du disparu. Et découvre qu'il a suivi un parcours peu ordinaire.

Après avoir été docker sur le port du Havre pendant une dizaine d'années, Clouzel avait créé, en 1990, un atelier de réparation de conteneurs. Mais tandis que l'affaire prospérait, son obsession procédurière avait envenimé les relations commerciales qu'il entretenait avec les autorités portuaires. Ces dernières, lassées de ses brutales sautes d'humeur, avaient brutalement résilié leur contrat. S'estimant injustement lésé, l'entrepreneur avait porté plainte auprès du tribunal de commerce. Ayant obtenu gain de cause, il avait perçu la somme de 1 800 000 francs à titre de dommages et intérêts. Fort de ce capital, il avait échafaudé ensuite des projets aussi variés qu'improbables : casse automobile, fabrique de fenêtres, compagnie de taxis… Tous s'étaient soldés par des échecs. En désespoir de cause, il avait ouvert une salle de jeux destinée aux adolescents. Mais, une fois encore, il n'avait pas tardé à se brouiller avec son associé, Serge Bonnemaison, un homme d'affaires véreux. Persuadé que ce dernier falsifiait les comptes à son avantage, Clouzel l'avait dénoncé au fisc. Ruiné par un redressement fiscal, Bonnemaison avait juré de se venger. Était-il passé à l'acte ? Avait-il tendu un piège à son ex-associé ? Simonin inscrit son nom sur une liste provisoire de suspects.

Quelques jours plus tard, le policier constate que les comptes bancaires des Clouzel n'ont enregistré aucune variation depuis le jour de leur disparition. Après avoir lancé des appels à témoins dans la presse locale et transfrontalière, il contacte les refuges de la Société protectrice des animaux dans l'espoir de retrouver le chien tatoué du couple. En vain. Ces initiatives n'ayant pas abouti, Simonin envisage l'hypothèse la plus probable : Henri et Anne-Marie Clouzel ont été dévalisés puis assassinés. Et leurs corps ont été probablement dissimulés quelque part en Allemagne ou en Lorraine.

*

Le 18 mai 1996, soit six semaines après la disparition, une péniche qui remonte la Moselle heurte un lourd objet métallique. Le marinier alerte la police de Metz. Dépêchés sur place, des hommes-grenouilles identifient la Mercedes des Clouzel flottant entre deux eaux. Les vitres sont baissées. La clé est restée sur le contact. L'horloge de bord indique 16 h 15. Et aucun passager n'est visible à l'intérieur. Un camion-grue tracte l'épave sur la berge de la rivière. Des experts de la police scientifique forcent le coffre qui est verrouillé. Ils découvrent deux cadavres putréfiés, empilés l'un sur l'autre et la dépouille d'un chien. Après avoir pratiqué des autopsies, le médecin légiste conclut que les Clouzel ont été exécutés de trois balles de calibre 22 long rifle tirées à bout portant sans doute par un tueur unique, une au niveau de la tempe, les autres dans la nuque. Le chien a subi le même sort. Par ailleurs, l'état avancé de décomposition des corps ne permet pas d'analyse toxicologique. Pour autant, la présence de diatomées, visibles au microscope dans les poumons de Marie-Anne, indique qu'elle était encore en vie lorsqu'elle a été enfermée dans le coffre de la voiture.

Le commissaire Simonin constate par ailleurs que la Mercedes des Clouzel a été immergée dans la Moselle, à moins de cinq kilomètres de la pizzeria de Delavéra. Il note également que l'arme utilisée pour l'exécution du couple est de même calibre que celle dont le truand s'était servi, vingt ans plus tôt, pour abattre un rival. Certes les modèles sont différents – une étude balistique le prouve –, mais cette similitude permet au policier d'obtenir un mandat de perquisition auprès du juge d'instruction.

— Je ne suis pas un enfant de chœur, vous le savez bien, commissaire, claironne le restaurateur lorsque l'officier vient l'interroger. J'ai payé au prix fort mes erreurs passées et, aujourd'hui, je marche droit. C'est pourquoi je ferai tout mon possible pour vous aider à attraper les assassins de mes amis.

N'ayant trouvé aucun indice compromettant lors de la perquisition et sachant que le malfrat va se cacher derrière un écran de fumée, Simonin décide de s'intéresser davantage à son épouse.

— Où étiez-vous lorsque les Clouzel sont venus déjeuner chez vous, le 6 avril vers 13 heures ?

— Nous étions allés pique-niquer dans la forêt, ma bru, ses deux enfants et moi, répond Christine, une matrone à l'épaisse tignasse décolorée.

— À quelle heure êtes-vous rentrées ?

— Vers 20 heures. Je m'en souviens bien car le journal télévisé venait juste de commencer.

— Cela faisait une longue journée de plein air pour des enfants en bas âge, constate l'enquêteur.

— Nous avions laissé les petits dormir à l'ombre, dans un sous-bois. Lorsque nous sommes rentrés, Jacques m'a informée qu'après le déjeuner les Clouzel s'étaient rendus en Allemagne.

— Votre mari vous a-t-il dit à quelle heure ils avaient quitté la pizzeria ?

— Oui, vers 14 h 30.

*

Bien que le mobile du double meurtre soit vraisemblablement l'argent – les 500 000 francs que le couple transportait et qui n'ont pas été retrouvés –, Simonin ne dispose d'aucune preuve matérielle pour inculper Delavéra. Des vaporisations de luminol sur les sols de la cuisine et de la salle à manger n'ont pas révélé de traces de sang. Le séjour prolongé de la voiture dans les eaux de la Moselle a endommagé fibres et empreintes digitales. Et les pluies du printemps ont effacé toutes marques de pneus sur les berges de la rivière. Aussi le policier doit-il se contenter de placer les téléphones du suspect sur écoute et de patienter.

*

Deux longues années s'écoulent. L'enquête est au point mort et aucun élément nouveau ne laisse penser qu'elle puisse un jour rebondir. En effet, durant deux ans, les conversations que Delavéra échange sur son mobile et sur son poste fixe sont d'une navrante banalité. La plupart du temps, il est question d'argent et de sexe. D'argent car Delavéra déploie des trésors d'imagination pour différer le paiement de ses fournisseurs et le remboursement de ses prêts bancaires. De sexe car il est tombé amoureux de Gloria, la jeune serveuse qu'il a récemment engagée et qu'il pourchasse de son assiduité en termes crus, dès qu'elle va se réfugier quelques heures dans le studio qu'elle a loué en ville.

À l'automne 1998, Simonin apprend que Gloria est enceinte des œuvres de son amant et qu'elle refuse obstinément de se faire avorter. Pour mettre un terme à leur relation et éviter le scandale, Delavéra lui offre la somme de 150 000 francs pour qu'elle accouche discrètement dans une clinique privée et sorte de sa vie. La jeune femme accepte en désespoir de cause.

En écoutant une autre conversation enregistrée, Simonin comprend aussi que Delavéra s'est procuré l'argent en faisant miroiter à un retraité un placement à court terme à un taux de rémunération à deux chiffres. Mais, quelques mois plus tard, quand le naïf veut récupérer son bien, Delavéra le menace :

— Tirez un trait sur cet argent, lui dit-il au téléphone. Et ne vous avisez pas de porter plainte, sinon j'abrégerai votre retraite prématurément. Je ne plaisante pas, j'ai déjà tué un homme.

*

La patience du commissaire Simonin est enfin récompensée. La vigilance du restaurateur a fini par se relâcher suffisamment pour qu'il commette une erreur. Sachant probablement ses lignes téléphoniques sur écoute après la disparition des Clouzel, il a réussi à contrôler pendant plus de deux ans le contenu de ses conversations. Puis, pensant dorénavant être hors de danger, il a baissé sa garde.

Muni d'un mandat d'arrêt pour extorsion et menace sur une personne vulnérable, Simonin procède à son arrestation. Pour faire bonne mesure, il place également son épouse en garde à vue au motif qu'elle s'est rendue complice du délit. Car, depuis le début de son enquête, le policier a le pressentiment que Christine Delavéra en sait beaucoup plus qu'elle ne veut bien en dire sur la disparition des Clouzel.

Tendue, sur ses gardes, exaspérée, la femme se cabre.

— Je n'ai pas pris part à l'escroquerie dont vous parlez, s'insurge-t-elle. Mon mari gère ses affaires comme il l'entend sans m'en tenir informée. Il est seul responsable de ses actes.

— Certains d'entre eux vous concernent pourtant directement, insinue Simonin.

— Que voulez-vous dire ?

— Que votre époux ne vous cache pas seulement la manière frauduleuse dont il se procure de l'argent.

— Je ne comprends toujours pas.

— Vous vous souvenez sans doute de Gloria, la jeune et belle serveuse que votre mari a engagée puis licenciée il y a quelques mois ?

Christine Delavéra feint de fouiller dans le tréfonds de sa mémoire. Puis elle souffle, excédée :

— Quoi Gloria ? Qu'est-ce que cette fille a à voir avec moi ?

— Votre mari ne s'est pas contenté de la séduire sous votre nez, il lui a aussi fait un enfant.

Le visage de la matrone vire au gris. Elle hoquette.

— Ne jouez pas à cela, commissaire.

Simonin extrait lentement un tirage photographique d'un tiroir de son bureau.

— Je vous présente Matéo dans les bras de sa mère. Une scène attendrissante vous en conviendrez. La photo a été prise dans une clinique de la région par une inspectrice de ma brigade, déguisée en infirmière.

Le policier anticipe la question qui est restée figée comme une grimace sur les lèvres de Christine.

— Votre mari n'a pas reconnu l'enfant si c'est cela que vous voulez savoir. Le contrat verbal qui le liait à sa maîtresse spécifiait qu'en échange de 150 000 francs extorqués à un vieillard Gloria n'exigerait pas sa reconnaissance en paternité. Et qu'elle renoncerait à toute expertise ADN ultérieure.

Richard Simonin marque une pause interminable. Tandis qu'il tourne et qu'il retourne la photo entre ses doigts, il jette des regards furtifs en direction de la femme. Le visage de celle-ci semble sur le point de se désagréger comme les pièces d'un puzzle. La violence infuse à l'intérieur de son crâne. Puis l'explosion de colère attendue éclate enfin :

— Comment ce salaud a-t-il pu me faire une chose pareille ? hurle-t-elle. Moi qui l'ai attendu sans le tromper pendant les quinze ans qu'il a passés en taule. Moi qui me suis colleté le parloir de la prison toutes les trois semaines. Moi qui ai travaillé comme une conne dans une supérette pour faire bouffer son gosse.

Estimant que le coup a porté et que le fruit est mûr, le commissaire adopte un ton faussement désinvolte.

— Sachant cela, trouveriez-vous équitable que je vous inculpe aux côtés de votre époux pour complicité de meurtre ?

La femme semble quitter d'un coup un cauchemar pour entrer dans un autre, plus effrayant encore.

— Quel meurtre ? Mais de quoi parlez-vous ?

— J'en reviens à la disparition des Clouzel. Vous m'aviez menti lors de votre premier interrogatoire, lorsque vous aviez déclaré être rentrée chez vous à 20 heures, après avoir pique-niqué avec votre belle-fille et ses enfants. Un témoin, qui passait à vélo, vous avait vue garer votre break sur le parking, à côté de la Mercedes, vers 15 heures. Les Clouzel se trouvaient donc toujours à l'intérieur du restaurant. Déjà morts sans doute.

En tentant ce formidable coup de poker, Richard Simonin est bien conscient de jouer son va-tout. De miser l'issue improbable de son enquête sur une pure spéculation. Car, deux ans plus tôt, aucun témoin ne s'était manifesté pour contredire le témoignage de Christine. La restauratrice va-t-elle tomber dans le piège ou réitérer sa déclaration ? Le souffle court, le policier guette sa réaction. La femme semble trier les idées contradictoires qui se bousculent dans son cerveau. Puis, le visage empourpré, elle finit par lâcher :

— Vous avez raison, pourquoi continuerais-je de couvrir ce fumier ?

Simonin tapote la main de la matrone.

— Prenez votre temps. Racontez-moi tout dans les moindres détails.

— C'est très simple. Quand nous sommes rentrés à la maison, en début d'après-midi, Jacques est venu précipitamment à notre rencontre. À peine étions-nous sortis de voiture qu'il nous interdisait l'accès à la salle du restaurant sous prétexte que M. Clouzel avait eu un malaise et qu'il devait se reposer. Je l'ai cru, bien sûr. Mais ensuite je me suis sérieusement interrogée lorsqu'il nous a enfermés à clé tous les quatre dans une chambre du premier étage. Et qu'il ne nous a libérés que deux heures plus tard quand la Mercedes avait disparu. Jacques nous a alors dit que les Clouzel avaient repris la route. Puis, plus étrange encore, il nous a dit que si la police venait nous poser des questions nous devrions dire, ma belle-fille et moi, que nous n'étions rentrées qu'à 8 heures du soir. Le ton employé était sans appel. J'ai compris que si je ne respectais pas cet ordre, ce ne serait pas une simple correction que je recevrais.

Le commissaire dissimule avec difficulté les effets jubilatoires d'une montée d'adrénaline.

— À quoi avez-vous pensé lorsque les corps des Clouzel ont été repêchés ?

— À quoi ai-je pensé ? répète Christine.

— Oui. Quelle a été votre première réaction ?

— À votre avis, commissaire ?

*

Richard Simonin vient de franchir une étape décisive dans la résolution de son enquête. Pour autant, une nouvelle question se pose à lui : quel rôle a joué Fabien, le fils du restaurateur, dans l'éventuel double meurtre ? Car un homme seul n'a pas pu déplacer les cadavres, regagner la pizzeria après avoir immergé la Mercedes dans les eaux de la rivière, et nettoyer les scènes de crime avec suffisamment de méticulosité pour qu'aucune trace de sang ne puisse être révélée au luminol. Pour le savoir, le commissaire se fait délivrer un mandat d'arrêt par le juge d'instruction et procède à l'arrestation puis à l'interrogatoire du jeune homme.

Si de longues années passées derrière les barreaux ont forgé le caractère suspicieux et retors de Jacques Delavéra, il en va tout autrement de son fils, un garçon craintif et peu loquace âgé de vingt-quatre ans. Aussi ne peut-il réfréner le tremblement qui agite ses mains, à peine s'est-il assis face au policier.

— Monsieur Délavera, l'heure est venue de soulager votre conscience, annonce Simonin. Je vous offre aujourd'hui cette opportunité. Songez à l'avenir de votre femme et à celui de vos enfants. Il n'est pas trop tard pour reconnaître vos fautes, payer vos dettes à la société, et vous reconstruire sur des bases solides.

Tétanisé, yeux baissés, le garçon se mord les lèvres. Passé le préambule apaisant, le commissaire durcit le ton.

— Le passé de votre père joue en sa défaveur. Un jury populaire fera la part des choses. Il attribuera à chacun la part de responsabilité qui lui revient. N'essayez pas de le protéger car lui, j'en suis sûr, ne vous ménagera pas.

Comme Fabien Delavéra balbutie quelques mots incompréhensibles, le policier poursuit :

— Que s'est-il passé exactement le 6 avril 1996 aux *Amants de Vérone,* entre 13 heures et 16 h 15 ?

— Les Clouzel, des amis de mon père, sont venus déjeuner. Le rendez-vous avait été fixé de longue date.

— Henri Clouzel avait-il fait mention d'une forte somme d'argent qu'il aurait transportée ?

— Oui. Au cours du dessert, après avoir bien bu, il nous a montré une mallette pleine de billets. L'argent devait servir à acheter une Porsche en Allemagne.

— Une Ferrari, rectifie Simonin.

— Oui, c'est ça, une Ferrari.

— Comment s'est déroulé le déjeuner ?

— Bien. Clouzel et mon père ont discuté d'un projet commercial et ils sont rapidement tombés d'accord. Après les cafés et la grappa, j'ai quitté la table pour aller promener mes chiens.

— Quelle heure était-il ?

— 14 heures, 14 h 15.

— Pourquoi êtes-vous sorti ? Votre père vous en avait-il donné l'ordre ?

— Non. Je m'ennuyais. J'en avais assez d'entendre parler d'argent.

Simonin porte ses index au niveau des oreilles.

— Je vous rappelle que notre conversation est enregistrée. Continuez.

— Lorsque je suis revenu, j'ai vu M. Clouzel couché dans une mare de sang. Son chien gisait à ses côtés. J'étais terrorisé. Mon père m'a tendu le pistolet qu'il tenait à la main. Il m'a dit : « J'ai enfermé Marie-Anne dans le cellier. Tue-la et remonte le corps. » Je n'ai pas bougé. Mon père m'a giflé. J'ai cru que j'allais m'évanouir mais je n'avais pas le choix. J'ai pris l'arme et j'ai fait ce que mon père m'avait demandé de faire.

— Vous avez tué Mme Clouzel ?

— Oui. Ensuite je suis allé chercher des draps et des sacs-poubelles pour envelopper les corps. C'est à ce moment-là que ma mère, ma femme et mes enfants sont revenus. Mon père s'est rué à leur rencontre pour les empêcher d'entrer.

— Après les avoir mis sous clé, il vous a demandé de l'aider à se débarrasser des cadavres, c'est bien cela ? anticipe Simonin.

— Oui. Puis il a pris le volant de la Mercedes. Je l'ai suivi sur ma moto. Quand tout a été réglé, nous sommes rentrés au restaurant nettoyer le sang au Karcher et au désinfectant.

— Vous êtes-vous partagé l'argent ? demande le commissaire.

— Non. Je n'ai pas revu la mallette, pas plus d'ailleurs que les billets qu'elle contenait.

*

Sept mois plus tard, le procès des prévenus s'ouvre en cour d'assises. Le juge dispose de suffisamment d'éléments pour être en mesure de reconstituer le déroulement du double meurtre. Mais lorsque Jacques Delavéra est interrogé par l'avocat général, son témoignage remet tout en question.

— Mon fils est innocent, déclare-t-il d'une voix solennelle. Dans sa déclaration, il a essayé de minimiser ma responsabilité en s'attribuant l'assassinat de Mme Clouzel, mais c'est faux. L'amour filial est mauvais conseiller. J'ai tué seul Henri et Marie-Anne quand mon fils promenait ses chiens. La seule chose que vous pouvez lui reprocher est de ne pas avoir alerté la police pour me dénoncer. Mais il n'avait pas le choix. J'avais menacé de le tuer à son tour s'il me trahissait.

À peine le silence est-il retombé dans le prétoire que l'avocat de Fabien Delavéra s'adresse déjà aux membres du jury.

— Mesdames et messieurs, plus aucun doute n'est dès lors permis. Cette confession courageuse innocente mon client.

Il marque un temps pour accentuer son effet rhétorique et reprend :

— Je vous demande maintenant de regarder attentivement les deux accusés. Dans le regard duquel entrapercevez-vous une lueur de sauvagerie ? Dans celui de Fabien, jeune homme timide, terrorisé de comparaître devant vous ? Ou dans celui de son père, condamné une première fois pour meurtre ? En votre âme et conscience, lequel de ces deux hommes a été capable de tendre un traquenard à un couple de soi-disant amis ? Lequel des deux a achevé le carnage en abattant un chien ? Un chien, mesdames et messieurs, alors que mon client, c'est bien connu, adore les animaux !

Le juge agite un bras en direction de l'avocat.

— Abrégez, maître, je vous prie. Gardez vos arguments pour votre plaidoirie.

— Bien, votre honneur, je serai bref. J'ajouterai néanmoins trois informations capitales qui, toutes, corroborent l'innocence de mon client.

L'avocat dresse un pouce devant lui :

— Premièrement, l'étude balistique a prouvé que les Clouzel et leur chien ont été tués selon le même mode opératoire, ce qui prouve que nous avons affaire à un seul tireur.

Le défenseur agite maintenant une liasse de feuilles imprimées :

— Secundo, j'ai ici le procès-verbal de l'aide-cuisinier et de la femme de ménage employés à la pizzeria. Ils ont tous deux affirmé que, dans les semaines qui ont suivi la disparition des Clouzel, Jacques Delavéra les avait payés en espèces. Avec des billets neufs de cinq cents francs extraits d'une mallette en cuir.

Nouvelle gestuelle.

— Troisièmement, en utilisant une fausse identité et l'ordonnance falsifiée que voilà, Delavéra père s'était procuré une forte quantité de Rohypnol en pharmacie. A-t-il utilisé ce puissant somnifère pour neutraliser Henri Clouzel afin d'avoir les mains libres pour exécuter son épouse ? Nous ne pouvons pas l'affirmer car l'état de décomposition des corps n'a pas permis aux experts de réaliser d'analyse toxicologique. Mais c'est l'hypothèse la plus vraisemblable étant donné que, selon son épouse, l'accusé ne consommait pas ce type de médicament.

L'avocat se rassoit en soulevant les manches de sa robe comme le ferait de ses ailes un immense corbeau prêt à prendre son envol.

— J'en ai terminé, votre honneur. Compte tenu de la confession de Jacques Delavéra et des éléments que je viens de rapporter, je demande que vous prononciez un non-lieu en faveur de mon client.

— La suite du procès est reportée à huit jours, annonce le juge en assénant trois coups de maillet. D'ici là, nous procéderons à une reconstitution des meurtres en présence des accusés.

*

Lorsque le procès reprend son cours, le juge appelle à la barre Monique Gilles, un médecin psychiatre experte auprès des tribunaux.

— Docteur, vous avez établi le profil psychologique de Fabien Delavéra, quelles sont vos conclusions ?

— Les liens qui unissent les accusés sont complexes et ambigus. Fabien n'a véritablement fait la connaissance de son père qu'à l'âge de dix-huit ans, lorsqu'il est sorti de prison après avoir purgé sa peine. Il a alors éprouvé à son égard des sentiments de crainte et d'admiration étroitement mêlés. De crainte, car son père exerçait sur la famille une tyrannie domestique faite de coups et d'insultes. D'admiration, car Delavéra incarnait à ses yeux l'autorité paternelle magnifiée. L'image d'un homme capable de surmonter les épreuves les plus rudes. Ainsi peut-on dire que la relation père/fils s'est transformée au fil des ans en un lien narcissique fait de haine et d'amour.

— Soyez plus claire, docteur, interrompt le juge. Il s'agit d'établir si Fabien Delavéra a ou non le profil psychologique d'un meurtrier.

— Je pense que Jacques Delavéra a entraîné son fils dans sa démarche de transgression, poursuit la psychiatre. Et Fabien n'était pas en capacité émotionnelle de s'y opposer en lui désobéissant. Bien au contraire, il a exploité la situation pour établir avec lui la relation de complicité qu'il recherchait depuis des années.

— Selon vous, Fabien Delavéra a-t-il pu assassiner Marie-Anne Clouzel ?

— Oui, j'en suis intimement convaincue.

*

Le juge appelle ensuite à la barre Rémy Vieuville, l'expert de la police scientifique qui a supervisé la reconstitution des meurtres.

— Bien que nous ne disposions d'aucun indice matériel puisque les scènes de crime avaient été soigneusement nettoyées, nous nous sommes efforcés de déterminer laquelle des deux hypothèses nous semblait la plus crédible compte tenu de la disposition présumée des corps et de la chronologie des faits, explique le policier. Soit un double meurtre commis par Jacques Delavéra sans l'aide de son fils, soit des meurtres commis successivement par les accusés.

— Nous sommes bien d'accord. Poursuivez.

— Sans entrer dans les détails techniques, j'en ai conclu en dernière analyse que les époux Clouzel avaient été victimes de tueurs distincts.

— Les expertises balistiques ont pourtant montré que le mode opératoire des exécutions avait été identique ?

— C'est vrai, mais je pense que Fabien Delavéra se tenait aux côtés de son père lorsqu'il a exécuté Henri Clouzel. Il a ensuite assassiné son épouse en procédant de manière identique, en reproduisant fidèlement les gestes de son père. C'est ce qui explique la similitude des blessures mortelles.

*

Quelques jours plus tard quand vient l'heure des plaidoiries, l'avocat de la défense de Jacques Delavéra demande au juge d'accorder la parole à son client. Delavéra souhaite faire une importante déclaration à la cour. Le juge accède à la requête. Il ignore naturellement que cet ultime coup de théâtre va déstabiliser définitivement les membres du jury.

— J'ai tenté en vain de sauver mon fils, déclare Delavéra d'une voix tremblante. Je lui ai inventé un alibi. Je l'ai blanchi. J'ai endossé la responsabilité du double homicide. Mais mes efforts se sont malheureusement heurtés à l'expertise du médecin psychiatre et à l'analyse scientifique des scènes de crime. Je le regrette sincèrement. J'aurais voulu éviter à mes petits-enfants de grandir sans la présence de leur père. L'heure est néanmoins venue de dire toute la vérité : Fabien a exécuté seul les Clouzel. Il avait prémédité son plan depuis plusieurs semaines. Dans le but de les dévaliser, il avait imaginé les appâter en leur offrant la perspective de réaliser un important profit avec l'achat et la revente d'une voiture de luxe. Les Clouzel sont tombés dans le piège. Fabien était déterminé à aller jusqu'au bout. Jusqu'au dernier moment, j'ai essayé de l'en dissuader. Quand j'ai vu qu'il s'apprêtait à passer à l'acte, à la fin du déjeuner, j'ai quitté le restaurant sous prétexte d'aller promener les chiens. Quand je suis revenu, Fabien avait accompli l'irréparable. Il était hystérique en comptant les billets qu'il avait volés. J'étais affligé de le voir dans cet état. Je lui ai ordonné de se ressaisir et d'aller chercher des draps pour envelopper les corps. Voilà, monsieur le juge, comment les choses se sont réellement passées. C'est la vérité.

Cette confession plonge le prétoire dans la stupéfaction. Juge, avocats, membres du jury, journalistes et public retiennent leur souffle. Enfin, comme s'il sortait d'une courte hibernation, l'avocat de Fabien Delavéra bondit sur ses pieds :

— Ce baroud d'honneur est un parjure et une mascarade. Il déshonore le tribunal, votre honneur, hurle-t-il. Je demande instamment au jury de ne pas tenir compte de ce tissu d'inepties.

*

Les plaidoiries n'apportant rien de nouveau, le jury se retire pour délibérer. Au terme de treize heures de discussions houleuses, il est en mesure de rendre un verdict : peine de prison à perpétuité assortie de vingt et un ans de sûreté à l'encontre de Jacques Delavéra ; peine de vingt ans de prison pour son fils.

À propos du verdict, certains commentateurs ont évoqué un jugement de Salomon. D'autres se sont divisés entre partisans de l'innocence de l'un ou de l'autre des prévenus. D'autres encore se sont ralliés aux expertises attribuant au père et au fils la responsabilité conjointe du double meurtre. Mais, après tout, un célèbre ténor du barreau n'a-t-il pas dit un jour que « la justice n'était qu'une immense hypothèse » ?

13

Piégé dans la Toile

Tendu, aux aguets, les yeux réduits à deux billes d'obsidienne, Tom Sheridan pianote à toute vitesse sur le clavier de son ordinateur. Les mots cavalent sur l'écran. Son cœur s'affole, ses doigts se poissent. À mi-page, il conclut son texte en tapant sur les touches point-virgule, tiret, fermer la parenthèse : un *smiley* apparaît. Le visage stylisé, jaune et rond, cligne de l'œil et lui sourit bêtement. La réponse de son correspondant ne se fait pas attendre. Elle se manifeste sous la forme d'un fichier JPG. Sheridan l'ouvre d'un clic. L'image d'une jeune fille en sous-vêtements sexy se déploie verticalement sur l'écran. Sheridan sursaute. Derrière son dos, des claquements de talons martèlent le couloir qui mène au salon. Il interrompt la liaison Internet et referme précipitamment le couvercle du portable.

*

Dorchester, une ville de la banlieue sud de Boston, dans le Massachusetts, s'est lentement délabrée sous les effets conjugués de la désindustrialisation et de la crise financière. Les immeubles de style néogothique du centre, autrefois sièges de succursales bancaires, semblent maintenant sortir d'un film noir des années 1930 : vitrines condamnées, vitres éclatées, portes branlantes derrière lesquelles on aperçoit parfois junkies et SDF.

Au volant de son pick-up, Tom Sheridan s'engage dans un labyrinthe de rues chaotiques qui mènent au port. Parvenu devant un entrepôt, il saute à terre, caresse son chien couché sur la plate-forme, traverse un parking, contourne les ouvriers qui déchargent un camion, et introduit sa carte de présence dans une machine à pointer. Une main se pose sur son épaule, légère comme un oiseau.

— Prêt à en découdre, camarade ?

Sheridan se retourne. Un jeune type monté en graine semble flageoler sur des jambes trop longues.

— Salut Brian.

Les deux hommes franchissent un sas, ajustent leurs casques de chantier et grimpent sur le siège de leurs chariots élévateurs.

— On prend un café à la pause ? J'ai quelque chose d'important à te dire, braille Sheridan à travers la clameur qui se répercute en échos sous l'immense voûte métallique.

— Ça marche. Onze heures à la cafèt.

*

Je ne me lasse pas de contempler la photo que tu m'as envoyée, mon adoré. Comme ça, en uniforme, tu as l'air d'un héros. Je voudrais que tu me prennes dans tes bras. Que tu me racontes une histoire sans fin. Que tu me dises toutes les choses magnifiques que j'ai envie d'entendre. Mais tu es loin. Et tu le seras plus encore dans quelques jours. Ne t'inquiète pas trop. J'ai vu à la télé que, là-bas, nos soldats ne voient jamais l'ennemi. Des drones et des hélicos lui balancent des bombes et des missiles téléguidés. Des trucs du genre. Mais je ne sais pas si c'est vrai. Je voudrais déjà que tu sois de retour au pays. C'est long six mois. Surtout avec ces talibans, ces djihadistes ou Dieu sait quoi qui grouillent partout et tendent des embuscades.

On se retrouvera comme d'habitude ce soir à 6 heures pour chatter en direct. Je t'ai préparé une surprise : je te montrerai une photo du haut. De moi sans soutif si tu préfères. Je pense que tu vas aimer. Je t'embrasse partout.

Jessica

À l'heure convenue, Tom Sheridan s'isole dans un coin du salon du pavillon de banlieue qu'il partage avec sa famille. Protégé des regards par un paravent faussement asiatique, il compose sur Google le nom du site de rencontre Pogo.com. Puis, quand apparaît sur l'écran un fond rose moucheté de cœurs entrelacés, il tape avec trois doigts le nom de code de sa correspondante : jesshot. Depuis qu'il a fait la connaissance virtuelle de Jessica, une adolescente de dix-sept ans, trois mois plus tôt, son existence morose et routinière s'est brusquement illuminée. Comme si un vent printanier avait ébouriffé sa crinière de cheval fourbu. Comme si son cœur ranci s'était soudain libéré d'une longue hibernation. Bien sûr, dès les premiers échanges épistolaires, l'âge de la jeune fille avait eu un effet repoussoir. À quoi bon partager des bluettes avec une inconnue à peine plus âgée que sa fille aînée ? N'était-ce pas s'engager dans une relation quasi incestueuse, vouée d'avance à l'échec, et sans doute illégale ? Sheridan aurait naturellement préféré que sa correspondante fût une femme désœuvrée, une de ces quadragénaires en mal d'affection, une ménagère cherchant sur la Toile de quoi pimenter son quotidien. Néanmoins, davantage par jeu que par perversion, le cariste avait répondu à la fiche signalétique que la jeune internaute avait mise en ligne.

Salut. Je m'appelle Jessica Graciano. J'ai dix-sept ans. Je suis en terminale. Je suis grande, blonde, et plutôt bien gaulée. Je cherche à me faire de nouveaux amis.

Après avoir lu et relu le message, mû par une soudaine intuition, Sheridan avait répondu sans trop réfléchir aux conséquences futures :

Salut Jessica. Je m'appelle Tom Sheridan. Mes amis me disent plutôt beau gosse. J'ai dix-neuf ans. Je me suis engagé dans le corps des Marines et j'attends mon affectation en Irak.

Dès lors et à son corps défendant, Sheridan avait été submergé d'e-mails dont le ton libre et décomplexé l'avait aussitôt séduit. Car au-delà des naïvetés dues à son jeune âge, Jessica faisait montre d'une sensualité exacerbée. Un mois et une quarantaine de messages plus tard, Sheridan avait reçu une première photo de la jeune fille, vraisemblablement prise sur une plage du cap Cod. Jessica s'y montrait en bikini, une planche de surf plantée dans le sable à ses côtés. L'Américaine dont rêvent tous les garçons : cheveux blonds en bataille délavés par l'eau de mer et le soleil, poitrine généreuse, jambes déliées de sportive accomplie. La photo était accompagnée d'une courte phrase qui ressemblait à une injonction :

Voilà, c'est moi. À toi maintenant de me montrer comment tu es.

Dans un premier temps, Sheridan s'était senti piégé. Comment allait-il faire face à une situation qu'il avait eu la bêtise de ne pas anticiper ? De toute évidence, il était hors de question qu'il se présente sous son vrai jour : visage fatigué alourdi de bajoues, grosses moustaches poivre et sel qui le faisaient davantage ressembler à un phoque malheureux qu'à un guerrier prêt au combat.

Après avoir retourné la question dans tous les sens, Sheridan avait opté pour une stratégie audacieuse. Il se réincarnerait dans le jeune homme qu'il avait été plus de vingt ans plus tôt. Quand, en 1991, il s'était effectivement engagé dans les Marines pour participer à la première guerre du Golfe. Ce subterfuge présentait deux avantages. Sheridan pourrait de façon crédible évoquer le quotidien d'un corps expéditionnaire parti se battre à l'autre bout du monde. Et il disposait par ailleurs de photographies le représentant à l'âge de dix-neuf ans, avec et sans uniforme. Il choisit donc l'image qui lui sembla la plus avantageuse, la scanna et l'expédia à Jessica. La stratégie fonctionna au-delà de ses espérances et décupla la passion épistolaire de la jeune fille. Ainsi, ce qui n'était au départ qu'un jeu ambigu se transforma peu à peu en liaison virtuelle. Le couple, pour discordant et paradoxal qu'il fut en réalité, s'harmonisait dans l'affabulation. Pour autant, dans les rares éclairs de lucidité que lui accordait la situation, Sheridan ne pouvait se défaire de la sensation de conduire un bolide lancé à pleine vitesse mais les yeux bandés et la pédale de l'accélérateur coincée au plancher. Car e-mails et photos de Jessica agissaient sur lui comme autant de flèches empoisonnées qui lui criblaient le cœur délicieusement.

*

Levé à 5 heures, Sheridan se rendait tel un automate dans l'entrepôt où il travaillait. Déplaçant à l'aide de son engin d'instables échafaudages de caisses et de palettes, obéissant aux ordres et aux contre-ordres de ses chefs, il comptait les heures le séparant de ses rendez-vous improbables avec celle qui, dorénavant, accaparait toutes ses pensées. De retour chez lui en début d'après-midi, il rongeait son frein dans l'attente de la connexion.

Mais bientôt, ses filles, Grace et Michèle – quatorze et seize ans – menacèrent de se mettre en grève de corvées ménagères et de boycotter l'école s'il persistait à accaparer l'ordinateur. Sheila, son épouse, avait quant à elle de bonnes raisons de penser que son mari entretenait une liaison par Internet interposé. Elle essaya de le surprendre en se glissant furtivement derrière son dos. Et réussit à plusieurs reprises à entrevoir sur l'écran l'image fugace d'un minois juvénile ou d'une paire de seins.

L'atmosphère devint bientôt irrespirable. Sheila et ses filles firent bloc contre celui qui s'était retranché dans un monde devenu pour elles opaque et inaccessible. Sheridan dînait seul d'un sandwich ou d'un plat surgelé, debout dans la cuisine, tandis que les autres allaient s'installer confortablement au salon.

Les week-ends exacerbaient tensions et rancœurs. Rejeté par les siens, Tom errait sur les quais, son chien sur les talons. Au bout d'un moment, il repliait sa canne à pêche inutilisée et écumait les bars poisseux du port. À la nuit tombée, honteux et éméché, il regagnait le pavillon, bafouillait de vagues excuses, s'apitoyant davantage sur son sort que sur l'accablement dans lequel sombrait peu à peu sa famille délaissée.

*

Trois mois après avoir fait la connaissance virtuelle de Jessica, et bien que galvanisé par sa nouvelle passion, Sheridan ne supporte plus d'affronter seul sa double vie. Il lui faut partager avec quelqu'un le poids de son secret. N'ayant pas d'amis, il choisit de se confier à Brian Thompson, le collègue avec lequel il fait équipe dans l'entrepôt.

— Mate un peu celle-là, lui dit-il un jour au cours de la pause de 11 heures.

Le jeune manutentionnaire fixe un instant le tirage au format 12 × 9 centimètres et découvre l'image d'une gamine souriante en tenue de handballeuse : short flottant en nylon blanc et tee-shirt auréolé de sueur sous les bras.

— Comment tu la trouves ? insiste Sheridan. C'est ma nouvelle copine.

Thompson, un échalas de vingt-deux ans, émet un sifflement admiratif.

— Joli petit lot !

Caché derrière d'épaisses lunettes, son regard effectue néanmoins un mouvement d'essuie-glace entre la photo et le visage de son collègue.

— Elle et toi, toi et elle, vous êtes vraiment ensemble ?

— Pas tout à fait, je t'explique.

En ayant trop dit ou pas assez, Sheridan raconte alors la genèse de son aventure : le site de rencontre Pogo.com, le nom de code de l'inconnue, les premiers échanges d'e-mails anodins, le subterfuge qu'il a employé pour dissimuler son âge véritable, puis les photos de Jessica de plus en plus dénudée, et enfin le flux ininterrompu de messages appelant à une rencontre – bien réelle cette fois – qui promettait d'être torride.

— J'ai l'idée que tu t'es mis dans un sacré pétrin, mon pote.

— C'est bien ce que je pense moi aussi. C'est pourquoi je tenais à t'en parler.

— Sans vouloir t'offenser, mais quand la fille te verra… Je veux dire qu'elle s'imagine flirter sur le Net avec un jeunot de son âge.

— C'est clair que je ne pourrais pas la rencontrer sans risquer de tout foutre en l'air, confirme tristement Sheridan. Je suis allé trop loin. Mais le drame, c'est que maintenant, cette fille, je l'ai dans la peau.

— Et si tu arrêtais tout ? suggère Brian. Écoute, tu lui fais des excuses. Tu lui écris que tu as deux gamines d'à peu près son âge, et que tu l'as menée en bateau dans le seul but de la mettre en garde contre les pervers. Les vieux types malsains qui s'introduisent sur les sites de rencontre pour draguer les adolescentes. Pour finir, tu lui conseilles d'être plus prudente à l'avenir et d'en parler à ses parents. Fin des échanges. Fin de l'histoire.

Le regard de Sheridan se brouille.

— C'est effectivement ce que je ferais si j'étais raisonnable. Mais je ne le suis pas. Rompre est au-dessus de mes forces.

— Mais Jessica n'existe que dans tes rêves, s'insurge Brian. Tu ne l'as jamais vue et tu ne la verras jamais. C'est une illusion. Un mirage. Juste des mots et des photos envoyés sur Internet. Rien que du virtuel.

La sonnerie marquant la fin de la pause transperce l'entrepôt comme une flèche stridente. Thompson et Sheridan jettent leurs boîtes de soda vides et leurs miettes de sandwich dans une poubelle.

— Je lui ai dit que je partais en Irak dans quinze jours, lance Sheridan en s'éloignant. Pour six mois. Ça me laissera le temps d'y réfléchir.

— Tu vas droit dans le mur si tu persévères, hurle Brian, avant de disparaître à son tour derrière une montagne de marchandises.

*

Pour faire face à la situation dans laquelle il s'est embourbé, Tom Sheridan complique son stratagème. Il écrit à Jessica qu'il vit chez ses parents et que son père, Tom Sheridan senior, mis dans la confidence, se chargera de lui faire suivre e-mails et courrier lorsqu'il sera parti en opération, même lorsqu'il se trouvera dans des zones de combat inaccessibles. Puis il commet la folie de lui donner son adresse. Ainsi Jessica pourra continuer de lui écrire. Elle devra néanmoins tenir compte du fait que ses lettres et futurs e-mails pourront être lus par un tiers. Libre à elle, alors, d'utiliser le vocabulaire de son choix pour les rédiger.

Une semaine avant son départ supposé en Irak, Sheridan rentre chez lui, éreinté par une journée de travail. Ses filles se sont absentées quelques jours, en visite chez leurs grands-parents. Sheila, son épouse, s'est rencognée dans le canapé du salon, le regard vide. D'un carton ouvert, posé sur la table basse, s'échappe une tache blanche vaporeuse.

— Ce matin, le facteur a apporté ce paquet pour toi, lance Sheila d'une voix sans timbre. Je l'ai ouvert.

Avec une lenteur calculée, elle déplie le linge immaculé et le tient à deux mains à bonne distance de son mari. C'est un soutien-gorge rehaussé de fines dentelles.

— Il y avait ça aussi dans le paquet.

Un mini-slip surgit entre ses mains.

— Et encore ça.

Cette fois, c'est une lettre. Écrite en gros caractères bouclés et décorée de cœurs naïvement entrelacés.

— Veux-tu que je te lise les passages les plus croustillants ?

Entre les époux, la guerre, jusque-là larvée, éclate au grand jour. Sheila menace d'engager une procédure de divorce. Dans cette attente, elle exige que son mari aille s'installer au sous-sol. La chambre conjugale et les parties communes de la maison lui sont dès lors interdites. Tout comme l'usage de l'ordinateur qui est mis sous clé.

Puis elle renvoie à Jessica le contenu du paquet, après l'avoir photographié pour en faire usage lors d'un éventuel procès. Elle y adjoint une photo de sa famille et une courte note. « L'homme, mon mari, avec lequel vous avez correspondu est âgé de quarante-deux ans. Comme vous le constaterez sur la photo, il est père de deux adolescentes. Il est manutentionnaire dans une entreprise et, à ma connaissance, il n'a pas l'intention d'aller combattre en Irak ni où que ce soit ailleurs. »

Quelques jours plus tard, condamné à se rendre dans un cybercafé dans l'espoir de renouer le dialogue avec Jessica, Sheridan a rapidement confirmation de l'effet dévastateur qu'a provoqué l'intervention de son épouse. La jeune fille lui a envoyé un e-mail incendiaire dans lequel elle a exprimé colère, dégoût et déception. Elle se dit bernée, abusée par un vicieux sans scrupule, un malade mental, une ordure, un manipulateur qui mériterait de finir ses jours derrière les barreaux. Et elle conclut son e-mail en annonçant qu'elle ne veut plus jamais entendre parler de lui.

Relégué dans le sous-sol de la maison avec son chien, Sheridan a la sensation de glisser dans un puits sans fond. Sa famille, ses voisins et les membres de sa paroisse ne lui adressent plus la parole. Et, comble de déshonneur,

Sheila le dénonce à la police. Des inspecteurs viennent l'interroger. Après avoir passé au crible l'historique de ses courriels, et constatant qu'il n'a pas explicitement enfreint la loi, ils décident de le laisser en liberté. Non sans l'avoir vertement sermonné au préalable.

*

Plusieurs semaines passent encore. La famille est dorénavant coupée en deux. Deux entités apparemment irréconciliables. Au rez-de-chaussée et à l'étage, Sheila et les enfants s'accrochent à un semblant de normalité tandis que, confiné dans la cave, Sheridan ressasse des idées noires. Les photos et les mots doux de Jessica continuent de le hanter. Jusqu'à l'obsession. Alors que le bon sens lui conseillerait de tirer un trait sur cette passade sans fondement et sans réalité, il nourrit encore le fol espoir de reconquérir virtuellement celle qui lui avait redonné pendant quelques mois le souffle vital de la jeunesse. Finalement, après avoir échafaudé différents plans, tous plus absurdes les uns que les autres, il décide de demander à Brian Thompson d'intercéder en sa faveur.

— Le code d'accès de Jessica sur le site de rencontres est jesshot, lui dit-il. Écris-lui, fais-toi connaître et explique-lui que les sentiments que je nourris à son égard m'ont fait perdre la tête. Qu'ils m'ont entraîné malgré moi dans une fuite en avant. Bien sûr, notre différence d'âge et ma situation familiale nous interdisent de faire des projets d'avenir. Mais au moins peut-elle continuer de m'écrire, ne serait-ce que par jeu.

Brian trouve l'idée aussi stupide qu'irréaliste.

— Foutaises ! Tente plutôt de reconquérir ta femme avant qu'il ne soit trop tard.

Mais Sheridan revient perpétuellement à la charge. Il insiste, supplie, conjure Tompson de renouer pour lui le fil du dialogue perdu. Ému par l'affliction de son collègue et par crainte de le voir définitivement perdre pied, il s'exécute à contrecœur. Et envoie un premier courriel maladroit à Jessica. Contre toute attente, il obtient de l'intéressée une réponse bienveillante et non dénuée d'humour. Et progressivement, mail après mail, une correspondance régulière s'établit entre Brian et Jessica. Chaque matin en arrivant à l'entrepôt, Sheridan s'informe des progrès obtenus par son intercesseur.

— T'a-t-elle écrit hier ? demande-t-il, fébrile. A-t-elle demandé de mes nouvelles ?

— Pas encore, répond l'autre. Elle me parle de ses parents, de ses copines, de ses matchs de handball. Que des trucs d'adolescente. Rien qui puisse t'intéresser.

Et, au fil des semaines, la situation demeure inchangée. Dans aucun de ses courriels Jessica ne fait allusion à Sheridan. En revanche, un lien amical semble s'établir entre la jeune fille et le manutentionnaire. Après tout, ils n'ont que quelques années de différence et ils partagent des goûts communs, notamment la *world music.*

— Toujours rien à mon sujet ? s'enquiert Sheridan, dès qu'il croise Brian dans l'entrepôt.

— Non. Je te préviendrai quand ça sera le cas.

*

Deux mois se sont maintenant écoulés depuis la rupture avec Jessica et Sheridan constate amèrement que l'attitude de Thompson s'est modifiée à son égard. Il le fuit. Sous des prétextes fallacieux, il évite de le retrouver à la cafétéria à l'heure de la pause. Et, l'après-midi, il quitte l'entrepôt en catimini, dès le premier coup de sirène.

Afin de vérifier une sombre prémonition et pour en avoir le cœur net, Sheridan se rend dans un cybercafé. Il se connecte au site de rencontre, compose le nom de code de Jessica, et croit défaillir lorsqu'il découvre, dans sa boîte de réception, qu'elle lui a adressé des dizaines de messages. Souffle court, sang battant contre ses tempes comme sur la peau d'un tambour, il clique sur le premier d'entre eux dans l'ordre chronologique.

J'ai reçu un mail de ton pote Brian. Combien l'as-tu payé pour faire ton sale boulot ?

Sheridan ouvre le second message. Il est tout aussi lapidaire.

Brian et moi, on a chaté un peu. On est tous les deux tombés d'accord pour dire que tu n'es qu'un pauvre type.

Troisième message.

J'ai honte quand je pense que j'ai pu te faire confiance pendant des mois sans me douter de rien.

Les mains tremblantes, le cœur au bord des lèvres, Sheridan poursuit sa longue descente aux enfers.

Au fait, il faut que je te dise : Brian et moi on a échangé nos photos. C'est sûr, c'est pas James Dean. Il n'est même pas terrible avec ses grosses lunettes mais au moins, lui, il ne raconte pas d'histoires.

Le vertige s'empare de Sheridan. Va-t-il s'infliger le supplice de découvrir les e-mails les uns après les autres, au risque de se crucifier à petit feu ? Il choisit d'en ouvrir quelques-uns au hasard.

Brian m'a bien fait rire quand il m'a dit que maintenant tu dors dans ton garage avec ton chien. Qu'est-ce que tu lui racontes à ton chien ? Que tu vas remplacer Obama à la Maison-Blanche ?

Et puis un autre encore.

Ça te plairait de surprendre ta fille de seize ans en train d'envoyer sur Internet à un vieux vicieux des photos d'elle toute nue ?

Les yeux brouillés, Sheridan enfonce maintenant les touches du clavier machinalement.

Hier soir, on est allé au concert d'Elissa avec Brian. C'était géniiiial !!! Après, on s'est embrassés dans sa voiture. C'était pas mal non plus.

Anéanti, s'attendant à boire le calice jusqu'à la lie, Sheridan clique sur le dernier message, expédié trois jours plus tôt.

Voilà, c'est fait. J'ai couché avec Brian. Pour moi, c'était la première fois. Je voulais que tu le saches. Comme tu ne réponds pas à mes mails, j'ai décidé de ne plus t'écrire. Salut et va au Diable.

*

Le 18 juin 2010, partiellement recouvert de vieux cartons, le corps sans vie de Brian Thompson est découvert par un SDF derrière l'entrepôt. Son crâne a été défoncé à l'aide d'un objet contendant. Des experts de la police scientifique prélèvent peu d'indices sur la scène de crime. Mais un détail attire leur attention. Des poils d'origine animale ont adhéré au pantalon que portait la victime. Après analyse, il s'avère qu'ils appartiennent à un chien de race Briard semblable à celui qui, chaque jour sur le parking de l'entreprise, attend patiemment son maître sur la plateforme de son pick-up.

Le lendemain à l'aube, l'inspecteur Tony Barett, chargé de l'enquête, procède à l'arrestation de Tom Sheridan et le place en garde à vue. Puis, muni d'une commission rogatoire, il perquisitionne son domicile. Il ne trouve aucune preuve matérielle prouvant sa culpabilité. Mais, à quoi bon s'acharner à chercher l'arme du crime ou un vêtement taché de sang puisque Sheridan a spontanément avoué le meurtre de son collègue, à peine lui a-t-on passé les menottes aux poignets. Barett saisit néanmoins l'ordinateur du suspect et demande à un informaticien de la police d'explorer le disque dur et d'imprimer la totalité des messages Internet qu'il contient. La correspondance entretenue au fil des mois avec Jessica apparaît au grand jour. Il ne reste plus à l'inspecteur qu'à comparer la teneur de ces e-mails avec ceux qu'échangeait la victime avec la même jeune fille pour comprendre aussitôt le mobile du meurtre.

*

Avant de boucler l'affaire et de prononcer le chef d'accusation, Barett se doit de recueillir le témoignage de celle qui fut indirectement à l'origine du drame. Il obtient son adresse grâce à l'opérateur qui gère le site de rencontre et sonne à la porte d'un pavillon banal. Une femme âgée d'une cinquantaine d'années, la tête couverte de bigoudis, vient lui ouvrir.

— Une certaine Jessica Montgomery vit-elle ici ? demande Barett.

La femme blêmit et ajuste le peignoir qui boudine ses formes généreuses.

— Non, vous faites erreur. Je m'appelle Marie Friedmann et je vis seule avec ma fille.

— Puis-je entrer ?

La femme s'efface devant le policier et trottine sur ses talons jusqu'au salon. Par routine, Barett jette un regard circulaire sur l'ameublement et sur les cadres qui renferment des photos de famille. Dans l'un d'entre eux, une jeune fille en tenue de handballeuse sourit à l'appareil. Elle est blonde, jolie, et porte un short en nylon blanc et un tee-shirt froissé.

— Qui est-ce ? demande-t-il en pointant un doigt sur la photo.

— Ma fille.

— Comment s'appelle-t-elle ? Quel âge a-t-elle ?

— Jessica Montgomery. Elle a dix-sept ans.

— Où est-elle en ce moment ?

— À l'école.

— Quelle école ? J'ai besoin de la rencontrer immédiatement.

La femme se laisse lourdement tomber dans un fauteuil et invite d'un geste las le policier à l'imiter.

— Jessi n'a rien à voir là-dedans. Je suis la seule responsable. Je vais tout vous expliquer.

Et Marie Friedmann avoue l'inconcevable. Dans le but de se distraire d'interminables journées d'oisiveté passées seule à la maison, elle s'est inscrite, six mois plus tôt, sur un site de rencontre Internet. Pour préserver son anonymat, elle a machinalement utilisé le prénom de sa fille en guise de pseudonyme. Puis, pour paraître à son avantage et pimenter ses messages, elle a commencé à utiliser des photographies de Jessica, subtilisées dans sa chambre pendant son absence.

— Dans son premier message, Tom Sheridan vous avait pourtant dit n'avoir que dix-neuf ans. Même s'il mentait en réalité, sachant cela, vous auriez pu cesser aussitôt cette relation absurde.

— Mais tout n'était qu'un jeu, inspecteur, se défend la femme. Un petit flirt virtuel sans importance.

— Sans importance ! s'exclame Barett en haussant le ton. Vous avez utilisé et manipulé votre fille. Vous n'avez pas hésité à exhiber des photos d'elle en tenue légère. Puis des photos de plus en plus équivoques, sans vous préoccuper des conséquences.

— Jessi veut être mannequin ou comédienne et elle n'arrête pas de se photographier sous toutes les coutures en utilisant un déclencheur à retardement.

— Votre cruauté ne s'arrête pas là, poursuit Barett, incapable de dominer sa colère. Vous avez envoyé à Sheridan de la lingerie fine, ce qui a contribué à détruire sa famille. Puis vous l'avez poussé au désespoir.

— Tom était consentant. De son côté, il n'arrêtait pas de m'envoyer des déclarations enflammées.

— Il était consentant pour correspondre avec une jolie gamine aguicheuse de dix-sept ans. Pas avec sa mère.

— J'ignorais que Tom était marié et père de famille, pleurniche la femme. Je ne l'ai appris que lorsque son épouse a découvert le pot aux roses.

— Que s'est-il passé ensuite entre Thompson et vous ? l'interrompt Barett. Vous êtes-vous rencontrés ?

— Non, bien que sûr que non. Nous n'avons fait qu'échanger des mails amicaux pendant un mois ou deux. Rien de plus.

— Mais, parallèlement à cela, vous avez cru bon d'exacerber la jalousie de Sheridan.

— Cela faisait encore partie du jeu.

— Et le jeu consistait-il à le pousser à commettre un meurtre ?

— J'ai été effondrée quand j'ai eu connaissance du drame à la télévision. Je n'aurais jamais imaginé que Tom puisse faire une chose pareille.

— Il l'a pourtant fait. Il a massacré Thompson. Et il finira ses jours en prison.

Barett s'extirpe de son fauteuil. Il décroche une paire de menottes de sa ceinture et s'approche de Marie Friedmann.

— Quant à vous ?

— Quant à moi ?

— Un juge statuera sur votre degré de responsabilité dans cette affaire. Un juge qui, croyez-moi, n'aura rien de virtuel cette fois.

14

Massacre en soutane

Dans l'air raréfié des hauts plateaux boliviens, des tourbillons de poussière giflent les visages comme des aiguilles. Chevauchant un scooter fatigué, un homme cahote sur une route en terre. Parvenu à la sortie d'Oruro, une ville au sud de La Paz, il stoppe son engin pétaradant et interpelle la jeune fille qui l'attend, le visage dissimulé sous un chapeau en feutre.

— Grimpe à l'arrière. Dépêche-toi.

La fille s'empêtre dans le fatras de ses jupes superposées.

— Où allons-nous ? demande-t-elle en s'agrippant aux épaules du pilote.

— Faire un tour au pied des montagnes.

Dans le ciel, les nuages sont si bas que l'on pourrait croire possible de les toucher du doigt. Le long du chemin, des grappes de mineurs épuisés regagnent leurs masures en ruminant des feuilles de coca. Lorsqu'il atteint une gorge érodée, l'homme met pied à terre et bascule la béquille du scooter.

— Suis-moi.

— Qu'est-ce qu'on vient faire ici, il n'y a personne ? s'inquiète Clara Barros.

— Je vais te donner l'absolution.

— La quoi ?

— L'absolution. Après, tu iras au paradis. Tu te reposeras avec les anges.

— Je ne comprends pas.

— Marche devant, tu verras bien.

La taille informe engoncée dans la corolle de ses jupes et de ses jupons multicolores, la *cholita* – la petite paysanne – s'enfonce d'un pas hésitant dans la gorge déserte. L'homme grimace en trottinant sur ses talons. Au bout d'un moment, il tire un pistolet datant de la Seconde Guerre mondiale de sa poche, déverrouille le cran de sûreté, fait monter une balle dans le canon. Puis il vise la nuque de la fille et presse la détente. L'écho de la déflagration se répercute sur les parois rocheuses. Clara Barros bascule sans que le moindre son ait franchi ses lèvres. Une fleur de sang s'épanouit sur son cou, cuivré par le soleil et la haute altitude. L'homme retourne le corps, trace une croix sur le front et murmure d'une voix tremblante :

— Que Dieu, notre Père, te montre sa miséricorde. Par la mort et la résurrection de son Fils, il a réconcilié le monde avec lui et il a envoyé l'Esprit-Saint pour la rémission des péchés. Par le ministère de l'Église, qu'il te donne le pardon et la paix. Et moi, au nom du Père et du Fils et du Saint-Esprit, je te pardonne tous tes péchés.

La jeune fille étouffe un râle. Des filets d'hémoglobine s'écoulent en bouillonnant de sa bouche et de ses oreilles. L'homme abandonne les mains de la morte, qu'il tenait enserrées dans les siennes comme des oiseaux blessés. Il lui ferme les yeux. Ensuite, il déplie un couteau et le plonge dans son ventre. Il fouille les entrailles compulsivement, tranche, sectionne les artères. Un jet de sang gicle et lui macule le bas du visage. Au bout d'un moment, il pose le couteau et, à deux mains, extrait l'enfant qui se lovait à l'intérieur de ses chairs. Il constate qu'il est de sexe féminin et qu'il est vivant. Après l'avoir baptisé, l'homme lui lacère le visage afin de le rendre méconnaissable. Quand le nourrisson rend l'âme à son tour, l'homme se redresse. Il rassemble les plis de sa soutane poussiéreuse, chevauche son scooter, et regagne sa paroisse.

Le soleil bascule derrière les sommets enneigés de la cordillère des Andes. Il est 18 h 30, le 15 décembre 1979. L'un des faits divers le plus traumatisant que connaîtra la Bolivie ne fait que commencer.

*

Le lendemain matin, Maria Barros, une femme au visage cuit et recuit comme une vieille poterie, se présente à la porte du presbytère. Elle est accompagnée de deux policiers en uniformes.

— Père Mendoza, gémit-elle en se tordant les mains de désespoir, ma fille, Clara, a disparu depuis hier. L'auriez-vous vue ?

Le prêtre feint la surprise.

— Non. Mais ne vous inquiétez pas. Peut-être est-elle allée dormir chez une amie.

— Elle n'aurait jamais passé la nuit dehors sans me prévenir. Je suis sûre qu'il lui est arrivé malheur.

— Nous allons organiser une battue dans le quartier, informe Felipe Ocampo, le lieutenant. Pouvez-vous nous aider à mobiliser des volontaires ?

Étant donné que, naturellement, les recherches ne donnent rien, une camarade de Clara suggère d'aller fouiller les mines d'argent abandonnées. En vain. En fin de journée, un homme se présente timidement au commissariat et demande à être entendu par le lieutenant.

— Mes fils ont découvert le cadavre d'une jeune fille et d'un bébé dans une gorge, à la sortie de la ville.

— D'un bébé ? s'étonne l'officier.

Les policiers, la mère de la disparue, le curé, et une douzaine de paroissiens se rendent aussitôt sur les lieux. Quand elle aperçoit le corps inerte de sa fille, Maria Barros pousse un cri. Elle se précipite vers le cadavre mais la vue du bébé la cloue sur place. Elle se signe frénétiquement. À ses côtés, le curé psalmodie des prières en brandissant sa Bible.

— Restez à l'écart, ordonne Ocampo aux paroissiens. Le temps pour nous de recueillir des indices.

Pour Maria Barros, la scène est doublement traumatisante. Car non seulement sa fille de seize ans a été sauvagement assassinée et éviscérée, mais la présence de l'enfant défiguré lui soulève le cœur.

— Clara n'était pas enceinte, balbutie-t-elle. Je peux vous l'assurer. C'était une bonne chrétienne.

La femme s'arrache frénétiquement une poignée de cheveux et cherche du regard l'approbation du prêtre.

— Voyons, madame Barros, votre fille est encore reliée à l'enfant par le cordon ombilical, l'interrompt brutalement le policier. Elle n'allait pas tarder à accoucher.

Debout près des cadavres, Victor Mendoza gémit des imprécations incompréhensibles, mélangeant les langues latine et espagnole. Il semble s'être retranché du monde.

Après avoir constaté l'absence d'empreintes de pneus et de semelles sur la scène de crime, les policiers découvrent une douille de calibre 11,43 et croient comprendre le mode opératoire du meurtrier.

— Clara a été tuée d'un coup de feu, tiré derrière la tête. L'assassin l'a ensuite retournée sur le dos et il lui a extirpé le bébé du ventre à l'aide d'un objet tranchant. Une autopsie nous en dira davantage.

Le groupe de paroissiens s'est maintenant agenouillé en demi-cercle autour des dépouilles et prie à voix basse. Ocampo s'adresse au berger qui lui a signalé le double meurtre.

— Dans quelle circonstance vos fils ont-ils découvert les corps ?

L'homme indique une barrière de roches rouges qui surplombe le sentier.

— Ils gardaient nos lamas là-bas derrière. Après avoir entendu une détonation, ils se sont penchés sur le bord du ravin. Je crois qu'ils ont vu ce qui s'est passé.

— Allez les chercher.

Ocampo s'adresse à son adjoint.

— Quant à toi, retourne en ville et reviens avec une ambulance ou un fourgon mortuaire.

Une heure plus tard, le berger réapparaît, accompagné de deux adolescents pauvrement vêtus. Quand ils s'approchent de la scène et découvrent les personnes présentes, ils bondissent en arrière, terrifiés. Leur père doit leur agripper les bras pour les empêcher de s'enfuir. Le lieutenant tente de les apaiser.

— Calmez-vous. Détournez les yeux. Ne regardez pas la jeune fille et son bébé.

L'un des garçons murmure quelques mots à l'oreille de son père.

— Que vous a-t-il dit ? demande Ocampo.

— Ce n'est pas la vue des corps qui effraie mes fils.

— C'est quoi alors ?

Devant le silence obstiné des enfants, le lieutenant désigne le plus jeune d'entre eux.

— Comment t'appelles-tu ?

Comme le gamin se tait, son père explique.

— Excusez-le : il est sourd et muet.

— Et l'autre ?

— Il s'appelle Eduardo. Lui n'est pas handicapé.

— C'est une chance. De quoi as-tu peur, Eduardo, si tu n'as pas peur des cadavres ?

Le gamin balaie d'un doigt tremblant le groupe des paroissiens. Son index s'arrête sur le curé.

— Je ne comprends pas ce que tu cherches à me dire, s'énerve le policier. Tu as une langue, sers-t'en.

Le père des enfants intervient à nouveau.

— Les petits m'ont dit avoir vu M. le curé tuer la jeune fille et repartir sur son scooter.

Le lieutenant, Maria Barros, les membres du groupe dévisagent le prêtre qui s'est figé. Son regard a chaviré. Le temps est suspendu. Une rafale de vent glacé s'engouffre dans le canyon. Après une pause interminable, Ocampo parvient enfin à rassembler ses esprits.

— Tu affirmes avoir vu le curé tuer la jeune fille ? C'est une accusation très grave.

L'adolescent hoche la tête.

— C'est lui. J'en suis sûr. Je peux le jurer sur la tête de ma mère.

— Qu'avez-vous à dire, père Mendoza ? demande Ocampo, abasourdi.

— Si vous n'y voyez pas d'inconvénient, je préférerais que nous parlions de cela en privé.

Plus tard, au commissariat, Victor Mendoza confesse son double meurtre. Il ne cherche pas à se dérober ou à contester le témoignage des enfants. De toute façon, si les gamins n'avaient pas assisté aux meurtres, comment auraient-ils pu affirmer que le prêtre avait quitté la scène de crime sur un vieux scooter, puisqu'ils ne l'avaient jamais vu auparavant ?

— Clara Barros était enceinte de mes œuvres, avoue le curé. Elle avait refusé obstinément de se faire avorter. Je l'ai tuée pour éviter le scandale. Et j'ai défiguré l'enfant qu'elle portait pour que les caractéristiques de son visage ne permettent pas de m'identifier. J'implore le pardon de sa mère et de sa famille. Et je demande à Dieu de m'accorder sa miséricorde. Je paierai ma faute devant la justice des hommes.

*

Au début de l'année 1980, un putsch installe le général Luis Garcia Teiada à la tête de l'État. S'exerce alors un pouvoir discrétionnaire et coercitif sur l'ensemble du pays. Les forces armées sont partout présentes. La presse est muselée, les étudiants et les intellectuels mis au pas. Les activités politiques et syndicales sont suspendues, les grèves interdites.

Dans ce contexte délétère, la hiérarchie catholique soutient la junte militaire. C'est pourquoi, sachant qu'il bénéficiera de la bienveillance des autorités, l'évêque d'Oruro s'efforce de protéger Victor Mendoza dès l'annonce de son arrestation. Craignant que le scandale n'éclabousse l'Église dans son ensemble, il intercède auprès du colonel Capoche, le chef de la police, pour obtenir sa libération.

— Entre la parole d'un prêtre et les divagations de deux enfants, dont l'un est handicapé et l'autre faible d'esprit, que croyez-vous ?

— Monseigneur, don Mendoza a avoué avoir engrossé et tué la fille, plaide le colonel. De plus, la douille trouvée près du corps correspond au pistolet Ballester Molina que nous avons saisi lors de la perquisition de son presbytère. Et, après analyse, le sang recueilli sur la lame de son couteau et celui de Clara Barros appartiennent au même groupe et sont de même rhésus.

— N'êtes-vous pas le seul habilité à communiquer avec la presse ? demande l'évêque.

— Certes, mais la nouvelle du double homicide s'est répandue de bouche-à-oreille dans la ville comme une traînée de poudre.

— Les gens oublient vite ce genre de chose, temporise l'homme d'Église. Un événement en chasse un autre. Faites diversion. Montez en épingle le prochain meurtre dont vous serez en charge.

— Je crains que cela ne soit pas suffisant.

— Alors placez Mendoza en détention préventive. Dites aux journalistes qu'il est probablement innocent, et que vous avez besoin d'un complément d'enquête pour le prouver. Et enterrez l'affaire.

*

Les choses pourraient en rester là. Mais ce serait compter sans le courage et la détermination des paroissiens. Aussi, une fois le moment de stupeur et de consternation passé, les langues se délient. Des réunions spontanées se tiennent sur le parvis de l'église. Les ménagères échangent leurs impressions. Les hommes, pourtant avares de confidences, s'épanchent dans les cafés. Et, dans les cours de récréation, les collégiens parlent pour la première fois à cœur ouvert de leur curé. Il ressort rapidement de ces conversations que la personnalité du prêtre était loin de faire l'unanimité. Certes, Victor Mendoza était parvenu à chambouler les habitudes, à insuffler un vent de modernité sur la paroisse. Ainsi avait-il créé un ciné-club et constitué une équipe de football. Mais chacun avait pu constater que l'attention du prêtre se portait en priorité sur les activités culturelles et sportives réservées aux jeunes filles.

— Don Mendoza nous tournait autour comme un vautour, confesse une adolescente, qui faisait partie de la troupe de danse folklorique.

— Oui, il ne nous quittait pas des yeux quand nous changions de costume, confirme une autre.

— Dis plutôt qu'il avait la main baladeuse, tranche une fille de quinze ans. J'ai dû le repousser plusieurs fois pour éviter qu'il me tripote. Et il avait réussi à attirer Clara dans son presbytère, sous prétexte de lui donner des cours de maths. Je n'ai pas été surprise quand j'ai appris qu'elle attendait un bébé.

*

Pour remplacer Victor Mendoza à la tête de sa paroisse, l'évêque d'Oruro choisit René Garcia. Il espère que l'inexpérience sacerdotale de ce prêtre fraîchement ordonné le rendra docile et facilement manipulable. Il se trompe. Car si c'est au séminaire que Garcia s'est imprégné de foi chrétienne, c'est en parcourant le pays en tous sens qu'il s'est forgé une conscience sociale. C'est en mesurant l'ampleur du fossé qui sépare les grands propriétaires terriens de la plaine orientale des Indiens de la Cordillère, accrochés à une terre froide et stérile, qu'il s'est senti investi d'une mission à laquelle il a décidé de consacrer sa vie : prendre la défense des pauvres et des humiliés. Son modèle est dom Helder Càmara, l'archevêque brésilien qui partage la misère des exclus dans un bidonville de Recife. L'évêque d'Oruro ignore, naturellement, les convictions de son jeune curé. Il ne tarde pas à les découvrir avec stupeur, quelques semaines plus tard.

Puisque, comme le redoutaient les parents de Clara, l'évêché et la police se sont coalisés pour étouffer l'affaire, Garcia prend la tête d'un cortège qui réunit des centaines de ses paroissiens et se dirige pacifiquement vers le palais de justice. Les manifestants exigent l'ouverture du procès de Mendoza et sa condamnation. Les forces de police, prises de court, hésitent à intervenir. À la tête de ses troupes, Garcia menace de camper devant le bâtiment si la famille de la victime n'obtient pas satisfaction. Dans le but d'apaiser les esprits, le président du tribunal explique aux contestataires, du haut d'un balcon, que ses services sont saturés, que des centaines d'affaires en souffrance attendent d'être jugées. Il promet néanmoins d'accélérer la procédure.

— Dites-nous quand se tiendra le procès ? hurle Garcia. Nous ne partirons pas d'ici sans avoir une réponse.

— Dans moins de six mois, concède le magistrat, je vous donne ma parole.

Le lendemain, sans prendre la peine de le convoquer, l'évêque destitue Garcia de ses fonctions et le nomme archiviste dans une obscure institution catholique, à l'autre bout du pays. Puis une compagnie des Forces spéciales de sécurité de la police investit le quartier où officie le prêtre. Il est mis en état d'arrestation pour atteinte à l'ordre public et incitation à la violence. Des paroissiens s'interposent. De violentes échauffourées éclatent. Pierres et barres à mine répliquent aux jets de grenades lacrymogènes et aux matraques. Le sang coule. On dénombre bientôt des dizaines de blessés dans les deux camps. L'émeute se propage à l'ensemble de la ville. Un couvre-feu est décrété.

Au cours des deux années suivantes, tandis que la tenue du procès de Mendoza est sans cesse reportée et que René Garcia croupit en prison, des groupes de paroissiens se relaient chaque jour pour manifester en silence devant le tribunal et la maison d'arrêt. Cette obstination finit par porter ses fruits. Des journalistes étrangers publient des articles et réalisent des films documentaires sur cette affaire, devenue emblématique de la Bolivie. Le pape Jean-Paul II intercède en faveur de Garcia. Par ailleurs, succédant à plusieurs dictateurs, Hermàn Siles Zuazo, le nouveau président de la République, tente d'instaurer une ébauche de démocratie. L'ensemble de ces facteurs contribue à faire libérer le prêtre rebelle et provoque enfin l'ouverture du procès.

*

C'est dans un tribunal plein à craquer qu'un homme livide et émacié se présente dans le box des accusés. Son crâne dégarni et une longue barbe noire frisottée accentuent son apparence revêche et inquiétante. Le procureur lit l'acte d'accusation.

— Victor Mendoza, vous êtes accusé d'atteinte sexuelle sur mineure, de meurtre avec préméditation et d'infanticide, reconnaissez-vous les faits ?

— Je les reconnais. Les deux années que j'ai passées en prison m'ont donné un avant-goût de l'enfer. Je n'attends aucune clémence de la part du jury, car je sais que je retournerai en enfer, une fois que le verdict sera rendu.

Une onde de tension palpable parcourt l'assistance.

— Je n'ai pas l'intention de limiter la portée de ce procès à ce dont vous êtes accusé, avertit le juge. Car il semble que les abominations que vous avez commises ne datent pas d'hier. Vous êtes un prédateur. Vous avez abusé de votre fonction ecclésiastique pour ensorceler des femmes vulnérables et séduire d'innocentes jeunes filles.

Le juge reprend son souffle.

— C'est pourquoi, afin de faire la lumière sur votre passé, je vais appeler à la barre quelques-unes de vos victimes.

Le magistrat invite une femme, assise au premier rang, à s'approcher.

— Madame Arriaga, voulez-vous venir témoigner ?

Un long silence plombe le prétoire. La salle s'est figée. Paysans et mineurs dévisagent le prêtre dévoyé avec un sentiment d'effroi et de répulsion. Chrétiens mais pétris de magie et de superstitions, les paroissiens croient voir en Mendoza une incarnation du Diable. De l'*Oncle*, de celui auquel les mineurs sacrifient un coq et des feuilles de coca pour avoir la permission de s'enfoncer chaque jour dans les entrailles de la terre. Lucifer et homme de Dieu : deux personnages redoutables qui inspirent le respect. Les affronter signifie transgresser un tabou et attirer sur soi la malédiction divine.

Angelica Arriaga est hypnotisée par le regard fiévreux de Mendoza. De peur de commettre un sacrilège, elle hésite à témoigner. Constatant que le procès est sur le point de basculer, René Garcia interpelle le juge.

— Puis-je communiquer une information à mes paroissiens, votre honneur ?

— Accordé. À condition qu'elle soit courte et pertinente.

— Parlez sans crainte, mes amis, exhorte le curé. J'ai appris ce matin que Mendoza a été exclu de l'Église et excommunié. Il n'est plus prêtre ni même chrétien. C'est un monstre qui a abusé de votre confiance et a sali vos filles.

L'intervention du curé a pour effet de dissiper instantanément la torpeur qui paralysait l'assistance. Angelica Arriaga trouve le courage de monter à la barre.

— Don Mendoza m'a séduite, alors que je venais de perdre mon mari. La mine l'avait tué. Je l'ai chassé de chez moi quand je me suis aperçue qu'il courtisait ma petite de douze ans. Il est parti en volant une partie de mes économies.

Un tollé secoue le prétoire. Des cris, des gestes hostiles.

— Cet homme est le Diable, pendons-le !

Une jeune fille timide prend la parole à son tour.

— Il y a trois ans, le père Mendoza m'a violée dans le fond de l'église. Ensuite, il m'a obligée à me confesser, disant que j'étais responsable de ce qui m'était arrivé. Que je devais chasser le mal qui était dans mon cœur. Il m'a dit aussi que si je disais à quelqu'un ce qui s'était passé, j'irais rôtir en enfer.

Un grondement indigné oblige le juge à intervenir pour rétablir le calme.

Après avoir juré sur la Bible, un troisième témoin – une lycéenne de dix-huit ans – révèle avoir été, elle aussi, séduite par le curé et contrainte de se faire avorter par une vieille femme.

— Plus tard, un médecin m'a avertie que je ne pourrai jamais avoir de bébé.

Cette fois, des hommes dressent le poing. Des femmes sanglotent bruyamment.

— Tuez-le ! Châtrez le monstre !

De peur que l'accusé ne se fasse lyncher, le juge décide de faire évacuer la salle.

Les paroissiens regagnent leur quartier à pied en formant un long chapelet de visages accablés, René Garcia en tête. Dans le but d'atténuer le scandale, l'évêque d'Oruro l'a, en effet, maintenu dans ses fonctions.

La suite du procès se déroule à huis clos. Les délibérations du jury sont expédiées en une demi-heure. Le verdict est rendu : Victor Mendoza est condamné à purger une peine de vingt-six ans d'emprisonnement.

*

Le souvenir du curé maléfique s'estompe peu à peu des mémoires. Le temps passe. Les adolescentes des années 1980 sont devenues mères et leurs filles les ont remplacées sur les bancs du collège.

Bien que ses cheveux aient commencé à blanchir, le père Garcia n'a rien perdu de sa fougue d'antan. Ainsi, durant la messe dominicale, n'est-il pas rare qu'il harangue ses ouailles du haut de la chaire :

— N'oubliez pas que la parole du Christ est politique, mugit-il à l'adresse d'une assistance éberluée.

Lorsque, en 2005, le syndicaliste d'origine indienne Evo Morales est élu président de la République, Garcia invite ses paroissiens à participer à une grande fête républicaine.

Cette même année, un entrefilet publié dans la presse annonce que Victor Mendoza, le prisonnier bolivien qui a passé le plus de temps derrière les barreaux, a été libéré après avoir purgé l'intégralité de sa peine.

Dès lors, rumeurs et spéculations vont bon train. Certains croient le reconnaître dans les rues d'Oruro sous l'apparence d'un vieillard pitoyable, mendiant devant la cathédrale. D'autres prétendent l'avoir aperçu, errant à moitié fou dans le désert de sel d'Uyuni. D'autres encore affirment qu'il aurait été accueilli dans un monastère et qu'il consacrerait les jours qui lui restent à vivre à se flageller dans le silence glacial de sa cellule.

Mais la plupart de ses anciens paroissiens sont persuadés que Mendoza se cache sous le déguisement du Diable – *el Tio* – le démon de la mine qui, chaque année pendant les journées du Carnaval, combat l'archange Michel. Et qui, comme chaque année depuis des siècles, finit terrassé dans la poussière, le cœur transpercé d'un coup de lance.

15

Une femme-caméléon

La masse de ses cheveux sagement relevée en chignon, la jeune femme virevolte autour d'une table où se sont agglutinés des hommes d'affaires chinois. Sa robe fourreau, largement fendue sur la cuisse, accroche les lumières du bar.

— Du champagne pour tout le monde, je suppose ? demande-t-elle en anglais. Avant d'ajouter quelques mots en chinois pour faire bonne mesure. L'effet est immédiat. Les clients saluent cet effort linguistique en invitant l'hôtesse à se joindre à eux.

— Quel est votre nom ? interroge le plus âgé.

— Maud, répond la femme.

— Vous êtes vraiment jolie, complimente le client en levant sa coupe à hauteur de visage.

— *Ganbei* Maud !

Les autres l'imitent bruyamment en vidant leur verre d'un trait.

— *Ganbei* !

*

Postée au carrefour du boulevard Magenta et de la rue La Fayette, une gardienne de la paix règle le flux de la circulation avec une autorité naturelle que respectent d'instinct les automobilistes. Son sourire insolent, ses jambes interminables qui semblent tricoter d'étranges figures ont fait d'elle une figure familière et aimée des habitants du quartier.

— Bonjour Dominique ! gazouillent des écolières en traversant le boulevard sous sa protection.

— Bonne journée, les enfants, répond la policière.

*

Un couple patiente dans la salle d'attente du service de cardiologie d'un hôpital parisien. Un couple sur lequel les autres patients s'interrogent. Le septuagénaire fatigué est-il venu consulter accompagné de sa fille ou de sa femme ? La grande blonde qui s'est blottie à ses côtés affiche, en effet, à peine la moitié de son âge. En revanche, sa façon de lui caresser les mains et de lui chuchoter des mots doux à l'oreille n'est pas l'attitude qu'une fille a habituellement à l'égard de son père.

— Ne t'inquiète pas, ma Louise chérie, rassure le vieil homme, le médecin va confirmer que je suis en bonne santé.

Quelques minutes plus tard, une secrétaire apparaît et annonce le rendez-vous suivant :

— Monsieur et madame Myara.

Le couple étrange se lève à l'unisson et se dirige vers la salle d'examen.

*

Que peuvent avoir en commun Maud, la prostituée mondaine, Dominique, la gardienne de la paix et Louise, l'épouse attentionnée ?

En réalité, ces trois femmes n'en font qu'une. Cette créature caméléon se nomme Dominique Tavernier, *alias* Maud ou Louise. Et son histoire singulière, qui s'achèvera bien des années plus tard dans le prétoire d'une cour d'assises, mérite, je crois, de vous être racontée.

*

Dominique Tavernier naît à Nantes le 15 juin 1960. Ses parents, tous deux enseignants, lui transmettent curiosité intellectuelle et goût de l'effort. À dix-huit ans, elle obtient le baccalauréat avec mention.

Après avoir hésité entre études de droit et de journalisme, elle décide sur un coup de tête de tenter sa chance, à Paris, dans le mannequinat. Il est vrai que son mètre quatre-vingts, sa taille de guêpe et ses longs cheveux raides jouent en sa faveur. Mais, dans la capitale, les jolies filles sont légion et les opportunistes plus nombreux encore. Ballottée de photographes mythomanes en agents artistiques autoproclamés, Dominique gâche deux ans de sa vie à végéter dans des studios minables. Avant d'admettre qu'elle est devenue un jouet entre les mains des beaux parleurs. Déçue, amère, elle rentre à Nantes, fait amende honorable auprès de ses parents, et trouve un emploi de secrétaire médicale.

En 1980, lassée de multiplier les aventures sans lendemain, elle cède à la cour pressante que lui fait un garçon tombé autrefois amoureux d'elle sur les bancs du lycée. Mauvaise décision et mauvais choix. À peine s'est-elle fait passer la bague au doigt qu'elle mesure déjà le gouffre qui la sépare de son mari. Car si ce dernier n'aspire qu'à fonder une famille et à progresser au sein de son entreprise, Dominique, elle, rêve toujours de gloire, d'argent et de liberté.

À peine uni, le couple est déjà en sursis. Il se désagrège lorsque le regard de la jeune femme croise celui de Julien Laporte, l'époux de sa sœur aînée Agnès. Entre la blonde filiforme et le brun musculeux, professeur d'éducation physique, une alchimie improbable se produit. Un coup de foudre dévastateur. Après quelques mois de passion clandestine, Dominique demande le divorce. Julien décide pour sa part de tenir sa liaison secrète. Et il ajoute bientôt le cynisme à l'infidélité.

— Pourquoi ta sœur ne viendrait-elle pas vivre avec nous, le temps de faire le deuil de son mariage ? propose-t-il à son épouse.

Comment le couple adultérin parvient-il à tromper la vigilance de la femme bafouée pendant plusieurs années ? Agnès ferme-t-elle les yeux sur le comportement de son mari en échange de sa propre liberté ? Nous ne le savons pas. Quoi qu'il en soit, lorsque Dominique se retrouve enceinte des œuvres de son beau-frère et que le scandale éclabousse la famille, les amants s'enfuient à Paris.

*

La jeune femme accouche d'un garçon qu'elle prénomme Xavier.

Tandis que Julien Laporte travaille à mi-temps dans un club de fitness, Dominique Tavernier passe avec succès le concours de recrutement des gardiens de la paix. Au terme d'un an de stage, elle obtient sa qualification et son affectation dans un commissariat du 10e arrondissement.

Les choses pourraient en rester là. Mais elles basculent à nouveau. Et cette fois de manière irréversible. Car Dominique et Julien entendent bien ne se priver de rien : voiture de luxe achetée à crédit, vêtements dernier cri, dîners fins et boîtes de nuit ponctionnent leurs modestes salaires. Bientôt l'argent vient à manquer. Les dettes s'accumulent. Leur petit appartement est régulièrement visité par des huissiers de justice. Alors que le bon sens leur conseillerait de réduire drastiquement leur train de vie, ils poursuivent obstinément leur fuite en avant.

Deux ans plus tard, avec le consentement de son amant, Dominique s'inscrit sur un site de rencontres coquines sur

Internet. Elle propose à des hommes âgés de plus de cinquante ans de partager des soirées discrètes, licencieuses, et généreusement rémunérées. Gérant méticuleusement les rendez-vous de sa maîtresse, comptabilisant ses soirées passées dans des hôtels de charme, Julien dresse la liste des clients qu'elle parvient à fidéliser et utilise l'argent qu'elle gagne pour éponger leurs dettes les plus criantes. Les carnets qu'il tient à jour, retrouvés plus tard lors d'une perquisition, révéleront les noms d'un homme politique de premier plan, d'un policier de la DST et d'un haut magistrat. Mais il ne s'agit là que d'une première étape. Car, de toute évidence, l'ambition de la jeune femme ne se limite pas à monnayer ses charmes.

*

Ainsi, durant des années, Dominique Tavernier mène-t-elle une double vie. Sur le fil du rasoir, tels Dr Jekyll et Mr Hyde, fonctionnaire de police le jour, call-girl la nuit, elle jongle entre le port de l'uniforme et les tenues sexy.

Une première proie se laisse prendre dans ses filets. Âgé de soixante-cinq ans, veuf, Edmond Privat possède trois concessions automobiles en région parisienne. Lorsque Dominique estime que son client est sous son emprise, elle se dit prête par amour pour lui à renoncer à ses activités. Pourquoi Edmond ne l'épouserait-il pas ? Le candide accepte mais révèle par inadvertance que les modalités de sa succession ont été déposées chez un notaire et qu'il n'est pas question de les modifier. Ses quatre fils hériteront, le jour venu, de l'ensemble de ses biens. Dominique rompt sa relation du jour au lendemain et disparaît sans donner d'explication.

En 2002, Simon Myara, un célibataire âgé de soixante-quatorze ans, succombe à son tour au charme de l'ensorceleuse. À la mort de sa mère centenaire, surprotectrice et possessive, Myara hérite de la taillerie de diamants familiale. Une entreprise créée à la fin du XIXe siècle par son grand-père venu d'Égypte. Myara obtient six millions d'euros de la vente du stock et des locaux. Et, pour la première fois de sa vie, il se sent enfin libre et heureux.

Quelques semaines plus tard, victime d'une dénonciation anonyme, Dominique est arrêtée par des agents de l'Inspection générale des services, alors qu'elle monnayait ses charmes dans la suite d'un hôtel de luxe. Elle est contrainte de démissionner sur-le-champ de la police nationale.

— Marions-nous vite et discrètement, demande-t-elle à Myara, sans, naturellement, lui révéler dans quelle circonstance elle a perdu son emploi officiel.

— Mes amis juifs vont être déçus, proteste le vieil homme. Ils se réjouissent de ma bonne fortune et souhaitaient célébrer notre mariage comme il se doit.

— Nous ferons une grande fête avec eux un peu plus tard, temporise Dominique.

La cérémonie se déroule dans la plus stricte intimité. Après un bref passage à la mairie, les mariés dînent chez Maxim's en compagnie de leurs seuls témoins : Joachim Fajerman, un cousin de Simon ; et – comble de duplicité – Julien Laporte, qui se présente comme un ami de la mariée !

Au cours des mois suivants, Dominique s'emploie à se faire établir une procuration sur l'ensemble des comptes de son mari, bientôt transférés sur une banque suisse. Huit cent mille euros sont par ailleurs virés en Espagne où les époux achètent une grande villa en bord de mer, à 12 kilomètres de Malaga.

Au point où nous en sommes dans le déroulement de cette histoire, si aucun grain de sable ne vient enrayer le plan des amants diaboliques, les jours de Simon Myara sont assurément comptés.

*

— Mais qu'est-ce que tu fais encore, papa ? s'énerve Xavier, lassé de sillonner les petites routes andalouses à bord du 4 × 4 Toyota de son père. Lassé surtout de le voir s'arrêter sans cesse et sans raison apparemment valable.

Xavier, le fils que Julien Laporte a eu avec Dominique Tavernier dix-sept ans plus tôt, ignore, bien sûr, l'existence de Simon Myara et les activités coupables de sa mère. Pour justifier le brutal changement de vie qu'ils s'apprêtent à vivre, ses parents lui ont dit qu'ils venaient de toucher l'héritage d'un lointain parent. Une somme fabuleuse qui allait leur permettre d'acquérir une grande et luxueuse villa sur la Costa del Sol.

— Mais qu'est-ce que tu fabriques à la fin ? insiste l'adolescent, lorsque son père s'arrête une nouvelle fois. Tu descends de voiture au milieu de nulle part, tu prends des photos, tu notes des trucs sur une carte routière, tu roules encore un peu et ça recommence. Donne-moi une explication ou ramène-moi à l'hôtel. Si j'avais su à quoi m'attendre, je serais resté au bord de la piscine.

Pris de court, Laporte bredouille le premier argument qui lui vient à l'esprit.

— Tu vois bien que je prépare un rallye automobile pour des amis. Il se déroulera le mois prochain dans la région. Pour l'organiser, je dois faire un relevé précis du parcours.

*

Le lendemain en début d'après-midi, Dominique Tavernier conduit le cabriolet BMW de son mari. Entre Mijas et Ronda, la route est peu fréquentée et des panneaux routiers indiquent clairement les directions aux rares carrefours qui se présentent. Pour autant, la conductrice a déplié une carte routière sur ses genoux et elle ne cesse de la consulter avec nervosité. Assis sur le siège passager, Simon Myara, cheveux blancs au vent, tente de la rassurer.

— Confie-moi la carte, chérie, je te guiderai et tu auras ainsi l'esprit libre pour jouir du paysage.

— Tout va bien, trésor, roucoule la femme. En fait, un drôle de bruit me préoccupe.

Myara tend l'oreille.

— Je n'entends rien.

— On dirait une sorte de sifflement au niveau de la roue avant gauche.

Dominique Tavernier jette un rapide coup d'œil sur la carte puis dans le rétroviseur. Lorsqu'elle distingue la calandre d'un gros 4 × 4 noir se profiler au loin, elle enfonce souplement la pédale du frein.

— Je préfère en avoir le cœur net. Sois gentil, va vérifier qu'il n'y a rien d'anormal.

Le cabriolet stoppe à la sortie d'un virage. La route est étroite. Myara proteste.

— Avance un peu, ma chérie. C'est dangereux de s'arrêter ici. Il n'y a aucune visibilité.

Le ton de la voix de la femme change brutalement. Son agacement est perceptible.

— Cesse de tout discuter, Simon. Descends et contrôle la roue. Ça te prendra moins d'une minute.

— D'accord, d'accord, ma chérie.

L'homme contourne prudemment l'arrière de la voiture et s'accroupit au milieu de la route.

— Je ne vois rien.

— Regarde mieux. À l'intérieur du garde-boue.

À cet instant, le 4 × 4 noir surgit dans un crissement de pneus. Simon Myara écarquille les yeux. Il tente de se redresser. Un cri de terreur s'étrangle dans sa gorge. Trop tard. Le monstre tangue vers lui, lancé à pleine vitesse. Le choc le fauche de plein fouet. Il roule sur l'asphalte. Ses jambes sont broyées, sa tête éclate. Après une embardée, le véhicule meurtrier poursuit sa route sans s'arrêter.

Nous sommes le 12 juillet 2003. L'horloge de bord de la BMW indique qu'il est précisément 15 h 45.

*

Quelques minutes plus tard, Dominique Tavernier compose le 112 sur son téléphone portable. Sachant que sa conversation est probablement enregistrée, elle rend le début de son appel incompréhensible, mêlant à ses sanglots des bribes de français et d'espagnol.

— Calmez-vous, madame, ordonne une standardiste. Que vous est-il arrivé ? Avez-vous eu un accident ? Y a-t-il des blessés ? Où vous trouvez-vous exactement ?

— Mon mari vient d'être fauché par une voiture sur le bord de la route, à une vingtaine de kilomètres au sud de Ronda, hurle la femme, feignant l'hystérie. J'ai beau lui faire du bouche-à-bouche, il agonise.

Une voiture de police et une ambulance se rendent immédiatement sur place. Tandis que le corps sans vie de Simon Myara est transporté à l'hôpital de Malaga, Dominique Tavernier est interrogée sur place sur les circonstances de l'accident.

— Je n'ai rien vu, tout s'est passé si vite, pleurniche-t-elle.

— De quelle marque et de quelle couleur était le véhicule qui a percuté votre époux ?

— C'était une Mercedes. Une Mercedes de couleur blanche. C'est la seule chose dont je sois sûre.

Les policiers sont intrigués car ils ne constatent aucune anomalie sur la roue avant gauche de la BMW. Pas plus qu'ils ne remarquent de trace de freinage indiquant que le conducteur de la voiture folle ait tenté d'éviter l'obstacle. Ils se contentent de prendre quelques photos de la scène de l'accident et conservent le pantalon de la victime, sur lequel des marques de pneus sont bien visibles.

Dans la soirée, un médecin légiste conclut que le décès est dû à un traumatisme crânien consécutif à l'accident. Il délivre le permis d'inhumer. Le lendemain, Dominique Tavernier fait incinérer le corps et rapatrie les cendres de son mari à Paris. À peine arrivée dans la capitale, elle téléphone à Joachim Fajerman.

— C'est affreux, Simon a été tué dans un accident sur une route d'Auvergne, annonce-t-elle à celui qui fut le témoin de mariage de son mari. Pourriez-vous prévenir ses amis afin que nous organisions une cérémonie pour la dispersion ou l'inhumation de ses cendres ?

— Pourquoi la dépouille de Simon a-t-elle été brûlée ? se scandalise Fajerman. Mon cousin était pieu et vous n'ignorez pas que le judaïsme proscrit l'incinération

— Je sais, je sais, s'impatiente Dominique. Mais, je n'ai fait que respecter ses dernières volontés.

— Que voulez-vous dire ?

— Il y a quelques semaines, Simon m'avait avoué sa répugnance à l'idée d'être enterré le jour venu.

— Je crains, dans ces conditions, que beaucoup de ses amis ne veuillent pas participer à la cérémonie.

— Sachez bien que j'en suis sincèrement désolée.

Après un court éloge funèbre, la lecture du kaddish, et l'inhumation de l'urne dans le caveau familial, les amis du défunt s'interrogent en comité restreint.

— Que faisaient Simon et Dominique en Auvergne ? intervient l'un d'eux. Je les croyais en Espagne en train d'aménager la villa qu'ils venaient d'acheter.

— C'est vrai, enchérit un autre. Simon m'avait téléphoné la semaine dernière de Torremolinos.

— Ne croyez-vous pas que la veuve de notre ami nous cache quelque chose ? murmure Fajerman. Quelque chose de peut-être inavouable.

— L'argent ?

— Oui, l'argent. Simon avait hérité d'une fortune considérable.

— Six millions d'euros, je crois.

— Il venait par ailleurs de fêter son soixante-quinzième anniversaire…

— …et Dominique n'est âgée, elle, que de trente-cinq ans. Je veux bien que l'amour rende aveugle mais…

Un silence lourd plombe le groupe. Chacun se replie à l'intérieur de soi. Comme s'il craignait de dire à voix haute ce que les autres pensent tout bas.

— Nous ne pouvons pas nous enfouir la tête dans le sable.

— Nous avons le devoir de faire la lumière sur les circonstances de cette mort étrange.

— Écoutez, intervient Fajerman, qui contient mal son émotion. L'un de mes petits-fils est commissaire de police. Il travaille au ministère de l'Intérieur.

— Tu penses qu'il pourrait… discrètement bien sûr… se renseigner sur l'accident auprès de la gendarmerie ? l'interrompt un grand barbu.

— Faites-moi confiance, je vais m'y employer dès aujourd'hui.

*

Très vite, ce que chacun redoutait est confirmé par le policier : au cours des jours précédents, Simon Myara n'a pas été impliqué dans un quelconque accident mortel sur une route d'Auvergne. Le drame a eu lieu en Espagne. C'est ce que lui ont révélé des confrères de la *Guardia Civil* de la province d'Andalousie, lorsqu'il les a contactés.

— Pour quelle raison ? Dominique nous a-t-elle menti ? s'interrogent les amis de la victime. Qu'a-t-elle à nous cacher ? S'agit-il d'un tragique accident ou de tout autre chose ?

Les compagnons du défunt se constituent partie civile. Leur avocat dépose une plainte contre X pour homicide avec circonstance aggravante. Une enquête criminelle est ouverte auprès du parquet de Paris.

L'inspecteur Pierre Le Dantec, chargé de l'affaire, commence, naturellement, par éplucher l'état civil et le passé de Dominique Tavernier. Et ce qu'il découvre le laisse sans voix : l'éventuelle suspecte a été gardienne de la paix pendant dix ans. Avant d'être radiée de la préfecture de police en 1998. S'adonnant à la prostitution, elle participait à des parties fines dans des hôtels de luxe en compagnie d'hommes riches et âgés. Simon Myara a-t-il fait partie de ses anciens clients ? Ou Dominique l'a-t-elle connu par un intermédiaire ou dans l'exercice de ses fonctions policières ? Le couple s'était par ailleurs marié sous le régime de la communauté universelle. Ce qui signifie que la totalité des biens, présents et à venir, possédés par les époux ont été mis en commun.

Un second signal d'alarme clignote dans le cerveau du policier lorsqu'il apprend qu'en 1986, Dominique Tavernier a donné le jour à un enfant dont le père, Julien Laporte, n'était autre que son beau-frère. Plus troublant encore : en 1968, Linda, la première épouse de Laporte, a péri dans un accident alors que son mari était au volant d'une voiture de location. Certes, au terme d'une enquête exhaustive, la responsabilité de Laporte n'avait pas été engagée.

Avec la collaboration de la police espagnole, l'enquêteur français ne tarde pas à découvrir qu'au moment des faits, Laporte et son fils passaient des vacances sur la Costa del Sol, à quelques dizaines de kilomètres seulement du lieu de l'accident fatal. Complot ou pure coïncidence ? Le Dantec s'emploie à déterminer quelles relations entretiennent les anciens amants. Sont-ils séparés depuis des années comme ils le prétendent ou ont-ils maintenu des liens affectifs ? Il obtient du juge d'instruction l'autorisation de poser des écoutes légales sur les huit lignes téléphoniques, fixes et mobiles, que se partagent Laporte et Tavernier entre Paris et l'Espagne. Et, une nouvelle fois, Le Dantec est stupéfait par ce qu'il découvre. Après avoir été tour à tour ou simultanément secrétaire médicale, gardienne de la paix, entraîneuse et prostituée, Dominique Tavernier est également une remarquable comédienne, capable, au téléphone, de changer de registre en fonction de ses interlocuteurs. Ainsi semble-t-elle éplorée, accablée de chagrin, lorsqu'elle communique avec Joachim Fajerman en évoquant le souvenir de son défunt mari. Puis, quelques heures plus tard, elle est à même de se transformer en femme enjouée et amoureuse, lorsqu'elle converse avec Laporte.

Convaincu, s'ils sont coupables, que les amants finiront par se trahir, Le Dantec patiente, écoutant encore et encore le contenu des enregistrements. Et cette opiniâtreté s'avère payante. Un jour, une querelle banale permet au policier de confondre les suspects.

— J'ai besoin de toi à Paris pour régler la succession de Simon, annonce Dominique au téléphone. Alors de deux choses l'une : soit tu interromps tes vacances et tu rappliques ici, soit tu fais ton deuil du pactole.

— Tais-toi, réplique Laporte. Moins tu en diras au téléphone et mieux ça vaudra.

— Ne me dis pas ce que j'ai à faire, s'emporte la femme. On a fait *ça* ensemble. Et c'est ensemble qu'on doit terminer le travail.

Dominique Tavernier est arrêtée à l'aéroport Charles-de-Gaulle, alors qu'elle s'apprête à prendre un vol à destination de Montréal. Laporte est intercepté à Barcelone, en partance, lui aussi, pour le Canada. Il est extradé et placé à son tour en garde à vue.

*

Pendant ce temps, la police espagnole a réussi à établir que Julien Laporte conduisait un 4 × 4 Toyota de couleur noire au moment de l'accident. Véhicule qu'il a vendu à bas prix à un garagiste de Malaga dès le lendemain du drame. Le train de pneus étant neuf, les experts n'ont pas pu comparer les empreintes laissées sur le pantalon de la victime. En revanche, ils ont constaté la trace d'un choc frontal. En utilisant un tout-terrain de même marque et de même modèle et en le lançant à 70 kilomètres à l'heure sur un mannequin de la taille et de la corpulence de Simon Myara, ils ont conclu que, si Julien Laporte se trouvait au volant, il aurait pu causer l'accident mortel. Bien que ne constituant pas une preuve matérielle de culpabilité, cette démonstration alimente la thèse d'un complot ourdi par les amants.

*

Le procès de Dominique Tavernier et de Julien Laporte s'ouvre, à Paris, en cour d'assises, en mars 2005. Certes, l'avocat général dispose d'un grand nombre de preuves indirectes. Mais il n'ignore pas que, face à des avocats de la défense retors, son argumentation risque de s'effondrer comme un château de cartes.

Il se lance néanmoins dans un plaidoyer qu'il s'efforce de rendre convainquant.

— Ancienne prostituée, Dominique Tavernier a épousé Simon Myara sous le régime de la communauté universelle dans le but de le dépouiller de sa fortune. Une fois le meurtre commis, elle s'est empressée de faire incinérer le corps pour éviter qu'une autopsie soit pratiquée. Afin de brouiller davantage les pistes, elle a menti aux policiers espagnols en prétendant que la voiture impliquée dans l'accident était une Mercedes. Puis elle a menti aux amis de son mari en leur disant que l'accident avait eu lieu en Auvergne. Enfin, au cours d'une conversation téléphonique avec son amant, elle a révélé par inadvertance l'existence d'une machination. Par ailleurs, au moment du drame, Julien Laporte se trouvait en vacances en Espagne, à quelques kilomètres seulement du lieu de l'accident. Puis avec un cynisme inimaginable, sans même attendre que les cendres du défunt soient portées en terre, il s'est installé dans la villa qu'il venait d'acheter. Soulignons pour finir que les amants ont été arrêtés alors qu'ils s'apprêtaient à s'enfuir au Canada.

Comme le redoutait l'avocat général, cette argumentation, pour cohérente qu'elle soit, est rejetée en bloc par la défense.

— Maître, collectionner des rumeurs et des suppositions ne constitue pas des preuves matérielles, pérore l'un des avocats. Démontrez-nous que Dominique Tavernier a bien attiré son mari dans un piège mortel. Démontrez-nous que Julien Laporte était son complice, qu'il se trouvait sur le lieu de l'accident, et qu'il a effectivement percuté Simon Myara avec l'intention de le tuer.

*

Tandis que les avocats des deux parties s'épuisent en arguties contradictoires, assis à l'écart dans le prétoire, un jeune homme, le visage livide, semble sur le point de défaillir. L'avocat général se tourne vers lui et lui adresse un signe de la tête. Le jeune homme acquiesce.

— Votre honneur, j'appelle à la barre Xavier Laporte.

Une fois que le garçon de dix-sept ans a prêté serment, le procureur reprend la parole.

— Je vais vous poser des questions simples, jeune homme : où étiez-vous et qu'avez-vous fait le 11 juillet 2003 ?

— J'étais en Espagne avec mon père.

— Où séjourniez-vous exactement ?

— Dans un hôtel. Sur la Costa del Sol, pas loin de Malaga.

— Qu'y faisiez-vous ?

— Nous étions en vacances.

— Où se trouvait votre mère ?

— Elle était restée à Paris.

— Saviez-vous qu'environ deux mois plus tôt elle avait discrètement épousé Simon Myara ?

— J'ignorais tout de ce mariage. Je ne l'ai appris qu'au cours de ce procès.

Une rumeur de réprobation parcourt le prétoire. Le juge exige le silence d'un coup de maillet.

— Poursuivez, maître.

— Monsieur Laporte, vous me disiez il y a un instant que votre mère ne vous avait pas informé de son mariage avec M. Myara.

— C'est vrai.

— Vos parents s'entendent-ils bien ?

— Oui, très bien.

— Donc le fait d'apprendre aujourd'hui que votre mère s'était mariée avec un homme de soixante-quatorze ans, alors qu'elle est apparemment heureuse avec votre père, a dû vous sembler incompréhensible.

— C'est incompréhensible.

— Bien. Revenons-en à votre emploi du temps. Qu'avez-vous fait au cours de la journée du 11 juillet 2003, la veille de l'accident qui a coûté la vie à M. Myara ?

— Nous avions roulé sur de petites routes, entre Malaga et Ronda.

— Quelle voiture conduisait votre père ?

— Un 4 × 4 Toyota noir.

— Aviez-vous constaté un choc frontal au niveau du pare-chocs ?

— Non, le 4 × 4 était presque neuf.

— Quel était le but de cette excursion, si toutefois il y en avait un ?

— Mon père m'avait dit qu'il faisait un repérage en vue d'organiser un rallye automobile.

— En quoi consistait ce repérage ?

— Mon père s'arrêtait souvent à la sortie des virages et notait des choses sur une carte routière.

— L'aviez-vous cru lorsqu'il vous avait fourni cette explication ?

— Oui, pourquoi l'aurais-je mise en doute ?

— Sur la carte routière que nous avons montrée au jury figurait l'endroit exact où l'accident s'est produit. Votre père s'y était-il arrêté ?

— Je ne peux pas l'affirmer, mais je pense que oui.

— Bien. Qu'avez-vous fait le lendemain, 12 juillet 2003 ?

— Je suis resté toute la journée à l'hôtel, au bord de la piscine.

— En compagnie de votre père ?

— Non. Il s'était absenté en début d'après-midi. Il m'avait dit qu'il devait retourner sur la route de Ronda pour finir son travail de repérage.

— À quelle heure a-t-il regagné l'hôtel ?

— Vers 18 heures.

— Était-il à bord de son 4 × 4 ?

— Non, il conduisait une petite voiture de location. Il m'a dit que le tout-terrain était tombé en panne et qu'il avait dû le faire remorquer dans un garage de Malaga.

— Avez-vous revu le Toyota depuis ?

— Non, jamais. Mon père m'a dit plus tard qu'il l'avait vendu.

— Lorsqu'au cours de ce procès vous avez appris les circonstances de la mort de M. Myara, avez-vous établi un lien quelconque avec votre père ?

— Oui. Mon père a tué M. Myara avec la complicité de ma mère. C'est évident.

— J'en ai fini avec le témoin, votre honneur, lance l'avocat général en direction du juge.

— La parole est à la défense.

— Pas de question.

Le juge intervient.

— Monsieur Laporte, j'espère que vous êtes conscient du fait que votre témoignage aura un effet déterminant sur le jury. Vous venez en quelque sorte de faire condamner vos parents.

— J'en suis conscient, murmure le jeune homme, des larmes plein les yeux.

— Pour quelle raison les avez-vous accusés ?

— Je ne les ai pas accusés. J'ai répondu aux questions qui m'étaient posées. J'ai dit la vérité. Mes parents m'ont toujours menti. Sur tout et tout le temps. Je n'ai pas envie de faire comme eux.

— Cette franchise vous honore, jeune homme, bredouille le juge, soudain mal à l'aise.

*

La confession de Xavier Laporte ayant fait table rase de l'argumentation de la défense, une nouvelle stratégie se met en place. Les avocats des accusés se désolidarisent, chacun s'efforçant de rejeter sur l'autre la responsabilité du meurtre.

— Ma cliente est une victime, affirme d'emblée le défenseur de Dominique Tavernier. Une éternelle victime. Laporte, son beau-frère, l'a séduite alors qu'elle n'avait que vingt ans et qu'elle venait d'épouser un jeune homme bien sous tous rapports. Il a brisé son mariage puis, en 1986, il lui a fait un enfant afin de la mettre définitivement sous sa coupe. Plus tard encore, il l'a forcée à se prostituer. Puis il l'a contrainte de chercher parmi ses riches clients celui qu'elle pourrait épouser, escroquer et assassiner.

L'avocat brandit un carnet défraîchi.

— Ceci a été trouvé dans l'appartement de Julien Laporte lors d'une perquisition, poursuit-il avec un effet de manche. On y trouve la liste d'une demi-douzaine des meilleurs clients de sa compagne. Le nom de Simon Myara figure en bonne place avec la mention *héritage,* écrite de sa main. Cela prouve, mesdames et messieurs, que Laporte avait prémédité le meurtre et qu'il a forcé Dominique Tavernier à l'aider à réaliser son plan. Je demande donc qu'elle bénéficie de circonstances atténuantes et de la clémence du jury.

Naturellement, l'avocat de Julien Laporte prend le contre-pied de cette plaidoirie. Selon lui, Dominique est une manipulatrice sans scrupule. Le cerveau du couple. Envoûté, Laporte n'a eu d'autre choix que d'exécuter le plan machiavélique d'une femme assoiffée de luxe et d'argent.

*

Ce pitoyable duel par avocats interposés a pour effet de convaincre définitivement les membres du jury de la culpabilité du couple. Le juge condamne Laporte et Tavernier à respectivement trente et vingt-huit ans de réclusion criminelle.

À sa majorité, Xavier Laporte s'est engagé dans la Marine nationale. Il navigue aujourd'hui plusieurs mois par an sur toutes les mers du globe. Il n'a jamais éprouvé le besoin ou l'envie de rendre visite à ses parents, dans les parloirs des maisons d'arrêt où ils purgent leur peine.

16

MEURTRE ENTRE LES LIGNES

Les deux compères frissonnent dans la brume matinale. Le premier accroche un leurre à un hameçon et lance sa canne dans les flots de l'Oder. Au bout de quelques minutes, le fil se tend.

— Brochet ? demande le second.

— Sais pas. Attrape l'épuisette.

Un reflet noir apparaît par intermittence dans les clapotis. Puis une forme se dessine sous la surface de l'eau. Elle s'allonge démesurément. Inerte, inquiétante. Les mains du pêcheur se raidissent sur le moulinet.

— Ne me dis pas ce que je pense.

— Tu as ferré un macchabée. Et c'est un beau morceau.

*

Une heure plus tard, la police est sur les lieux. Deux agents en uniforme hissent le cadavre nu sur la berge. Les chairs, boursouflées par un séjour prolongé dans les eaux du fleuve, ont rendu le visage inidentifiable. Mais ce qui saute aux yeux c'est la corde qui entrave les poignets de l'inconnu et qui s'enroule ensuite autour de son cou.

— Machiavélique ! constate l'inspecteur Krauze. Ses mouvements resserraient le lien. S'il a tenté de se débattre pour s'éviter la noyade, il a précipité son asphyxie.

— Son supplice n'a pas commencé là, chef, observe un policier en pointant un doigt sur le torse du mort, couvert de brûlures de cigarette et de lacérations.

Le corps est transporté à la morgue, et une enquête est ouverte pour homicide. Nous sommes le 23 novembre 2001 à Wroclaw, dans le sud-ouest de la Pologne. La priorité est d'établir l'identité de la victime afin d'informer sa famille, puis de procéder à l'autopsie. Trois hommes récemment portés disparus correspondent vaguement aux caractéristiques du cadavre. Il est donc facile d'établir que le supplicié de l'Oder se nommait Artur Rakowski, qu'il était âgé de trente-cinq ans, et qu'il était à la tête d'une agence de publicité locale. Le médecin légiste confirme que la victime a été torturée pendant plusieurs jours. De l'eau, présente dans les poumons, indique aussi que la cause du décès est la noyade. Mais Rakowski était-il conscient au moment de l'immersion ? Il semble que la corde qui lui entravait le cou et les poignets l'ait étranglé tandis qu'il se débattait dans les eaux du fleuve.

— Noyade et strangulation sont les causes associées du décès conclut le légiste. Ses bourreaux ne lui ont accordé aucune chance.

— Ses bourreaux ? Étaient-ils donc plusieurs ? demande l'inspecteur Jan Krauze.

— Un mètre quatre-vingt-cinq, quatre-vingt-dix kilos : Rakowski était un athlète. Un homme seul n'aurait pas été capable de l'enlever, même sous la menace d'une arme.

— Vous avez raison, sa mort fait penser à une exécution.

— Habituellement les malfrats se contentent de liquider leurs rivaux en leur tirant une balle dans la tête. La séquestration, la torture et le protocole de mise à mort traduisent un fort désir de vengeance.

— C'est entendu. Orientons nos recherches dans le milieu du grand banditisme.

*

Pour identifier le corps avec certitude, Jan Krauze convoque à la morgue Julia Rakowski, la veuve du noyé. Elle en est incapable. À peine s'approche-t-elle de la dépouille que la pâleur de son visage se confond avec la blancheur des carreaux de faïence qui tapissent les murs. Elle vacille, s'accroche au bras de l'inspecteur, et vomit bruyamment au pied de la table de dissection.

— Cette odeur d'alcool et d'éther me soulève le cœur, gémit-elle. Avant de tourner les talons d'une démarche flageolante.

La mère de Rakowski parvient, elle, à surmonter la vue du visage boursouflé de son fils. Elle hoche la tête et ravale un sanglot. Krauze l'entraîne prestement dans son bureau et lui offre un verre de vodka.

— Parlez-moi d'Artur, madame Rakowski.

— Un bon petit gars.

— Je veux tout savoir sur lui. Les relations avec sa femme. Son parcours professionnel. Ses fréquentations, ses ennemis éventuels.

Anna Rakowski tourne machinalement son verre vide dans le creux de ses mains. Krauze le remplit à nouveau.

— Après avoir obtenu son diplôme d'une école de commerce de Varsovie, Artur avait créé une agence de publicité ici, à Wroclaw. Il gérait les budgets de communication des entreprises locales : presse, affichage, annonces radiophoniques. Le chiffre d'affaires grimpait chaque année et il avait l'intention d'engager un quatrième employé.

— Avait-il des concurrents ?

— Un seul, Jozef Klasa, un ami d'enfance. Au début, Artur et lui avaient envisagé de s'associer mais ils avaient trouvé plus intéressant de faire leur route chacun de son côté. « Une saine émulation stimule la créativité », ne cessait de répéter Artur.

— Amis mais néanmoins rivaux ?

— Leurs agences entretenaient de bonnes relations. Et il leur arrivait fréquemment de partager des budgets, quand les commandes affluaient en fin d'année.

— Votre fils vous avait-il fait part de pressions venues de l'extérieur ?

Anna Rakowski écarquille les yeux.

— Que voulez-vous dire ?

— Racket, tentatives d'extorsions, chantages mafieux ?

— Dieu du ciel, non. Nous ne sommes pas en Russie ! s'exclame la femme. Artur ne trempait dans aucune affaire louche. Et il payait ses impôts rubis sur l'ongle.

— Venons-en maintenant à sa vie privée.

— Artur et Julia étaient mariés depuis huit ans.

— Un couple avec ou sans histoire ? insiste l'inspecteur.

Anna Rakowski baisse les yeux sur son verre vide. Comprenant que Krauze ne la resservira plus, elle se racle la gorge.

— Un couple ordinaire. Avec ses hauts et ses bas. Artur et Julia se sont séparés pendant un an. Puis ils se sont réconciliés. Ils avaient fait une demande d'adoption pour avoir un enfant. Julia avait un problème de fertilité.

— Durant leur séparation, ont-ils eu des aventures ?

Mme Rakowski agite devant elle ses courtes mains rougies par les lessives.

— Ce ne sont pas des choses dont se vantent les fils et les brus. Si cela avait été le cas, je n'en aurais rien su.

— Admettons, concède Krauze. Quels étaient les passetemps de votre fils ?

— La musique. Il était compositeur et guitariste. Il avait fondé un groupe de rock alternatif, Le Cri du chat. Lui et ses amis se produisaient parfois dans les brasseries, le samedi soir.

— Y avait-il des problèmes d'ego entre les musiciens ?

Pour la première fois depuis le début de l'entretien, Anna esquisse un triste sourire.

— Artur avait atteint l'âge où l'on cesse de rêver qu'on vendra un jour dix millions d'albums. Les gars ne se prenaient pas suffisamment au sérieux pour se jalouser.

Jan Krauze tourne une page du cahier d'écolier dans lequel il griffonne des notes.

— Encore une ou deux questions et je vous libère. Le corps de votre fils a été découvert le 23 novembre et, selon l'expertise médico-légale, il aurait été jeté dans l'Oder une quinzaine de jours plus tôt. Quand l'avez-vous vu pour la dernière fois ?

— Le jour de sa disparition. Le 11 novembre vers 17 heures.

— Racontez-moi cela en détail.

— La standardiste de son agence étant malade, Artur m'avait demandé de la remplacer pendant qu'il se rendrait à des rendez-vous. Vers 9 h 30, un homme a téléphoné. Il voulait parler à mon fils pour passer commande de trois panneaux d'affichage. Je lui ai dit qu'il ne serait de retour qu'en fin de matinée. L'homme a refusé de me laisser ses coordonnées, mais il a insisté pour que je lui donne le numéro du portable d'Artur. Puis il a raccroché.

— Avait-il une voix particulière, un accent ?

— Il semblait sûr de son fait et très professionnel. Je me souviens qu'un détail m'avait frappée : sa voix était partiellement couverte par un bruit de fond. Comme s'il téléphonait d'une cabine publique située dans une rue passante.

— Que s'est-il passé ensuite ?

— Quand Artur est rentré au bureau, je lui ai demandé si l'homme l'avait appelé. Il m'a répondu par l'affirmative et m'a dit qu'ils avaient rendez-vous en ville à 17 heures. Et, effectivement, Artur a quitté l'immeuble à l'heure convenue. Je l'ai vu traverser le parking depuis la fenêtre de la réception. Et là une seconde chose a attiré mon attention : Artur s'est assis à l'arrière d'une Peugeot en stationnement.

— Que cela avait-il d'extraordinaire ?

— Où qu'il aille, Artur prenait toujours sa voiture. Il n'avait pas envie de se retrouver à 8 heures du soir à l'autre bout de la ville et devoir chercher désespérément un taxi dans les embouteillages pour rentrer chez lui.

— Y avait-il plusieurs hommes à bord du véhicule ? demande l'inspecteur, dont le cœur s'est brusquement emballé.

— Je l'ignore. D'où je me trouvais, je ne pouvais pas voir à l'intérieur. Mais comme je vous l'ai dit, Artur s'est assis à l'arrière. Ce qui laisse supposer qu'un passager occupait le siège avant.

— Je vous remercie, madame Rakowski. Votre franchise m'a été précieuse. Puis-je vous offrir un dernier verre ?

*

Durant les jours et les semaines qui suivent, d'énormes moyens sont mobilisés pour tenter de collecter des indices. Les berges du fleuve sont passées au peigne fin dans l'espoir de recueillir des traces de pneus, des empreintes de pas ou des vêtements usagés, puisque le corps de Rakowski a été jeté nu dans l'Oder. Des hommes-grenouilles, des brigades cynophiles et un hélicoptère complètent le dispositif. Les comptes de l'agence de publicité sont épluchés, ses clients et fournisseurs interrogés. L'épouse de la victime, ses amis, les membres du groupe de rock sont tour à tour convoqués au commissariat. Une communication d'une durée de trois minutes et dix-huit secondes, passée le 11 novembre à 9 h 32 d'une cabine du centre-ville, figure effectivement sur les relevés d'un opérateur public. Ce qui confirme le témoignage de Mme Rakowski selon lequel son fils avait reçu l'appel d'un mystérieux correspondant le jour de sa disparition. Par ailleurs, dans l'agenda de la victime, aucun nom ne figure en face de son dernier rendez-vous. Et les enregistrements des rares caméras de surveillance, présentes à l'époque dans les rues de Wroclaw, ne montrent aucune voiture de marque Peugeot aux abords de l'immeuble qui abritait l'agence.

Les indicateurs de la police – de petits voyous sans envergure – sont mis sur le gril, et les casiers judiciaires des mafieux locaux sont extraits des archives pour vérification. En vain. Aucune de ces démarches n'apporte d'élément nouveau. Au terme de trois mois d'effort, Jan Krauze n'a d'autre choix que d'admettre que son enquête s'est enlisée avant même d'avoir commencé.

Trois ans s'écoulent. Faisant contre mauvaise fortune bon cœur, Krauze relègue l'assassinat d'Artur Rakowski au rayon des affaires non résolues. Le groupe de rock Le Cri du chat est dissous. L'agence de publicité passe sous le contrôle de Jozef Klasa. Et l'on chuchote que Julia Rakowski, la veuve du défunt, a rapidement trouvé compréhension et réconfort dans les bras musculeux d'un déménageur.

*

Rondouillard, le crâne dégarni, une cigarette éteinte éternellement collée entre les dents, à trente-huit ans, Leo Michnik ne correspond en rien à l'image que l'on se fait habituellement d'un inspecteur stagiaire de la police polonaise. Il faut dire que le parcours atypique de ce garçon l'a rendu hors normes. Diplômé d'un institut supérieur de chimie, il délaisse à l'âge de vingt-cinq ans la carrière prometteuse qui s'offrait à lui dans un laboratoire pharmaceutique pour devenir chauffeur routier. C'est l'aboutissement d'un rêve de gosse. Pendant cinq ans, Michnik sillonne les routes d'Europe. Pour tuer le temps, il transforme la cabine de son MAN 38 tonnes en laboratoire de langues en l'équipant d'un magnétophone et d'une télécommande fixée au tableau de bord. Lorsqu'il est capable de baragouiner une demi-douzaine de langues et que les congères de l'Ukraine, la canicule de l'Andalousie, ou la complexité des banlieues parisiennes n'ont plus de secret pour lui, il décide que le temps est venu de se consacrer à la seconde passion qui a bercé son enfance : la serrurerie.

Il prend des cours, obtient un certificat d'aptitude professionnelle, perfectionne son savoir-faire auprès de maîtres serruriers allemands, et ouvre un magasin dans un quartier populaire de Wroclaw. Confiant sa clientèle à un jeune employé, Michnik se spécialise dans les mécanismes complexes du XVIIIe siècle : serrures de portes de sécurité à trois pênes avec gâches à bascule, becs-de-cane de portes à bouton double, serrures de cassettes à moraillon, cadenas à secrets…

Son expertise et sa dextérité sont bientôt reconnues, et nombre de musées lui confient le soin de restaurer des mécanismes anciens endommagés. Mais, une fois encore, parvenu au sommet de son art, Leo Michnik préfère abandonner la partie plutôt que de figer son talent dans des tâches devenues routinières.

La troisième et ultime passion à laquelle Michnik s'était juré, enfant, de s'adonner requiert une nouvelle phase d'apprentissage : la science criminalistique. Pour parvenir à ses fins, le jeune homme, maintenant marié et père de deux enfants, suit des cours de droit et trouve à se faire engager comme greffier auprès du tribunal de la ville. Deux ans plus tard, il est admis à l'école de police, suit le cursus des élèves officiers, et obtient sa plaque d'inspecteur stagiaire.

C'est cet homme à l'itinéraire singulier que nous retrouvons, en janvier 2003, dans le commissariat de Wroclaw.

*

Comme si les rigueurs de l'hiver polonais avaient engourdi délinquants et malfrats, les affaires criminelles se sont raréfiées. Au point de plonger la brigade dans un climat de douillette apathie. En qualité de nouvelle recrue, Michnik est affecté aux gardes de nuit. Confiné dans un bureau surchauffé, il s'ennuie. Fatigué de constater que son cerveau tourne au ralenti, il décide, sans en avoir reçu l'ordre, de se plonger dans les dossiers des affaires non classées.

Le premier cas qui atterrit entre ses mains concerne l'homicide d'un certain Artur Rakowski. Michnik parcourt le dossier et constate qu'en dehors d'un rapport d'expertise médico-légal et d'une quinzaine de dépositions, il est presque vide. Le ou les assassins ne possédaient pas de mobile apparent, et aucun suspect n'a été appréhendé. Certes, Rakowski était parvenu à faire prospérer son agence de publicité, mais il ne disposait pas de liquidités importantes sur ses comptes bancaires et il n'avait pas souscrit d'assurance-vie.

« Si l'argent n'était pas le mobile du meurtre, quel acte a motivé sa mise à mort ? », se demande l'inspecteur en étalant devant lui le rapport d'autopsie. Soudain, quelques mots lui sautent aux yeux : « Corps dénudé… corde à nœud coulant… cou et poignets entravés… torse scarifié… brûlures de cigarette… » Ces mots en suggèrent d'autres : « Humiliation… torture… sadisme… » L'exercice mental auquel se livre Michnik réveille ses neurones. Un flot bienfaisant d'adrénaline coule dans ses veines. Comme lorsque, quelques années plus tôt, il s'ingéniait à conjuguer des verbes russes irréguliers dans la cabine de son camion. Ou qu'il décortiquait à la pince de Bruxelles le mécanisme sophistiqué d'une horloge.

« Les exécuteurs ont puni Rakowski parce qu'il a commis un crime sexuel ! C'est pour l'humilier qu'ils l'ont jeté nu dans l'Oder. Crime sexuel ou vengeance d'un mari trompé ? », s'interroge le policier.

Les procès-verbaux ne mentionnent pas que la victime ait eu d'aventure amoureuse durant l'année au cours de laquelle il avait été séparé de son épouse. « Chercher la femme adultère et le mari bafoué », griffonne encore Michnik dans son carnet.

*

Durant les nuits suivantes, Leo Michnik poursuit son enquête solitaire. Sans en tenir informés ses supérieurs. Inspecteur débutant, il ne tient pas à se couvrir de ridicule en faisant part d'élucubrations qui pourraient déboucher sur des impasses. Car sa marge de manœuvre est étroite. Mettant à profit ses jours de liberté, il interroge la mère et la veuve de la victime. Mais ni l'une ni l'autre ne sont en mesure de lui dire si Rakowski avait eu une maîtresse dans les mois qui avaient précédé son assassinat. C'est au cours de l'une de ces conversations qu'une idée lui effleure l'esprit.

— Le téléphone portable de votre fils a-t-il été retrouvé ? demande-t-il à brûle-pourpoint à Mme Rakowski.

— Non, bien sûr que non. Ses vêtements, sa mallette contenant des dossiers et son téléphone portable ont disparu.

Sans perdre une minute, Michnik retourne au domicile de la veuve et lui demande de rassembler tous les documents dont elle peut disposer concernant le mobile de son défunt mari : numéro d'appel, code Pin, certificat de garantie, factures… Puis il prend contact avec l'opérateur pour savoir si l'appareil fonctionne toujours. Michnik effectue cette démarche comme on donnerait un coup d'épée dans l'eau : avec la quasi-certitude qu'elle ne sera pas suivie d'effets. Néanmoins, à sa grande surprise, il apprend que le portable est encore en circulation et que les factures sont dorénavant établies au nom d'une certaine Helen Gomulka, étudiante à Varsovie. Michnik se rend dans la capitale pour l'interroger.

— J'ai acheté le téléphone d'occasion sur Internet, confesse la jeune fille, sans bien comprendre où veut en venir le policier.

— Connaissiez-vous Artur Rakowski ?

Helen Gomulka secoue la tête.

— Vous êtes-vous déjà rendue dans la ville de Wroclaw ?

— Jamais, pourquoi ?

— Où étiez-vous au mois de novembre 2001 ?

— Ici, à Varsovie. Je vivais encore chez mes parents. Ils peuvent le confirmer.

L'étudiante ouvre un classeur dans lequel sont méticuleusement archivés factures et documents officiels.

— Tenez. J'avais pris soin d'imprimer l'annonce concernant le portable. Le pseudonyme du vendeur y figure – Jewak 01 –, ainsi que les caractéristiques techniques de l'appareil et son prix : 200 nouveaux zlotys.

Leo Michnik prend note des informations et regagne Wroclaw dans la soirée.

Intervenir auprès de la société de vente en ligne à travers laquelle le téléphone a changé de mains requiert une demande officielle. Ce qui implique la signature du chef de brigade. Michnik répugne encore à révéler à son supérieur la nature de son enquête. C'est pourquoi il invente un subterfuge compliqué auquel ce dernier ne comprend rien. Mais, après tout, la démarche est banale et sans conséquence. Le commandant signe la requête. Quelques jours plus tard, Michnik apprend que Jersy Nowak, un homme d'affaires de trente-deux ans résidant à Wroclaw, s'est dissimulé sous le pseudonyme de Jewak 01. L'inspecteur le contacte aussitôt et obtient un rendez-vous.

— Le 29 novembre 2001, avez-vous vendu d'occasion sur Internet un téléphone portable ?

— Ce n'est pas exclu, mais je ne m'en souviens plus.

— Je vais vous rafraîchir la mémoire.

Michnik débite d'un trait la marque et les caractéristiques de l'appareil. Nowak n'est en rien déstabilisé. Il toise la généreuse bedaine du policier et il éclate d'un rire forcé.

— Ah oui, ce vieux truc que j'avais mis en vente !

— Ce vieux truc appartenait à un homme qui a été assassiné. Comment êtes-vous entré en sa possession ?

— Le téléphone ?

— Expliquez-moi.

— Je l'avais trouvé sur un banc, dans la gare routière.

— Et vous n'avez pas eu l'idée de le déposer à un poste de police ou au bureau des objets trouvés ?

Nowak feint de trouver la question désopilante.

— Voyons inspecteur, chaque jour des dizaines de téléphones sont perdus ou volés. Je veux bien que d'honnêtes citoyens en offrent quelques-uns aux policiers désargentés, mais celui que j'avais trouvé ne valait rien. Pas plus de 150 zlotys.

— Deux cents.

— Dois-je vous les rembourser ?

— Nous nous en tiendrons là pour le moment, répond sèchement l'inspecteur stagiaire.

*

Dès son retour au commissariat, Leo Michnik collecte les renseignements disponibles concernant Jersy Nowak. Il apprend notamment que, après avoir brillamment obtenu une licence de philosophie, ce dernier avait animé des causeries dans des cafés de la ville. L'alcool aidant, il enflammait son auditoire en reprenant à son compte des théories philosophiques. Mais la virulence et la partialité de ses propos réduisaient souvent la pensée de ses auteurs de prédilection à un galimatias.

Selon d'autres sources policières, les frasques de Jersy Nowak ne s'arrêtaient pas là. À la sortie d'une boîte de nuit, épaulé par deux comparses éméchés, Nowak avait fracturé la porte d'une église pour y dérober une statue de saint Antoine. Interpellés par une patrouille de police tandis qu'ils s'échinaient à caser l'effigie du saint homme dans le coffre de leur voiture, les trois garçons avaient été placés en garde à vue. Avant d'être libérés en échange du paiement d'une forte amende.

Poursuivant sa discrète investigation, Michnik apprend aussi que Nowak a divorcé de son épouse volage, au terme de trois ans de mariage. « Vérifier si Maria Nowak a eu une liaison avec Artur Rakowski en 2000-2001 », griffonne l'inspecteur dans son carnet secret.

*

Et les choses en restent là pendant plusieurs semaines. Jusqu'à ce qu'un soir, regardant un magazine d'information sur l'antique récepteur noir et blanc du commissariat, Leo Michnik découvre, stupéfait, qu'un reportage est consacré à Nowak. Intitulée sans ambages « Nouveaux riches », l'émission présente la nouvelle génération d'hommes d'affaires apparue en Pologne au cours de la décennie qui a suivi la libération du pays. Nowak a été invité en qualité de président-directeur général d'une entreprise de nettoyage industriel qui utilise des robots importés des États-Unis. Vêtu d'un costume noir dernier cri, le geste ample, la langue bien pendue, l'entrepreneur se lance dans un cours d'économie libérale. Puis, brusquement, comme si la nature de ses activités ne lui semblait pas être à la hauteur de ses ambitions intellectuelles et qu'il lui fallait revenir à des propos plus élevés, Nowak lâche au reporter qui l'interviewe :

— Ma société ne représente pour moi qu'un passe-temps, une activité alimentaire. En réalité, je suis philosophe et écrivain. Je viens d'ailleurs de publier un roman. Il s'intitule *Chacals*.

— Mais c'est passionnant, s'enthousiasme le journaliste. Quel en est le thème ?

— C'est une œuvre inclassable qui, j'en suis sûr, deviendra culte.

— Dites-en-nous davantage.

— À travers une histoire et des personnages inventés, je reprends à mon compte la sublime théorie de Nietzsche qui, comme vous le savez, prétend que « les vérités sont des illusions dont nous avons oublié qu'elles le sont ».

— S'agit-il d'un essai philosophique ? hasarde l'autre, décontenancé.

— C'est un roman, je vous l'ai dit. Un roman écrit avec du sang et du sperme, des cris et de la bave.

Sentant que la situation est en train de lui échapper, le reporter estime plus prudent de revenir rapidement au thème de l'émission.

— Vos lecteurs apprécieront votre livre à sa juste valeur. Mais revenons-en, si vous le voulez bien, au développement de votre entreprise de nettoyage.

Leo Michnik ne perd pas un mot de l'entretien. Il note le titre du roman et se rue dans une librairie pour en faire l'acquisition. Le soir, dans la quiétude du commissariat, il en commence avidement la lecture. Et il lui semble que la description qu'en a faite l'auteur à la télévision est en deçà des situations décrites, tant la violence des scènes lui glace le sang. Décadent, farouchement anticlérical, pornographique, le roman met en scène Jewak, un jeune intellectuel polonais blasé qui, quand il ne disserte pas dans les bars de la ville, boit et collectionne les aventures. Dès les premières pages, Michnik constate que Nowak a attribué à son héros le pseudonyme qu'il avait lui-même utilisé, en 2001, pour mettre en vente sur Internet le téléphone portable de Rakowski. Autre constatation troublante : nombre de scènes semblent avoir été inspirées par les frasques de l'auteur. Mais comment démêler la part autobiographique de l'invention littéraire ? Où s'arrête la confession ? Quand cède-t-elle le pas au délire fictionnel ?

Abordant le septième chapitre, Michnik découvre que Jewak est marié à une femme frivole et bisexuelle. Le couple se sépare avec fracas lorsque Jewak surprend son épouse dans les bras de sa meilleure amie. Pour se venger d'elle, il séduit une inconnue dans la gare routière, « une fille moche donc plus vraie, plus vivante, plus touchante que les potiches inaccessibles qui se prennent pour des stars »... Jewak entraîne sa proie dans la chambre d'un motel miteux et, sous prétexte de se livrer à un jeu érotique, lui attache les mains derrière le dos et relie la corde à son cou à l'aide d'un nœud coulant.

Parvenu à ce stade de la lecture, Michnik ressent un picotement douloureux mais agréable au niveau du cœur. L'excitation du chasseur face à sa proie. Une réminiscence lui traverse l'esprit. « D'après les procès-verbaux, le mode opératoire de la mort de Rakowski n'a jamais été révélé à la presse. » L'inspecteur vérifie fiévreusement l'ensemble du dossier. Et constate qu'effectivement les enquêteurs de l'époque avaient tenu ce détail secret dans le but de confondre un éventuel suspect.

Michnik poursuit sa lecture, la tête bourdonnante. « Jewak serra le nœud coulant en tenant la fille d'une seule main. Quand elle eut cessé de gigoter et de couiner, il lui planta un tournevis sous le sein gauche. Couverte de sang, elle bascula sur la moquette. Jewak se déboutonna au-dessus de son cadavre. Il n'y eut aucun bruit, aucun mot, aucun mouvement. Jewak apprécia comme un don divin l'orgasme le plus violent qu'il lui fut jamais donné de ressentir. » Pris de nausée, Michnik rentre chez lui prendre une douche glacée.

*

Les jours suivants, il rédige un rapport complet sur les suites qu'il entend donner à l'affaire Artur Rakowski. Y figurent la vente du téléphone portable de la victime sur Internet, la similitude du pseudonyme du vendeur avec le nom du héros du roman, ainsi que les informations qu'il est parvenu à glaner sur celui devenu à ses yeux le principal suspect. Quand son travail le satisfait, il le transmet à Jan Krauze, son supérieur hiérarchique.

— Bon boulot ! se contente de grogner ce dernier, vexé de découvrir que son inspecteur stagiaire a ouvert une affaire non classée sur laquelle il s'était lui-même cassé les dents trois ans plus tôt. Mais un procureur ne vous suivra pas, poursuit-il. Certes, vous avez pointé des coïncidences, des similitudes entre l'homicide de Rakowski et le meurtre décrit dans le roman, mais vous devez étayer votre argumentation de preuves matérielles. Et établir que Nowak a participé ou du moins a commandité l'assassinat.

— J'en suis bien conscient, chef, bredouille l'autre.

— Essayez de savoir si Artur Rakowski a été l'amant de Maria Nowak et si son mari avait découvert leur liaison. En attendant, je vous relève de la garde de nuit. Vous avez huit jours pour me présenter quelque chose de solide.

*

Michnik relit l'intégralité du roman pour vérifier si, outre la mise à mort de l'inconnue, d'autres passages qu'il aurait négligés comportent des points communs avec le meurtre d'Artur Rakowski. Puis il en envoie un exemplaire à un criminologue de Varsovie afin qu'il établisse le portrait psychologique du héros du livre. « Le personnage de Jewak est égocentrique et manipulateur, note l'expert par retour de courrier. Il possède un QI très supérieur à la moyenne. Il méprise son entourage et nourrit à son égard des sentiments sadiques. Si un tel personnage était réel, il présenterait de profondes blessures psychologiques, vivrait avec un sentiment d'insécurité, entretiendrait des relations pathologiques avec ses parents, et aurait sans doute des prédispositions homosexuelles refoulées. »

Ensuite, pour savoir si Jersy Nowak, *alias* Jewak 01, avait fait d'autres achats sur Internet au cours des mois précédant le meurtre, Michnik recontacte les responsables du site d'échanges en ligne. Et découvre que, le 10 octobre 2001, un mois avant l'enlèvement de Rakowski, l'auteur de *Chacals* avait fait l'acquisition d'un manuel qui répertoriait les cent façons de confectionner des nœuds : nœuds marins, d'escalade, de pêche, décoratifs... La confection du nœud coulant ayant entraîné la mort de Rakowski et celle décrite dans le roman figuraient dans l'ouvrage. Mais, une fois encore, cette analogie ne constitue en rien une preuve matérielle de culpabilité.

*

Après cette piètre moisson d'indices, Leo Michnik entreprend d'enquêter dans l'entourage de Nowak. Une de ses voisines lui fournit une première information.

— Jersy est facétieux et imprévisible, confesse-t-elle d'emblée. Il y a quelques années, il n'était pas rare de le voir sortir de chez lui affublé de déguisements : perruques, fausses moustaches, lunettes noires...

— Dans quel but ? demande l'inspecteur.

— Je l'ignore. Pour amuser ses amis, je suppose.

Une marchande de journaux, dont le kiosque offre un formidable point d'observation sur les déplacements des habitants du quartier, avance pour sa part une explication totalement différente :

— M. Nowak surveillait sa femme. Il la soupçonnait de lui être infidèle. Il la suivait à distance, déguisé en clochard ou en facteur.

— Connaissez-vous le nom de l'homme qui avait séduit son épouse ?

— J'ai vu Maria au bras de trop de gars différents pour vous donner des noms. M. Nowak avait des cornes qui l'auraient empêché de franchir les portes.

*

Le lendemain, l'inspecteur se présente au domicile de Maria Nowak. Contactée par téléphone, la jeune femme a jusqu'à présent refusé de répondre à ses questions. Conscient de jouer son va-tout, Michnik opte pour la manière forte.

— Madame Nowak, je ne vous poserai qu'une question. Et j'aimerais que vous y répondiez.

— Dimitrov, Maria Dimitrov, rectifie sèchement la femme. J'ai divorcé il y a deux ans. J'ai repris mon nom de jeune fille.

— Excusez-moi. Voilà ma question : avez-vous eu une liaison avec Artur Rakowski, il y a trois ans environ.

Michnik bloque la porte avant que la femme ne la lui claque au nez.

— Si vous refusez de me répondre, je vous mets en état d'arrestation pour entrave à une enquête criminelle.

— Ne restons pas là. Je ne tiens pas à m'offrir en spectacle.

La femme entraîne le policier dans son appartement. De fines rides blanches ont creusé son front.

— J'ai effectivement croisé la route d'Artur. Une nuit. Une aventure sans conséquence et sans lendemain.

— Où et quand l'avez-vous rencontré ?

— En septembre 2001, au *Crazy Horse*, une boîte de nuit du centre-ville.

— Dans quelles circonstances ?

— Banales. Nous nous sommes retrouvés au bar par hasard. Artur m'a offert un verre. Nous avons parlé une heure ou deux. Puis il m'a proposé de l'accompagner à l'hôtel. Je l'ai suivi. Après avoir fait l'amour, il a confessé qu'il était marié, qu'il aimait sa femme et qu'il n'avait aucune intention de me revoir. J'ai eu l'impression de m'être fait posséder. J'étais furieuse. Je l'ai quitté sur-le-champ en le couvrant d'injures.

— Votre mari a-t-il appris cette incartade ?

— Malheureusement oui. Le lendemain de l'incident, il a fait irruption dans l'appartement, ivre de rage et de vodka. Il m'a giflée. Il a cassé une lampe. Il m'a dit qu'il m'avait espionnée dans le night-club. Il connaissait le nom de l'hôtel où Rakowski m'avait emmenée. Et jusqu'au numéro de la chambre. Il savait tout. Il aurait été absurde de ma part de nier les faits.

— Que s'est-il passé ensuite ?

— Environ un mois et demi plus tard en lisant les journaux, j'ai appris avec stupeur que le corps d'Artur avait été retrouvé dans l'Oder. J'ai aussitôt fait le lien avec Jersy. Je l'ai exhorté à me dire la vérité. Il a démenti être impliqué de quelque manière que ce soit dans ce drame. Je l'ai cru. Mais j'ai bouclé mes valises. Et je l'ai quitté en demandant le divorce.

— Merci, madame Dimitrov. Nous allons consigner tout cela dans un procès-verbal.

La phrase qui clôt *Chacals* s'imprime dans l'esprit de Leo Michnik : « Sous l'emprise d'une jalousie aveugle, Jewak se rendit à la gare centrale. Il avait rendez-vous avec le feu et la poussière. Avec la mort expiatoire. Il n'ignorait pas que des abysses s'ouvraient sous chacun de ses pas. »

*

Le commissaire Jan Krauze décide que son inspecteur stagiaire a réuni suffisamment d'éléments à charge contre Jersy Nowak pour le mettre en état d'arrestation et demander au procureur de l'inculper d'homicide.

Nowak est placé en détention provisoire. Son domicile est perquisitionné. Le disque dur de son ordinateur recèle le brouillon de son nouveau roman. Une histoire plus crépusculaire encore que celle de l'ouvrage précédent. Cette fois, le héros décide de mettre à mort l'amant de sa femme – un jeune maître-nageur – avec un luxe de détails et un raffinement sadique insupportables. Naturellement, les policiers ne manquent pas de constater que le compagnon actuel de l'ex-épouse de Nowak ressemble étrangement au profil de la victime du roman. Mise en exergue par le procureur, cette analogie viendra étayer son argumentation.

*

Le procès de Jersy Nowak s'ouvre quelques mois plus tard. L'avocat de la défense réfute systématiquement les arguments du procureur.

— Des preuves, des preuves ! hurle-t-il dans le prétoire. La mise en accusation de mon client est une mascarade. Elle ne s'appuie sur aucune réalité. Les policiers affirment qu'Artur Rakowski a été assassiné par au moins deux hommes. Si mon client est coupable, où est son complice ? Indiquez-moi la trace d'une transaction financière qui prouverait que M. Nowak a rétribué des tueurs à gage. Fournissez-moi des empreintes digitales. Montrez-moi des profils ADN. Appelez à la barre des témoins oculaires. Vous en êtes incapable car vous n'avez aucune preuve.

— Nous avons un mobile solide et un faisceau de présomptions, argumente le procureur en énumérant une nouvelle fois l'ensemble des preuves indirectes collectées par Leo Michnik.

Trois jours plus tard, l'avocat de la défense plaide le doute raisonnable et exhorte les membres du jury à s'accorder sur un non-lieu. Dans le but de frapper les esprits, le procureur propose, en guise de plaidoirie, un assemblage d'extraits de *Chacals*. L'effet est stupéfiant. Car, présenté de cette manière, le texte fait l'effet d'une longue et impitoyable confession. Le jury délibère pendant six heures avant d'être en mesure de rendre un verdict unanime.

— Coupable.

Jersy Nowak est condamné à une peine de réclusion criminelle de vingt ans dont dix incompressibles. De mémoire de chroniqueur judiciaire polonais, c'est la première fois que l'auteur présumé d'un homicide est condamné sans que la moindre preuve matérielle de son crime ait pu être produite lors d'un procès.

*

Un journaliste, qui a rendu compte de cette étrange affaire, a conclu ainsi son dernier article : « Ce procès a démontré que, dans certaines circonstances, la littérature peut supplanter la réalité. Car, sur la seule foi de présomptions et de coïncidences, le jury a décidé de punir un homme pour un crime non élucidé. Mais n'a-t-il pas choisi de châtier le héros maléfique d'un roman plutôt que de chercher la vérité ? »

17

À QUI EST CE CORPS ?

L'inspecteur James Collins patauge en maugréant dans les hautes herbes gorgées d'eau. Quinquagénaire rondouillard et casanier, il répugne à quitter son bureau climatisé, à Cairns, en Australie, pour enquêter sur le terrain.

— Il est encore loin votre macchabée ? demande-t-il au garde forestier qui l'accompagne, et qui lui a signalé, quelques heures plus tôt, la présence d'un cadavre flottant entre deux eaux.

— Vous allez devoir marcher encore une dizaine de minutes.

Collins s'éponge le front et allume une cigarette, espérant que la fumée éloignera les escadrilles de moustiques qui attaquent en piqué son visage rougeaud.

— Pourquoi les gens n'ont-ils pas le bon goût de se faire tuer au centre-ville ? ironise le policier. Ils me faciliteraient la tâche.

Un quart d'heure plus tard, un corps diaphane apparaît sous les eaux troubles de la rivière Tully.

— Amenez-le doucement sur la berge, ordonne Collins à son adjoint. Et veillez à ne pas l'abimer avec la gaffe.

Vêtue d'une robe beige à losanges rouges, la victime est une femme aux longs cheveux noirs. Le séjour prolongé dans l'eau et les attaques de poissons carnivores l'ont en partie défigurée. Mais ce qui frappe d'emblée, ce sont les gueuses qui lestent ses jambes. Deux pièces en fonte d'une trentaine de kilos, subtilisées sans doute sur un chantier de construction. Le corps gonflé, gorgé des gaz de la décomposition, est néanmoins parvenu à remonter à la surface.

— Difficile d'imaginer que cette femme a dû autrefois faire tourner les têtes, constate philosophiquement Collins.

*

Après avoir utilisé sans succès les techniques d'identification traditionnelles – empreintes digitales, signatures ADN, fichier dentaire –, l'inspecteur se résout à insérer dans la presse locale un avis de recherche. La photographie du visage de la morte étant impubliable, il a eu recours à un dessinateur, spécialiste des reconstitutions faciales.

Le lendemain de la publication, une femme d'une trentaine d'années se présente au commissariat. Elle dit se nommer Emily O'Hara.

— J'ai cru reconnaître Nicole, ma jeune sœur, sur le dessin, dit-elle, bouleversée. Elle a disparu il y a un mois. Mon beau-frère, Harry Jackson, prétend qu'elle s'est enfuie avec un amant. Mais ses explications ne m'ont jamais convaincue.

— Je vais le convoquer sur-le-champ, annonce Collins en empoignant son téléphone.

À la stupeur de l'inspecteur, quand l'homme se présente et qu'il est informé du drame, il ne semble pas autrement affecté. Bien au contraire, il affiche le sourire moqueur de quelqu'un qui a enfin obtenu la vengeance qu'il espérait.

— Après une engueulade, Nicole a fait ses valises, claironne-t-il. Bon débarras ! Je ne l'ai jamais revue.

Tandis qu'Emily O'Hara foudroie son beau-frère du regard et aiguise ses griffes, prête à lui labourer le visage, Collins jubile intérieurement. À n'en pas douter, le balourd possède un mobile. Ne reste plus à prouver qu'il est le meurtrier. Mais, pour l'heure, Jackson refuse obstinément de se rendre à la morgue.

— J'ai subi un double pontage coronarien, plaide-t-il. Mon cœur ne supportera pas le choc.

— Qu'à cela ne tienne, se fâche l'inspecteur. Un cardiologue muni d'un défibrillateur nous accompagnera.

Il ajoute en ricanant :

— Et puis, si vous mourrez en identifiant votre épouse, vous épargnerez à vos héritiers des frais de pompes funèbres.

*

Le trio se rend au service médico-légal de l'hôpital Atherton. Lorsque la dalle métallique roule sur ses galets dans un crissement sinistre et que Collins soulève le drap, dévoilant le visage de la morte, le couple pousse un cri à l'unisson.

— Ce n'est pas Nicole ! hurle Jackson. Dieu soit loué !

— Oui, c'est bien elle ! s'exclame la femme.

— L'un de vous se trompe forcément, bougonne l'inspecteur. Regardez plus attentivement et mettez-vous d'accord.

Collins tire le drap à nouveau.

Comme Jackson et O'Hara n'en démordent pas, Collins convoque à la morgue des proches parents et des voisins de la défunte. Dix personnes censées l'avoir côtoyée au cours de ces dernières années. Mais cette confrontation brouille davantage les pistes qu'elle n'aide à résoudre l'énigme. Trois femmes identifient formellement Nicole, et reconnaissent sans hésiter sa robe beige à losanges rouges. Deux hommes trouvent au cadavre une forte ressemblance avec la disparue. Quant aux trois autres, ils refusent de se prononcer, alléguant que le séjour prolongé dans la rivière l'a rendue méconnaissable.

Dépité, l'inspecteur congédie son panel de témoins et place Harry Jackson en garde à vue.

*

Au cours d'un interrogatoire en règle, il s'aperçoit qu'il manifeste des signes de fébrilité. Il espère que, déstabilisé, le suspect va bientôt passer aux aveux. Mais il nie farouchement être l'auteur du meurtre.

Cinq heures plus tard, le visage couvert de sueur, les mains tremblantes, la gorge sèche, Jackson ne s'exprime plus qu'en émettant des gémissements plaintifs.

— Donnez-moi quelque chose à boire, je vous en supplie.

— Soda, thé ou café ?

— Je préférerais une bière ou une gorgée de gnole.

— Êtes-vous alcoolique ? demande abruptement Collins.

L'autre confirme d'un hochement de tête fatigué.

L'inspecteur comprend aussitôt qu'il dispose d'un formidable moyen de pression pour obtenir une confession. Il s'absente quelques minutes, revient avec une bouteille de whisky, et la pose bien en évidence sur son bureau.

— Maintenant, dites-moi la vérité. Avez-vous tué votre femme ? Si vous répondez à la question, vous aurez droit à un verre.

Le jeu cruel se prolonge encore quelques heures. Quand, derrière les baies vitrées du commissariat, les premiers rayons du soleil éclaboussent la Grande Barrière de Corail, Harry Jackson n'est plus que l'ombre de lui-même. Il geint.

— Vous avez gagné. C'est moi qui ai tué Nicole. Je signerai tous les papiers que vous voudrez.

À bout de forces, il tend la main vers la bouteille d'alcool.

Collins énonce ses droits au suspect. Il l'inculpe de meurtre avec préméditation et transmet le dossier au juge de la Cour des affaires pénales. Puis il téléphone à un reporter du *Cairns Post* pour l'informer qu'il a résolu le meurtre de l'inconnue de la rivière Tully.

— Une affaire rondement menée, fanfaronne-t-il.

*

Mais le triomphe du policier est de courte durée. Trois jours plus tard, une femme, les cheveux en bataille, se présente au commissariat.

— Qu'est-ce que c'est que ce cirque ? aboie-t-elle, à peine est-elle entrée dans le bureau de l'inspecteur.

— À qui ai-je l'honneur ?

— Mme Jackson, éructe la femme. Voilà ma carte d'identité et mon permis de conduire. Je viens chercher mon connard de mari. Je ne comprends pas ce qu'il y a d'écrit dans le journal. Je n'ai jamais été assassinée. Je me suis barrée de chez moi, tout simplement.

Vérifications faites, empreintes digitales comparées, il s'avère que la mégère dit vrai. Collins relâche le détenu et devient la risée de la ville.

*

C'est pourquoi, un mois plus tard, il accueille fraîchement David Bauer et Olivia Wilson, sa belle-sœur.

— Je pense que le cadavre non identifié que vous conservez à la morgue est celui de mon épouse, déclare Bauer d'une voix chevrotante. Nous aimerions pouvoir le vérifier.

— Qu'est-ce qui vous fait croire cela ? grogne Collins.

— Ellen était parfois sujette à des troubles psychologiques, à des pertes de mémoire, à des réactions imprévisibles. Elle avait déjà fugué à plusieurs reprises. Sa dernière disparition remonte précisément à deux mois.

— Pour quelle raison ne vous êtes-vous pas manifesté plus tôt ? interroge le policier, suspicieux.

Olivia Wilson baisse les yeux et s'enroule nerveusement une mèche de cheveux autour de l'index.

— J'ai un peu honte de l'avouer, mais ni David ni moi n'avions vu l'avis de recherche concernant la disparition d'une jeune femme. Or, hier, j'ai acheté du poisson sur le port. Le vendeur l'a enveloppé dans la page d'un vieil exemplaire du *Post*. En le déballant dans ma cuisine, j'ai découvert le portrait-robot. Il m'a sauté aux yeux. J'ai immédiatement reconnu ma sœur.

Collins se retourne vers Bauer.

— Qu'en pensez-vous ?

— J'ai, moi aussi, identifié Ellen sur le dessin. Sans hésitation.

L'inspecteur conduit le couple à la morgue. À la vue du visage de la morte, Olivia Wilson s'évanouit et David Bauer éclate en sanglots.

En enquêtant, Collins apprend que, au moment du meurtre, Bauer se trouvait à Hong Kong, au siège de la multinationale qui l'emploie. Le soupçon de meurtre qui pesait sur lui étant écarté, le corps de son épouse lui est restitué et un permis d'inhumer est délivré. La compagnie d'assurances auprès de laquelle il avait souscrit une police lui accorde la somme de 45 000 dollars en capital-décès. Bauer en utilise une partie pour acheter une concession dans le cimetière où il enterre la dépouille de sa femme.

*

Si le corps de l'inconnue a pu être identifié, l'énigme de son assassinat n'est pas pour autant résolue. Le meurtrier court toujours et le juge s'impatiente. Faisant contre mauvaise fortune bon cœur, Collins décide d'aller glaner des informations dans le quartier chaud de la ville. C'est ainsi qu'un soir, dans un bar mal famé du port, il fait la connaissance d'une blonde vaporeuse et peu farouche.

— Je m'appelle Lisa Lewis, mon gros, annonce la créature, accoudée au comptoir.

Quelques verres et beaucoup de mauvaises blagues plus tard, Collins hasarde :

— C'est drôle, tu me rappelles quelqu'un.

— Ah oui ! Qui ça ?

— Tu sais, la fille dont on a parlé dans les journaux. Celle qui a été repêchée dans la rivière.

Lisa se frappe les cuisses.

— C'est marrant que tu dises ça. Parce que, la morte, ça aurait pu être moi.

— Explique-toi, encourage Collins en faisant signe au barman de remplir leurs verres.

— Eh bien, voilà, il y a deux mois, on était partis en virée à trois copines : Bianca – la fille de la rivière –, Victoria, et moi. On avait ramassé trois jeunes types dans un bowling, Jack, Dylan et Nick. À nous six, on faisait une sacrée équipe. On était allé se payer du bon temps dans un motel de Brisbane. Au matin du deuxième jour, Bianca avait disparu. On a commencé à la chercher, mais les gars nous ont dit qu'elle en avait eu marre et qu'elle était rentrée chez elle au milieu de la nuit. Je n'y ai pas cru. Pour moi, il était clair que Bianca avait été assassinée et que son corps avait été jeté dans une rivière.

— Je crains, ma belle, que cette agréable soirée ne s'arrête là, murmure Collins en exhibant discrètement son insigne de policier. Viens gentiment avec moi au commissariat. Nous allons poursuivre cette conversation dans le calme.

Au terme d'un interrogatoire laborieux, James Collins parvient à obtenir de Lisa les noms patronymiques de Jack, Nick et Dylan. Et c'est avec plus de difficulté encore qu'il réussit à les localiser et à les faire arrêter. Tous trois reconnaissent avoir partagé un week-end torride avec les filles.

— Simple divertissement entre adultes consentants, inspecteur. À ma connaissance, aucune loi ne l'interdit, commente l'un d'eux, goguenard.

En revanche, les fêtards nient farouchement être impliqués, d'une manière ou d'une autre, dans la disparition de celle qui se faisait appeler Bianca. Et moins encore, bien sûr, dans son assassinat. Plus troublant encore : aucun d'entre eux ne reconnaît Bianca sur la photo d'Ellen Bauer que leur montre l'inspecteur. S'agit-il bien de la même femme et du même meurtre ? Ou Collins a-t-il découvert par hasard une seconde affaire criminelle ? Pour s'en assurer, il tente de retrouver la trace de Victoria Lee, le troisième élément du trio. En vain. Elle a quitté la ville pour une destination inconnue, deux mois plus tôt. Ne lui reste plus qu'à contre-interroger Lisa Lewis. Mais il apprend avec stupéfaction, qu'elle aussi s'est soudainement éclipsée. En désespoir de cause, il lance un avis de recherche, dans l'espoir que des collègues, disséminés à travers le pays, l'aideront à retrouver les deux femmes.

*

Quelques semaines s'écoulent, mornes et cafardeuses. James Collins broie du noir, incapable de faire progresser une enquête qui semble avoir tourné court dès le début. Il ignore pourtant qu'il n'a pas encore touché le fond.

Au mois de décembre 2005, David Bauer demande à être reçu au commissariat.

— Monsieur l'inspecteur, ce que j'ai à vous dire est... est tellement... incroyable, balbutie-t-il.

— Je vous écoute.

— J'ai reçu hier une carte postale. Je vous l'ai apportée.

Après avoir posé les yeux sur la photo d'un coucher de soleil dégoulinant de couleurs écœurantes, le policier retourne la carte et lit les quelques mots qui ont été griffonnés à la hâte. *« Chers David et Dany. Pardonnez mon absence. Je viendrai vous voir pour Noël. Votre épouse et maman qui vous aime beaucoup. Ellen. »*

Au fur et à mesure que le policier relit le texte, son cœur s'emballe. Son front se couvre de sueur froide. Comme un miroir, le visage livide de Bauer lui renvoie sa propre image dévastée.

— Ne me dites pas que…

— Si. Ellen est l'auteure de cette carte. Je reconnais son écriture.

— Je ne comprends pas. À la morgue, vous l'aviez formellement identifiée. Votre belle-sœur s'était d'ailleurs évanouie et vous aviez éclaté en sanglots.

— Je sais, je sais. Ça peut paraître incompréhensible, mais nous nous sommes trompés tous les deux. Le cadavre que j'ai fait enterrer n'est pas celui de ma femme.

Échaudé par ses précédents échecs, Collins n'entend pas prendre de décisions hâtives et irréversibles. C'est pourquoi il demande à Bauer de lui confier des modèles d'écriture de sa femme afin que des graphologues puissent expertiser le message. Après examen, tous s'accordent à reconnaître son authenticité.

Puis, à l'aide d'une loupe, Collins parvient à découvrir que le cachet de la poste indique que la carte a été envoyée de Darwin, la ville tropicale du nord de l'Australie. Il s'y rend en avion et contacte ses collègues pour qu'ils lui prêtent main-forte afin de trouver Ellen. Au bout de quelques jours, une femme correspondant à son signalement est localisée. Elle se fait appeler Janice Brown et est ouvreuse dans un cinéma. Lorsque Collins lui demande si elle a un lien quelconque avec une certaine Ellen Bauer, la femme éclate de rire et retire la perruque blonde dont elle s'était affublée.

— Oui, je la connais bien : c'est moi.

— Avez-vous quitté votre mari et votre fils, qui habitent Cairns ?

— Je ne supportais plus la médiocrité de mon existence. Je me suis accordé quelques semaines de vacances. Mais j'ai l'intention de passer les fêtes de Noël avec eux.

— Leur avez-vous récemment envoyé une carte postale ?

— Oui.

— Connaissez-vous Lisa Lewis et Victoria Lee ?

— Ce sont des filles que j'ai croisées.

— Avez-vous passé un week-end avec elles et trois jeunes hommes, que vous auriez rencontrés dans une salle de bowling ?

— Ah ! ce fameux week-end ! s'exclame Ellen en agitant la main comme si elle venait de la passer sur la flamme d'une bougie.

— Lisa a prétendu que vous auriez disparu et que vous auriez pu être assassinée.

— Ne suis-je pas devant vous, inspecteur ? En chair et en os. Lisa a tendance à inventer des histoires à dormir debout.

Collins photographie la femme avec son téléphone portable et envoie les images à son mari et à sa sœur. Leurs réponses confirment l'identité de la disparue.

Pour entériner ce nouvel échec, l'inspecteur demande au juge de lui délivrer l'autorisation d'exhumer le cadavre et de l'entreposer à la morgue. Quant à David Bauer, il rembourse la somme qu'il a perçue indûment de son assurance-vie.

Ce feuilleton pitoyable fait l'objet d'articles sarcastiques dans la presse locale. Les journalistes s'interrogent pour savoir quel sera le prochain fiasco de l'inspecteur Collins.

*

Le lendemain, la venue au commissariat d'un couple de cinquantenaires relance une nouvelle fois l'enquête.

— Nous pensons que le corps qui a été exhumé du cimetière est celui de notre fille, dit l'homme d'une voix mal assurée.

— Qui êtes-vous ? demande Collins, exaspéré. Je commence à en avoir par-dessus la tête qu'on se moque de moi.

— Nous nous appelons Matt et Alice Barton. Notre fille ne nous a pas donné signe de vie depuis des mois. C'est incompréhensible car, depuis son divorce, nous élevons sa petite fille, âgée de cinq ans.

— Lorsqu'elle était mariée, votre fille s'appelait-elle Victoria Lee ? demande Collins.

— Non. Elle se prénomme Molly. Elle a divorcé de Samuel Lawson. Elle est visiteuse médicale et elle voyage beaucoup. Mais jamais elle ne nous a laissés sans nouvelles plus de trois jours.

— Bon, je vous emmène à la morgue, concède Collins.

Il pointe un doigt accusateur sur le couple qui se tasse peureusement dans le fond de leur chaise.

— Mais je vous préviens. Si vous identifiez la dépouille et que vous me dites plus tard que vous vous êtes trompés, je vous colle en prison.

Matt et Alice Barton, bouleversés, reconnaissent sans hésiter leur fille dans ce qui reste du cadavre.

Une première preuve corrobore leur témoignage : Alice apporte le coupon de tissu dans lequel elle avait confectionné la robe que portait Molly lorsqu'elle avait été repêchée de la rivière, et qui avait été placée sous scellés. Une analyse chromatographique confirme que les tissus sont de même provenance.

— J'avais fait des ourlets à 37 millimètres au bas de la robe, se souvient Alice.

Nouvelle confirmation.

L'inspecteur exige ensuite qu'une analyse dentaire soit pratiquée. Elle est positive. Pour finir, il fait procéder à une comparaison des profils ADN de la morte et de ses parents. Elle est encore concluante. Fort de l'ensemble de ces preuves matérielles, le policier remet la dépouille aux Barton et rouvre son enquête.

Il s'intéresse en priorité à Samuel Lawson, l'ex-mari de la victime. Ses soupçons sont vite dissipés, puisque le suspect purge depuis un an une peine de prison pour avoir volé et falsifié des chèques.

Collins se rend ensuite dans la petite maison en bois qu'occupe le couple.

— Dans quelles circonstances avez-vous vu votre fille pour la dernière fois ?

— En 2004, Molly avait rencontré Brad Campbell, un garçon brillant et sympathique, âgé d'une trentaine d'années, lui apprend Matt Barton. Brad avait été pilote de F-17 dans la Royal Australian Air Force. Il avait proposé à Molly de passer quelques jours à Alice Springs pour visiter les réserves aborigènes. Ils sont partis un matin du mois d'octobre à bord d'une Pontiac rouge décapotable. Nous ne les avons pas revus depuis.

— Pour quelle raison n'avez-vous pas signalé leur disparition ?

— Nous l'avons fait, intervient Alice avec empressement. Nous avons rencontré l'un de vos adjoints. Il nous a dit que Brad et Molly étaient adultes et qu'ils avaient le droit de vivre leur vie sans avoir de comptes à nous rendre.

— Quel était le grade de Brad, avant qu'il ne quitte l'armée ?

— Il venait d'être promu capitaine.

— Pourquoi avait-il renoncé à une brillante carrière ?

Les Barton échangent un regard et se taisent. Collins patiente un moment puis s'agace.

— Vous n'avez pas entendu la question ou vous ne voulez pas y répondre ?

— C'est-à-dire que… bafouille Matt.

— C'est un secret, intervient son épouse. Brad nous avait fait jurer de ne le révéler à personne.

L'inspecteur fait mine de se lever.

— Puisque vous faites obstruction à l'enquête, que vous m'empêchez d'élucider le meurtre de votre fille, débrouillez-vous !

— Ne partez pas, supplie Alice. Brad cherchait un trésor dans le bush.

— Quel trésor ?

— En faisant des recherches dans les archives nationales, il avait découvert des manuscrits inédits, des livres de comptes, des récits de voyages.

— En recoupant ces informations, poursuit Matt, il avait découvert que, en 1876, un groupe de quatorze prospecteurs avait enterré une masse d'or considérable au pied d'une colline, près de la rivière Hodgkinson. Tous avaient été massacrés peu après par une tribu aborigène. Selon Brad, le pactole s'élèverait à plus de 15 millions de dollars, au cours actuel de l'or.

Alice interrompt son mari et reprend le récit à son compte :

— Après avoir consacré une année entière à chercher le trésor en utilisant des technologies sophistiquées et en campant seul dans le désert, Brad pensait l'avoir localisé.

— Pensez-vous que sa disparition soit liée, d'une manière ou d'une autre, au magot ?

Pour signifier qu'ils ont épuisé les informations dont ils disposent et qu'ils n'en savent pas plus, les Barton secouent les épaules à l'unisson.

— Quand avez-vous eu des nouvelles de votre fille pour la dernière fois ?

— Nous avons reçu une lettre de Brad postée d'Alice Springs, le 15 octobre, soit six jours après leur départ. Il nous disait qu'il retournait à la rivière Hodgkinson et que nous ne devions pas nous attendre à avoir de ses nouvelles avant longtemps. Et il précisait que, quand il rentrerait, il serait riche.

— Molly avait-elle ajouté un mot de sa main ? demande Collins.

— Non.

— Cela vous a-t-il semblé étrange ?

— Oui, bien sûr, c'était incompréhensible ! s'exclame Alice en écrasant les larmes qui roulent sur ses joues.

Matt Barton enlace tendrement les épaules de sa femme et ajoute à mi-voix :

— Nous devons vous signaler une dernière chose, inspecteur : Molly était enceinte. Elle et Brad avaient l'intention de se marier avant la fin de l'année.

*

James Collins échafaude une hypothèse pour tenter de déterminer le mobile éventuel du suspect. Si Brad Campbell est parvenu à faire main basse sur le trésor des prospecteurs, a-t-il renoncé au dernier moment à le partager avec sa maîtresse, déjà mère d'une fillette et enceinte de ses œuvres ? S'est-il débarrassé d'un poids qui entravait sa liberté ? D'autres aventures plus exaltantes que la vie de famille pouvaient s'offrir à lui.

Partant de cette probabilité, Collins décide d'enquêter pour retrouver la trace de l'ex-pilote de chasse. Sollicitant l'assistance de l'AFP, la police fédérale australienne, il se rend à la rivière Hodgkinson et ratisse la zone avec l'aide d'une trentaine d'hommes et d'un hélicoptère. Sans succès.

Utilisant le fichier des immatriculations, le policier parvient ensuite à localiser le garagiste qui a acheté à prix bradé la Pontiac rouge décapotable du fugitif. La voiture, passée au peigne fin, fournit quelques cheveux ayant appartenu à Molly, ainsi que des fibres de sa robe. Mais rien susceptible d'incriminer Campbell.

Collins élargit son investigation aux sociétés employant des pilotes privés. Cette fois, la chance lui sourit. Le consortium Rio Tinto, qui exploite une gigantesque mine de bauxite à Weipa, dans la péninsule nord-est du pays, compte depuis quelques mois Brad Campbell au nombre de ses pilotes. Collins se rend sur les lieux mais, tandis qu'il s'apprête à procéder à l'arrestation, le suspect saute dans un canot à moteur et disparaît. Dès lors, Campbell figure sur la liste des dix criminels les plus recherchés d'Australie. Son portrait est placardé dans les commissariats et les aéroports, et des avis de recherche sont régulièrement diffusés à la télévision.

*

Deux ans s'écoulent. Enfin, au mois de juin 2007, le shérif de Coober Pedy, un village perdu dans le désert, signale que la description de l'homme qui s'est tiré une balle dans la bouche sur le parking d'une supérette correspond au signalement de Campbell. Les empreintes digitales, prélevées sur le suicidé et comparées à celles fournies par l'armée de l'air, le confirment.

Un an plus tard, le corps sans vie de Lisa Lewis est retrouvé à son tour dans la chambre d'un hôtel borgne de Sydney. Il se balance au bout d'une corde. Suicide ou meurtre ? Les enquêteurs ne parviendront pas à élucider le mystère. Tout comme James Collins ne saura jamais si Lisa était une mythomane. Ou si, au contraire, comme elle l'avait prétendu, sa mystérieuse amie Bianca avait été assassinée au lendemain d'une nuit d'orgie ?

18

La traque

Le 14 novembre 1999 à 23 h 15, lorsque Adam Andréo, trente-deux ans, pénètre *Aux Palmiers*, un bar mal famé du port de Toulon, il ignore, naturellement, qu'il n'en sortira pas vivant.

L'établissement, fréquenté par des marins en goguette et des mauvais garçons, empeste le pastis frelaté et le tabac froid.

— Eh, ducon, tu veux faire le quatrième ? lance Asim Susic au nouveau venu. Poker fermé. Cinq cents francs la cave, blindes de cent.

Le jeune homme hésite. En dehors des larcins qu'il commet de-ci de-là et qui lui ont valu plusieurs condamnations, il est soudeur à l'arsenal. Marié, père de trois enfants, il a des fins de mois difficiles.

— 500 balles la cave, vous vous croyez à Monaco !

— Laisse tomber si tu ne peux pas jouer dans la cour des grands, ricane Susic, qui cherche déjà autour de lui un autre partenaire.

— C'est bon, consent Andréo. Mais pas d'embrouille.

Il prend place à la table et commande au gérant un Fernet-Branca.

Costume croisé à fines rayures, cheveux gominés tirés en catogan, Susic ressemble à une caricature de jeune malfrat. Originaire de Mostar, en Bosnie-Herzégovine, il a fui son pays ravagé par les guerres des Balkans. Réfugié sur la Côte d'Azur, il est parvenu, à force de ruse et de violence, à éliminer mafieux corses et italiens et à se tailler la part du lion dans le trafic de l'héroïne. Ainsi, en quelques années, de gamin efflanqué baragouinant le français, s'est-il transformé en caïd ostentatoire, roulant en Mercedes cabriolet et s'affichant aux bras de spectaculaires prostituées russes.

Le jeu commence, tendu, nerveux. Contraint de miser gros, Adam Andréo observe du coin de l'œil ses partenaires, rencognés derrière leurs cartes, visages impénétrables. Très vite, la chance tourne en sa faveur. Au bout d'une heure, un joli pactole s'amasse devant lui. Et, au fur et à mesure que le temps passe, la colère de Susic devient palpable.

Vers 2 heures du matin, au cours d'une donne, Andréo engrange deux as servis. Il rejette trois cartes. Chacun comprend qu'il a touché une paire qu'il espère transformer en quinte. Les enchères grimpent. Adam fait glisser sur le Formica les nouvelles cartes qu'il a reçues et les soulève délicatement par les coins. D'un coup, son cœur s'affole : les as de cœur et de pique viennent miraculeusement de compléter son jeu. Dès lors, armé d'un carré, il se croit invincible.

— À toi de parler. Je t'écoute, ducon ? l'apostrophe le Bosniaque.

— Je suis et je relance de 2 000, murmure Andréo en baissant les yeux.

Tandis que Susic siffle entre ses dents, les deux autres se couchent.

— Je relance de 5 000, annonce Susic.

— Payés.

Adam pousse devant lui les dix billets de 500 francs qu'il tenait coincés sous le coude. Et qui représentent toute sa fortune.

— Carré d'as, déclare-t-il, incapable de dissimuler un sourire de triomphe.

Alors qu'il se penche déjà, mains grandes ouvertes, pour ramasser le pot, le rire grinçant de Susic le cloue sur place.

— Touche pas à mon pognon, ducon.

À la stupeur générale, le Bosniaque étale les cartes qu'il tient en main.

— Suite à la couleur : quinte flush, braille-t-il. Par ici la monnaie.

Le visage d'Andréo se décompose. Il esquisse le geste de s'emparer d'une partie de l'argent. L'autre lui écrase les doigts d'un coup de poing.

— Vole-moi un seul de ces biffetons et je te brûle la tête.

— Pauvre type, éructe le jeune homme. Tu frimes avec tes putes et ta bagnole. Mais tu n'es qu'une merde, un vendeur de mort.

Asim Susic bourre les poches de son beau costume de billets, fait valser sa chaise, traverse le bar, et disparaît dans la nuit.

Il revient *Aux Palmiers* comme un fantôme, une demi-heure plus tard. Il se glisse silencieusement derrière Adam, accoudé au comptoir, tire un Glock 21 de sa ceinture et fait feu sur lui sans hésiter. Une triple détonation déchire le silence. Le crâne déchiqueté, Andréo s'écroule au pied d'un tabouret. Le gérant et dix consommateurs ont assisté au meurtre.

*

Peu après, le capitaine Gilles Mauricet et deux agents en tenue pénètrent dans le bar. L'officier de police connaît la mauvaise réputation de l'établissement et la clientèle peu recommandable qui le fréquente.

— C'est qui ? demande-t-il au gérant en désignant de la pointe de sa chaussure le corps sans vie.

— Adam. Adam Andréo, un jeune mec qui habite dans le coin.

— Te fatigue pas, je le connais : contrefaçon de chèques restaurant, recel de matériel de chantier, trafic de cigarettes. Je l'ai déjà bouclé et il a fait six mois aux Baumettes.

Mauricet ramasse une douille qui brille sur le sol crasseux.

— Neuf millimètres. Qui a fait le coup ?

Victor Ortoli, le gérant, essuie frénétiquement un verre.

— Vers 2 heures, un mec cagoulé est entré. Il a flingué Adam sans dire un mot et il s'est tiré.

— Cagoulé, tu dis ? Et ses fringues ?

— Un survêtement noir. Des Nike aux pieds.

— T'as bonne vue pour les Nike. Andréo avait-il cherché des noises à quelqu'un ?

L'homme se passe un coup de torchon sur le front et les avant-bras.

— Pas que je sache. Il sirotait dans son coin. Seul. Tranquille. Pas bourré.

— Ne touche à rien, vire les clients, ferme la turne et attend les gars qui vont venir faire des photos et emballer le corps.

Avant de tourner les talons, Mauricet sort un calepin et un stylo de sa poche. Il les tend au consommateur le plus proche.

— Je veux que ceux qui ont assisté au meurtre inscrivent leurs noms et leurs numéros de téléphone. Je les appellerai dans la journée. Et ne jouez pas aux plus malins.

*

Lorsque Gilda Andréo apprend que son fils a été tué, ses jambes flanchent. Cerveau siphonné, cœur incendié, elle s'effondre. Elle a l'impression de revivre, l'espace d'un instant, la chute vertigineuse qui avait brisé ses os et sa carrière, trente-cinq ans plus tôt.

Car Gilda a été une gamine des feux de la rampe et de la sciure. Des paillettes et du vertige. Petite-fille et fille d'acrobates et de funambules, elle a grandi dans l'univers du cirque. Ainsi, à l'heure où les autres enfants câlinaient leurs peluches, ses compagnons de jeu étaient-ils des tigres pesant dix fois son poids.

Et puis il y eut ce maudit soir de juillet 1964. Le Cirque Andréo avait planté son chapiteau, quelque part entre Aix et Avignon.

— Papa, j'ai une angine, s'était plainte l'adolescente avant le spectacle. J'ai de la fièvre. Je ne pourrai pas faire mon numéro.

Pour toute réponse, son père lui avait allongé une taloche sur le sommet du crâne.

— Je veux te voir sur la corde à 20 heures. Et, comme d'habitude, on jouera sans filet. Chez les Andréo, on n'est pas des chiffes molles. Ta grand-mère jonglait encore avec des sabres, quand elle était enceinte de sept mois.

La jeune fille avait grimpé l'échelle de corde comme si elle avait escaladé une paroi abrupte noyée dans le brouillard. Parvenue au sommet, à 28 mètres, elle s'était accrochée un long moment à la plate-forme. Une lointaine clameur d'excitation lui était parvenue des gradins. Quand les cuivres de l'orchestre avaient attaqué *La Marche des trompettes* d'Aïda, elle avait mis le balancier en équilibre et s'était élancée sur le fil, les yeux fermés.

Lorsqu'elle avait émergé d'une interminable nuit, peuplée d'animaux fabuleux et malfaisants, elle n'avait vu que du blanc. Blanc des murs et des blouses des soignants. Blanc de sa vie brisée.

Afin que chirurgiens et kinés réparent les innombrables fractures dues à la chute, Gilda avait séjourné plusieurs mois à l'hôpital Raymond-Poincaré, à Garches, près de Paris.

Une fois rétablie, elle avait dû troquer son habit de lumière contre l'uniforme écarlate des ouvreuses.

À dix-huit ans, elle avait épousé l'écuyer qui l'avait mise enceinte. Son père, furieux de la voir tomber sous la coupe d'un autre homme, l'avait reniée. Puis il l'avait expulsée du cirque et lui avait coupé les vivres.

Devenue orpheline à double titre – du cirque et de son père –, Gilda avait ouvert un stand sur le marché aux puces de Saint-Ouen. S'étant spécialisée dans le commerce des armes anciennes, ses affaires avaient été florissantes. Bien que des mauvaises langues aient prétendu qu'épées, cimeterres et rapières – qu'elle vendait aux collectionneurs fortunés pour d'authentiques parures médiévales – aient été en réalité fabriqués à vil prix par d'habiles forgerons espagnols.

Une fois divorcée, Gilda s'était retirée à Toulon, en 1997, à l'âge de quarante-cinq ans, pour être proche de son fils et de ses petits-enfants.

— Votre fils a été abattu dans un bar du port par un voyou, assène sans ambages le capitaine Gilles Mauricet. C'est un règlement de comptes

— Vous vous trompez. Adam ne frayait pas avec la pègre, proteste Gilda.

— Vous connaissiez comme moi son casier judiciaire. Votre fils n'était pas un ange.

— Il était parfois à la marge, je vous l'accorde, concède la femme. Ça n'explique pas les mobiles du meurtrier.

— Je suis payé pour les découvrir, conclut Mauricet sans grande conviction.

*

Le corps d'Adam Andréo est mis en terre en présence de son épouse, de ses enfants, de sa mère, et de quelques amis, ouvriers de l'arsenal pour la plupart. Il y a là aussi Victor Ortoli, le gérant des *Palmiers*. Lorsque la cérémonie est sur le point de s'achever, Gilda se glisse à ses côtés.

— Dites-moi ce que vous avez vu. Donnez-moi un nom. Aidez-moi à faire justice. Les flics ne bougeront pas.

— J'ai dit à la police que le tueur était masqué, proteste le chauve. Et il n'est pas resté dans mon bar plus d'une minute. Impossible de l'identifier.

— Je ne vous crois pas. Vous connaissez tous les gangsters, de Menton à La Ciotat. Vous avez des contacts.

Ortoli dépose son bouquet de roses défraîchies au pied de la tombe. La femme poursuit :

— À moins que l'omerta ne vous aide à couvrir un copain.

— J'aimais bien Adam, confesse l'autre. C'était un brave gars. Droit comme un *I*. Mais les types qui tirent à bout portant au 9 mm ne plaisantent pas, madame Andréo.

Puis, avant de s'éloigner en pataugeant dans une flaque de boue, Ortoli chuchote à l'oreille de Gilda :

— Passez me voir au bar, demain vers minuit. Nous en reparlerons.

*

À la nuit tombée, Gilda revient se recueillir seule sur la tombe de son fils. À l'abri des regards, elle sort d'un sac différents objets insolites et les dispose solennellement sur la dalle de granit : un bout de la corde sur laquelle elle s'était élancée avant sa chute, un ex-voto de sainte Rita, un petit poignard wisigoth – authentique celui-là –, rescapé de son stock d'antiquités, et une mèche de cheveux de son fils, conservée dans un flacon en verre. Elle se consacre ensuite à un rite étrange dont elle seule connaît les règles. Et qui mélange prière chrétienne et magie primitive.

— Je jure devant Dieu de consacrer les jours qui me restent à vivre à retrouver et à châtier l'assassin de mon fils. Je jure de ne jamais céder au découragement. De ne jamais renoncer.

Et, aussi invraisemblable que cela puisse paraître, Gilda Andréo tiendra parole. Au péril de sa vie, elle mobilisera son énergie pendant trois ans. Jusqu'à l'accomplissement de la mission extravagante qu'elle s'est assignée.

*

Le lendemain, Victor Ortoli entraîne prestement Gilda dans une pièce obscure, dissimulée derrière le bar et remplie de caisses d'alcool et de cigarettes.

— Êtes-vous bien consciente que je risque ma peau dans cette affaire ? lui dit-il.

— Tout ce que vous pourrez me dire ne sortira pas de cette pièce. Parole de saltimbanque.

Le gérant des *Palmiers* glisse un bout de papier dans la main de la femme.

— Brûlez-le dès que vous serez dehors et disparaissez. Vous ne me connaissez pas. Vous ne m'avez jamais vu.

Quatre mots ont été griffonnés à la hâte : Asim Susic Mostar Bosnie.

Quelques heures plus tard, Gilda téléphone à Gilles Mauricet.

— Où en êtes-vous dans votre enquête ? demande-t-elle au capitaine.

— Ah, ne commencez pas à me mettre la pression ! maugrée l'officier. Laissez-moi faire mon travail. Votre fils a été abattu il y a trois jours. Nous cherchons des pistes.

— J'en ai une. Le meurtrier s'appelle Asim Susic. C'est un Bosniaque originaire de Mostar.

— Comment le savez-vous ? demande Mauricet, interloqué.

— J'ai reçu un coup de fil la nuit dernière. Une dénonciation anonyme. J'ai fait une recherche dans un Bottin inversé : l'appel a été passé d'une cabine publique. Ce nom de Susic vous dit-il quelque chose ?

— Oui, l'individu est bien connu de nos services. Il est vraisemblablement à la tête d'un trafic d'héroïne. Mais nous n'avons jamais réussi à le coincer.

— Je vous en donne l'occasion. Profitez-en. Faites d'une pierre deux coups. Arrêtez le meurtrier et le dealer.

*

Le capitaine Mauricet se met aussitôt en quête de la trace du suspect. La police des frontières découvre rapidement que Susic a pris, l'avant-veille, un vol Nice-Sarajevo via Istanbul sur la compagnie Lufthansa. Mauricet alerte Interpol et la représentation diplomatique française présente dans la capitale bosniaque. Mais il se heurte d'emblée à des difficultés. En effet, non seulement la Bosnie-Herzégovine ne fait pas partie de l'Union européenne, mais elle n'a pas ratifié d'accord d'extradition avec Paris. En revanche – fait positif –, ce pays a adhéré, en 1992, à Interpol, l'organisation internationale de coopération policière.

Dès lors, des démarches sont entreprises, et Gilda Andréo se met à espérer que l'assassin de son fils sera, tôt ou tard, déféré devant la justice. Dans son pays à défaut de comparaître devant un tribunal français. Mais force est de constater que, dans la réalité, les choses ne se déroulent pas comme espérées. Un an s'écoule sans que Susic soit inquiété. Les représentants d'Interpol en Bosnie ont, semble-t-il, enterré l'affaire. Et une demi-douzaine d'autres enquêtes criminelles ont accaparé l'attention du capitaine Mauricet.

Ayant le sentiment que, si elle ne s'implique pas personnellement, le meurtre d'Adam restera impuni, Gilda Andréo décide d'agir sans attendre plus longtemps une quelconque aide extérieure. Dans un premier temps, elle s'inscrit dans un club de tir sportif pour apprendre la réglementation relative aux armes et à leur maniement. Puis, s'estimant aguerrie, elle passe avec succès l'examen théorique et pratique. Elle dépose ensuite une demande de port d'arme auprès de la gendarmerie. Enfin, dès qu'elle l'a obtenu, elle achète un pistolet Walther p22 à canon court, et, se conformant à la législation, un coffre-fort pour l'entreposer chez elle. Elle fait également l'acquisition d'un boîtier GPS, d'une tente canadienne, de matériel de camping, et de cartes d'état-major de la région de Mostar. Puis elle entasse ses emplettes dans le coffre de sa vieille Jaguar, dissimule pistolet et cartouches dans la garniture du siège passager, et prend la route.

L'heure n'est pas au tourisme. Ainsi, Gilda ne s'attarde-t-elle pas sur la Riviera italienne. Pas plus à Venise qu'à Ljubljana, la capitale de la Slovénie, qu'elle traverse en coup de vent. Mettant le cap au sud, longeant la côte dalmate, filant sur l'autoroute, elle vire à l'est à la hauteur de la ville de Split et s'engage à travers la montagne en direction de Sarajevo, qu'elle atteint au terme de trois jours de voyage.

Après avoir pris contact avec un représentant de l'ambassade de France, qui lui fournit un interprète, Gilda se rend au ministère de la Justice bosniaque et s'enquiert de l'avancement de son dossier. Elle constate amèrement que rien n'a été fait pour tenter d'arrêter et de châtier le coupable. Elle découvre également avec stupéfaction que le directeur local d'Interpol a classé l'affaire.

— Le dossier d'Asim Susic est vide, madame Andréo, explique ce dernier. Le juge d'instruction français et le capitaine Mauricet ne m'ont transmis que des notes d'intention. Rien de tangible. Rien qui puisse me permettre d'ouvrir une enquête. À défaut des aveux du meurtrier, j'ai besoin de l'arme du crime, d'une étude balistique, d'une analyse ADN, d'un recoupement de témoignages à charge. Donnez-moi du grain à moudre, fournissez-moi des éléments convaincants et j'enverrai Susic devant un tribunal.

Et il ajoute, sans bien mesurer la portée de ses paroles :

— Votre fils avait été condamné à une peine de prison pour avoir commis plusieurs délits. Cela n'a pas joué en sa faveur.

*

Dépitée, désespérée, Gilda Andréo soupèse les trois options qui s'offrent à elle. Elle peut abandonner purement et simplement sa quête – cette idée ne fait qu'effleurer son esprit. Elle peut également rentrer à Toulon et secouer ciel et terre afin que police et justice françaises s'acquittent enfin de leurs tâches. Gilda est bien décidée à effectuer cette démarche. Mieux encore : dès son retour, elle alertera la presse, mobilisera les réseaux sociaux, ouvrira un site Internet et lancera une pétition en faveur d'Adam. Enfin, la troisième alternative provoque en elle un vertige : se rendre à Mostar, localiser Susic, et faire usage du pistolet qu'elle a acheté. Pour extrême et radicale qu'elle soit, cette ultime solution est celle qui s'impose à elle face au laxisme et à l'indifférence de tous.

— J'ai besoin de vos services pendant encore deux ou trois jours. Êtes-vous libre ? demande Gilda à Zoltan Hamvic, l'étudiant débrouillard qu'elle a engagé comme interprète. Je vous offre une avance de cinq cents euros. Et je doublerai la mise si je parviens à mes fins.

— Et quelles sont vos fins, madame Andréo ? s'enquiert Zoltan, amusé par l'impétuosité de cette grand-mère hors du commun.

— Vous le saurez bien assez tôt. Si vous êtes d'accord, grimpez dans la voiture. Nous filons à Mostar.

Attablés à la terrasse d'un restaurant surplombant la rivière Nerelva, Gilda et Zoltan font plus ample connaissance. La femme évoque brièvement sa vie de funambule et l'accident qui a brusquement interrompu sa carrière. Pour sa part, le garçon raconte avec pudeur les guerres civiles qui ont ravagé son pays, quelques années plus tôt, et exterminé une partie de sa famille. Très vite, le courant passe entre ces deux êtres, apparemment dissemblables, mais unis par l'épreuve et le malheur.

Chargé de retrouver la trace de Susic, Hamvic traîne dans les cafés de la vieille ville. Il offre des tournées générales, se fait des amis, et interroge de façon détournée les uns et les autres. En fin de journée, il rentre à l'auberge, porteur d'une bonne nouvelle.

— Susic vit seul dans la montagne, dans une bergerie isolée, à quelques kilomètres d'ici, annonce-t-il à Gilda.

Le garçon déploie une carte d'état-major et pointe un doigt au milieu de nulle part.

— C'est là très précisément que des paysans l'ont localisé. Ils m'ont dit qu'il était armé et très dangereux.

— Nous irons, cette nuit, lui rendre une petite visite.

*

Équipé de sacs à dos, le couple grimpe dans la montagne. Il a abandonné la voiture, plus bas dans la vallée. Après deux heures de marche, se repérant grâce au GPS que Gilda a emporté, il s'accorde une pause.

— Nous allons contourner cette crête, indique Zoltan en désignant un amas rocheux brûlé par le soleil. De là-haut, nous dominerons la bergerie.

Au terme d'une nouvelle heure d'effort, Gilda et Zoltan atteignent le sommet de la colline escarpée. Tandis que le garçon dresse la tente et prépare du thé, Gilda s'approche du bord en rampant sur les coudes. À 200 mètres en contrebas, elle distingue nettement le toit en pierres sèches d'un bâtiment trapu entouré de murets.

Les heures qui précèdent le crépuscule sont interminables. Étendus côte à côte sous la tente, la funambule et l'étudiant poursuivent leur conversation à bâtons rompus. Enfin, des poignées d'étoiles s'allument dans le ciel. Zoltan exulte.

— Regardez. À droite de la Petite Ourse, on aperçoit nettement la Chèvre, le Cocher et Menkalinan, un peu au sud.

Gilda n'écoute pas. Elle a tiré d'une poche de son sac à dos le Walther p22 et vérifie son fonctionnement. Lorsque Zoltan la rejoint sous la tente, il écarquille les yeux.

— Qu'est-ce que c'est que ça ? Vous allez vous en servir ? Vous voulez tuer Susic ?

— Cette affaire ne te concerne pas, réplique sèchement la femme. J'ai laissé une lettre sous enveloppe à l'ambassade de France dans laquelle je te blanchis. Tu ne seras en rien complice de quoi que ce soit. Je t'ai engagé comme interprète. Nous sommes partis faire une balade dans la montagne. Nous avons bivouaqué. Et je suis partie régler son compte à Susic quand tu dormais.

— Vous êtes folle. C'est vous qui allez vous faire tuer.

Une discussion envenimée s'ensuit. Pour dissuader Gilda de commettre l'irréparable, l'étudiant développe tous les arguments qui lui viennent à l'esprit. Mais rien n'y fait.

*

Vers 1 heure du matin, Gilda glisse le pistolet dans un sac banane attaché à sa taille, empoigne une lampe-torche, et enjambe avec précaution la barrière rocheuse qui surplombe un pierrier. Puis, d'un pas lent et silencieux, elle se dirige vers la bergerie. Elle se glisse dans la brèche d'un muret effondré, traverse une cour en trois bonds, et se colle au bâtiment.

La faible lueur d'une lampe à pétrole filtre à travers une fenêtre. Elle s'en approche en retenant son souffle. Un homme est assis de dos dans la pièce, accoudé à une table, un verre et une bouteille à demi remplie d'un liquide blanc à portée de main. Des cartes sont étalées. L'homme fait une réussite. Dans le fond de la chambre, une paillasse crasseuse. Plus loin, près de la porte, un fusil à pompe, posé en équilibre sur le chambranle. Gilda se saisit du pistolet, pousse le cran de sûreté, et engage une balle dans le canon. Ensuite, arme au poing, elle contourne le bâtiment jusqu'à la porte. Elle constate qu'elle est dénuée de serrure. Quand elle se concentre en fermant les yeux, le tremblement qui agitait ses mains s'apaise peu à peu. Puis, comme lorsqu'elle s'élançait autrefois sur le fil, tendu à 28 mètres de hauteur, elle bloque sa respiration et fait un grand pas en avant. Elle tourne la poignée de la porte d'un coup sec et bondit dans la pièce. En ricochant sur la dalle de pierre, le fusil produit un fracas qui déchire le silence.

— Asim Susic ? hurle la femme.

L'homme se redresse comme un diable sorti de sa boîte. Instinctivement, il cherche son arme des yeux.

— N'y pense même pas, avertit Gilda, le Walther pointé sur lui.

Elle poursuit d'une voix calme :

— Je m'appelle Gilda Andréo. Tu as tué Adam, mon fils, dans un bar de Toulon, il y a un an et demi. Je suis venue pour le venger. Qu'as-tu à me dire ?

Le visage défait sous l'effet de la surprise, les yeux roulant dans leurs orbites, Susic s'est figé.

— Je t'écoute.

— Vous vous trompez. Je ne connaissais pas votre fils. Je… je ne sais pas de quoi vous parlez.

Une flamme bleutée s'allonge au bout du canon. Une déflagration sèche se démultiplie contre les vieux murs. La bouteille vole en éclats. Une odeur de poudre et d'alcool de prune se mêle à la poussière. Le silence à nouveau.

— La prochaine est pour toi. Entre les deux yeux.

— Je… je n'y suis pour rien, bredouille le malfrat. Il y a eu une fusillade dans un bar. Adam s'y trouvait par hasard. Il a reçu une balle perdue.

— C'est faux : vous lui avez tiré trois balles à bout portant derrière le crâne.

Gilda presse à nouveau la détente. Susic tressaute et porte une main à sa tempe. Il constate, éberlué, qu'elle est pleine de sang. La balle lui a frôlé la tête en entamant les chairs.

— Dernier avertissement. Ma patience a des limites.

— Oui, bon, c'est vrai, concède Susic d'une voix tremblante. J'ai tué votre fils. Il trichait au jeu. Il m'avait insulté.

— Répète-moi ça distinctement.

— J'ai tué votre fils, madame Andréo. J'ai tué Adam.

— Recule au fond de la pièce, ordonne Gilda, et tourne-toi contre le mur.

Susic obéit, terrorisé.

— Vous allez m'exécuter ?

Gilda ramasse le fusil, passe la lanière sur son épaule, ouvre son sac banane et éteint le petit magnétophone qui s'y trouve, le micro scotché à l'extérieur.

— Je resterai dehors. Si tu quittes cette pièce avant le lever du jour, tu n'auras pas de nouvelle chance.

*

Une fois de retour à Toulon, Gilda Andréo se précipite auprès de Didier Farragut, le juge d'instruction chargé d'instruire le meurtre de son fils. Elle lui fait écouter l'enregistrement.

— Vous avez du cran, constate le magistrat. Aller vous frotter à un assassin au fin fond de la Bosnie !

Il désigne du menton le magnétophone.

— Mais oubliez ça. L'enregistrement n'a aucune valeur juridique et il pourrait vous attirer beaucoup d'ennuis. Vous avez introduit une arme à feu illégalement dans un pays étranger. Vous avez obtenu des aveux sous la menace. Et vous avez blessé un individu en lui tirant dessus de sang-froid.

— Voulez-vous dire que ce que j'ai fait ne servira à rien ?

— Pas tout à fait, temporise le juge. Vous m'avez convaincu de la culpabilité de Susic. Je rouvre l'enquête. Et je reprends contact avec mon collègue de Sarajevo.

Une fois encore, Gilda n'entend pas rester les bras croisés en attendant que la justice suive laborieusement son cours. Alertant presse et radio locales, elle dénonce le laxisme et les atermoiements des polices françaises et bosniaques. Elle ouvre un site Internet consacré à son fils. Elle mobilise les réseaux sociaux. Ce tapage finit par se répercuter jusqu'à Sarajevo. La république de Bosnie-Herzégovine brigue une adhésion à l'Union européenne et cette affaire discrédite le bon fonctionnement de ses institutions. C'est pourquoi, dans les mois qui suivent, les choses s'accélèrent.

En novembre 2001, Didier Farragut contacte Gilda par téléphone.

— Asim Susic a été arrêté, mis en examen et placé en garde à vue. C'est la bonne nouvelle, annonce-t-il. La moins bonne c'est qu'en l'absence de preuves matérielles, mon homologue bosniaque exige qu'au moins trois témoins visuels de l'homicide comparaissent devant le tribunal de Sarajevo.

— Trois témoins visuels ? répète Gilda, incrédule. Trois des hommes qui se trouvaient dans le bar quand Adam a été tué ?

— Vous m'avez bien entendu, confirme Farragut. Ce qui signifie que nous devons identifier ces hommes, retrouver leur trace, plus de deux ans après les faits, et, naturellement, les convaincre de se rendre en Bosnie pour témoigner.

— C'est mission impossible, gémit Gilda à l'autre bout du fil. Pourquoi ne me demandez-vous pas de décrocher la lune pendant que vous y êtes ?

— Lorsque les témoins seront identifiés, je les assignerai à comparaître. Néanmoins, s'ils refusent, j'aurai peu de moyens de pression, car, en matière judiciaire, la France et la Bosnie-Herzégovine n'ont pas ratifié d'accords bilatéraux.

— Que me suggérez-vous ?

— Je peux demander au capitaine Mauricet de vous prêter main-forte.

— Je crois que cela me desservirait plus qu'autre chose.

— Quoi qu'il en soit, faites vite. Passé un délai de soixante jours, si la demande n'est pas satisfaite, Susic sera relâché. Et il s'évanouira définitivement dans la nature.

*

Après avoir retourné la question sous tous ses angles, Gilda Andréo retourne *Aux Palmiers*. Victor Ortoli écoute patiemment le récit de son expédition mouvementée à Mostar en rinçant des verres au-dessus du comptoir.

— Chapeau ! Vous êtes quand même un sacré bout de femme !

— Quand on a passé cinq ans de sa vie sur un fil, perché à 28 mètres, la notion de danger devient toute relative, rectifie Gilda. Je suis décidée à aller jusqu'au bout. Avec ou sans votre aide.

— Vous me demandez de vous donner les noms de ceux qui se trouvaient ici le soir du meurtre ? En fait, vous me demandez d'être une *balance* ?

— Pas du tout. Les clients qui étaient là – et vous-même – n'êtes en rien impliqués dans le meurtre d'Adam. Mais vous pouvez, par contre, m'aider à faire justice.

— Je vais y réfléchir. Accordez-moi quarante-huit heures, demande Ortoli.

Et, pour improbable qu'elle soit, la requête de Gilda trouve auprès du gérant *Des Palmiers* un écho favorable.

— C'est d'accord, bougonne-t-il dans son portable. J'irai à Sarajevo avec Lucas et Da Sylva, un retraité de la SNCF et un ferrailleur. Et surtout ne me demandez pas comment j'ai réussi à les convaincre.

*

Gilda vide ses fonds de tiroirs pour s'acquitter du prix des billets d'avion et des frais de séjour. Et le quatuor s'envole vers la Bosnie.

Au cours des audiences, Susic, imperturbable, nie tout en bloc. Mais les dépositions des témoins font basculer le cours du procès. Tandis qu'Ortoli, Lucas et Da Sylva regagnent la France, Gilda assiste aux plaidoiries et attend le verdict : Susic est reconnu coupable de meurtre et condamné à une peine de seize ans de réclusion criminelle.

Lorsque la sentence tombe, le malfrat glisse un regard haineux vers Gilda, assise au premier rang du prétoire. En réponse à sa grimace, elle dirige une main dans sa direction, index et majeur pointés, autres doigts repliés contre la paume. Et elle mime de décharger sur lui une arme imaginaire.

— Pan ! susurre-t-elle. Entre les deux yeux !

19

LE SANG DE LA CHOUETTE

Dans la lumière froide d'une fin d'après-midi, une femme gît au pied d'un escalier, jambes et bras maigres enchevêtrés. Sa tête baigne dans une flaque de sang. Mêlées aux aiguilles du sapin de Noël, des éclaboussures ont constellé l'épaisse moquette.

Quelques instants plus tôt, un fracas assourdissant a alerté son mari.

— Julia ! a-t-il hurlé en quittant précipitamment son bureau situé à l'autre bout de la maison, et en traversant le salon à grandes enjambées.

Ses yeux s'écarquillent et son cœur se brise lorsqu'il découvre le corps démantibulé, affalé au bas des marches qui mènent à l'étage.

— Julia !

L'homme tombe à genoux. Son premier réflexe est de caresser la chevelure blonde de son épouse, éparpillée sur le sol comme une gerbe de blé. Mais il interrompt son geste : les cheveux sont poissés de sang. Il hésite à nouveau à tâter la carotide ou le poignet. Il y renonce. À quoi bon s'assurer que Julia n'est plus en vie ? Son regard fixe et vitreux est suffisamment explicite.

L'homme se tient prostré. Un vide vertigineux s'est creusé dans son cerveau. Une giclée de larmes lui brûle soudain les yeux. Une minute ou une heure plus tard, il se redresse douloureusement, chancelle, revient sur ses pas, et compose en automate le numéro d'urgence de la police.

Quand le hululement d'une sirène et le balayage d'un gyrophare le tirent de sa torpeur, il va ouvrir aux deux policiers en uniforme qui patientent devant la porte.

*

— Douglas Anderson ? demande le plus âgé. Est-ce vous qui avez signalé la mort de votre épouse ?

— Oui. Elle est là-bas dans le salon, sous le sapin de Noël. Morte.

Quand il découvre le cadavre, le sergent ravale un léger haut-le-cœur.

— Que s'est-il passé ?

Anderson hausse les épaules.

— Je n'en ai pas la moindre idée. Je travaillais dans mon bureau quand j'ai entendu un énorme bruit. Je me suis précipité. Julia gisait au pied de l'escalier dans l'état dans lequel vous l'avez trouvée. Quand j'ai constaté qu'elle était morte, j'ai appelé la police plutôt qu'une ambulance.

— Comment expliquez-vous sa chute ? Votre épouse était-elle dans son état normal, s'enquiert le policier, devenu suspicieux.

— Je suppose que oui. La maison est grande. Nous avions travaillé chacun de notre côté, sans nous croiser de tout l'après-midi.

Le sergent tire un téléphone portable de sa poche.

— Je dois avertir mon supérieur et le coroner pour qu'ils examinent le corps. Tenez-vous à l'écart et ne touchez plus à rien.

Arrivé sur les lieux, le médecin légiste constate que la femme porte de larges plaies à la tête et qu'une de ses épaules est déboîtée. Il introduit un thermomètre dans sa bouche pour connaître l'heure approximative du décès, tandis que le lieutenant Peter Taylor inspecte l'escalier à la recherche d'indices. N'ayant rien découvert de significatif, il interpelle le coroner.

— Qu'en penses-tu, Bill ?

— Mort accidentelle, je suppose. En attendant, bien sûr, les conclusions de l'autopsie.

— Avant la levée du corps, je préférerais quand même que la Scientifique vienne jeter un coup d'œil.

En état de choc, Anderson a assisté au travail de l'équipe comme s'il avait regardé d'un œil distrait une scène de série télévisée, déjà vue des dizaines de fois sur le petit écran.

— Vous ne voyez pas d'inconvénient à ce que des experts soient mis à contribution, monsieur Anderson ? demande Taylor.

— Bien sûr que non. Faites ce que vous avez à faire.

Une heure plus tard, un homme et une femme se glissent dans des combinaisons blanches en Tyvek, se collent des masques chirurgicaux sur le nez, et enfilent des gants en latex. Bientôt le flash d'un appareil photo crépite dans le salon. Relevé d'empreintes digitales sur la rampe de l'escalier. Prélèvement d'échantillons sous les ongles du cadavre. De fibres sur le devant et les manches de son chemisier. Croquis. Études des taches de sang.

*

Sous la supervision du procureur Bob Garrett, le lieutenant Peter Taylor se charge de mener une enquête de routine. Il apprend rapidement que la victime était âgée de cinquante-deux ans, qu'elle était agent immobilier, qu'elle était divorcée, et qu'elle avait épousé en secondes noces Douglas Anderson, écrivain à succès de huit ans son aîné.

Sachant que, dans la plupart des homicides, les suspects sont à chercher en priorité dans l'entourage de la victime, Taylor passe au crible le passé d'Anderson. Il découvre ainsi qu'après avoir brillamment achevé des études de droit, il s'était engagé dans les premières forces combattantes au Vietnam. Blessé à la hanche, couvert de médailles, il avait été muté au Japon puis en Allemagne où, en 1965, il avait épousé Patricia Biondo, une infirmière militaire qui lui avait donné deux fils.

Taylor apprend ensuite qu'à la mort de leurs meilleurs amis, George et Betty Manson, survenue à quelques années d'intervalle, les Anderson avaient adopté leurs deux petites filles, devenues orphelines.

En dépit du brutal élargissement de leur famille, Douglas et Patricia avaient divorcé en 1988. La première avait obtenu la garde de leurs fils biologiques, le second s'était vu confier celle de leurs filles adoptives.

Après avoir quitté l'armée avec les honneurs, Anderson s'était lancé dans la rédaction d'un ouvrage de science politique. Intitulé *Le Dragon immortel,* il était rapidement apparu sur la liste des best-sellers. L'essayiste avait récidivé quelques années plus tard et obtenu un égal succès avec deux autres livres, ce qui lui avait assuré des revenus confortables.

Enfin, en 1992, Doug Anderson avait épousé Julia Weissmuller et partagé avec elle et sa fille, Eva Pennebecker, née d'un premier mariage, une belle villa à Alexandria, une ville huppée proche de Washington.

— Le parcours sans fautes, bien qu'assez atypique, d'un héros américain, avait conclu Peter Taylor en refermant l'épais dossier qu'il s'était constitué.

*

Quelques jours plus tard, le rapport d'autopsie de Julia Anderson atterrit simultanément sur le bureau du procureur et sur celui du lieutenant de police. Et, contre toute attente, il fait l'effet d'une bombe. Au cours de l'examen, le médecin légiste a constaté, en effet, sept importantes lacérations au niveau des parties supérieure et postérieure de la tête ainsi qu'une fracture du cartilage thyroïque. Des blessures qui, selon le praticien, sont incompatibles avec la chute dans un escalier d'une femme pesant 57 kilos. Au contraire, les plaies crâniennes semblent indiquer que Julia a été violemment frappée à l'aide d'un objet contondant qui pourrait être un tisonnier.

Seconde constatation ahurissante : survivant à la chute, Mme Anderson serait restée au moins deux heures inconsciente mais en vie, comme le prouve le sang frais qui s'est écoulé de sa tête, imprégnant la moquette du salon. L'examen toxicologique et celui du contenu de l'estomac indiquent également qu'au cours de la journée, Julia avait absorbé un faible mélange d'alcool et de Valium. Ce cocktail aurait-il pu la désorienter, lui faire perdre l'équilibre et entraîner sa chute ? Prudent, le médecin légiste ne se prononce pas sur ce point.

Quoi qu'il en soit, ce qui ressemblait à l'origine à un banal accident domestique s'est transformé, en quelques heures, en potentiel homicide.

Après avoir lu le rapport, le procureur Bob Garrett signe un mandat d'amener à l'encontre de Douglas Anderson et un autre de perquisition au profit de Peter Taylor afin qu'il aille recueillir dans la maison du suspect les preuves matérielles de son éventuelle culpabilité.

*

C'est un homme défait et flageolant qui pénètre dans le bureau du procureur.

— Monsieur Anderson, j'ai la réputation d'aller droit au but, annonce Garrett d'une voix bourrue. On me dit même brutal. Mais n'ayez crainte, votre passé militaire m'inspire du respect. Je vous traiterai donc en gentleman.

Rencogné dans le fond de sa chaise, en état de choc, Anderson revoit des images brusques et violentes défiler sous son crâne : la gerbe des cheveux blonds de son épouse, éparpillée au pied du sapin de Noël ; son regard fixe et vitreux, braqué au-delà d'un point infranchissable ; les jambes et les bras enchevêtrés comme ceux d'un pantin désarticulé. Le cauchemar se poursuit avec l'arrivée des fonctionnaires de police qui glissent le corps sans vie dans un sac funéraire noir qui ressemble à s'y méprendre à un long sac-poubelle. Puis les employés d'une entreprise spécialisée dans le nettoyage des scènes de crime qui viennent shampouiner la moquette ensanglantée et donner un rapide coup d'aspirateur. Enfin, deux jours plus tard, sa vie bascule une seconde fois lorsque des menottes claquent sèchement sur ses poignets en entamant ses chairs.

— Monsieur Anderson, êtes-vous avec moi ?

Le prévenu semble émerger d'une plongée en apnée. Il lève les yeux sur le visage sévère de Garrett : cheveux blancs et drus taillés en brosse, regard étincelant derrière des lunettes cerclées d'or.

— Monsieur Anderson, reprend le procureur, avez-vous tué votre femme ?

— Bien sûr que non, s'insurge l'écrivain. Pourquoi l'aurais-je fait ?

— Le rapport d'autopsie indique que votre épouse n'a pas chuté dans l'escalier. Elle a été frappée à la tête à l'aide d'un objet métallique, vraisemblablement un pique-feu. Or, le lieutenant Taylor vient de me signaler que, durant sa perquisition, il n'a pas trouvé celui dont vous vous servez habituellement. Car vous utilisez un tisonnier en fer forgé quand vous faites du feu dans votre cheminée, n'est-ce pas monsieur Anderson ? Inutile de nier, Eva Pennebecker, la fille de la victime, me l'a confirmé il y a un instant au téléphone.

Garrett marque une pause.

— Je repose donc ma question sous une autre forme : où avez-vous caché le pique-feu dont vous vous êtes servi pour assassiner votre épouse ?

— Tout cela est absurde, je n'ai pas tué Julia, hurle Anderson. Et je ne comprends rien à votre histoire de tisonnier. S'il n'est pas dans le salon, il doit être dans la cave ou dans le garage, que sais-je ?

— Il n'est nulle part. Votre maison a été passée au peigne fin par les enquêteurs.

Anderson sent une boule d'angoisse se coincer dans sa gorge. Il déglutit péniblement. Garrett agite maintenant deux doigts devant lui.

— Second point important. Votre femme n'est pas morte sur le coup. Elle a agonisé deux heures avant de succomber à ses blessures. Avez-vous manqué de courage pour l'achever quand elle gisait, inconsciente, au pied du sapin de Noël ?

Anderson écarquille les yeux. Puis il ouvre la bouche en grand comme un poisson en manque d'oxygène. Le procureur poursuit avant qu'il n'ait eu le temps de bredouiller un mot :

— Qu'avez-vous fait durant ces deux heures ? Lui avez-vous lu un chapitre de votre dernier livre ? Avez-vous patienté en la regardant mourir jusqu'à ce que vous puissiez enfin appeler la police ?

Anderson se prend la tête entre les mains. Il s'enferme en lui-même comme s'il entrait à l'intérieur d'une bille d'acier. Il se concentre jusqu'à éprouver une douleur dans la nuque. Il fouille le tréfonds de sa mémoire.

— Écoutez, voilà exactement ce qui s'est passé. Dès que j'ai entendu un fracas, je me suis rué dans le salon. J'ai vu Julia couchée sur le sol. Ses bras et ses jambes formaient des angles bizarres. Ce détail m'a frappé. Je me suis agenouillé à ses côtés et j'ai tout de suite compris qu'elle était morte.

— Vous êtes-vous donné la peine de vérifier ? Lui avez-vous pris le pouls ?

Anderson se revoit hésiter à tâter la carotide ou l'artère du poignet.

— Non, je n'ai pas osé la toucher. Sa tête et son visage étaient couverts de sang. Elle n'avait plus aucune réaction. Ses yeux ne cillaient pas. Il m'a semblé évident qu'elle était morte.

— Admettons, reprend Garrett. Alors, dans ce cas, pourquoi avoir attendu deux heures avant d'appeler la police ?

— Sans doute parce que… parce que le temps s'était arrêté. J'étais prostré, incapable de bouger ou de réfléchir. J'ai pleuré, j'ai crié. J'ai eu l'impression ensuite de tomber dans un trou noir. Un trou plein de sang et de cauchemars. Dès que j'ai repris mes esprits, je suis allé aussitôt téléphoner à Police secours.

— Monsieur Anderson, regardez-moi.

— Oui.

— Répondez-moi franchement.

— Oui.

— Ai-je l'air d'un imbécile ? Avez-vous l'intention de me faire croire que vous vous êtes évanoui pendant tout le temps qu'a duré l'agonie de votre femme. Et que la conscience vous est brusquement revenue dès qu'elle a rendu l'âme ? Voyons, monsieur Anderson, je vous ai écouté avec bienveillance. Comme je vous l'ai déjà dit, j'ai beaucoup de sympathie pour les vétérans du Vietnam. Mais, au lieu de coopérer, vous n'avez fait qu'aligner mensonges et incohérences.

Bob Garrett prend l'air affligé d'un professeur déçu par son meilleur élève.

— J'espère néanmoins qu'au procès votre avocat saura trouver des arguments plus convaincants afin de vous éviter l'injection létale ou la prison à vie…

*

L'incarcération de Douglas Anderson à l'Alexandria City Jail, un centre pénitentiaire de Virginie, suscite l'émotion. Les journaux télévisés des chaînes locales relatent amplement l'événement. Il n'est pas fréquent, en effet, qu'un écrivain célèbre, héros de la guerre du Vietnam de surcroît, soit accusé d'avoir assassiné sa femme en la frappant à coups de tisonnier.

Si les enfants du détenu refusent de croire à la culpabilité de leur père et font circuler une pétition en sa faveur dans les milieux intellectuels de Washington, Eva Pennebecker, sa belle-fille âgée de trente-deux ans, décide, elle, de se porter partie civile. À ses yeux, le rapport d'autopsie constitue la preuve accablante que sa mère n'a pas été victime d'un accident mais bien d'un meurtre.

Un juge fixe la réunion d'un grand jury et l'ouverture du procès au 20 mars 2002, soit cent dix jours après le drame. Ce qui laisse à Bob Garrett, Peter Taylor et Hal Brooke, l'avocat qu'Anderson a choisi parmi ses anciens condisciples de la faculté de droit de New York, le temps d'affûter leurs arguments.

Dans le souci d'exercer son contrôle sur la suite de l'enquête, le procureur communique par courriel au lieutenant de police ce qui ressemble à une feuille de route.

« Vérifiez les comptes bancaires du couple. Voyez si la victime avait contracté une assurance-vie en faveur de son époux. »

« À combien s'élevait la fortune personnelle de Mme Anderson à la veille de sa mort ? Avait-elle rédigé un testament ? Qui en sont les bénéficiaires en dehors de sa fille ? »

« Enquêtez aussi sur la vie privée d'Anderson. Avait-il une maîtresse ? Fréquentait-il des prostituées ? »

« Épluchez son passé, sa carrière militaire, les conditions d'adoption de ses filles, les circonstances de sa rencontre avec Julia Weissmuller. Tous les éléments biographiques le concernant doivent être approfondis et, si possible, étayés de documents écrits. »

Pour clore sa liste de recommandations, le procureur glisse dans son message une dernière ligne en petits caractères :

« Avez-vous vérifié si la porte d'entrée de la maison était verrouillée au moment du meurtre ? Il est peu probable qu'un inconnu s'y soit introduit, ait tué Mme Anderson et ait fait disparaître le pique-feu, mais la défense ne manquera pas de soulever ce lièvre ! »

Un mois plus tard, Peter Taylor rend compte au procureur du résultat de ses recherches. Le contenu de son courriel se résume à une phrase. Mais à une phrase choc : « Je dispose de trois bombes désamorcées pour faire sauter Anderson. »

*

Quelques semaines plus tard, dès l'ouverture du procès, Douglas Anderson est appelé à la barre. Il lève la main droite et jure de dire la vérité à chaque fois qu'il aura à s'exprimer dans le prétoire. À peine a-t-il fini de prononcer la phrase rituelle que le procureur demande au juge la permission de lui poser une question préliminaire.

— Allez-y, mais soyez bref.

— Monsieur Anderson, vous venez de prêter serment sur la Bible. Dans votre esprit, cette promesse engage-t-elle aussi votre parole de lieutenant-colonel de réserve dans les forces armées américaines ?

Ne saisissant pas le sens de la question, Anderson se contente de hocher la tête.

— J'aimerais entendre clairement votre réponse.

— Je suppose que oui.

Le juge manifeste son impatience.

— Allez au fait, monsieur Garrett. Je voudrais auditionner rapidement les premiers témoins, sans que nous nous perdions en digressions inutiles.

Le procureur ouvre le porte-documents qui est posé devant lui et en extrait un petit cadre en bois à l'intérieur duquel sont épinglées trois médailles militaires. Il se lève, tend le cadre à bout de bras et le présente aux membres du jury puis à Anderson.

— Pouvez-vous nommer ces trois décorations ?

— Je vois deux *Purple Hearts* et une *Bronze Star Medal.*

— C'est exact. Pour les dames ou ceux qui n'auraient pas d'expérience militaire, je précise que la première est décernée au nom du président des États-Unis aux personnes blessées ou tuées au service de l'armée américaine. Et que la seconde, la *médaille de l'Étoile de bronze,* est la quatrième plus haute distinction. Elle récompense les actes de bravoure et d'héroïsme. Maintenant, ma question est simple : monsieur Anderson, avez-vous obtenu ces décorations lorsque, officier, vous combattiez au Vietnam, de 1963 à 1965 ?

Interloqué, Doug Anderson hésite. Il se tourne vers le juge comme s'il cherchait un appui providentiel.

— Répondez à la question.

Comme Anderson garde le silence, le procureur poursuit :

— Non, vous ne les avez jamais obtenues. Vous vous les êtes frauduleusement attribuées et vous en faites mention sur la quatrième page de couverture de vos livres. Tout comme vous n'avez jamais été blessé au combat comme vous l'avez prétendu, mais lors d'un accident de la circulation lorsque vous étiez basé au Japon. Nous avons soigneusement vérifié ces faits en épluchant votre dossier dans les archives militaires.

Hal Brooke, l'avocat de la défense, se dresse dans son box comme un diable sortant de sa boîte.

— Hors de propos, votre honneur. Qu'est-ce que cet inventaire nauséabond a à voir avec notre affaire ?

— Il prouve, mon cher maître, que votre client est un affabulateur. Il a trompé sa femme, ses enfants, son entourage ainsi que des milliers de lecteurs.

Puis, le procureur s'adresse au jury :

— Sachant cela, mesdames et messieurs, je vous conseille dorénavant de ne pas prendre pour argent comptant les déclarations que M. Anderson pourra faire à la barre durant toute la durée du procès. Car, de toute évidence, cet homme ne dit pas la vérité.

Assis dans la salle parmi le public, le lieutenant de police Peter Taylor murmure entre ses dents.

— Explosion de la première bombe réussie. Il en reste encore deux. Au final, Anderson va se faire déchiqueter.

*

On assiste, durant les jours suivants, à une bataille d'experts. Pour appuyer la thèse de la mort accidentelle, ceux de la défense arguent que Mme Anderson avait absorbé un mélange d'alcool et de Valium et que, incapable de contrôler son équilibre, elle a lourdement chuté dans l'escalier et s'est infligé des plaies multiples, avant de succomber à une hémorragie cérébrale. Se référant à l'analyse des blessures et des traces de sang, ceux de l'accusation tentent de démontrer qu'au contraire elle a été violemment frappée à la tête. Selon eux, une giclure de sang visible sur le mur, au niveau de la quatrième marche de l'escalier en partant du haut, indique qu'une série de coups a été portée lorsque la victime se tenait encore debout sur le palier. Considérant que les gouttes de sang volent en ligne droite, si Julia Anderson était tombée sans avoir été frappée, sa tête heurtant le bord des marches, les traînées n'auraient pas pu éclabousser le mur.

Estimant qu'aucune des hypothèses en présence n'est pour l'instant déterminante, le juge accorde à nouveau la parole à l'avocat de la défense. Conscient que son client se trouve en difficulté depuis l'ouverture du procès, Hal Brooke change radicalement de stratégie

— Les psychopathes et les sociopathes sont, à ma connaissance, les seuls à être capables de commettre des meurtres gratuits. Ce point de vue est partagé par la plupart des criminologistes. Dans tous les autres cas, le criminel possède un mobile qui le pousse à passer à l'acte. Or, s'il est acquis que mon client n'appartient pas à la catégorie des pervers et des malades mentaux, il apparaît aussi clairement qu'il ne possédait pas de mobile pour attenter aux jours de sa femme. Prenons tout d'abord le mobile de l'argent. Le testament de la défunte indique que la totalité de ses biens revient à Eva Pennebecker, sa fille unique. Et pas d'assurance-vie n'avait été souscrite entre les époux. La jalousie et la vengeance sont également des mobiles à écarter. Mon client est un écrivain célèbre qui a su trouver à la fois l'estime de ses pairs et la fidélité de ses nombreux lecteurs. Ainsi notre liste des mobiles potentiels se réduit-elle à une dernière hypothèse : Anderson avait-il une maîtresse ? La réponse est assurément non. Doug était un homme fidèle, aimant et protecteur. Dans ces conditions, pour quelle raison, sans le moindre mobile, mon client aurait-il tué sa femme ? C'est absurde.

L'avocat de la défense se rassoit, espérant avoir marqué un point décisif.

— J'en ai terminé, votre honneur.

Tandis que Bob Garrett s'apprête à prendre la parole à son tour, dissimulé au fond de la salle, Peter Taylor chuchote à l'oreille d'un collègue assis à ses côtés :

— Écoute bien, Garrett va envoyer la deuxième bombe.

*

— Tout ce que l'avocat de la défense vient de déclarer est exact, annonce le procureur à la stupéfaction générale. Et il n'est pas dans mes intentions de contredire ses propos. M. Anderson n'est pas fou. Il n'avait pas l'intention de voler l'argent de son épouse. Il n'était pas jaloux. Il ne nourrissait ni ressentiment ou esprit de vengeance à l'égard de qui que ce soit. Et, pour finir, M. Anderson n'avait pas de maîtresse…

Le juge, Hal Brooke et Anderson échangent des regards interloqués. Quelle stratégie diabolique Garrett est-il en train de mettre en œuvre ? Ils ne tardent pas à le découvrir.

— Non, M. Anderson n'avait pas de maîtresse. Il avait en revanche des relations occasionnelles et tarifées avec de jeunes prostitués mâles, qu'il se procurait sur des sites de rencontre spécialisés.

Puis, s'adressant à Brooke, le procureur demande :

— Souhaitez-vous, maître, que nous en restions là ou préférez-vous que je communique à la cour le contenu du disque dur de l'ordinateur de votre client ? Les messages qu'il contient sont explicites. Durant ces deux dernières années, M. Anderson a fait appel à quatorze escort-boys et les a rémunérés d'avance par carte bancaire. Tout est consigné dans un rapport.

Les épaules de l'avocat de la défense s'affaissent. Anderson, le feu aux joues, baisse la tête.

— Cette pratique, pour particulière qu'elle soit, n'est cependant pas légalement répréhensible, poursuit Garrett. Elle entre dans le cadre de relations sexuelles mutuellement consenties entre personnes adultes. Ce qui me chagrine davantage, voyez-vous, c'est que les enquêteurs ont établi que Julia Anderson venait de découvrir le pot aux roses quelques semaines avant sa mort. Nous pouvons, dès lors, imaginer sa réaction. Son mari la trompait à intervalles réguliers. Et avec des hommes de surcroît. Dévastée, outragée, Julia avait aussitôt demandé le divorce et menacé Anderson de révéler publiquement ses déviances. Cela signifiait pour lui l'humiliation et la ruine de sa carrière littéraire.

Garrett laisse au jury et au public abasourdis le temps de reprendre leur souffle. Puis il assène un dernier coup.

— Vous vous êtes efforcé, cher maître, de démontrer que votre client ne possédait pas de mobile pour assassiner son épouse. Je vous en fournis un : Anderson a éliminé celle par qui le scandale allait arriver. Une fois libre, votre client aurait pu vivre selon ses goûts et ses aspirations.

Malheureusement pour lui, les technologies dont nous disposons aujourd'hui sont capables de révéler des secrets inavouables.

*

Face à cette attaque, l'avocat de la défense n'a d'autre choix que d'appeler à la barre les enfants du prévenu. Eux seuls peuvent encore inverser le cours des choses. Les garçons, ses fils biologiques, évoquent une enfance heureuse, la présence affectueuse et responsable d'un père soucieux de leur bien-être et de leur éducation. Vient ensuite le tour des filles adoptives de s'exprimer. Vont-elles trouver les arguments capables d'atténuer l'impression désastreuse qu'Anderson a produite sur le jury depuis le début du procès ?

Une trentenaire à la splendide crinière rousse grimpe à la barre.

— Emma Anderson, avez-vous été adoptée, ainsi que votre sœur cadette, par Douglas et Patricia Anderson, le 15 janvier 1970, après avoir vécu avec vos parents biologiques, George et Betty Manson, sur la base américaine de Ramstein, en Allemagne ? demande Garrett.

— Oui.

— Vos parents et les Anderson étaient-ils amis intimes ?

— Ils l'étaient.

— C'est pourquoi, après le décès de vos parents, survenu à deux ans d'intervalle, Doug et Patricia avaient décidé de vous adopter ?

— C'est ce qui s'est passé, en effet.

— Quelle était, s'il vous plaît, la cause du décès de votre père ?

— Il était mécanicien. Il a été accidentellement fauché par un avion sur une piste d'atterrissage.

— J'en suis sincèrement désolé, croit bon d'ajouter Garrett.

Installé au premier rang réservé au public, Peter Taylor sent le rythme de son cœur s'accélérer. Il chuchote.

— Envoi imminent de la troisième bombe.

Le procureur reprend l'interrogatoire :

— Et dans quelle circonstance votre mère vous avait-elle quittée, deux ans plus tôt ?

— Je n'avais que quatre ans à l'époque. Mes parents adoptifs m'ont dit plus tard qu'elle avait été victime d'un cancer foudroyant.

— Un cancer, c'est bien ce qu'ils vous avaient dit ?

— Oui.

— Et vous n'aviez pas de raison de mettre en doute cette version des faits, je suppose ? insiste Garrett.

— Pourquoi l'aurais-je fait ?

— Parce que, en réalité, votre mère a été victime d'une chute fatale, survenue dans l'escalier de la maison que votre famille occupait sur la base de Ramstein.

L'effet de ces dernières paroles foudroie l'assistance. Une clameur s'élève. Des cris, des exclamations. Des gens se lèvent, se bousculent. Des journalistes téléphonent à leur rédaction cette nouvelle fracassante. Pour rétablir le calme, le magistrat martèle frénétiquement le bois de son bureau.

*

Quand l'audience reprend dans le calme, quelques minutes plus tard, le juge exige du procureur qu'il étaye les informations qu'il a avancées et qui risquent de faire basculer le procès. Preuves à l'appui, fournies par les archives militaires, Garrett démontre qu'effectivement Betty Manson avait succombé aux blessures qu'elle s'était infligées en chutant lourdement dans l'escalier de sa maison. La police militaire américaine avait ouvert une enquête aux côtés de la police allemande. Un médecin légiste avait hésité à délivrer un permis d'inhumer. Il s'y était résolu faute d'être en mesure d'établir la preuve qu'il pouvait s'agir d'un homicide.

— Avouez, votre honneur, que les décès de Mmes Manson et Anderson, survenues à près de trente ans d'intervalle mais dans des circonstances étrangement similaires, posent problème. Ils peuvent difficilement être assimilés à des coïncidences, ajoute Garrett pour clore sa démonstration.

— Si je vous suis dans votre raisonnement, vous laissez entendre que M. Anderson aurait été associé à la mort de Betty Manson ?

— Je me contente de rapprocher deux événements dramatiques, répond le procureur. Et je m'étonne par ailleurs que les Anderson aient toujours dissimulé à leurs filles adoptives les causes réelles du décès de leur mère biologique.

À quelques mètres de là, Peter Taylor se frotte discrètement les mains, satisfait de constater que le procureur fait bon usage des informations qu'il lui a fournies.

— Mes bombes ont fait mouche ! Anderson vient de faire un premier pas vers le couloir de la mort.

*

Le juge n'a pas d'autre choix que d'ajourner le procès. Il exige que la dépouille de Betty soit exhumée du cimetière allemand où elle a été enterrée, qu'elle soit rapatriée aux États-Unis, et qu'un médecin légiste pratique une autopsie. Le procès reprendra son cours une fois que l'ensemble de ces formalités sera accompli et que les causes de la mort seront élucidées.

Ces procédures compliquées accordent un délai d'environ deux mois à Hal Brooke pour revoir complètement son système de défense. Convaincu de l'innocence de son ancien camarade de faculté, il y consacre toute son énergie.

Le répit permet également à Tim Dickson, un jeune reporter du *Free Lance-Star*, un quotidien de Virginie, d'enquêter sur les tenants et les aboutissants de ce fait divers qui a pris maintenant une ampleur nationale.

Tandis que Douglas Anderson croupit toujours en prison, Brooke parvient enfin à glisser une carte maîtresse dans son jeu. Une bombe d'une puissance égale sinon supérieure à celles dont le procureur s'était servi pour détruire ses arguments.

*

Le procès reprend le 7 juin 2002 avec une annonce qui permet à la défense de desserrer l'étau qui l'asphyxiait : le médecin légiste, qui a pratiqué l'autopsie sur la dépouille de Betty Manson, a conclu à une mort accidentelle caractéristique.

— Ce doute étant définitivement levé, nous ne reviendrons pas sur les éléments qui ont déjà été exposés, prévient le juge. Si le procureur et l'avocat de la défense n'ont pas de nouveaux témoins à présenter, nous passerons aux plaidoiries.

— Je souhaiterais que la cour entende un expert qui n'est pas encorc intervenu, intervient Brooke.

— Écoutons-le, concède le juge.

Un homme mince aux cheveux blancs frisés, âgé d'une soixantaine d'années, s'approche de la barre et prête serment.

— Veuillez décliner vos noms et qualités ? demande le juge.

— Professeur Norbert Norman. J'ai occupé pendant sept ans le poste de neurochirurgien chef dans les forces armées américaines basées en Europe. Puis, après avoir dirigé plusieurs services dans des hôpitaux militaires, j'ai été désigné pour veiller sur la santé des présidents Clinton et George W. Bush, à chaque fois qu'ils étaient en déplacement à l'étranger.

Hal Brooke intervient :

— Monsieur le professeur, je vous ai communiqué, il y a quelques semaines, un certain nombre de documents comprenant notamment le rapport d'autopsie de Julia Anderson ainsi que des photographies de ses blessures, prises environ une heure après le drame.

— C'est exact.

— Qu'en avez-vous conclu ?

— Je dirais, en préambule, qu'au cours de ma pratique et de ma formation, j'ai fait plus d'un millier d'incisions du cuir chevelu. J'ai, par ailleurs, étudié un nombre équivalent de blessures crâniennes dues à des chutes sur différentes sortes de matériaux ou causées par des morsures de chien, ainsi que par des coups de pied de vaches ou de chevaux. J'ai également étudié les plaies du cuir chevelu provoquées par des voies de fait, comme des couteaux, des battes de base-ball, des barres métalliques, des clubs de golf, des pierres, des tuyaux…

— Avancez dans votre démonstration, professeur, l'interrompt le juge. Nous ne doutons pas de vos compétences.

— Je suis d'autre part un ornithologue amateur passionné depuis l'enfance. Au cours des dix dernières années, j'ai pris un intérêt particulier pour les hiboux, que j'ai filmés et photographiés partout dans le monde. Je me suis notamment intéressé aux personnes ayant subi leurs attaques, et j'ai publié à ce sujet, dans des revues spécialisées, des études qui font référence.

— Votre honneur, je ne comprends pas où veut en venir le témoin, s'insurge Bob Garrett. Nous ne sommes pas ici pour entendre des divagations ornithologiques, il me semble.

— Laissez le témoin terminer son argumentation, intervient le juge. Mais soyez bref, monsieur Norman.

— Merci. J'en viens aux faits. J'ai étudié avec soin quelques-unes des photos figurant dans le rapport d'autopsie de Mme Anderson. De graves lacérations du cuir chevelu sont visibles. Quatre d'entre elles sont d'un intérêt particulier. Chaque lacération a l'apparence d'un trident avec trois branches convergeant vers un point situé à environ 30 degrés par rapport à l'autre et d'une quatrième branche convergeant vers le même point à près de 180 degrés. Les bords de chacune d'entre elles sont légèrement dentelés. Ces blessures, très particulières, ne sont pas compatibles avec la marque d'un objet contondant utilisé comme arme. Elles ne peuvent en aucun cas avoir été produites par un marteau, un démonte-pneu, une griffe à main de jardinage ou… un tisonnier. Elles sont, par contre, compatibles avec des lacérations causées par un grand rapace.

— Objection, votre honneur, tout cela est hors de propos, rugit Garrett.

— Refusée. Poursuivez professeur.

— Selon moi, ces griffures sont la conséquence d'un coup porté à l'arrière de la tête par un oiseau de proie, la serre d'une chouette rayée pour être plus précis. Car, sachez-le, les attaques de hiboux peuvent être suffisamment violentes pour blesser gravement un individu et provoquer sa chute. J'ajouterai que la fracture du cartilage thyroïque, également constaté sur la victime, identifie une nécrose ischémique aiguë, produite par le choc ou l'hypoxie, et non pas par un objet contondant.

On entendrait maintenant une mouche voler dans le prétoire. Le juge peine à articuler.

— Une chouette aurait donc mortellement blessé Mme Anderson avant qu'elle ne chute dans l'escalier, c'est bien ce que vous cherchez à nous démontrer, professeur ?

— Oui, je suis en mesure de l'affirmer.

— Une chouette ! ironise le procureur. Expliquez-moi comment un rapace nocturne peut passer à l'attaque à l'intérieur d'une maison ? C'est invraisemblable.

— Puis-je approcher, votre honneur ? demande Hal Brooke.

Le juge acquiesce.

— J'ai ici des photos qui corroborent l'hypothèse du professeur Norman. Je voudrais qu'elles soient enregistrées comme preuves matérielles à décharge.

— Montrez-les-moi.

— La première est un agrandissement à la puissance trente d'une des plaies ayant entraîné la mort de Julia Anderson.

Brooke dépose le cliché sur le bureau du juge.

— Que distinguez-vous, en haut et à droite de l'image ?

Le magistrat chausse une paire de lunettes.

— Il me semble apercevoir ce qui ressemble à un minuscule fragment de plume, incrusté dans les chairs.

— Oui, il s'agit bien d'une plume de chouette. Le professeur Norman et deux ornithologues de l'université de Washington l'ont identifiée. Le rapace se serait empêtré les ailes dans les cheveux de Mme Anderson lors de l'agression.

— C'est effectivement troublant, convient le juge en confiant le document à son greffier.

L'avocat de la défense présente une seconde photo.

— Cette image-ci montre un nid de hibou. Elle n'aurait pas d'intérêt si elle n'avait pas été prise dans le jardin qui jouxte la maison des Anderson. Le nid caractéristique est accroché à la branche d'un tulipier de Virginie. Il s'y trouvait encore ce matin, j'ai vérifié.

Alors qu'un silence compact plombe l'assistance, le juge s'adresse au procureur.

— Voulez-vous intervenir ?

— Merci, je n'ai pas de question.

Une rumeur parcourt le banc du jury.

Avant que le magistrat n'ait eu le temps de reprendre le contrôle des débats, Hal Brooke pousse aussitôt son avantage.

— Votre honneur, compte tenu des preuves matérielles que je viens d'apporter et qui innocentent mon client, je demande un non-lieu et la relaxe immédiate.

Dans le souci de ne pas céder à la pression de l'avocat, le magistrat décide d'ajourner une nouvelle fois le procès.

— Je vous communiquerai ma décision dans quarante-huit heures. J'invite d'autre part les membres du jury à prendre en compte la remarquable expertise du professeur Norman quand ils auront à délibérer.

*

Le lendemain matin, Tim Dickson publie deux articles dans le *Free Lance-Star*. Le premier, qui s'étale en première page, relate les derniers rebondissements survenus au cours du procès. Le second, rejeté en page neuf, dresse un portrait peu flatteur du procureur Garrett.

Selon l'enquête que le jeune reporter a menée dans les milieux judiciaires et policiers, au cours des vingt dernières années, Garrett aurait falsifié plus d'une centaine de dossiers pénaux en dissimulant des preuves à décharge. Le cas le plus dramatique concerne un Afro-Américain ayant purgé une peine de dix-sept ans de prison avant d'être finalement innocenté grâce à l'intervention d'une association d'aide aux détenus. Pour le faire condamner, Garrett avait affirmé avoir trouvé des traces de sang dans sa voiture, se gardant bien de divulguer qu'une contre-expertise avait établi qu'il ne s'agissait pas de sang humain.

Ainsi, dans le but d'augmenter son quota de condamnations et de se faire réélire, le procureur avait-il pris l'habitude d'escamoter des preuves, d'établir de fausses déclarations, de tronquer des aveux et de falsifier des rapports de police.

Cette révélation scandaleuse contribue à faire basculer définitivement le procès du côté de la défense. Garrett est suspendu de ses fonctions. L'assistante qui le remplace au pied levé plaide sans conviction, Hal Brooke se contentant de récapituler les conclusions établies par le professeur

Norman. Au terme d'une brève délibération, le jury reconnaît à l'unanimité l'innocence du prévenu.

*

Ruiné par les frais de justice occasionnés par son procès, Doug Anderson vend la belle demeure qu'il possédait à Alexandria et s'installe dans un mobile-home, qu'il déplace au gré de sa fantaisie le long des plages du cap Cod. Ses enfants et ses petits-enfants viennent parfois lui rendre visite. Ce qui donne lieu à des réunions festives en plein air.

Lorsqu'un journaliste l'interroge sur ses projets littéraires, Anderson se contente de répondre mystérieusement qu'il a provisoirement délaissé la science politique pour le roman noir. Une rumeur persistante laisse entendre qu'il mettrait la dernière main à une intrigue policière dans laquelle une chouette ou un hibou jouerait un rôle non négligeable.

20

UNE BALLE PERDUE

En 1993, lorsque Alan et Melissa Gibson décident d'adopter la jeune Amy Ferguson, dont les parents viennent de périr dans un accident ferroviaire, amis, voisins et connaissances partagent un sentiment de surprise et d'admiration. Car les Gibson, qui ont déjà une fille âgée de neuf ans, ne roulent pas sur l'or. Alan est jardinier municipal et son épouse aide-soignante dans une clinique privée.

Consciente de la chance qui lui est offerte, Amy, adolescente de seize ans, s'intègre avec enthousiasme à sa nouvelle famille et prend part à la gestion du quotidien. Ainsi, à peine est-elle sortie du collège qu'elle s'active déjà dans la maison, prépare le repas du soir et aide sa jeune sœur à faire ses devoirs.

Néanmoins, dans le village d'Easthampstead où la famille est installée, dans le sud de l'Angleterre, quelques commères médisent, le dimanche à la sortie du temple.

— Les Gibson n'ont pas fait une mauvaise affaire en adoptant la gamine, jacasse l'une d'elles, le visage dissimulé sous une capeline. En fait, ils se sont offert une boniche à moindres frais.

— Et je présume qu'elle ne va pas tarder de s'occuper personnellement de son nouveau papa, enchérit une mégère. Pensez donc, un beau brin de fille toute fraîche et pleine de vie ! Après tout, Alan et Amy n'ont que douze ans d'écart.

— Melissa s'en mordra les doigts, continue l'autre méchamment.

— Ça, c'est sûr, ma petite dame : quand on introduit le loup dans la bergerie, il ne faut pas, ensuite, venir se plaindre, conclut philosophiquement la première.

*

Dans la famille Gibson, la première année de vie commune se déroule de façon idyllique. Du moins en apparence. Chacun a trouvé sa place et a tendance à surjouer son rôle. Alan et Melissa ne savent quoi inventer pour qu'Amy parvienne à oublier la disparition tragique et brutale de ses parents biologiques. Et la jeune adoptée, éperdue de reconnaissance, rend au centuple l'affection qu'ils lui prodiguent.

Pourtant, le 17 octobre 1994, un incident fissure une première fois cette belle harmonie. Tandis que Melissa soigne un rhume à la maison, Alan emmène ses filles canoter sur un plan d'eau. En fin de journée, le trio est de retour au village. À peine Alan a-t-il franchi la porte du pavillon qu'une forte odeur de gaz le prend à la gorge. Il fait quelques pas dans le vestibule puis revient précipitamment sur ses pas.

— Éloignez-vous, les filles. Allez dans le fond du jardin et restez-y.

Alan ouvre une fenêtre et se rue dans la cuisine. Melissa est étendue sur le carrelage. Son visage a viré au gris et elle respire par saccades douloureuses. Après avoir téléphoné aux urgences, Alan tire son épouse inanimée vers le palier, s'agenouille à ses côtés, et lui applique aussitôt un bouche-à-bouche.

La jeune femme est transportée dans le service de réanimation de l'hôpital le plus proche et, durant plusieurs jours, son pronostic vital est engagé. Enfin, un médecin urgentiste est en mesure de rassurer ses proches.

— Scanner et IRM n'indiquent pas de lésion cérébrale due à une raréfaction de l'oxygène dans le sang. D'ici à une semaine, Melissa devrait retrouver sa place parmi vous.

Aussitôt prévenu, Anthony Green, l'inspecteur-chef de la police locale, s'était rendu au domicile des Gibson pour y effectuer une enquête de routine. Il avait constaté qu'avant de perdre conscience, Melissa avait confectionné une tarte aux cerises, qu'elle s'apprêtait à enfourner dans la gazinière. A-t-elle été victime d'un malaise qui l'aurait empêchée d'allumer les brûleurs alors que le gaz commençait à s'échapper ? Ou l'a-t-elle laissé filer intentionnellement ? S'agit-il d'un accident domestique ou d'une tentative de suicide à peine déguisée ? Dans l'espoir de le déterminer, le policier s'en était référé à l'époux.

— Il est vrai que ma femme est sujette à des états dépressifs, avait convenu le jardinier. Mais, grâce à la prise quotidienne de médicaments, elle contrôle la situation. Je ne conçois pas qu'elle ait pu tenter de mettre fin à ses jours et d'abandonner ses filles derrière elle.

*

Alors qu'Alan et Amy se relaient au chevet de la malade, les commères d'Easthampstead s'en donnent à cœur joie, à la sortie de l'office dominical.

— Melissa n'a pas supporté de voir la gamine tourner autour de son mari, c'est sûr. Elle a préféré en finir avant d'avoir des cornes, cancane l'une d'elles.

— Cocue sous son propre toit, vous vous rendez compte ? s'empresse d'ajouter celle qui tripote sa canne avec jubilation. Et à cause de la fille qu'elle a adoptée par-dessus le marché !

*

Lorsque Melissa rentre enfin à la maison, la vie reprend son cours cahin-caha. Alan et les enfants redoublent d'attention à son égard, comme si cet épisode douloureux l'avait encore fragilisée. Il est vrai que son humeur s'est brusquement détériorée. Ainsi, au cours des repas, n'est-il pas rare qu'elle s'abîme dans un profond mutisme. Vera, sa cadette, âgée de dix ans, s'efforce alors de faire diversion.

— Coucou, maman, claironne-t-elle en agitant les mains devant son visage à la manière de marionnettes. Tu habites sur la Terre et nous sommes là.

Six mois plus tard, tandis qu'une aube blafarde s'étire sur le bourg, Alan Gibson se rase dans la salle de bains. Soudain une déflagration fait dévier sa main qui tient le rasoir. Sans tenir compte du filet de sang qui perle à son menton, il se rue dans la chambre à coucher. Melissa est étendue sur le dos au pied du lit. Lentement, comme une fleur d'hibiscus, une tache écarlate s'épanouit sur sa tempe gauche. Alan reste figé. Il balbutie quelques mots, s'approche, recule, cherche à comprendre, horrifié. Puis, il découvre, abandonné près du corps, un petit pistolet qui ressemble à un jouet. Il avance instinctivement une main pour s'en saisir.

« Ne touche à rien, ne touche à rien, bon sang. Appelle les flics », croit-il s'entendre murmurer en se jetant sur le téléphone.

*

Une vingtaine de minutes plus tard, Antony Green, Christopher Lewis, son adjoint, et un médecin légiste garent leur voiture à damier bleu et jaune, sirène hurlante, devant la maison. Le col de pyjama de l'inspecteur-chef dépasse du pull en grosse laine qu'il a passé en hâte sous une veste en cuir.

Les trois hommes découvrent Alan Gibson en état de choc, affalé sur une chaise dans la cuisine. Les yeux embués, il marmonne des bribes de phrases incohérentes.

— Racontez-nous ce qui s'est passé, monsieur Gibson ? demande l'inspecteur-chef en scrutant les moindres expressions de son visage.

— Je me rasais. J'ai entendu une détonation. Je me suis précipité dans la chambre et j'ai trouvé Melissa telle que vous l'avez vue.

— Votre femme est-elle gauchère ? lui demande le médecin.

— Oui.

— Une balle a été tirée à bout touchant. Elle a traversé la tempe, est ressortie derrière l'oreille droite, et est allée se ficher dans l'armoire. La mort a été instantanée.

— Quel type d'arme ? demande Green.

Le médecin secoue ses bajoues qui le font ressembler à un bulldog débonnaire.

— Vous savez bien que je n'y connais rien à ces trucs-là.

Christopher Lewis intervient :

— Beretta 21 A Bobcat. Calibre 22. Mini-pistolet italien fabriqué dans les années 1980.

— Cette arme vous appartient-elle ? demande l'enquêteur à Alan Gibson.

— Non. Je déteste la chasse et les armes à feu. Je n'en ai jamais possédé. J'ignore comment celle-ci a pu se retrouver entre les mains de ma femme.

— Les gars de la Scientifique ne vont pas tarder à arriver. Dès qu'ils seront là, nous irons ensemble au commissariat.

Puis, comme si un signal lointain alertait son esprit, Green demande :

— Vos filles sont-elles réveillées ? Les avez-vous informées du drame ?

— Vera dort encore. Apparemment, elle n'a rien entendu. Ce matin, elle n'a cours qu'à 9 heures.

— Et votre fille aînée ?

— Amy est à Londres. Elle est partie passer quelques jours chez ma sœur.

— Quand est-elle partie ?
— Je l'ai mise au train hier après-midi.

*

Les experts scientifiques passent la scène au peigne fin et découvrent deux éléments significatifs. D'une part, ils ne parviennent pas à prélever d'empreintes digitales sur le pistolet. D'autre part, ils découvrent une lettre d'adieu, glissée entre les draps du lit. *« Au revoir, mes chéris. Il m'est impossible de continuer. Je vous aime à la folie. Maman »*, indique le bref message, rédigé à la main.

Pour le reste, l'analyse balistique indique que la victime a tenu l'arme de la main gauche, qu'elle a appuyé le canon court contre sa tempe et qu'elle a fait feu. Des brûlures et des résidus de poudre le prouvent. Dès lors, le médecin légiste qui a pratiqué l'autopsie conclut avoir affaire à un suicide et signe le permis d'inhumer.

Mais l'inspecteur-chef Green reste dubitatif. Comment Melissa s'est-elle procuré une arme qui n'est plus en vente dans le commerce depuis des années ? Avec quel argent en a-t-elle acheté une d'occasion puisque, en épluchant les comptes du ménage, aucun débit non justifié n'a été retrouvé ? Et, enfin, pour quelle raison aucune empreinte digitale n'était visible sur le pistolet ?

Dans ce genre d'affaire, s'il s'agit d'un crime, le mari de la victime est naturellement le principal suspect. Mais quel pourrait être son mobile ? Green se livre à une enquête de voisinage et s'attarde dans les pubs et les lieux publics. Il n'ignore pas que, dans un bourg de neuf cents âmes, informations, ragots et rumeurs circulent à la vitesse de la lumière. Ainsi, dans un salon de thé, perturbe-t-il trois grands-mères en train de s'empiffrer de pâtisseries. Et, apparemment, chacune d'elles possède une réponse toute prête aux questions qu'il leur pose.

— Cherchez la femme ou du moins la jeune fille, monsieur l'officier, conseille énigmatiquement la première.

— Que fait-on d'un poids mort ? On s'en débarrasse, ajoute une autre, le coin des lèvres encore barbouillé de chocolat.

— Vous qui êtes un homme, entre une fille aguicheuse de dix-sept ans et une épouse dépressive, laquelle choisiriez-vous ? ricane la troisième.

*

À peine Amy est-elle de retour à Easthampstead que Green la convoque au commissariat. Les yeux rougis par les pleurs, les traits défaits, la jeune fille semble encore bouleversée par la perte de sa mère adoptive.

— Savais-tu que Melissa était dépressive ? demande l'enquêteur.

— Nous le savions tous dans la famille et nous faisions le maximum pour lui faciliter la vie.

— Comment tes parents s'entendaient-ils ?

— Comme tous les couples après douze ans de mariage, j'imagine.

— Précise ta pensée.

— Je pense qu'ils s'aimaient bien. Ce qui ne les empêchait pas de se chamailler pour un rien.

— Ces querelles pouvaient-elles dégénérer ?

— Vous me demandez s'ils se tapaient dessus ?

— Quelque chose du genre.

— Non. Alan est doux et gentil. Jamais un mot plus haut que l'autre.

— Parle-moi de lui justement. Avez-vous des goûts communs, une relation privilégiée ?

L'adolescente s'anime soudain. Les plis d'amertume qui pinçaient ses lèvres se lissent d'un coup et ses yeux se remplissent de reflets comme des billes d'obsidienne.

— Oh oui, on adore la nature tous les deux ! s'exclame-t-elle. Les fleurs, les plantes, les animaux. Alan m'apprend ce qu'il sait. Il connaît le nom de tous les arbres. Du sud de Londres jusqu'à la côte. Après le collège, je veux faire, moi aussi, une école d'horticulture.

*

Au terme de l'entretien, Antony Green est circonspect. Amy est-elle l'adolescente franche et sympathique qu'elle donne l'impression d'être ? Ou, au contraire, sous les apparences d'une innocence juvénile, est-elle une habile manipulatrice ? Les relations filiales qu'elle prétend avoir nouées avec Alan ont-elles dérapé ? Alan Gibson est-il tombé amoureux de celle avec laquelle il partage nombre d'affinités ? Melissa a-t-elle pris conscience qu'une relation contre nature se tissait sous son toit et s'est-elle suicidée ? Ou Alan l'a-t-il éliminée pour avoir le champ libre ? Les indices matériels, recueillis dans la chambre du couple, ne permettent pas de le déterminer.

Refrénant son impatience à poursuivre et à clore l'enquête, Green estime que, tôt ou tard, s'ils sont amants, Alan et Amy finiront bien par se trahir. Il décide donc de patienter en rongeant son frein et en maintenant une surveillance discrète autour du pavillon qu'occupe la famille.

À l'approche de Noël 1995, le policier constate que les Gibson bouclent la maison, entassent des valises dans le coffre d'une voiture, et prennent la route. Renseignement pris auprès des commères avec lesquelles il est resté en contact, Green apprend que le trio s'est rendu à Londres pour y passer les fêtes.

*

La nuit suivante, l'inspecteur-chef pénètre dans le jardin enneigé, crochète la porte arrière, et se glisse subrepticement dans la cuisine. Il n'ignore pas que cette effraction, menée sans mandat de perquisition, constitue une grave entorse aux règles déontologiques de sa profession. Et que, s'il venait à se faire prendre, la suite de sa carrière s'en trouverait fortement compromise.

Vêtu de noir, ganté de latex, armé d'une lampe torche, l'enquêteur fouille l'intérieur de la maison. Négligeant la salle de bains, le salon et les chambres des filles, il concentre ses recherches sur la chambre à coucher du couple, prenant garde de bien remettre en place piles de linge et de factures.

Tandis que les lueurs mauves de l'aube hivernale zèbrent le ciel et qu'il s'apprête à rebrousser chemin, Green découvre un carnet noir en moleskine. Il l'ouvre et dirige le faisceau de sa lampe sur des lignes écrites fébrilement. Il lit une page au hasard et comprend vite qu'il a entre les mains le journal intime de Melissa. La jeune femme a consigné au jour le jour ses doutes, ses angoisses et les suspicions qu'elle nourrissait à l'égard de la fidélité de son mari. Le carnet secret s'achève par ces mots : *« J'ai réussi à éloigner Amy pour une dizaine de jours. Alan va-t-il me le pardonner ? »*

Sans demander son reste, Green empoche le carnet et quitte la maison. Puis il fait part de sa découverte au procureur général de la division criminelle de la cour d'appel. Après l'avoir vertement sermonné, ce dernier accepte de fermer les yeux sur son comportement et lui délivre un mandat de perquisition. Green retourne à la maison, accompagné cette fois de son adjoint et d'un serrurier. Après un simulacre de fouille, il feint de trouver le carnet compromettant. Dorénavant en possession d'une preuve indirecte de la culpabilité de Gibson et d'Amy, il confie le journal intime à deux experts graphologues de Scotland Yard, afin qu'ils comparent l'écriture à celle de la lettre d'adieu écrite par Melissa, lettre qu'il avait pris soin de photocopier.

Quelques jours plus tard, le résultat de l'analyse lui parvient : deux personnes distinctes sont les auteurs de la lettre et du carnet. Dès le retour à Easthampstead de la famille Gibson, Green convoque à nouveau Amy au commissariat. À peine est-elle arrivée qu'il la met en examen et la place en garde à vue.

Ayant obtenu du procureur que la période de détention légale de vingt-quatre heures soit exceptionnellement doublée, Green décide de laisser croupir l'adolescente en cellule, sans même l'interroger. Il espère ainsi la briser psychologiquement et obtenir des aveux. À la nuit tombée, il lui accorde une rapide visite. Recroquevillée dans le coin d'une paillasse, Amy est hagarde et désemparée.

— Nous parlerons demain matin, prévient l'inspecteur. Tu as toute la nuit pour réfléchir. Dis-moi ce dont tu as besoin dans l'immédiat : dentifrice, brosse à dents, pyjama…

Green dépose un carnet et un stylo sur le bord de la couchette.

— Fais-moi une petite liste. Je la transmettrai au gardien.

Dès qu'il est en possession du spécimen de l'écriture de la jeune fille, le policier en adresse une copie par fax aux graphologues. Une fois encore, les experts sont unanimes : Amy n'est pas l'auteure du journal intime. En revanche, c'est elle qui a écrit la lettre d'adieu.

Le lendemain, à 5 heures, l'inspecteur fait irruption dans la cellule glaciale et secoue brutalement la prisonnière endormie.

— Tu auras une tasse de thé dans une heure. Si toutefois tu la mérites. En attendant, tu vas répondre à mes questions.

Amy s'ébroue et se frotte les yeux avec les poings à la manière des enfants. Puis, quand son regard croise celui inflexible du policier, elle éclate en sanglots.

— Pourquoi je suis là ? Qu'est-ce que vous attendez de moi ?

— C'est toi qui as écrit la lettre d'adieu de ta mère adoptive. J'en ai la preuve. Raconte-moi comment Alan et toi avez manigancé le meurtre.

— Mais je n'ai rien fait du tout, s'insurge la fille. J'étais à Londres quand ma mère s'est suicidée.

— Je pense qu'effectivement, en t'envoyant chez sa sœur, ton père t'a fourni un alibi. Mais, en écrivant la lettre, tu lui en as fourni un toi aussi. Vous êtes complices. Vous êtes coupables l'un et l'autre.

Secouée de tremblements, l'adolescente hoquette, renifle bruyamment, le visage baigné de larmes.

— Comment pouvez-vous dire une chose pareille ? J'aimais ma mère. Jamais je n'aurais pu lui faire du mal. Elle veillait sur moi. Sans elle, j'aurais été envoyée n'importe où. Dans un orphelinat, un foyer ou une famille d'accueil.

— Cesse tes jérémiades, l'interrompt sèchement le policier. Cette fois, tu n'arriveras pas à m'embobiner.

*

Et, dix heures durant, Green se livre à un véritable harcèlement. Privée de boisson et de nourriture, Amy est souvent sur le point de défaillir. En fin de journée, grelottante et épuisée, elle décide de céder. Mais ne cherche-t-elle pas à abréger les souffrances qu'elle endure ?

— Dites-moi ce que vous voulez entendre. Je suis à bout. Je veux que ça s'arrête.

— Es-tu la maîtresse d'Alan Gibson ?

— Oui.

— T'avait-il fait part de son intention de tuer Melissa ?

— Oui.

— T'a-t-il demandé d'écrire la lettre d'adieu pour maquiller le meurtre en suicide ?

— Oui.
— T'es-tu entraînée à imiter l'écriture de Melissa ?
— Oui.
— Comment Alan s'est-il procuré le pistolet ?
— Je n'en sais rien.

Green coupe le magnétophone qui enregistrait la conversation.

— Tu signeras ta déposition quand elle sera tapée. On va t'apporter un repas chaud et des couvertures. Tu es en état d'arrestation pour complicité de meurtre. Je signalerai à la cour d'assises que tu as besoin d'un avocat commis d'office.

*

Alan Gibson est arrêté à son tour et incarcéré. Interrogé par Antony Green, il nie tout en bloc. Non seulement il n'est pas l'amant d'Amy et ne l'a jamais été, mais il n'a aucune responsabilité dans la disparition tragique de son épouse.

— Amy m'a fait des aveux complets. Pourquoi vous acharnez-vous à mentir ? s'agace l'inspecteur.

Mais Gibson n'en démord pas.

— Amy est encore bouleversée par la mort de sa mère. Elle est sous le choc. Vous avez abusé de sa faiblesse et de son désarroi. Vous lui avez sans doute arraché des aveux. Elle est mineure et elle n'a pas bénéficié de la présence d'un avocat durant son interrogatoire. Vos méthodes sont inhumaines.

*

Le procès des prévenus s'ouvre dix mois plus tard. Il est expéditif, les avocats de la défense ayant peu de grain à moudre. Aussi le procureur général a-t-il beau jeu de mettre en exergue les aveux d'Amy, étayés par les expertises graphologiques. Le jury s'accorde sur la culpabilité du couple. Et le juge prononce les sentences : trois ans de détention pour Amy, vingt-cinq pour Alan Gibson.

Privée brutalement de ce qui lui restait de famille, la petite Vera est confiée, par jugement du tribunal, à la garde de sa tante.

*

En 1998, Amy est libérée au terme de son incarcération. Âgée de vingt et un ans, et ayant rompu tous liens avec son père et sa sœur, elle émigre au Canada. Elle se marie et occupe un emploi de guide touristique dans un parc national de la côte ouest.

Dans la prison où il s'étiole, Alan Gibson parvient à ne pas sombrer dans la démence en s'accrochant comme à une bouée à la confiance et à l'affection sans faille que lui témoignent sa sœur et sa fille cadette. Car l'une comme l'autre n'ont jamais douté de son innocence.

Dix ans s'écoulent.

En 2009, Vera a vingt-cinq ans. Elle est attachée de presse dans une firme automobile quand elle épouse Brad Redford, un jeune trader de la City. Constatant que son épouse ne trouvera joie et sérénité que lorsqu'elle sera parvenue à faire libérer son père et à obtenir sa réhabilitation, ce dernier met à sa disposition une partie des énormes profits qu'il a accumulés à la Bourse, avant que ne sévisse la crise bancaire et financière.

Vera emploie cet argent de deux manières : elle engage John Steinway, un détective privé, pour localiser Amy. Et elle fait appel à Donald Kinder, un ténor du barreau de Londres, spécialiste des affaires criminelles, pour qu'il apporte des éléments nouveaux susceptibles d'entraîner la révision du procès de son père.

Les moteurs de recherche Internet et les réseaux sociaux permettent à Steinway de retrouver rapidement la trace d'Amy. Il la contacte et se rend au Canada pour la rencontrer.

Contre toute attente, la jeune femme accueille le détective avec chaleur et se dit prête à lui révéler toute la vérité. Est-elle taraudée par les remords ? Veut-elle se racheter une conduite ? Même si elle s'est parjurée devant le tribunal, a-t-elle la certitude que, quoi qu'elle dise aujourd'hui – treize ans après les faits –, elle bénéficiera d'une immunité ?

— J'ai menti au policier lors de mon interrogatoire et j'ai menti au juge au cours du procès, déclare-t-elle d'emblée, les larmes aux yeux. L'inspecteur avait exercé sur moi une pression insupportable. Je lui ai dit ce qu'il voulait entendre pour mettre fin à mon calvaire. Je lui ai dit que j'avais écrit la lettre d'adieu à la place de Melissa. Je lui ai dit que je couchais avec mon père et que j'avais comploté avec lui. Tout cela est faux, bien sûr. Je n'ai rien écrit du tout. Et Alan et moi avions des relations père-fille des plus normales.

— Je ne suis pas venu ici pour vous juger, croit bon de préciser Steinway. Je ne suis ni prêtre ni procureur. Les raisons qui vous ont poussé à mentir ne me regardent pas.

Amy Dixon éclate d'un rire sonore qui pourrait ressembler à un sanglot.

— À dix-sept ans, j'étais une idiote écervelée. Je m'étais entichée d'Alan. Après tout, il n'avait que douze ans de plus que moi ! Nous partagions une foule de choses. Je l'idolâtrais.

— Votre père s'était-il aperçu de l'affection déplacée que vous lui portiez ?

— Naturellement ! Il m'était impossible de la cacher. On appelle cela le complexe d'Électre, je crois. Alan s'en amusait et en tirait peut-être une secrète fierté. Mais jamais il ne l'a encouragée. Bien au contraire, il savait me remettre gentiment à ma place à chaque fois que je dépassais les bornes. Alan a été pour moi un père exemplaire et généreux.

— Si le juge et le procureur avaient pu vous entendre dire cela à la barre, Alan Gibson serait toujours en liberté, ne peut s'empêcher de grincer Steinway.

— Je n'ai jamais eu le courage de revenir sur mes déclarations, confesse Amy en essuyant les larmes qui baignent son visage. J'en suis mortifiée. Je vis avec ce fardeau. J'y pense chaque jour.

— Il n'est jamais trop tard...

Steinway allume une cigarette et inhale avec délectation un plein volume de nicotine.

— Croyez-vous que Melissa se soit suicidée parce qu'elle s'était aperçue que vous tourniez autour de son mari ?

— Décidément, vous retournez le couteau dans la plaie.

— Faites-la saigner, cette plaie. Extirpez tout le pus qu'elle contient. Après, vous vous sentirez beaucoup mieux.

— Puisqu'il est maintenant avéré que j'étais une ingrate, une perverse sans scrupule ni moralité, alors je dirais oui. Oui, j'ai sans doute inconsciemment poussé Melissa à commettre l'irréparable. Elle vivait sur le fil. Elle se gavait d'antidépresseurs. Je lui ai donné la pichenette dans le dos qui l'a envoyée valser au fond du précipice.

Amy se lève, bouleversée. Sous l'effet de l'émotion, elle titube à travers son salon, prête à s'effondrer.

— Je suis disposée à me rendre à Londres pour redire mot à mot, au cours d'un nouveau procès, tout ce que vous avez enregistré.

La femme balance les bras autour d'elle comme si elle cherchait à se défaire de liens imaginaires. Ou d'une camisole de force.

— J'aimerais maintenant que vous me laissiez seule.

*

Donald Kinder, l'avocat engagé par Vera, n'a pas chômé non plus. Il a concentré ses investigations dans deux directions : l'analyse balistique pour prouver que Melissa s'est bien donné la mort. Et les expertises graphologiques afin de démontrer qu'Amy n'avait rédigé ni la lettre d'adieu ni le journal intime de sa mère.

Les résultats de la première recherche sont encourageants. Après s'être procuré des copies des documents, conservés aux archives du tribunal, et des spécimens de l'écriture d'Amy, Kinder s'est rendu à Zurich et à Washington auprès d'experts graphologues mondialement reconnus. Les conclusions du criminologue suisse et de l'agent spécial du FBI concordent : Amy n'est pas impliquée.

Il est vrai qu'en une quinzaine d'années, grâce à des logiciels sophistiqués, il est devenu possible d'expertiser des documents avec une fiabilité qui faisait défaut à l'époque.

Profitant de son séjour dans les locaux du FBI, Kinder demande également à un expert en balistique de reconstituer les circonstances dans lesquelles Melissa s'est suicidée. En s'appuyant sur les photographies prises sur la scène du drame et sur les rapports établis par le service scientifique de la police anglaise, l'expert arrive à prouver que, si Melissa avait été tuée, son corps n'aurait pas pu se retrouver dans la position dans laquelle il était, renversé sur le dos au pied du lit.

*

Fort de ces éléments, Donald Kinder rentre à Londres et demande la réouverture du procès. Compte tenu de la qualité du dossier qui lui est présenté, un juge accède à la requête.

Le nouveau procès s'ouvre le 5 septembre 2010.

Comme elle avait promis de le faire, Amy Dixon a fait le déplacement depuis Vancouver pour venir témoigner. Dans un silence assourdissant, elle réitère sa poignante confession. Entre larmes et repentance, elle clame l'innocence de son père et implore la clémence du juge. Le procureur général n'a pas le temps de fourbir ses armes que Donald Kinder exhibe déjà devant le jury les rapports d'expertises graphologiques, qui corroborent les déclarations de la jeune femme.

L'accusation, désemparée, cherche en vain une parade. Mais l'avocat de la défense a déjà bondi hors de son banc et s'avance vers la barre.

— Je vais vous démontrer une nouvelle fois que, en aucun cas, Melissa Gibson n'a pu être assassinée. En effet, si un gaucher, candidat au suicide, appuie le canon de son arme contre sa tempe d'une certaine façon, la balle traverse le cerveau selon un angle bien défini, et le corps bascule en arrière.

Kinder tire un petit pistolet d'une poche de sa robe.

— Puis-je illustrer ma démonstration, votre honneur ?

— Faites. Mais je ne vois pas précisément où vous voulez en venir.

L'avocat brandit l'arme en direction du jury.

— Ceci est un Beretta 21 A Bobcat de calibre 22. C'est une réplique parfaite du pistolet dont Melissa s'était servie pour se donner la mort. J'appelle maintenant un photographe professionnel et un professeur de médecine à venir me rejoindre. Je vais feindre de me tirer une balle dans la tête. Le photographe prendra des clichés durant toute la durée de l'opération. Et l'éminent médecin attestera que la position du canon sur ma tempe induira une trajectoire à travers le cerveau qui correspondra exactement à celle observée à l'intérieur du crâne de Melissa par le médecin légiste lors de son autopsie.

— Cette mise en scène est-elle indispensable ? demande le juge, sceptique.

— Elle mettra un point final à ce procès, votre honneur. Elle achèvera de démontrer l'innocence de mon client qui, dois-je le rappeler, purge depuis quinze ans une peine de détention pour un crime qu'il n'a pas commis.

— Bien, procédez à votre démonstration, maître, concède le magistrat. Mais évitez d'être trop théâtral, je vous prie

Kinder en revient à la manipulation du pistolet.

— Par mesure de précaution, je vais extraire les balles qui se trouvent dans le chargeur.

Les cartouches, chemisées de cuivre, tombent une à une sur le sol.

— Voilà qui est fait. Je vais maintenant feindre de me tirer une balle dans la tête.

— Vérifiez une fois encore que l'arme est bien vide, implore le juge. Je ne voudrais pas que vous tombiez raide mort dans mon tribunal.

Une petite clameur amusée parcourt l'assistance. L'avocat poursuit :

— Je tiens donc le Beretta de la main gauche. Je l'applique sur ma tempe, à mi-distance de l'œil et de l'oreille. Et je presse la détente…

À cet instant, une détonation déchire le prétoire. La balle – celle qui était malencontreusement restée dans le canon du pistolet et que l'avocat avait oublié d'extraire – lui a traversé le crâne et est allée ébrécher le cadre doré dans lequel est enfermé un portrait de la reine. Comme s'il était filmé au ralenti, le corps pesant de Donald Kinder bascule… vers l'avant et s'effondre sur le sol.

— Votre démonstration n'est guère concluante, maître, murmure le juge pour lui-même, sans se départir de son inoxydable humour anglais.

La suite de cette scène invraisemblable se déroule dans la plus totale confusion. Le professeur de médecine se précipite au-dessus du corps. Mais il ne peut que constater le décès. Huissiers, pompiers et appariteurs se ruent dans le prétoire pour prêter main-forte. Public et membres du jury se sont dressés, frappés de stupeur. Assises côte à côte derrière leur père, Vera et Amy se sont jetées spontanément dans les bras l'une de l'autre.

Quelques jours plus tard, une fois que la presse populaire a fait ses choux gras de l'accident, unique dans les annales de l'histoire judiciaire, le procès reprend son cours. Il est expédié en quelques heures. Avant de succomber, Donald Kinder avait établi la preuve de l'innocence de son client. Le jury s'accorde pour l'acquittement. Le juge en prend acte, prononce un non-lieu et ordonne la mise en liberté immédiate du condamné. Il promet aussi que de confortables indemnités compenseront son incarcération arbitraire.

*

Dès le lendemain, Alan et ses filles se rendent à Easthampstead pour se recueillir sur la tombe de Melissa. Puis, incapables de se séparer et de partir chacun de son côté, ils se rendent tous trois sur le plan d'eau où, autrefois, ils prenaient plaisir à venir canoter.

Dans la lumière mordorée d'un automne précoce, des cygnes barbotent tout autour de la barque. Durant un bref instant, Alan abandonne les rames et contemple ses filles silencieusement. Puis, étreint par l'émotion, il murmure :

— Dieu que vous êtes belles toutes les deux ! Comment ai-je pu vivre toutes ces années sans vous ?

21

SANS PREUVES À L'APPUI

Le 5 septembre 1994, lorsque l'adjudant Serge Masson et le brigadier Bruno Lambert, de la gendarmerie de Reims, accompagnés d'Henri Devarieux, le médecin d'un bourg voisin arrivé en renfort, pénètrent dans le pavillon qu'occupait la famille Petit, à Bonvilliers, un village champenois de quatre cents habitants, les pires scènes d'horreur qu'ils ont maintes fois vues à la télévision leur reviennent en mémoire : flots d'hémoglobine, sadisme, sidération, effroi et épouvante. Sauf que, cette fois, le carnage est bien réel. Le sang n'est pas factice et les cadavres n'ont aucune chance de bondir sur leurs pieds, une fois la scène enregistrée.

— Dites-moi que je rêve, chef, murmure Lambert en prenant appui sur le montant d'un siège pour ne pas s'effondrer.

— Jamais rien vu de pareil en quatorze ans de carrière, siffle à son tour l'adjudant.

— Je ne vois là-dedans que de la haine, chuchote le médecin, les yeux écarquillés et le souffle court. Une haine inconcevable.

— On dirait que le meurtrier a voulu éradiquer la famille. La rayer de la surface de la planète.

— Oui. Comme si un Hutu avait massacré des Tutsi à la machette, croit bon de préciser Masson en faisant allusion au génocide rwandais.

*

L'hécatombe a, semble-t-il, commencé dans le jardin qui jouxte la maison, au pied d'une boîte aux lettres. De larges giclées de sang maculent l'herbe roussie et indiquent que Jean-Claude Petit y a été frappé à l'aide d'un objet lourd et tranchant. Puis qu'il a été tiré par l'assassin sur une dizaine de mètres, le long d'une haie de thuyas, jusqu'à l'entrée de la salle de séjour.

Le corridor baigne dans le sang, les lambeaux de chairs et les débris de cervelle. Des éclaboussures constellent le papier peint qui recouvre les murs et ont giclé jusqu'au plafond. Le corps de Petit, à demi nu, a basculé sur celui de Ségolène, sa fille aînée, âgée de dix ans. La fillette, vêtue d'un pyjama, le crâne fendu, gît sur le carrelage, ses jambes entremêlées à celles de son père.

Marchant sur la pointe des pieds comme si cette précaution pouvait avoir la moindre utilité, les trois hommes poursuivent leur terrifiant constat.

Dans la cuisine, le corps de Catherine Petit, l'épouse de Jean-Claude et la mère des enfants, a été réduit en charpie. Le cou est à moitié tranché, les bras et les épaules lacérés. Enfin, la jeune Léa, six ans, elle aussi atrocement mutilée, a été massacrée dans la salle de bains.

Le cœur dans la bouche, les gendarmes et le médecin grimpent l'escalier qui mène à l'étage. Le prédateur a-t-il massacré à son tour Emma, deux ans, le cinquième membre de la famille ? Avec soulagement et surprise, ils constatent que le bébé a miraculeusement échappé au massacre. Plus étonnant encore : il a été lavé et changé récemment et dort dans son berceau. Le médecin le soulève délicatement, lui masque les yeux avec la main, le transporte à l'extérieur, et le confie à une femme de la brigade, de faction dans le jardin.

*

Dès l'arrivée sur les lieux du Lab'Unic, le laboratoire mobile de l'Institut de recherche criminelle de la gendarmerie, les experts scientifiques passent la maison au peigne fin. Ils prélèvent deux traces d'ADN masculin n'appartenant pas à Jean-Claude Petit et un grand nombre d'empreintes digitales et palmaires. Comment pourrait-il en être autrement dans une maison habitée par cinq personnes et quotidiennement fréquentée par les voisins ?

L'arme des crimes est introuvable. Si le vol ne semble pas être le mobile de la tuerie puisque, apparemment, rien n'a été subtilisé, plusieurs indices retiennent l'attention des enquêteurs. Des empreintes de semelles de chaussures tout d'abord. Elles se sont imprimées dans les flaques de sang et font apparaître que celui ou celle qui les portait chaussait du 41. Les sculptures laissent penser qu'il s'agit de chaussures de la marque Doc Martens.

— Le meurtrier est de taille moyenne. Il mesure entre un mètre soixante et un mètre soixante-dix, constate un expert. Un adolescent ou une femme peuvent être les auteurs du massacre.

— Une femme ? Je n'imagine pas qu'une femme soit capable de s'attaquer à des enfants au hachoir, remarque Masson, incrédule.

— À moins qu'elle n'ait accumulé à l'égard des Petit une dose de haine inimaginable, suppute le médecin.

Un autre indice significatif est une reconnaissance de dette, placée bien en évidence sur le manteau de la cheminée du salon. Elle stipule que Jean-Claude Petit avait octroyé un prêt de 10 000 francs à son frère Louis, huit ans plus tôt.

— On n'affiche pas ce genre de chose à la vue de tous, observe l'adjudant.

— Sauf si le meurtrier a cherché à nous orienter sur une fausse piste. Nous faire croire que le mobile du carnage était une histoire de famille liée à l'argent.

— En tout état de cause, il connaissait l'existence du document et savait l'endroit où il avait été archivé.

— Ce qui exclurait que les meurtres aient été perpétrés par des rôdeurs.

— Le tueur est donc à chercher parmi les proches de la famille, conclut l'adjudant.

Les experts découvrent enfin que, en rendant son dernier souffle, la petite Léa a enserré au creux de sa main une mèche de cheveux. Mais, en l'absence de bulbe et compte tenu des techniques d'extraction de l'ADN de l'époque, elle n'est pas exploitable par les biologistes du laboratoire.

Les corps des victimes sont transportés au service médico-légal du CHU de Reims. Le médecin en charge des autopsies conclut que l'ensemble des blessures mortelles a été infligé à l'aide d'un instrument lourd et tranchant, ainsi qu'en témoignent la netteté des bords des différentes plaies et leur profondeur. Ces caractéristiques permettent d'éliminer l'usage d'une hache, d'une hachette, d'une machette, d'un poignard ou d'un couteau. Après avoir sélectionné plusieurs outils de découpe et comparé les marques qu'ils laissent sur la carcasse d'un porc – dont la texture de la chair est la plus proche de celle de l'homme –, le légiste conclut que le meurtrier a vraisemblablement utilisé un outil de boucherie. Sans doute un couperet à manche court – appelé « feuille » – dont se servent les professionnels pour séparer les côtelettes. Il constate également que l'importance des lésions cranio-encéphaliques et cervicales a entraîné la mort quasi instantanée des victimes. Il note enfin que les décès sont survenus le dimanche 4 septembre, entre 21 h 30 et 23 heures.

*

Chargé de diriger l'enquête, l'adjudant Serge Masson commence par cerner la personnalité des victimes. Jean-Claude Petit, trente-cinq ans, était un homme apparemment sans histoire. Garagiste prospère, il était également à la tête d'un atelier de tôlerie qui employait cinq ouvriers. Catherine, son épouse, occupait un poste de conseillère financière dans une agence postale, à Reims. Ils avaient trois filles âgées de quinze à deux ans.

Intrigué par la présence de la reconnaissance de dette, exposée en évidence sur la scène des crimes, Masson élargit sa recherche à la famille de Louis Petit, le frère jumeau de la victime. Le pavillon qu'il occupe ne se trouve qu'à une vingtaine de mètres de distance de celui de Jean-Claude, de l'autre côté d'une haie de thuyas.

Afin de boucler des fins de mois difficiles, Louis Petit cumule deux emplois. Levé à 2 h 30 du matin, il se rend dans une boucherie industrielle située à une quinzaine de kilomètres, où il emballe de la viande destinée à ravitailler les supermarchés de la région. De retour chez lui en fin de matinée, il prête main-forte à Claire, son épouse, qui gère un modeste élevage de porcs. Le couple a, lui aussi, trois filles, sensiblement du même âge que celui de leurs cousines.

Fort de ces informations, Serge Masson constate que la différence de niveau de vie des deux familles pourrait avoir été source de tension et susciter des jalousies de la part de la moins favorisée. Car, si Jean-Claude circulait dans une berline allemande dernier cri et emmenait les siens en vacances vers les plus belles destinations d'Europe et des Caraïbes, Louis s'échine à travailler seize heures par jour, sans parvenir à rembourser dettes et emprunts. Le mobile du massacre est-il inscrit en creux dans cette disparité ?

*

Deux jours après le drame, Masson obtient du juge d'instruction un mandat pour perquisitionner le domicile de Louis et de Claire Petit. Une « feuille » de boucher est découverte dans leur garage. L'outil présente un méplat qui pourrait être compatible avec la trace d'un coup violent constaté sur la machine à laver de la salle de bains des victimes. Claire étant amenée à faire usage de ce type de hachoir, sa présence n'est pas incongrue. Pour autant, le 7 septembre, l'éleveuse est mise en garde à vue et interrogée.

— Je constate, madame Petit, que vous avez le nez tuméfié et une ecchymose sur la joue. Avez-vous été battue ? demande Serge Masson sans tergiverser.

— On peut le dire comme cela si vous voulez, grimace la femme. J'ai eu maille à partir avec un porc récalcitrant. J'ai voulu le frapper avec un morceau de tuyau mais je me suis donné un coup au visage par maladresse.

— Admettons, concède le gendarme. Détaillez-moi votre emploi du temps, au cours de la journée du 4 septembre ?

— Dans l'après-midi, mes nièces sont passées à la maison pour jouer avec mes filles. Leur mère les a récupérées à 18 heures. Ensuite, Louis s'est rendu chez des amis, les Delannoy, pour les aider à installer une chaudière. Il est resté chez eux prendre l'apéritif, puis il est rentré vers 21 heures. Ma fille aînée et moi avions fini de dîner et nous regardions un film à la télévision. Louis a mangé seul dans la cuisine. Il a pris une douche et il m'a dit qu'il allait se coucher car, comme d'habitude, il devait se lever le lendemain à 2 h 30.

— Que s'est-il passé ensuite ?

— Profitant d'un écran publicitaire, je suis allée dans le jardin donner les restes du repas aux chiens.

Claire Petit marque un long temps d'arrêt. Comme si les mots s'étaient brusquement étranglés dans sa gorge. Son front, blême, s'est couvert de sueur.

— Quelque chose ne va pas, madame Petit ? s'inquiète Masson. Voulez-vous un verre d'eau ?

— Non, non, bredouille la femme.

— Alors poursuivez, je vous prie.

— Quand j'étais dans le jardin, j'ai entendu un hurlement. Je me suis approchée de la haie et j'ai vu Louis frapper son frère avec un objet qui ressemblait à une hache. Jean-Claude hurlait en se tenant la tête à deux mains. Quelques instants plus tard, il s'est effondré devant sa boîte aux lettres.

Le gendarme peine à croire ce qu'il vient d'entendre. Maîtrisant son émotion à grand-peine, il vérifie que le magnétophone qui enregistre la conversation fonctionne correctement. Puis, au prix d'un effort qu'il tente de dissimuler, il reprend d'une voix calme :

— Si je vous ai bien entendu, vous venez d'avouer avoir vu votre mari assassiner son frère.

Claire Petit hoche la tête et ravale un sanglot.

— Qu'avez-vous fait ? demande Masson, interloqué. Êtes-vous intervenue ? Avez-vous essayé de vous interposer ?

— Non, j'avais trop peur. J'ai contourné la haie et je me suis ruée dans la maison de mon beau-frère.

— Dans quel but ?

— Je voulais m'assurer que les autres membres de la famille étaient sains et saufs. Mais Catherine, Ségolène et Léa avaient été tuées. C'était horrible. J'étais bouleversée. J'ai failli m'évanouir. Je ne sais pas comment j'ai trouvé la force de grimper à l'étage pour me précipiter dans la chambre d'Emma. Louis l'avait épargnée. Elle dormait dans son berceau. Je l'ai lavée et changée. Puis je suis rentrée chez moi rejoindre ma fille devant la télévision.

L'adjudant Masson a écouté le récit hallucinant les yeux écarquillés. Il brasse nerveusement l'air devant lui avant d'intervenir :

— Une minute, madame Petit. Vous venez de me dire, qu'après avoir découvert le massacre, qu'après avoir enjambé des corps à moitié décapités, vous avez pris le temps de baigner et de changer votre nièce. Puis que vous l'avez recouchée et laissée seule dans une maison pleine de cadavres. Et que vous êtes tranquillement rentrée chez vous, c'est bien cela ?

— Tranquillement, non. Bien sûr que non. J'étais en état de choc.

L'adjudant dévisage toujours la femme comme s'il était en présence d'un être n'appartenant plus à l'espèce humaine.

— Et vous imaginez que je vais vous croire ?

— Les choses ne sont passées comme cela. Je vous dis la vérité, pleurniche Claire, le visage baigné de larmes.

— Votre explication est incohérente. À moins que vous n'ayez perdu la raison. Car, vous auriez pu mettre le bébé à l'abri. Vous auriez pu vous réfugier chez des voisins avec vos enfants. Vous auriez pu téléphoner à la gendarmerie. Vous auriez pu faire… un certain nombre de choses logiques, s'étrangle le gendarme. Sauf prendre le temps de baigner et de changer un nourrisson, alors que ses parents et ses sœurs gisaient dans des mares de sang.

— Bien sûr que j'aurais pu faire ce que vous dites, se défend Claire Petit. Mais, pour une raison que j'ignore, j'ai réagi autrement.

— Je persiste à penser que vous me cachez la vérité, s'entête le gendarme. De quelle manière avez-vous informé votre fille de ce qui venait de se passer, quand vous l'avez retrouvée dans le salon ?

— Je ne lui ai rien dit. Je ne voulais pas la paniquer inutilement.

— Inutilement ! Vous avez des expressions pour le moins… déroutantes, explose le gendarme. Dans sa folie meurtrière, votre mari aurait pu venir vous massacrer, votre fille et vous.

— Louis adore Camille. Il ne lui aurait jamais fait de mal.

— Qu'avez-vous fait ensuite ?

— Vers 22 heures, ma fille est allée se coucher. Moi, je suis restée encore un peu devant la télé.

— Combien de temps ?
— Jusqu'à 23 heures.
— Où était votre mari ?
— Dans notre chambre. Au lit.
— Il dormait ?
— Je crois plutôt qu'il faisait semblant.
— Vous avait-il vu entrer et sortir de la maison de son frère pendant qu'il était en train de l'assassiner ?
— Je n'en sais rien. Le lundi matin, le réveil a sonné à 2 h 30. Louis est parti au travail. Je me suis rendormie et je me suis levée à mon tour à 6 h 30.
— Pourquoi n'avez-vous pas donné immédiatement l'alerte, une fois que vous étiez seule et hors de danger ?
— Tout ce qui s'était passé me semblait irréel. C'était un cauchemar. Je pensais que j'avais été victime d'une hallucination. Que rien de ce que j'avais vu n'était vrai. J'étais incapable de réagir.
— Puis, vers 9 heures, la nourrice s'est inquiétée de constater que Catherine n'avait pas déposé Emma chez elle comme d'habitude, résume l'adjudant. La porte de la maison étant entrebâillée, elle a vu des traces de sang et elle est entrée…
— Oui. Quelques minutes plus tard, elle a fait irruption dans la porcherie en hurlant : « Ils sont tous morts dans la maison d'à-côté. Téléphonez à la gendarmerie ! »

Le temps d'un flash, Serge Masson revoit les corps atrocement mutilés des victimes. Les expressions de terreur peintes sur leurs visages. Les éclaboussures de sang sur les murs. Un souffle glacé lui raidit l'échine. Il doit se faire violence pour reprendre le fil de l'entretien.

— Pourquoi avoir attendu deux jours pour témoigner ?
— Je n'osais pas accabler mon mari.

La tête bourdonnante, le cœur en capilotade, le gendarme congédie Claire Petit d'un geste de la main.

— J'en ai assez entendu pour l'instant.

Il se ravise.

— Attendez : j'ai encore deux questions à vous poser. Vous chaussez du combien ?

— Du 41, pourquoi ?

— Quelles chaussures portiez-vous le soir du drame ?

— Des chaussons.

— Où sont-ils ?

— Ils étaient couverts de sang. Leur vue me soulevait le cœur. Je les ai brûlés dans le jardin, lundi matin.

— Vous m'indiquerez l'endroit où vous l'avez fait. D'autre part, la « feuille » de boucher, retrouvée dans votre garage, vous appartient-elle ?

— Oui. Je m'en sers pour débiter les carcasses de porcs de l'élevage.

— N'est-ce pas votre mari qui se charge de cette tâche ?

— Non, Louis ne supporte pas la vue du sang.

— Il ne supporte pas la vue du sang ! s'exclame Masson, sarcastique. Décidément, j'aurai tout entendu.

*

L'adjudant convoque ensuite Camille Petit, quinze ans, une adolescente montée en graine. Une frange de cheveux roux lui mange la moitié du front. Elle se tasse frileusement dans le fond de son siège et tripote un jeu vidéo.

— Je vais te poser des questions simples. Réponds-moi franchement. Le dimanche 4 septembre, vers 21 heures, regardais-tu la télévision avec ta mère ?

— Non, j'étais seule.

— Seule ? s'étonne le gendarme. Où se trouvait ta mère ?

La gamine hausse les épaules de façon exagérée. Comme si la question l'agaçait prodigieusement.

— Est-ce que j'sais, moi ? Quelque part dans le coin. Pendant la publicité, j'ai ouvert la porte aux chiens. J'ai entendu des cris qui venaient de l'autre côté de la haie. Un homme poursuivait mon oncle avec un couteau. Je l'ai mieux vu quand il s'est approché de la boîte aux lettres : c'était mon père.

— Qu'as-tu fait ? As-tu crié ? As-tu essayé de les séparer ?

— J'en croyais pas mes yeux, poursuit l'adolescente. Mon père avait l'air complètement fou. J'étais terrorisée. Du sang giclait partout comme dans un film d'horreur.

— Où était ta mère à ce moment-là ? insiste Masson.

— J'vous ai dit que j'en sais rien. Juste après, j'ai entendu des hurlements dans la maison de mes cousines. Je me suis bouché les oreilles. J'ai verrouillé la porte du jardin et je suis retournée m'asseoir devant la télé. Le film avait repris.

Camille Petit grimace.

— Il s'appelait *Le Flingueur*, le film. C'est marrant non, la coïncidence ? Ensuite, ma mère est venue me rejoindre.

— Comment a-t-elle réagi quand tu lui as raconté ce que tu venais de voir ?

— Je ne lui ai rien dit.

Le gendarme tombe des nues.

— Mais pourquoi ? bredouille-t-il.

— Les histoires de famille ne me concernent pas. C'est des trucs d'adultes. Glauques. Qu'ils se débrouillent entre eux !

L'adjudant a le sentiment de s'être perdu dans les arcanes d'un labyrinthe. Il trouve la force de poursuivre :

— Dans quel état as-tu trouvé ta mère ?

— Elle était toute blanche. Elle tremblait. Elle s'est effondrée dans son fauteuil. À la fin du film, je suis montée dans ma chambre. J'ai tiré un coffre devant la porte tellement j'avais peur.

— Encore une question, intervient l'adjudant, le cœur au bord des lèvres : comment ta mère était-elle habillée ce soir-là ?

— Je crois qu'elle était en robe de chambre.

— Elle s'était changée ?

— Oui.

— Quelles chaussures portait-elle aux pieds ?

L'adolescente esquisse une moue boudeuse.

— Est-ce que j'sais, moi ?

— Y avait-il du sang sur sa robe de chambre ? s'énerve Masson.

— J'ai pas fait attention.

— À ton avis, quelle raison a poussé ton père à tuer son frère et trois membres de sa famille ?

— Je crois qu'ils s'engueulaient souvent pour des questions d'argent. Mes parents tiraient le diable par la queue, alors que les autres étaient pleins aux as. Ça coinçait. Forcément.

*

Serge Masson émerge de ces interrogatoires dans un état nauséeux. Habitué à traiter des affaires criminelles en milieu rural, il n'ignore pas que les témoins de meurtres perpétrés au sein d'une famille répugnent à se confesser aux autorités. Aussi, bien souvent, doit-il évacuer dénis, mensonges et approximations pour tenter de démêler le vrai du faux. Pourtant, l'affaire dont il est en charge dépasse, cette fois, en incohérence toutes celles auxquelles il a jusqu'à présent été confronté. Car entre le récit du comportement invraisemblable de Claire et le témoignage contradictoire de sa fille, il lui est impossible d'établir une chronologie plausible des événements et de déterminer le rôle joué par chacune d'entre elles. Qui a menti au point de rendre les faits incompréhensibles ? En effet, compte tenu de la configuration du jardinet qui sépare les maisons des deux familles, il est matériellement impossible que Claire et Camille aient pu assister au meurtre sans se trouver côte à côte. Ou du moins sans s'être vues. Tout comme il est irréaliste de penser que, après le drame, elles se soient contentées de regarder un film à la télévision, sans échanger le moindre mot.

En plaçant Louis Petit en garde à vue et en l'interrogeant à son tour, Serge Masson espère démêler cet imbroglio.

— Pour quelle raison avez-vous tué votre frère, sa femme et deux de vos nièces ? demande-t-il sans préambule.

La réponse du suspect tombe comme un couperet. Stupéfiante.

— Je ne les ai pas tués.

Le gendarme accuse le coup. Passé un instant de stupeur, il se ressaisit.

— Votre épouse et votre fille sont formelles : elles vous ont vu l'assassiner près de la boîte aux lettres, puis tirer le corps vers le perron de sa maison. Leurs témoignages concordent.

— Elles se trompent. Même si j'étais coupable – ce qui n'est pas le cas –, elles n'auraient pas pu m'identifier. Il faisait nuit et le jardin n'est pas éclairé.

— Dans ce cas, pourquoi vous accusent-elles ?

— Je ne me l'explique pas.

Désemparé par cette attitude imprévisible, ne sachant plus dans quelle direction poursuivre l'interrogatoire, Masson se raccroche à une procédure de routine.

— Fournissez-moi votre emploi du temps, le soir des meurtres.

— Après être allé donner un coup de main à des amis, je suis rentré à la maison vers 21 heures. Ma femme et ma fille regardaient la télévision. Je me suis préparé une omelette dans la cuisine et je suis allé me coucher. Ce n'est que le lendemain matin, au travail, que mon patron m'a informé du drame.

Aussi invraisemblable que cela puisse paraître, Louis Petit clame son innocence. Et il n'en démord pas. Des heures s'écoulent. Masson n'ignore pas qu'il ne dispose que de quarante-huit heures pour obtenir des aveux – le temps légal de la garde à vue. Passé ce délai, il devra remettre le suspect en liberté et chercher les preuves de sa culpabilité sur la scène de crime. Mais, dans l'état actuel de l'enquête, les indices matériels font cruellement défaut. Car si Petit a effectivement exterminé quatre personnes à l'arme blanche, les vêtements qu'il portait devaient être couverts de sang. Or, aussi bien dans le garage, le jardin, qu'aux alentours, une fouille minutieuse n'a pas permis aux enquêteurs de les découvrir. Et, même si Petit était parvenu à les brûler ou à les enterrer, de minuscules gouttes d'hémoglobine, accrochées à la semelle de ses chaussures, devraient être visibles dans la maison. L'emploi du luminol n'a pas permis non plus de les détecter.

Deux autres indices à la décharge du suspect viennent encore compliquer la tâche de l'enquêteur. Louis Petit chausse du 43 et l'empreinte de semelle recueillie sur la scène de crime indique que le meurtrier présumé chaussait du 41. Par ailleurs, dans le village, il est de notoriété publique que Louis Petit ne supporte pas la vue du sang. C'est la raison pour laquelle, dans la boucherie industrielle où il est employé, il a été affecté à l'emballage de la viande. C'est également pourquoi, dans l'élevage, son épouse se charge spontanément de l'abattage des porcs. Comment, dans ces conditions, Petit a-t-il été capable de massacrer des proches, dont deux enfants, à l'aide d'un hachoir ?

Au fur et à mesure que le temps passe, que Petit s'arcboute sur sa position, niant toute participation aux meurtres, l'adjudant mesure à quel point il est démuni d'arguments pour obtenir des aveux. Mais le juge d'instruction, le procureur de la République, et des reporters accourus de Paris ne cessent de le harceler pour être informés de l'évolution de l'interrogatoire. Sous la pression, Masson s'acharne. Il répète inlassablement les mêmes questions, pousse Petit dans ses retranchements, cherche la faille dans laquelle il pourra s'engouffrer.

— Ta femme et ta fille t'ont vu tuer ton frère. Si tu avoues, le jury te trouvera des circonstances atténuantes.

— Je n'ai pas tué Jean-Claude. Je suis innocent, se contente de rabâcher le détenu d'une voix détimbrée.

*

Toutes les deux heures, quand Masson s'accorde du repos, Bruno Lambert, son adjoint, prend le relais.

Douze heures plus tard, la situation est inchangée. Louis Petit, hagard, épuisé, réclame un sandwich et un verre d'eau. Ils lui sont refusés. Durant la nuit, à bout de forces, il s'évanouit. Il est réanimé et l'interrogatoire reprend.

Au bout de vingt-quatre heures, le juge s'impatiente. Les journalistes font le siège de la gendarmerie. La tension monte. Une torpeur malsaine envahit le village. Masson et Petit poursuivent leur bras de fer.

Enfin, deux heures avant la fin de la durée légale de la garde à vue, Petit lâche prise. Le teint cireux, les yeux enfoncés dans leurs orbites, le corps brisé, le cerveau en miettes, il murmure quelques mots incompréhensibles.

— Peux-tu répéter, s'il te plaît ? Je n'ai pas compris.

— C'est moi le coupable. J'ai tué mon frère.

Puis il ajoute aussitôt :

— Mais je n'ai pas touché aux autres. Je n'ai fait aucun mal à Catherine et aux enfants.

Masson respire enfin à pleins poumons.

— J'ai besoin que tu me donnes des détails pour rédiger ta déposition.

— Le dimanche, à 21 heures, je suis rentré très énervé à la maison. Une nouvelle grosse facture venait de tomber et nous n'avions pas de quoi l'honorer. Je suis allé dans le garage chercher la « feuille » de boucher dont se sert Claire pour débiter les cochons. Je ne voulais pas m'en servir. Je la tenais cachée derrière mon dos. Mon frère et ma belle-sœur étendaient du linge dans leur jardin. Je me suis approché d'eux et je leur ai expliqué la situation. Je leur ai demandé de me dépanner de 20 000 francs. Ils ont refusé. « Rembourse d'abord l'argent que tu nous dois », m'a dit ma belle-sœur. Le ton a monté. Claire est apparue. Elle a pris ma défense. Nous nous sommes querellés pendant quelques minutes. « Laisse tomber, tu me fatigues », m'a dit mon frère. Je l'ai attrapé par le bras et je l'ai frappé à la tête sans réfléchir. Catherine a crié. Elle s'est ruée vers sa maison. Après avoir hissé Jean-Claude sur le perron, je suis retourné dans la cuisine. Je me suis préparé une omelette, j'ai pris une douche et je suis allé me coucher.

— Y avait-il du sang sur tes vêtements ?

— Non. Je ne me suis pas changé.

— À quel moment es-tu redescendu tuer les autres ?

— Je vous ai déjà dit que je ne les avais pas touchés.

— Qui l'a fait alors ? Ta femme ? Ta fille ?

— Laissez-les en dehors de ça. Elles sont innocentes.

Quelques heures plus tard, Serge Masson transmet au juge d'instruction l'ensemble des dépositions. Ce dernier ordonne la remise en liberté de Claire et de Camille et l'incarcération de Louis Petit, accusé de meurtre sans préméditation. Il donne ensuite une conférence de presse. Ses propos sont suffisamment embrouillés et ambigus pour que les journalistes croient comprendre que Petit est l'auteur du quadruple meurtre. La nouvelle fait l'effet d'une bombe. Mais les reporters présents ne prennent pas la peine de relever les incohérences qui émaillent le déroulement de l'enquête. Tout comme ils ignorent les conditions de détention du prévenu lors de sa garde à vue et le fait qu'il n'a pas bénéficié de l'assistance d'un avocat.

Dans le courant de la matinée, Louis Petit se rétracte et clame à nouveau son innocence.

— On m'a interrogé dans des conditions inhumaines. On m'a forcé à avouer un crime que je n'ai pas commis, hurle-t-il dans le fourgon cellulaire qui l'emmène vers la maison d'arrêt de Reims.

Mais personne ne l'entend. Ou ne souhaite l'entendre. Le cauchemar a pris fin. L'auteur de crimes ignobles est sous les verrous. Justice sera rendue aux innocentes victimes. Le village de Bonvilliers retrouve sa quiétude d'antan.

*

Le procès s'ouvre sept mois plus tard. Négligeant les preuves matérielles, le procureur général appuie sa plaidoirie sur les aveux et le mobile du prévenu. Louis Petit est reconnu coupable devant un jury composé de deux hommes et de quatre mères de famille. Il est condamné à purger une peine de réclusion à perpétuité assortie de vingt-deux ans de sûreté.

Pour autant, ce verdict laisse un goût amer à un certain nombre d'amis du condamné. Ils constituent un comité de soutien et, avec l'aide d'un avocat et d'un détective privé, reprennent une à une les pièces du dossier. Bien vite, un certain nombre d'incohérences leur sautent aux yeux. Notamment le fait que Claire Petit n'ait pas fait l'objet d'une enquête approfondie. Pourtant plusieurs éléments pourraient l'impliquer dans le carnage. Elle était présente sur la scène de crime. Son visage présentait des marques de coups. Elle chausse du 41. Elle est experte dans le maniement des hachoirs. Sa fille avait constaté son absence inexpliquée, à l'heure où les meurtres avaient été commis. Lors de son interrogatoire, elle a prétendu avoir donné un bain et changé sa nièce, seule rescapée de la tuerie. Selon une enquête de voisinage, elle aurait été maladivement jalouse de sa belle-sœur. Enfin, une rumeur persistante avait laissé entendre qu'elle avait un amant à l'époque des meurtres. Amant avec lequel elle vit actuellement, après avoir divorcé de son mari.

Forts de ces arguments, les membres du comité de soutien de Louis Petit déposent une demande en révision de son procès. La requête est prise en compte… douze ans plus tard.

Durant cette période, Petit observe des grèves de la faim à répétition. Puis, toujours en signe de protestation, il décide de vivre nu dans sa cellule.

En mars 2006, un rapport sur la contre-enquête est déposé à la Commission de révision des condamnations pénales. La Commission admet que des éléments introduisent un doute sérieux quant à la culpabilité de Louis Petit, et un complément d'enquête est demandé contre l'avis du parquet.

Quatre ans plus tard, la Cour de cassation saisit la Cour de révision, ce qui laisse augurer une éventuelle annulation de sa condamnation. Elle ordonne également une suspension de peine, alors que la décision d'annulation de la condamnation n'a pas encore été prise, ce qui est rarissime dans les annales judiciaires.

Le 8 juillet 2010, Louis Petit est libéré de la centrale de Poissy.

Le 14 mars 2011, l'avocat général de la Cour de cassation demande la tenue d'un nouveau procès et l'ouverture de poursuites à l'encontre de l'ex-épouse du condamné. Dans l'histoire du droit français, c'est la neuvième fois qu'une telle procédure de révision aboutit. La décision est mise en délibérée.

Le 6 avril 2011, après le rejet de sa requête par la Cour de révision, Louis Petit retourne en prison. Il n'aura goûté à la liberté que pendant neuf mois !

*

Pour pathétique qu'elle soit, l'affaire Louis Petit soulève une question plus générale, qui empoisonne notre système judiciaire depuis l'affaire Seznec : certains magistrats sont-ils plus préoccupés à innocenter la justice qu'à innocenter les innocents ?

22

La mort en direct

Libre et insouciante, vêtue d'un minishort rose et d'un débardeur, un sac à dos négligemment accroché sur l'épaule, Sarah Avetrana, quinze ans, dégringole une volée de marches qui mène à la plage. Sous l'effet de la canicule, Varigotti, une station balnéaire de la Riviera italienne, s'est vidée d'un coup de ses habitants. L'air chaud vibre comme à la sortie d'un four. Bercé par le bourdonnement des ventilateurs, chacun s'est claquemuré dans la fraîcheur des chambres. Un chien suffoque sous la margelle d'une fontaine. Sarah s'arrête à sa hauteur, lui flatte la truffe, l'asperge d'eau, et poursuit son chemin d'un pas léger.

Il est 14 heures, ce 26 août 2010. Comment la belle adolescente pourrait-elle imaginer à cet instant qu'elle est en train de vivre les dernières minutes de sa courte existence ?

*

Quinze minutes plus tard, la sonnerie du téléphone carillonne dans le salon de la famille Avetrana. Julia, la mère de Sarah, décroche le combiné.

— *Pronto ?*

— Tante Julia, c'est Monica. Excuse-moi de te déranger. Je n'arrive pas à joindre Sarah sur son portable. Elle a dû l'éteindre. Je suis à la plage. Je voulais lui demander de venir m'y rejoindre.

— Elle a quitté la maison il y a cinq minutes, répond l'autre. Tu ne devrais pas tarder à la voir arriver.

— Merci, ma tante, à bientôt.

Sarah Avetrana et Monica Misserati sont des cousines inséparables. Tout semble pourtant les opposer. La première ressemble à une madone vénitienne, blonde et élancée ; la seconde, de huit ans son aînée, est une forte brune au visage revêche. Les goûts et les aspirations des cousines divergent également. Tandis que Sarah rêve de s'occuper un jour d'animaux maltraités, Monica dévore les potins des magazines bon marché. Néanmoins, en dépit de leurs dissemblances, les deux jeunes femmes passent rarement plus d'une journée sans se voir ou se téléphoner. *Laurel et Hardy* ou *La Belle et la Bête* sont les sobriquets dont on les affuble parfois à voix basse, lorsqu'elles arpentent les rues bras dessus bras dessous.

À 16 heures, Monica téléphone à nouveau à sa tante.

— Sarah n'est pas venue au rendez-vous. Je commence à m'inquiéter. T'a-t-elle appelée ? Son portable est maintenant branché sur répondeur.

— Non pas du tout, répond Mme Avetrana, devenue soudain anxieuse à son tour. Je vous croyais ensemble. As-tu une idée de l'endroit où elle peut être ?

— Pas la moindre. Il n'est pas dans ses habitudes de me poser un lapin ou de se cacher derrière son répondeur.

— Surtout ne bouge pas de la plage. Je pars à sa recherche avec Alberto, souffle Julia en raccrochant.

Bien que la chaleur soit encore accablante, le couple sillonne les rues de la ville à pied. L'adolescente est introuvable. Alberto Avetrana tente alors de rassurer son épouse :

— Sarah doit être chez une amie, en train de chatter sur Internet ou d'écouter de la musique.

La tournée des amies de la jeune fille se solde, elle aussi, par un échec. Aucune d'entre elles n'a aperçu Sarah. À 19 heures, le couple regagne sa maisonnette et patiente à proximité du téléphone.

Deux heures plus tard, incapable de contenir plus longtemps la boule d'angoisse qui lui pince le cœur, Julia contacte les carabiniers. À peine le capitaine Erri Biscotti est-il arrivé chez les Avetrana, qu'il les bombarde de questions :

— Vous êtes-vous récemment disputés avec votre fille ? A-t-elle emporté de l'argent et des affaires personnelles ? A-t-elle un petit ami ? Vous a-t-elle laissé un message ?

À chaque question, le couple se concerte rapidement du regard et répond à l'unisson par la négative.

— Non, nous sommes sûrs que Sarah n'a pas fugué. Elle est bien dans sa peau, profite de ses vacances d'été, et se fait chaque jour de nouveaux amis.

— Confiez-moi une photo d'elle, je vais en faire des copies et les distribuer aux hommes de ma brigade. Si votre fille n'est pas rentrée à la maison demain matin, je lancerai un avis de recherche dans toute la région.

Au matin, après une interminable nuit d'angoisse et d'insomnie, les parents de l'adolescente se rendent au commissariat. Le policier leur explique la situation :

— Je vais travailler sur trois hypothèses. Soit votre fille a fugué et elle rentrera vraisemblablement de son plein gré dans quelques jours. Soit elle a fait une rencontre virtuelle sur Internet. Dans ce cas, un inconnu lui a peut-être fixé rendez-vous en dehors de la ville. Pour s'en assurer, un informaticien de la police va ausculter la messagerie de son ordinateur. Soit encore…

— Soit ? répète machinalement Alberto Avetrana d'une voix à peine audible.

— Un campement de Roms s'est récemment installé aux portes de la ville. En ce moment, trois de mes hommes perquisitionnent les caravanes. Ils me tiendront informé s'ils découvrent quelque chose de suspect.

*

Une semaine s'écoule sans que Sarah Avetrana donne signe de vie. La Riviera a été passée au peigne fin. Un hélicoptère a survolé l'arrière-pays. Un hors-bord a ratissé les côtes jusqu'à la frontière française. Venue de Gènes, une équipe cynophile a exploré campings et terrains vagues. En vain. L'adolescente s'est volatilisée au cœur d'une région touristique. En plein mois d'août.

Tandis que les presses locale et nationale publient des avis de recherche, la famille Avetrana, ses proches et ses voisins distribuent des affichettes aux entrées des autoroutes, dans l'espoir qu'un automobiliste reconnaisse la jeune fille et signale sa présence.

Enfin, deux mois après la disparition, Sabrina Rossi, une productrice de la RAI 3, la troisième chaîne de la télévision publique, propose à Julia de participer à son émission de téléréalité, « Chi l'ha visto » (Qui l'a vu ?). Ce show, diffusé à une heure de grande écoute, appelle des millions d'Italiens à se mobiliser pour aider la police à retrouver des personnes disparues. Bien que Julia réprouve ce genre de programme, elle finit par accepter l'invitation. Que ne ferait-elle pas pour mettre un terme à son cauchemar ?

Quelques jours plus tard, elle se rend à Milan où le tournage doit avoir lieu en direct.

*

Bâti autour d'une photo géante représentant Sarah, le décor de l'émission est clinquant : néons, effets stroboscopiques, murs d'écrans sur lesquels s'affichent des images de la maison des Avetrana, de la chambre de Sarah, de la plage et des ruelles de Varigotti. Le dos voûté, tassée dans un fauteuil face à l'animatrice, à un avocat et à un représentant du ministère de l'Intérieur, Julia, tremblante de peur et d'émotion, répond comme une automate à des questions posées en rafale.

— Non, Sarah n'était pas une adolescente perturbée. Non, elle ne consommait ni drogue ni alcool. Elle n'avait pas de petit ami attitré. Elle n'était affiliée à aucune organisation, à l'exception d'un comité local de défense des animaux.

Parlant à la vitesse d'une mitraillette, Sabrina Rossi évoque ensuite les itinéraires que l'adolescente aurait pu emprunter en sortant de chez elle pour se rendre sur la plage où l'attendait sa cousine. Chaque trajet supposé est illustré à l'aide de vues prises d'hélicoptère et d'images en 3 D. Viennent ensuite les témoignages d'anonymes, recueillis dans la région. Un chef de gare croit se souvenir qu'une jeune fille vêtue d'un short rose lui avait acheté un billet pour se rendre à Menton. Un pompiste se souvient que le conducteur quinquagénaire d'une voiture de sport s'était arrêté dans sa station-service pour faire le plein, et qu'une blonde ravissante était assise à ses côtés. Le physionomiste d'une boîte de nuit turinoise affirme pour sa part avoir interdit l'entrée de son établissement à une fille mineure qui ressemblait à Sarah.

Ayant l'impression d'avoir sombré dans un cul-de-basse-fosse, Julia écoute ces bavardages dans un état second.

Soudain l'animatrice réajuste son oreillette et pousse un cri étouffé.

— Mon assistant me signale à l'instant qu'une dépêche de l'agence ANSA vient de nous parvenir. Après vérification, je vous en donnerai lecture.

Sabrina Rossi regarde l'une des caméras bien en face comme si elle s'adressait maintenant à chaque téléspectateur en particulier.

— Attention, âmes sensibles s'abstenir ! Le contenu de cette dépêche va bouleverser radicalement le déroulement de l'émission.

Brusquement tirée de sa torpeur, Julia sent son cœur se liquéfier. Si l'Himalaya s'écroulait sur sa tête, elle n'en serait pas davantage anéantie. En dépit de la chaleur que dégagent les projecteurs, une giclée de sueur glacée lui inonde le dos. Elle se signe machinalement.

— Doux Jésus, ayez pitié.

Sabrina Rossi tripote nerveusement le bout de papier que son assistant lui a apporté. Elle le lit à voix basse, le relit, hésite, cherche ses mots. Dans le studio, le public plongé dans l'obscurité s'est tu, suspendu aux lèvres de la productrice. Cette dernière s'adresse enfin à Julia.

— Madame Avetrana, ce que j'ai à vous annoncer maintenant est au-delà de ce qu'une mère peut supporter. C'est pourquoi je vous invite à vous retirer dans les coulisses où un médecin et un psychologue sont à votre disposition.

Julia s'est pétrifiée. Ses yeux, réduits à deux fentes grises, fixent un point suspendu dans le lointain.

— Madame Avetrana, insiste l'animatrice, souhaitez-vous vraiment rester parmi nous pour assister à la suite de l'émission ? En tant que mère, je vous le déconseille.

Comme Julia ne manifeste plus aucune réaction, Sabrina Rossi poursuit :

— Mesdames et messieurs, c'est avec la plus grande difficulté que je vais vous communiquer la dépêche de l'Agence nationale Stampa et associés, telle que nous l'avons reçue et vérifiée. Je sais que des situations extraordinaires peuvent survenir au cours d'une émission réalisée en direct, mais, ce soir, l'émotion que nous allons partager dépasse tout ce que nous pouvions imaginer.

La voix de l'animatrice baisse d'un ton.

— « Le 5 novembre 2010 à 21 h 30, Federico Misserati, un ouvrier du bâtiment, a déclaré aux carabiniers de la ville de Varigotti avoir violé et tué, le 26 août dernier, Sarah

Avetrana, quinze ans, la fille cadette de sa sœur. Il a confessé ensuite avoir jeté le cadavre dans un puits désaffecté. À la suite de sa déclaration, l'homme a été mis en état d'arrestation et écroué. »

Sabrina Rossi replie lentement la dépêche et risque un regard inquiet en direction de Julia. Comment va-t-elle réagir ? Va-t-elle s'écrouler à ses pieds comme une poupée brisée ? Dans quelle ressource son cœur de mère va-t-il puiser la force de continuer à battre ?

Yeux clos, rencognée dans son fauteuil, Julia s'est transformée en statue de sel. Seules ses lèvres frissonnent mécaniquement. Prie-t-elle ? Adresse-t-elle à un dieu rédempteur une ultime supplique ?

À travers toute l'Italie, plus de trois millions de téléspectateurs sont en état de choc. Rivés à leur petit écran, écarquillant les yeux, ils assistent, incrédules et abasourdis, au supplice d'une mère.

Dans le studio, le public retient son souffle. Quelques femmes étouffent des sanglots. Des hommes grognent d'indignation.

— À mort ! hurle quelqu'un du fond de la salle.

Consciente que la situation échappe à son contrôle, la présentatrice invite une nouvelle fois Julia à quitter le plateau.

— Retirez-vous, madame Avetrana, je vous en prie. Dans l'état actuel des choses, seul un médecin peut vous venir en aide.

Comme Julia ne réagit toujours pas, Sabrina Rossi poursuit sa prestation :

— On me fait savoir en régie que deux de nos équipes vont intervenir en direct dans quelques minutes. La première recueillera en exclusivité les premières impressions d'Erri Biscotti, le capitaine des carabiniers de Varigotti. Notre seconde équipe se trouve actuellement devant le domicile du meurtrier présumé. Monica Misserati, sa fille, qui est par ailleurs la cousine de Sarah, a accepté de répondre à nos questions. En attendant que les liaisons soient établies, je vous invite à entendre la réaction à chaud de Giorgio Napolitano, le président de la République. Il a été joint il y a un instant par téléphone.

Cette fois, c'est plus que ce que Julia est en mesure d'en supporter. Elle s'extrait péniblement de son fauteuil, trébuche, traverse le plateau en somnambule, et s'effondre dans les bras d'un homme vêtu d'une blouse blanche, à peine s'est-elle éclipsée derrière le décor.

*

Le lendemain matin, une formidable émotion secoue l'Italie. La compassion que chacun éprouve à l'égard des parents et des amis de Sarah s'accompagne d'un déferlement d'indignation.

« Le spectacle affligeant que nous a offert la RAI viole les principes élémentaires de la dignité et de l'intimité de la personne, des lois et des codes régissant la profession de journaliste », s'insurge le quotidien *Libero*. « Dès réception de l'annonce de la mort de Sarah, la présentatrice aurait dû interrompre l'émission », remarque plus sobrement *Il Messaggero*.

« Dans quel bourbier avons-nous sombré collectivement hier soir ? s'interroge pour sa part l'éditorialiste du *Corriere della Sera*. Après les jeux du cirque dont se délectaient nos ancêtres dans les amphithéâtres romains, les émissions de téléréalité exploitent les instincts les plus bas du spectateur. Cette fois, les limites ont été franchies. Assez ! Interdisons la diffusion de telles insanités sur les chaînes publiques. »

Tout aussi catégorique, *Il Tempo* dénonce « l'apathie morale d'une société exhibitionniste, la mise au pilori d'une mère prisonnière d'un marathon de télé-douleurs ».

Paradoxalement, loin de susciter respect et retenue, cette levée de boucliers de la presse provoque la curiosité macabre d'un grand nombre d'Italiens. Dès le week-end suivant, des dizaines de familles convergent vers Varigotti. Armées d'appareils photo, elles mitraillent les façades des maisons des Avetrana et des Misserati. Tandis que la police peine à les canaliser, un petit commerce de la mort s'organise et alimente la polémique. Des guides improvisés entraînent les touristes sur les lieux que fréquentait Sarah. Les terrasses des restaurants affichent complet. Des jeunes gens cyniques ont fait imprimer en toute hâte des tee-shirts à l'effigie de l'adolescente et les vendent à la sauvette au coin des rues.

Durant ce temps, Erri Biscotti, le chef des carabiniers, donne une conférence de presse.

— À la suite des aveux de Federico Misserati, nous nous sommes rendus sur le lieu qu'il nous avait indiqué et nous avons constaté, qu'effectivement le corps de Sarah Avetrana gisait au fond d'un puits sec. Une autopsie est en cours à l'institut médico-légal de Gènes. Je vous communiquerai dès que possible les conclusions du médecin légiste.

Le policier fournit ensuite quelques informations concernant la personnalité du meurtrier présumé. Le public apprend ainsi que Masserati, un maçon âgé de quarante-sept ans, a exercé la profession de croque-mort en Allemagne, avant de revenir vivre dans son village natal. Cette promiscuité, cette longue fréquentation des cadavres lui a-t-elle dérangé l'esprit ? Est-il responsable de ses actes ? Pourra-t-il comparaître devant un tribunal ou finira-t-il ses jours dans le service psychiatrique d'un hôpital ? Ce sont les questions que chacun se pose en regardant sa photo, imprimée sur la première page de tout ce que l'Italie compte de quotidiens et de magazines. L'image donne à voir le visage taillé à la serpe d'un homme mal rasé, les yeux réduits à deux billes de verre sombre.

*

Au cours des jours suivants, Monica Misserati, la fille du détenu, virevolte de plateaux de télévision en studios de radio. Prise d'une frénésie de communication, elle multiplie les interviews. Elle ignore naturellement qu'Erri Biscotti fait enregistrer et transcrire toutes ses déclarations et qu'il épluche minutieusement les comptes rendus. Et, au bout de quelques jours, il relève des incohérences et des contradictions dans les déclarations de la jeune femme. Comment, par exemple, Monica pouvait-elle savoir la manière dont Sarah était habillée le jour de sa disparition, puisqu'elle a toujours affirmé ne pas l'avoir vue sur la plage ? Certes, les avis de recherche fournis par sa famille avaient donné d'elle une description précise, mais Monica a déclaré que sa cousine était chaussée d'une paire de tongs en paille tressée, un détail qui n'avait pas été communiqué à la presse.

Les messages émis depuis le téléphone portable de Monica, saisi par la police dans le cadre de l'enquête, sont autrement plus révélateurs. En effet entre 14 heures – heure à laquelle Sarah a quitté son domicile – et 19 heures, sa cousine a envoyé pas moins de vingt-quatre textos à Giorgi Canavaggio, un garçon de vingt-quatre ans avec lequel elle entretient une vague relation amoureuse. Mis bout à bout, ces messages constituent le film tragique des événements, tels que la jeune femme les a appréhendés.

Ainsi, à 14 h 45, elle écrit à son ami : « Je sais que Sarah ne viendra pas à mon rendez-vous. » Un quart d'heure plus tard, alors que l'adolescente a pu s'attarder quelque part, elle est déjà en état alerte : « Je pense qu'il est arrivé quelque chose de grave. » À 18 heures, elle semble ne plus avoir de doute sur l'issue tragique de la disparition de sa cousine : « J'ignore où en sont les parents de Sarah dans leurs recherches, mais, moi, je sais qu'elle n'est plus en vie. » Enfin, plus étrange encore, à 19 heures, le dernier texto que Monica envoie à son ami recommande la prudence : « À partir de maintenant, nous ne devons plus communiquer par téléphone. Mon portable, le tien, et celui de mon père ont dû être mis sur écoute. »

Estimant que Monica Misserati dissimule des informations capitales et entrave le déroulement de l'enquête, Erri Biscotti la place en état d'arrestation sous le chef d'accusation de complicité de meurtre. Dès qu'il apprend la nouvelle du fond de sa cellule, son père clame son innocence.

— Monica n'a rien à voir dans la mort de sa cousine, s'insurge-t-il. Libérez-la ! J'ai violé Sarah et je l'ai tuée sans l'aide de personne.

*

L'incarcération spectaculaire de la jeune femme soulève une nouvelle vague d'émotion à travers l'Italie, certains journalistes n'hésitant pas à qualifier de « monstres » les membres de la famille Misserati.

Afin d'étayer son accusation, le capitaine Biscotti se livre à une enquête de voisinage et perquisitionne la maisonnette que partagent Monica et ses parents. Et ce qu'il découvre dépasse l'entendement. Car, depuis son retour d'Allemagne, Federico Misserati vit sous le joug despotique de sa fille. Relégué dans un coin obscur de la cuisine, il n'a plus accès aux trois autres pièces de la maison, que se réservent en exclusivité sa fille et son épouse. Levé à 3 heures du matin, il se rend sur des chantiers de l'arrière-pays et doit se contenter, en guise de déjeuner, de l'oignon et du guignon de pain que lui octroie sa fille. Comment Misserati a-t-il pu supporter pareil traitement ? s'interroge le policier. Pour quelle raison ne s'était-il jamais révolté ? Le père et la fille partagent-ils un secret inavouable ? Monica exerce-t-elle sur lui un quelconque chantage ?

Laissant provisoirement ces questions sans réponse, Biscotti se penche ensuite sur l'amitié improbable qui liait les cousines. Svelte et gracieuse, Sarah incarnait la vitalité de l'adolescence. Tandis que, avec ses rondeurs, son visage ingrat et sa propension à colporter des ragots, Monica peinait à se faire des amis. Pour éclaircir ce point, le policier interroge des camarades de la victime.

— Sarah était devenue la poupée vivante de Monica, affirme l'une d'entre elles.

— Que voulez-vous dire ?

— Lorsque Monica n'avait pas de cliente dans son salon de beauté, elle maquillait, coiffait, manucurait Sarah. Elle la transformait en poupée en s'inspirant des photos de stars qu'elle découpait dans les magazines. Après l'avoir photographiée, elle lui rendait son apparence naturelle afin qu'elle puisse rentrer chez elle sans attirer l'attention de ses parents.

— Les filles étaient-elles seules lorsqu'elles se livraient à ce petit jeu ? insiste Biscotti.

— Pas toujours. Giorgi Canavaggio, le copain de Monica, se chargeait parfois de prendre les photos, confesse la gamine. Un jour, il m'en a montré quelques-unes sur son portable.

Le capitaine des carabiniers fait saisir le téléphone du garçon. Comme toute trace de photographie a été effacée de la mémoire de l'appareil, il demande à un agent de la police scientifique d'utiliser un système israélien qui permet de réactiver les images écrasées. En attendant les résultats de l'expertise, il maintient Monica Misserati en détention jusqu'à l'ouverture du procès, qui est fixé trois mois plus tard.

*

Dès la première audience, un coup de théâtre ébranle le prétoire. Federico Misserati revient sur la totalité de ses aveux. Il déclare maintenant s'être accusé du viol et du meurtre de sa nièce pour protéger sa fille. En réalité, à l'heure du drame, il faisait la sieste quand Monica l'a brutalement réveillé.

— Je viens d'étrangler Sarah dans le garage, lui aurait-elle dit. Elle est morte. Aide-moi à transporter son corps et à le faire disparaître.

— Pour quelle raison votre fille aurait-elle tué sa cousine ? demande le juge.

— Monica était jalouse de Sarah. Maladivement jalouse.

Interrogée à son tour, Monica nie farouchement être impliquée d'une façon quelconque dans le drame. Selon elle, son père était depuis longtemps obsédé par la jeunesse et la beauté de Sarah. Lorsque l'occasion s'était présentée, il aurait été incapable de refréner ses instincts lubriques et meurtriers.

La tenue du procès est ajournée, le temps que juge d'instruction et procureur parviennent à démêler le vrai du faux. Y parviendront-ils ? Car, au fil des audiences, des expertises médico-légales et de nouveaux témoignages vont complexifier une affaire qui, au départ, semblait presque élucidée.

*

Appelé à la barre, un homme qui repeignait la façade de sa maison au cours de l'après-midi du 26 août affirme avoir vu une Seat de couleur rouge passer à vive allure, à 14 h 15. Mme Misserati était au volant et sa fille était assise à ses côtés. Le témoin est en mesure d'affirmer avec précision l'heure du passage de la voiture, car il avait machinalement regardé l'horloge de l'église. Cette information rend dès lors suspect le coup de téléphone que Monica avait passé au même moment à Mme Avetrana, dans lequel elle affirmait se trouver sur la plage et demandait que Sarah vienne l'y rejoindre.

La Seat de la mère de Monica est mise sous scellés et passée au peigne fin par des experts de la police scientifique. Une tache sombre est découverte dans le coffre.

Mais elle est trop dégradée pour permettre de déterminer s'il s'agit de sang humain ou animal.

*

Une autre information troublante provient, une fois encore, du téléphone portable de Monica. En épluchant la liste des messages reçus et envoyés de son appareil dans l'après-midi du 26 août, des experts en téléphonie découvrent qu'un certain Antonio Taranto, professeur au lycée de Varigotti, avait contacté Monica vers 18 heures pour l'avertir que sa mère était en danger.

— Dis à ta mère de consulter d'urgence un avocat. Elle en aura besoin, avait-il averti.

Monica avait aussitôt transmis l'avertissement à sa mère en faisant clairement référence à la possibilité d'une arrestation.

— Ils ne vont quand même pas venir me chercher aujourd'hui ? s'était inquiétée cette dernière.

Interrogé par Erri Biscotti, Taranto est incapable de fournir une explication cohérente sur la teneur de son appel. Il s'avère bientôt que le professeur avait entretenu une liaison amoureuse avec Mme Misserati, quelques mois plus tôt. Pour quelle raison Taranto a-t-il essayé de protéger son ex-maîtresse ? Est-il impliqué d'une manière ou d'une autre dans le meurtre de Sarah ?

Dans l'attente d'un complément d'information, le juge délivre un nouveau mandat d'arrêt. Accusée de complicité de séquestration, complicité d'homicide et complicité de suppression de cadavre, Mme Misserati est incarcérée dans la même cellule que sa fille. Par crainte que leurs conversations soient enregistrées à leur insu, les femmes communiquent entre elles à l'aide de messages griffonnés sur des bouts de papier, à la manière des maffiosi.

*

Une anomalie chronologique apparaît ensuite lors de la reconstitution de l'homicide. En effet, entre 14 heures et 14 h 45 – heure à laquelle Monica a envoyé un texto à Giorgi Canavaggio affirmant que « Sarah ne sera pas revue en vie » –, il semble matériellement impossible que la jeune femme, son père ou sa mère, ait eu le temps d'assassiner l'adolescente et de faire disparaître son corps. Dans le cas contraire il aurait fallu que, en moins de quarante-cinq minutes, le ou les assassins parcourent en voiture un trajet de 7 kilomètres, qu'ils dégagent un puits désaffecté encombré de ronces, qu'ils y déposent le cadavre, qu'ils camouflent l'ouverture du puits à l'aide de branches mortes, et qu'ils regagnent leur domicile en empruntant une route côtière très fréquentée.

Une analyse du contenu de l'estomac de la victime, réalisée lors de son autopsie par Claudia Scazzeri, une biologiste citée à comparaître, confirme par ailleurs que l'adolescente n'a pas pu être tuée avant 16 heures. Cet élément médico-légal conforte l'hypothèse selon laquelle Monica Misserati a envoyé à Canavaggio des messages qui anticipaient l'annonce de la mort de sa cousine.

*

Quelques jours plus tard, lorsque la carte mémoire du téléphone portable de Giorgi Canavaggio peut enfin livrer ses secrets, Biscotti découvre que, lors des séances de maquillage auxquelles s'adonnaient les cousines, le jeune homme ne se contentait pas de prendre des photos. Sur plusieurs d'entre elles, il apparaît nu aux côtés de l'adolescente, métamorphosée en star par sa cousine. Ces images soulèvent bien des questions : Canavaggio avait-il organisé à son profit un trio amoureux avec les deux jeunes filles ? Ou avait-il feint de séduire Sarah pour la soumettre ensuite aux caprices de Monica ? Enfin, assume-t-il lui aussi une part de responsabilité dans l'assassinat de l'adolescente ?

Ne disposant pas de preuves matérielles suffisantes pour l'inculper, le policier doit se contenter de l'inclure sur la liste provisoire de ses suspects.

*

Un nouvel élément vient encore perturber le bon déroulement du procès. Le détective privé, qu'a engagé le frère aîné de Sarah pour reprendre l'enquête dès le début, rend des conclusions accablantes. Selon lui, les experts scientifiques ont été incapables de localiser la scène de crime, tant ils ont détérioré les indices au fur et à mesure de leur investigation. Ainsi est-il impossible de déterminer si Sarah a été tuée dans le garage ou à l'intérieur de la maison des Misserati ou si elle a succombé dans le coffre de la voiture ou dans la campagne, avant que son corps ne soit jeté dans le puits. Ce grave manquement a pour conséquence de multiplier le nombre des tueurs potentiels.

*

Enfin un dernier coup de théâtre vient clore cette cascade de rebondissements : Federico Misserati revient une nouvelle fois sur ses aveux. Il affirme dorénavant sous serment avoir violé et tué sa nièce, sans l'aide d'aucun membre de sa famille. Pour étayer sa confession, il indique l'endroit où se trouve la cordelette dont il s'est servi pour l'étrangler. Une analyse ADN confirme que des cellules épithéliales appartenant à l'adolescente se sont bien incrustées dans les fibres de la corde. Mais cette preuve matérielle ne disculpe pas pour autant la fille et l'épouse du principal accusé.

*

Au terme d'un procès qui s'éternise, juge, procureur, avocats de la défense et membres du jury sont face à un dilemme. Pour couper court aux spéculations les plus folles, doivent-ils prendre pour argent comptant les aveux de Misserati et innocenter les autres suspects ? Car des preuves indirectes subsistent toujours concernant l'éventuelle culpabilité de Monica et de Mme Misserati, ainsi que celles de Giorgi Canavaggio et d'Antonio Taranto.

La presse italienne, qui n'a pas cessé de se passionner pour cette affaire entrée dans les annales judiciaires, s'interroge *ad nauseam* sur les versions possibles du déroulement du drame. Reconstitutions de la scène de crime, débats d'experts, tables rondes et reportages se succèdent sans discontinuer sur les chaînes de télévision. Le public finit par se lasser et réclame qu'un verdict mette un point final aux polémiques et permette enfin à la famille Avetrana de faire son deuil.

Est-ce sous la pression populaire ou sous celle des médias, ou bien est-ce en son âme et conscience que le jury parvient, après quatorze heures de délibération, à se prononcer sur la culpabilité de Federico Misserati ? Nul ne le saura jamais. Pour faire bonne mesure, le juge assortit une peine de prison à vie, dont vingt ans incompressibles, au paiement à la famille de la victime d'un dédommagement forfaitaire de cinquante mille euros. Afin de s'en acquitter, Mme Misserati et sa fille mettent en vente leur maisonnette et quittent Varigotti pour une destination qu'elles ont tenue secrète.

*

Par un bel après-midi d'été, une adolescente trottinait dans les rues surchauffées d'un village italien. Elle s'était arrêtée près d'une fontaine pour rafraîchir et réconforter un chien assoiffé. Elle avait ensuite dévalé une volée de marches et s'était dirigée vers la plage où l'attendait sa cousine. Il était 14 heures 10, ce 26 août 2010.

23

Une petite ferme perdue dans les collines

Après avoir fait des emplettes à Flaymere, une bourgade de trois cents âmes, perdue au milieu de nulle part, Philip et Vivian Baker regagnent leur propriété à bord de leur camionnette bringuebalante. Autour d'eux, plus peuplées de brebis que d'êtres humains, les vertes collines néo-zélandaises s'étendent à perte de vue jusqu'à la mer.

— Nous voilà bientôt rendus, soupire Vivian en apercevant dans le creux d'un vallon la silhouette grise et sans charme de leur ferme.

— Il faudrait quand même rafraîchir les peintures, constate amèrement son mari. Cette maison tombe en ruines.

— Avec quel argent le ferions-nous ?

Pour gravir la côte abrupte et caillouteuse qui mène au portail, Philip Baker martyrise la boîte de vitesses de la fourgonnette. Parvenu au sommet, il écrase brutalement la pédale du frein. Le front de sa femme heurte le pare-brise.

— Qu'est-ce qui te prend ? gémit cette dernière, furieuse.

— Regarde.

— Regarder quoi, bon sang ?

— À gauche sur la clôture.

La femme écarquille les yeux. Une tête de mouton sanguinolente, langue tirée, est empalée sur un piquet. Une pancarte couverte d'une inscription en lettres rouges est attachée autour du cou de l'animal.

— Dis-moi ce qu'il y a d'écrit ?

La femme saute à terre et décroche l'écriteau avec dégoût. Elle le lit avant de le tendre à son mari.

— C'est écrit : « C'est toi le prochain ! »

*

Avertissement, intimidation, plaisanterie douteuse, quelle est la signification de cette menace ? Faut-il la prendre au sérieux ou l'ignorer ? Sera-t-elle suivie d'effet ou restera-t-elle lettre morte ? Ce sont les questions que se posent, naturellement, les Baker en ce mois de mars 1985.

— Nous avons des ennemis que nous ne connaissons pas, maugrée Vivian. Comme si nous avions besoin de cela en ce moment !

Depuis qu'il a vendu son salon de coiffure à vil prix, Philip Baker jongle entre emprunts, traites et impayés, la modeste exploitation maraîchère que lui a léguée son grand-père permettant à peine à sa famille de vivre modestement.

Huit jours plus tard, une lettre anonyme parvient à la ferme. Écrite elle aussi au feutre rouge, elle confirme comme un ultimatum la menace précédente : « Tu as gâché la vie de ma sœur, je vais m'occuper de toi ! »

— De qui as-tu gâché la vie ? De quelle sœur s'agit-il ? s'insurge Vivian, partagée entre peur et colère.

— Je ne comprends absolument pas de quoi il s'agit, se défend son époux.

— As-tu une maîtresse ? Dis-moi la vérité.

— Je t'assure que non. Mais peut-être que celui qui a écrit cette saloperie fait référence à une liaison que j'aurais eue il y a longtemps. Avant de te connaître.

— Il y aurait donc plus de seize ans ?

— Je ne vois pas d'autre explication.

— Et pourquoi celui qui te hait au point de vouloir te tuer se réveillerait-il aujourd'hui ?

Philip hausse les épaules, accablé.

— Te souviens-tu d'une femme dont tu aurais gâché la vie ? En dehors de moi, bien entendu, ironise Vivian. On n'oublie jamais les gens que l'on a fait souffrir.

Cette question plonge Philip Baker dans un abîme de réflexion. Ses amours de jeunesse défilent dans sa mémoire comme les photos d'un album défraîchi. Une brochette de filles naïves aux joues fraîches, habituées à la vie au grand air.

— Aucun nom ne me vient à l'esprit.

— Réfléchis. As-tu connu une fille dont le frère aurait une raison quelconque de t'en vouloir. Une fille à laquelle tu aurais promis le mariage, par exemple, et que tu aurais abandonnée. Ou – plus grave encore – une fille que tu aurais forcée à se faire avorter ? Creuse-toi les méninges, bon sang.

Philip Baker se prend la tête à deux mains. Au bout d'un long moment, il murmure :

— Il y a bien Rose Kennedy…

— Parle-moi de cette Rose.

— Nous nous étions connus dans une école de coiffure, à Wellington. Elle et moi avions dix-sept ans. Rose me plaisait mais je lui étais indifférent. Dans le but de la séduire malgré tout, j'avais inventé une histoire absurde.

— Laquelle ?

— Je lui avais fait croire que je venais d'hériter de la fortune de mon grand-père, un riche propriétaire terrien. J'avais dit à Rose qu'avec l'argent, une fois mon diplôme en poche, j'ouvrirais un salon de coiffure ultrachic à Hollywood, dans lequel stars et célébrités se bousculeraient. Je lui avais proposé de partager ce rêve, de devenir mon associée.

— Et elle avait cru à cet enfantillage ?

— Oui, j'avais dû me montrer persuasif. Du coup, Rose m'était tombée dans les bras !

— Avant de découvrir le… pot aux roses, si je peux dire !

— Je n'avais pas eu besoin de lui avouer la vérité. Elle avait rapidement compris que j'avais abusé de sa confiance lorsque, à la fin de nos études, j'avais accepté un emploi d'apprenti dans un salon minable. Elle m'avait quitté sans me faire de reproche. Mais je lui avais brisé le cœur. Dépressive, elle avait même tenté de mettre fin à ses jours.

— Je devine la suite, l'interrompt Vivian, soudain bouleversée. Mais une fois encore, pour quelle raison son frère a-t-il attendu dix-sept ans pour te menacer ?

— Qu'en sais-je ? Peut-être Rose est-elle morte récemment et la haine de son frère s'est-elle réveillée.

*

Durant les jours suivants, Philip Baker confesse à sa femme qu'en son absence, il a reçu plusieurs appels anonymes.

— C'était une voix d'homme au bout du fil, précise-t-il. À chaque fois, il m'a dit : « Tes jours sont comptés. » Et il a raccroché en ricanant.

— Tu dois raconter tout cela à la police. Nous n'allons pas continuer à vivre avec une épée de Damoclès suspendue au-dessus de nos têtes. Pense aux enfants.

*

Deux jours plus tard, Vivian Baker emprunte la camionnette de son mari pour se rendre en ville, sa petite voiture japonaise étant tombée en panne.

Une heure passe. Tandis que Philip bricole dans la grange de la ferme, la sonnerie du téléphone le fait sursauter. Il décroche.

— Monsieur Baker ? Ici le service des urgences de l'hôpital de Napier. Votre femme vient d'être opérée. Son pronostic vital est engagé. Il serait bon que vous veniez à son chevet de toute urgence.

Comme si le sol se dérobait sous ses pieds, Philip, chancelant, prend appui sur un coin de l'établi.

— Mais… mais que lui est-il arrivé ?

— Nous n'avons pas bien compris les circonstances de l'accident, mais il semble que la camionnette qu'elle conduisait a explosé. Votre épouse a été grièvement blessée aux jambes. Des voisins qui passaient en voiture l'ont recueillie sur le bord de la route. Elle perdait beaucoup de sang. Ils lui ont fait des garrots et l'ont amenée ici.

— La camionnette a explosé ! se contente de répéter Baker, abasourdi et incrédule.

Philip appelle un taxi et se fait conduire à l'hôpital où l'attend Matt Appleton, le surintendant de la police de Napier.

— Je viens de m'entretenir avec le chirurgien, annonce d'emblée ce dernier. D'après lui, votre femme devrait survivre. Mais une de ses jambes a été déchiquetée.

— Puis-je la voir ? s'affole Baker.

— Pas encore. Elle est dans le service des soins intensifs. En attendant qu'elle reprenne conscience, j'aimerais que vous m'accompagniez au commissariat. J'ai des questions à vous poser.

— Pour quelle raison ?

— Votre camionnette a été sabotée et je voudrais savoir pourquoi.

*

Transportée sur une plate-forme, l'épave est passée au crible par des experts en explosif de la police scientifique. Ils constatent qu'une charge explosive, placée sous le siège de la conductrice, a été déclenchée à l'aide d'un détonateur à retardement. Il ne s'agit pas véritablement d'une bombe mais plutôt d'une sorte de fusil à pompe à canon scié.

Confectionné à partir d'un tuyau en acier galvanisé d'un diamètre de 5 centimètres, l'engin était rempli de nitroglycérine et de plombs. En s'enflammant, la poudre, recueillie à partir des cartouches d'un fusil de chasse, a libéré des milliers de plombs de gros calibre. Si le siège de la fourgonnette n'avait pas été renforcé, la charge aurait vraisemblablement tué la conductrice. En effet, le chirurgien a extrait plus de 500 grammes de métal, incrusté dans ses chairs.

— Avez-vous des ennemis, monsieur Baker ? demande Appleton. Avez-vous une idée de qui a pu vouloir attenter à vos jours ou à ceux de votre épouse ?

— Oui, j'ai un ennemi, confesse Baker. Un ennemi dont j'ignore l'identité et les motivations.

Et Philip Baker raconte au policier de quelle manière il subit depuis trois semaines le harcèlement d'un inconnu. La tête de mouton plantée à l'entrée de sa ferme. La lettre de menace. Les appels téléphoniques. Il conclut en évoquant l'inquiétude croissante de Vivian et les efforts qu'il déploie pour tenter d'identifier son persécuteur.

— J'essayerai de savoir ce qu'il est advenu de cette Rose Kennedy dont vous m'avez parlé, promet Appleton. Et je me rendrai chez vous pour prélever d'éventuels indices. En attendant, je vous recommande la plus extrême prudence. Éloignez vos enfants de la ferme, envoyez-les chez des parents. Et tenez secret le lieu où vous les aurez cachés. Par ailleurs, pendant quelques jours, l'un de mes hommes veillera sur votre sécurité.

*

Vivian Baker est amputée d'une jambe. Équipée d'une prothèse provisoire, elle entame une longue et douloureuse période de rééducation. Pendant ce temps, son mari tente tant bien que mal de gérer la ferme sans son aide. Cinq jours après le drame, il reçoit une nouvelle lettre de menace. « Je suis venu te voir deux fois la semaine dernière mais un porc rôdait. À bientôt », prévient le texte.

— J'imagine que le *porc* dont il est fait mention désigne le policier que j'avais mis en faction devant chez vous, suppute Matt Appleton en glissant délicatement la lettre dans une pochette en plastique.

Un expert tente de détecter la présence d'empreintes digitales sur la surface du courrier en le saupoudrant de poudre noire. Puis un graphologue de la police analyse chaque lettre du message à l'aide d'un microscope binoculaire. Ces investigations se soldent par des échecs. Le scripteur a manipulé le papier avec des gants. Et le texte, surligné au marqueur, n'offre aucun indice. En revanche, sous un éclairage oblique, la texture du papier présente l'empreinte d'un gribouillage en forme de cercle. Le spécialiste en conclut que l'auteur de la lettre a posé sa feuille de papier sur un carnet sur lequel le graffiti avait été tracé au préalable à l'aide d'un stylo bille. Puis qu'il a exercé une pression suffisamment forte pour que le dessin s'imprime en creux sur la page. Ainsi, parvenir à localiser le propriétaire du carnet reviendrait à identifier l'auteur de l'attentat à la voiture piégée. Mais enquêter à partir de cette maigre indication revient à chercher une aiguille dans une botte de foin !

— Je me suis renseigné sur Rose Kennedy, poursuit Matt Appleton. Elle est décédée d'un cancer du sein, il y a cinq ans. Et elle n'avait pas de frère. Cette piste étant une impasse, donnez-moi du grain à moudre. Dites-moi qui vous suspectez. N'oubliez pas que, dans les affaires criminelles, le nombre des mobiles est réduit : argent, jalousie, vengeance… Avez-vous spolié un parent lors d'une succession ? Avez-vous eu une relation avec une femme mariée ? Avez-vous discrédité ou humilié quelqu'un ?

Philip Baker hésite. Il n'est pas dans ses habitudes de se confier à un inconnu. Il est néanmoins conscient que, s'il n'aide pas le policier, le cauchemar dans lequel est plongée sa famille ne prendra jamais fin.

— Dans mon for intérieur j'aurais sans doute aimé accaparer un héritage, concède-t-il en grimaçant un sourire. Malheureusement, je n'ai plus de famille. Et la ferme que m'a léguée mon grand-père est un puits sans fond. Je ne crois donc pas que l'argent ait quoi que ce soit à voir dans cette affaire.

— La vengeance ?

— Je n'ai humilié personne. Nous vivons reclus, ma femme et moi, dans nos collines. Notre vie sociale est réduite au minimum.

— La jalousie ?

Baker blêmit. Il tapote nerveusement le paquet de cigarettes posé devant lui.

— C'est extrêmement gênant, finit-il par murmurer.

— Parlez sans crainte. Si ce n'est pas strictement nécessaire, rien ne filtrera de cette conversation.

— Il y a quelques mois, j'ai fait la connaissance d'une jeune femme. Nous nous sommes croisés dans la salle d'attente d'un cabinet dentaire. Nous avons engagé la conversation. Je lui ai proposé de prendre un verre. Elle a accepté.

— Poursuivez.

— Nous nous sommes revus quelques jours plus tard dans un hôtel, à Napier. Cette femme était mariée.

— Votre liaison s'est-elle prolongée ?

— Non. Cette femme ne souhaitait pas courir le risque de briser son ménage pour une passade sans lendemain.

— Pensez-vous que son mari ait pu la démasquer ?

— Je n'en ai aucune idée.

— Donnez-moi le nom de cette femme.

Baker agite les mains devant lui en signe de protestation.

— C'est impossible. Mon épouse est dans un centre de rééducation orthopédique. Elle souffre atrocement. Elle est désespérée. Si elle apprend mon incartade, elle ne survivra pas.

— Je vous promets d'être discret. Mais j'ai besoin d'une piste pour mener mon enquête.

— Cette femme se nomme Ann Todd.

*

Matt Appleton apprend que le mari de la femme adultère est artificier, employé dans une importante société de travaux publics. D'un coup, cette information ouvre une perspective nouvelle au policier. Car qui d'autre qu'un homme rompu à se procurer, à manipuler, et à déclencher des explosifs à distance aurait été capable de confectionner la charge sophistiquée qui a pulvérisé la camionnette ? Dans l'espoir de confondre le coupable s'il expédie une nouvelle lettre de menace, et avec l'accord d'un juge, le surintendant fait contrôler le courrier expédié par Andrew Todd. Puis il prend discrètement contact avec son épouse. Cette dernière tombe des nues lorsqu'il évoque la brève aventure qu'elle aurait eue, quelques semaines plus tôt, avec Philip Baker.

— Philip Baker, dites-vous ? Ce nom ne me dit absolument rien. Vous devez faire erreur. Par ailleurs, je n'ai jamais trompé mon mari.

— Nous sommes entre adultes, madame Todd. N'entravez pas l'enquête. Dites-moi la vérité et votre mari n'en saura rien.

La femme s'insurge.

— Prévenez mon mari si ça vous chante. Convoquez-le ainsi que ce soi-disant M. Baker que je n'ai jamais vu, vous serez fixé.

Déconcerté par cette réaction inattendue, Appleton aborde la question sous un autre angle.

— Donnez-moi le nom de votre dentiste et les dates de vos derniers rendez-vous.

Le temps pour la femme de rentrer chez elle, de consulter son agenda, de fournir le renseignement, et Appleton téléphone au dentiste. Ce dernier est formel : il ne compte aucun Philip Baker au nombre de ses patients. Comme le filtrage du courrier qu'expédie Andrew Todd ne donne aucun résultat, le surintendant convoque à nouveau Baker au commissariat.

— Pourquoi m'avez-vous menti ? demande-t-il sans ménagement au fermier. Vous n'avez pas pu rencontrer Ann Todd dans la salle d'attente d'un cabinet dentaire puisqu'elle et vous n'avez pas le même praticien.

Baker baisse les yeux comme un gamin pris en faute.

— C'est vrai, je ne vous ai pas dit toute la vérité. En fait, j'ai connu Ann par l'intermédiaire d'un site Internet réservé aux libertins. Nous nous sommes rencontrés à plusieurs dans un appartement. J'ai utilisé le subterfuge du cabinet dentaire dans le but de ne pas entacher sa réputation.

Cet aveu laisse le policier dubitatif. Naturellement, en passant au crible les disques durs des ordinateurs des intéressés, il pourrait vérifier la véracité du renseignement. Mais il aurait alors l'impression nauséeuse de fouiller une poubelle, de violer des secrets intimes. Il décide donc de repartir de zéro.

— Oublions les Todd provisoirement et dites-moi si d'autres noms de suspects vous sont venus à l'esprit.

— J'ai pris le temps d'y réfléchir. Et, aujourd'hui, mes soupçons se portent sur Ray Grima. C'est mon voisin le plus proche. Il ne cesse de me harceler pour s'attribuer une parcelle de terre qui m'appartient. Selon lui, le service du cadastre avait fait une erreur de bornage au début du siècle et il veut récupérer ce qu'il estime être son bien : 2 hectares de pâturage situés entre nos deux fermes.

— Qu'entendez-vous par harceler ?

— Il passe fréquemment chez moi avec des liasses de vieux papiers prouvant que mes terres sont prétendument à lui. Il menace de me traîner devant les tribunaux. Il m'a même averti récemment que, si je ne cédais pas, il s'en prendrait à mes enfants ou qu'il égorgerait mes brebis. Cet homme est fou et irascible. Il me fait peur.

— Décrivez-moi ce Ray Grima.

— Soixante-dix ans environ. Veuf. Ingénieur militaire à la retraite.

— Pensez-vous qu'il puisse être votre persécuteur ?

— Je l'ignore. Mais, en tout cas, il en a le profil. Et il possède un mobile.

*

Quelques semaines s'écoulent. Ne supportant plus la présence du policier qu'Appleton a chargé d'assurer sa sécurité, Baker accepte qu'un système d'alarme, relié directement au commissariat, soit installé dans sa ferme. Et la vie reprend son cours, monotone et laborieuse. Deux fois par semaine, Baker se rend à Napier réconforter sa femme qui, équipée d'une prothèse, réapprend péniblement les rudiments de la marche. Le reste du temps, il prend soin de son maigre troupeau de brebis et cultive ses légumes.

Le 15 mai 1985, à 15 h 45, une sonnerie déchire la quiétude du commissariat. Appleton bondit sur ses pieds, hèle deux de ses hommes qui passent dans un couloir, saute dans sa Jeep, et fonce, sirène hurlante, en direction des collines.

Lorsqu'il arrive dans la ferme de Baker, une heure plus tard, il se retrouve en plein chaos. La cuisine est un bain de sang. Des chaises ont été renversées, des objets brisés jonchent le sol, et le corps d'un homme gît sur le carrelage. À l'autre bout de la pièce, recroquevillé sous l'évier, Philip Baker tremble de tous ses membres. Son visage et sa poitrine, profondément tailladés, sont couverts de sang.

Appleton constate la mort de l'inconnu. Puis il se rue sur le téléphone pour réclamer la venue d'une ambulance, d'un médecin légiste et d'une équipe d'experts du service scientifique.

— Qui est cet homme ? demande-t-il à voix basse en désignant le gisant.

— Ray Grima, mon voisin.

Le surintendant glisse un bras sous les épaules de Baker et l'aide à se relever. Puis il le soutient pour traverser la cuisine en prenant soin de protéger la scène de crime.

— Racontez-moi ce qui s'est passé. Prenez votre temps. N'omettez aucun détail.

Assis sur une marche de l'escalier qui mène à l'étage, le fermier allume lentement une cigarette. Il tire goulûment une première bouffée et se passe une main sur le visage.

— En début d'après-midi, Grima est venu une nouvelle fois m'importuner au sujet de ce bout de terrain qu'il essaie de s'accaparer. Je l'ai éconduit mais il a pris pied dans la cuisine. Il m'a averti qu'il n'en bougerait pas tant qu'il n'aurait pas obtenu satisfaction. J'étais excédé. Grima m'a nargué. Je l'ai insulté. Il s'est emporté à son tour et, sous l'effet de la colère, il m'a avoué qu'il était l'auteur du sabotage de ma camionnette. Il m'a dit qu'il était désolé que ma femme ait été blessée à ma place puisque c'est moi qu'il voulait tuer. Mon sang n'a fait qu'un tour…

Baker grimace de douleur. Il réclame un verre d'eau. Le policier va le lui chercher dans la cuisine.

— Poursuivez, monsieur Baker. Vous m'avez dit que Grima vous avait avoué qu'il avait eu l'intention de vous tuer. Qu'avez-vous fait ?

— J'ai voulu lui sauter à la gorge. Qu'auriez-vous fait à ma place ?

— S'est-il défendu ?

— Quand je suis arrivé à sa portée, il a fait un geste brusque et une douleur fulgurante m'a traversé la poitrine. Un flot de sang a jailli. Grima a profité de l'effet de surprise pour me frapper à nouveau avec le cutter qu'il tenait à la main. Il m'a touché au visage puis à la poitrine une fois encore. Il ricanait. Il m'a dit : « Je vais te saigner comme un lapin ! »

Appleton tapote le genou du blessé pour l'encourager à reprendre son récit.

— Je me suis reculé. J'ai empoigné une chaise et je l'ai lancée dans sa direction. Il l'a esquivée. Alors je lui ai balancé tout ce qui se trouvait à ma portée. J'ai cherché un couteau de cuisine. Il n'y en avait pas. Grima tournait autour de moi, cutter en main, comme un fauve prêt à dépecer sa proie. À un moment, sans s'en rendre compte, il m'a offert une ouverture. Je me suis retrouvé dos à la porte de la cuisine. Je me suis retourné brusquement, je me suis rué dans le corridor, et j'ai attrapé le fusil à pompe qui s'y trouvait. Je savais qu'il était chargé. Grima était sur mes talons. J'ai fait feu sur lui à bout portant. Il s'est écroulé. Ensuite, je vous ai alerté et je me suis effondré là ou vous m'avez trouvé. Fin de l'histoire.

À cet instant, cinq hommes font leur apparition. Appleton s'adresse aux deux premiers :

— Veuillez transporter M. Baker à l'hôpital, s'il vous plaît. Puis revenez avec un sac mortuaire pour vous occuper de la victime. Merci. Docteur, le cadavre se trouve dans l'entrée de la cuisine. C'est là également que se trouve la scène de crime, précise-t-il aux deux autres, vêtus de combinaisons blanches et transportant de lourdes valises en aluminium.

Tandis que le médecin légiste examine le cadavre et que les experts scientifiques mitraillent au flash la scène de crime, Matt Appleton se rend dans la ferme de Ray Grima. La porte étant restée ouverte, il entre. L'intérieur du vieux célibataire est impeccablement tenu. Meubles rustiques cirés, sols rutilants, objets et livres bien alignés. Le policier inspecte le salon, grimpe à l'étage, pénètre dans la chambre à coucher. Il ouvre armoires et tiroirs à la recherche d'indices mais n'en trouve pas. Le garage est lui aussi parfaitement rangé. Des outils agricoles et des pièces mécaniques, nettoyés et graissés, sont suspendus aux murs. Appleton examine ensuite les abords du bâtiment. Mais, alors qu'il s'apprête à rebrousser chemin, un éclat attire son regard. Il s'en approche et découvre qu'un tronçon de tuyau a été abandonné dans l'herbe. Il le ramasse délicatement et constate que son apparence et son diamètre sont identiques à celui qui a servi à confectionner la bombe qui a estropié Vivian Baker.

*

— Assieds-toi et dis-moi tout, Nick. Qu'as-tu trouvé ? demande le surintendant en invitant Nicholas Karpac, l'expert scientifique, à prendre place dans son bureau

— J'ai découvert un cas d'école. Une incroyable accumulation de preuves indirectes. C'est du jamais-vu, répond l'autre en ouvrant un épais dossier rempli de notes et de photos.

— Je promets de ne t'interrompre que si nécessaire.

— Commençons par les taches de sang, si tu veux bien. Toutes celles qui se trouvaient sur le sol étaient petites et circulaires. Ce qui indique qu'elles sont tombées à la verticale et à faible vitesse. Ceci est incompatible avec le récit de l'agression que t'a fait M. Baker. En effet, selon lui, Grima lui a porté des coups de cutter latéraux au niveau de la poitrine et du visage. Des coups violents et rapides. Dans ce cas, nous aurions dû constater d'amples éclaboussures, dont certaines auraient même pu atteindre les murs de la cuisine.

— Je vois. Continue.

— Ensuite, je n'ai constaté aucune trace de sang sur les surfaces extérieures de la chaise et des objets brisés qui se trouvaient par terre. Or, M. Baker t'a dit qu'il s'en était servi pour tenter de se défendre après avoir été blessé. C'est illogique. S'il avait dit vrai, le siège de la chaise et les objets auraient dû être tachés. Ce qui m'amène à penser que M. Baker les a lancés en direction de son adversaire avant que la lame du cutter ne l'atteigne. Troisième observation qui corrobore la précédente : le fusil à pompe utilisé par M. Baker ne présente pas, lui non plus, de traces de sang. Ma conclusion est sensiblement identique : M. Baker a fait feu avant d'avoir été blessé.

— Ce qui signifie que Grima l'a attaqué une fois mort, ironise le policier.

— Une vengeance *post mortem* en quelque sorte !

— Continue, tu m'intéresses.

— Attardons-nous encore un peu sur l'analyse des traces de sang. M. Baker t'a dit que, à un moment donné, il était parvenu à s'enfuir dans le corridor pour aller s'emparer du fusil. S'il avait été blessé, s'il y avait eu des éclaboussures sur le carrelage de la cuisine, nous aurions dû constater des empreintes ensanglantées dans le hall d'entrée. Or, ce n'est pas le cas. Ce qui confirme que Baker n'était pas blessé lorsqu'il a abattu Grima.

— Nous sommes bien d'accord, tranche Appleton : l'analyse de la scène de crime démontre que Baker ne se trouvait pas en état de légitime défense au moment de l'agression.

— Un autre indice le prouve. Après sa mort, Grima tenait encore le manche du cutter serré dans le creux de sa main. Le légiste m'a dit que, lorsqu'un homme est frappé par la décharge d'une arme à feu, tous ses muscles se relâchent.

— En s'écroulant, Grima aurait donc dû laisser choir le cutter.

— Parfaitement. Je pense que Baker l'a placé dans sa main après l'avoir tué.

— Joli travail, Nick, constate Appleton en sifflant de façon admirative entre ses dents.

— Une dernière chose. Ce matin, je suis allé à l'hôpital où Baker est en observation.

— Au fait, comment va-t-il ?

— Bien. Les coupures sont relativement superficielles. Il devrait pouvoir sortir dans un jour ou deux. Je l'ai examiné. S'il s'était défendu d'une attaque au cutter, ses mains et ses avant-bras auraient dû montrer des blessures de défense. Il n'en est rien. D'autre part, Baker étant plus grand que Grima d'une dizaine de centimètres, les estafilades qui marquent son visage auraient dû avoir été portées de bas en haut, or elles sont parfaitement horizontales.

— Conclusion ? demande Appelton.

— Baker a tué son rival de sang-froid. Ensuite, il a mis en scène l'agression. Et, pour finir, il s'est automutilé pour faire croire qu'il s'était trouvé en état de légitime défense.

— C'est un meurtre ?

— C'est un meurtre. Sans aucun doute.

*

Matt Appleton dépêche aussitôt deux policiers à l'hôpital pour surveiller l'accès à la chambre de Baker et l'empêcher, le cas échéant, de prendre la fuite. Puis il transmet son rapport à un juge afin qu'il notifie sa mise en état d'arrestation et son inculpation pour homicide.

En attendant qu'il se rétablisse, le surintendant complète son enquête en demandant à la banque de Baker de lui fournir l'ensemble de ses relevés bancaires. Il découvre qu'il était endetté à hauteur de 80 000 dollars et que sa ferme allait prochainement être saisie et vendue aux enchères. Il constate également que le meurtrier avait souscrit une assurance-vie d'un montant de 150 000 dollars au nom de son épouse, cette dernière n'ayant pas été tenue informée de cette disposition.

Tandis que les experts du laboratoire analysent plus méticuleusement les lettres de menace que Baker s'était envoyées, Appleton se rend à nouveau dans sa ferme pour effectuer une perquisition en règle. Après des heures d'effort, il finit par découvrir le carnet sur lequel Baker prenait appui pour écrire ses messages. La page supérieure du bloc présente un gribouillis de forme circulaire tracé au stylo bille. Il correspond parfaitement à la marque observée en creux dans la trame du papier des lettres anonymes. Et constitue la preuve matérielle que Baker est l'auteur des lettres et qu'il a ourdi une machination dans le but d'assassiner sa femme pour percevoir le montant de son assurance-vie.

De son côté, Nicholas Karpac parvient à isoler une minuscule fibre acrylique de couleur brune, restée collée sur la bande adhésive d'une enveloppe ayant servi à expédier l'une des lettres. Une étude au microscope électronique permet d'établir que la fibre appartient au gilet que Baker porte habituellement lorsqu'il travaille chez lui.

Dès lors, toutes les pièces du puzzle sont en place. Il reste néanmoins quelques zones d'ombre que le policier souhaite éclaircir avant l'ouverture du procès. Pour ce faire, il se rend à l'hôpital pour interroger Baker une dernière fois.

— J'ai rencontré votre femme et je lui ai dit dans quelles circonstances vous aviez tué Ray Grima, annonce-t-il au prévenu.

— Comment va-t-elle ? demande Baker.

— Mal.

— Que va-t-elle devenir sans moi ?

— Continuer à vivre si elle le peut. Quand elle sera en mesure de quitter le centre de rééducation, elle récupérera les enfants et ira vivre chez sa sœur, à Christchurch.

— Que lui avez-vous dit d'autre ? s'inquiète Baker.

— Je suppose que vous faites allusion au sabotage de la camionnette et à la perte de sa jambe.

Le fermier baisse la tête et son regard brouillé se noie dans la blancheur des draps.

— Je me suis contenté de lui révéler que vous aviez souscrit une assurance-vie sur son nom, un mois avant le drame. Je l'ai laissée en tirer seule les conclusions.

— On va saisir ma ferme, c'est ça ?

— Oui. La saisir et la vendre aux enchères.

Un mélange confus d'antipathie et de compassion se bouscule un instant dans le cerveau du policier.

— Je pense que nous sommes parvenus à comprendre votre motivation et à reconstituer votre mode opératoire. Néanmoins j'aimerais que vous m'apportiez des précisions sur un ou deux points. Ainsi, lorsque l'attentat dirigé contre votre femme a échoué et que vous saviez que vous ne toucheriez pas le capital de son assurance, pourquoi avez-vous tué Ray Grima ?

— Parce que j'ai eu peur de me faire prendre. En cas de meurtre ou de tentative de meurtre, dans les séries télévisées, les flics commencent toujours par s'intéresser aux proches de la victime. Je pensais que vous alliez enquêter sur moi. Je devais donner le change. C'est pourquoi je me suis envoyé une deuxième lettre de menace. Puis j'ai essayé de vous égarer sur une fausse piste en inventant une liaison avec Ann Todd, car je savais que son mari était artificier. Ensuite, j'ai amplifié la querelle de voisinage que j'entretenais avec Ray Grima. C'est vrai que je possède un terrain litigieux qu'il revendiquait. Mais nous avions de bonnes relations. Ray était un homme pacifique et généreux. Il ne m'a jamais menacé. J'imaginais que tous ces subterfuges me disculperaient si vous me suspectiez.

— Vous avez réussi. Je ne vous ai jamais soupçonné, confesse Appleton. Deux ou trois dernières choses : confirmez-moi que c'est vous qui avez déposé aux abords de la ferme de Grima un morceau du tuyau ayant servi à fabriquer la bombe.

— Je confirme.

— Comment avez-vous attiré Grima chez vous ?

— Je lui ai dit que Vivian était rentrée à la maison et qu'elle désirait le voir. Ray était très attaché à ma femme. Il la considérait un peu comme la fille qu'il n'avait pas eue. Il s'est donc précipité chez nous et est tombé dans mon piège. J'avais tout prévu. J'avais même pris le temps de graver ses initiales sur le manche du cutter.

— Une dernière question et je laisserai ensuite au procureur le soin de récapituler les éléments à charge, lors de votre procès.

— Je vous écoute.

— Comment êtes-vous parvenu à fabriquer votre engin explosif ?

— En me rendant sur des sites Internet, je me suis inspiré de plusieurs procédés, que j'ai expérimentés en profitant des absences de Vivian. Je suis, par ailleurs, un habile bricoleur.

— Je le reconnais bien volontiers.

*

Au terme d'un procès et de délibérations exceptionnellement courtes, le jury reconnaît Philip Baker coupable de meurtre avec préméditation sur la personne de Ray Grima et de tentative de meurtre avec préméditation sur sa femme. Le juge le condamne à deux peines d'incarcération à perpétuité.

Dans l'espoir de sauver sa ferme, Philip Baker s'était envoyé des lettres de menace, il avait planté une tête de mouton à l'entrée de sa propriété, il avait tenté d'assassiner son épouse en sabotant sa voiture, il s'était inventé une fausse liaison amoureuse, il avait exécuté son voisin, et il s'était lacéré le visage et la poitrine à grands coups de cutter.

Quel romancier oserait inventer une histoire pareille sans avoir peur du ridicule ?

24

UN CRIME PHILOSOPHIQUE

Fraîches, printanières, virevoltantes, les deux jeunes filles trottinent bras dessus bras dessous dans les rues de Rome. Étudiantes en droit, elles sont âgées d'une vingtaine d'années et la vie leur appartient.

— Tu sais, j'ai bien réfléchi, souffle Carla Tortora à l'oreille de sa camarade. Une fois terminée ma formation d'avocate, j'aimerais me consacrer à une grande cause humanitaire. Amnesty International ou la défense des mal-logés par exemple.

— Tu es folle. Sept à huit ans d'étude pour ensuite tirer le diable par la queue, je n'en vois pas l'intérêt, ironise Isabella Rossi.

— Je sais que tu ne rêves qu'à épouser un trader et à rouler en Lamborghini.

— Chacun son truc, ma grande. Allons déjeuner.

Soudain un poids insolite pèse sur le bras d'Isabella. Elle trébuche et tombe à genoux. Quand elle se redresse, elle constate que son amie est étendue sur le sol à ses côtés. Une fleur rouge et vénéneuse s'épanouit à l'arrière de son crâne.

— Carla, Carla, ça va ?

Du sang poisse les cheveux ébouriffés de l'étudiante, étendue face contre terre.

Isabella Rossi a l'impression de pousser un hurlement. Mais en réalité son cri, incapable de franchir la barrière de sa gorge, vrille l'intérieur de sa tête comme une toupie incontrôlable.

Nous sommes le 9 mai 1997. Il est 11 h 42.

*

Des passants se précipitent.

— Appelez les urgences médicales, moi, j'alerte les carabiniers, braille un homme en composant le 112 sur son téléphone portable.

Quelques minutes plus tard, une ambulance et deux voitures des forces de l'ordre arrivent presque en même temps. Tandis que le corps sans vie de Carla Tortora est transporté vers l'hôpital le plus proche, Isabella Rossi est conduite au commissariat central.

— Je n'y comprends rien. C'est un cauchemar, balbutie l'étudiante à travers ses larmes. Nous sortions d'un cours et marchions dans la rue quand Carla s'est brusquement effondrée, la tête pleine de sang.

— Avez-vous entendu un coup de feu, une déflagration ? demande le capitaine Leonardo Alleto.

— Non.

— Avez-vous vu quelqu'un s'enfuir ?

— Non.

— Parmi les passants qui sont venus vous porter secours, un homme a-t-il attiré votre attention ?

— Non, je ne me suis rendu compte de rien. J'étais en état de choc.

*

Une enquête pour homicide est ouverte et une autopsie est pratiquée sur le cadavre de Carla Tortora. Le médecin légiste conclut qu'elle a été tuée d'une balle de calibre .22 tirée à l'arrière de la tête à une distance d'une cinquantaine de mètres, sans doute d'une terrasse ou du toit d'un immeuble.

Le capitaine Alleto échafaude aussitôt plusieurs hypothèses, la plus vraisemblable étant la vengeance d'un amant délaissé. Mais Carla n'avait plus de petit ami depuis un an et le dernier en date poursuit des études aux États-Unis. Second mobile envisageable : sous les apparences d'une jeune fille rangée, d'une étudiante studieuse et sans histoire, Carla menait peut-être une double vie. Était-elle impliquée dans un trafic de drogue ? Se prostituait-elle à l'insu de ses amies les plus proches ?

— C'est ridicule, s'insurge Isabella, horrifiée que des questions de cette nature puissent être posées. Nous nous connaissions depuis la maternelle. Nous étions comme deux sœurs. Carla n'a jamais touché à la drogue et sa conduite était irréprochable. Si elle avait fait le moindre écart, je l'aurais su.

Apprenant que le père de la jeune fille est atteint d'un cancer incurable et que les mois qui lui restent à vivre sont comptés, Alleto enquête discrètement sur son entourage. Un membre de la fratrie avait-il intérêt à réduire le nombre des futurs héritiers ? Une rapide visite à la famille de la défunte dissuade le capitaine de poursuivre dans cette voie : le frère aîné et la sœur cadette de Carla sont éplorés et, de toute façon, le patrimoine qu'ils auront à se partager le jour venu se réduit à peau de chagrin. Reste une dernière probabilité : le tueur s'est-il trompé de cible ? Isabella Rossi était-elle visée par le meurtrier à la place de son amie ?

Après investigation, il apparaît que la personnalité d'Isabella est à l'exact opposé de celle de Carla. Tels Dr Jekyll et Mr Hyde, les deux étudiantes constituaient les deux faces d'une étrange médaille. Carla menait une existence austère et laborieuse dans le but d'obtenir rapidement son diplôme et de se consacrer à la défense des opprimés. À l'inverse, futile et primesautière, Isabella entend bien jouir sans limite de tout ce que la vie peut lui offrir. Ainsi depuis quelques années est-elle devenue une adepte des sites de rencontres coquines sur Internet. A-t-elle été témoin de situations scabreuses impliquant des personnalités de premier plan ? A-t-elle menacé de chantage le partenaire d'un soir ? S'est-elle naïvement exposée à des représailles ? Pour le savoir, Alleto épluche l'historique de sa correspondance électronique. Mais elle ne relève aucun indice. Moins encore le mobile éventuel d'une froide exécution.

*

— Chef, j'ai noté un élément qui nous a échappé jusqu'à présent, claironne le lieutenant Onetti, l'adjoint d'Alleto.

— Je t'écoute.

— Carla Tortora a été assassinée le 9 mai, soit dix-neuf ans jour pour jour après que les Brigades rouges aient tué Aldo Moro. Pensez-vous qu'il puisse y avoir un lien entre les deux affaires ?

Sous l'effet de la surprise, les sourcils d'Alleto se rapprochent comme deux chenilles qui ramperaient l'une vers l'autre. Il réfléchit longuement.

— *La Sapienza*, l'université de Rome où Carla était inscrite en droit, est située place Aldo Moro. Cela constitue peut-être une seconde coïncidence.

— Je me suis rafraîchi la mémoire concernant le meurtre, intervient le lieutenant. Aldo Moro a été enlevé le 9 mai 1978 par des terroristes d'extrême gauche. Après avoir abattu ses cinq gardes du corps, ils l'ont détenu cinquante-cinq jours dans un appartement…

— Puis ils l'ont tué à son tour et ont abandonné son corps dans le coffre d'une voiture.

— C'est bien cela, chef. La justice avait conclu que les Brigades rouges voulaient faire capoter le *Compromis historique* que Moro, alors président du Conseil, voulait négocier avec Berlinguer, le secrétaire général du Parti communiste.

— Si je me souviens bien, à l'époque, la presse avait laissé entendre que les terroristes avaient été téléguidés par la Stasi.

— Et que les services secrets est-allemands avaient été eux-mêmes infiltrés par la CIA, dans le but de discréditer la cause communiste.

— Sombre histoire jamais réellement élucidée, conclut Leonardo Alleto en se carrant dans son fauteuil. Reste maintenant à faire le lien entre le meurtre d'un chef de gouvernement et celui, vingt ans plus tard, d'une étudiante en droit.

Le capitaine observe un nouveau long silence. Puis il s'éclaircit la voix.

— Non, je crois que nous faisons fausse route. Par acquit de conscience, vérifie quand même que Carla n'a pas été impliquée d'une manière ou d'une autre dans un mouvement politique. D'extrême droite ou d'extrême gauche.

— Je m'en occupe. Qu'allons-nous faire maintenant ?

— Repartir de zéro, retourner sur la scène de crime avec un expert en balistique. Et tenter de comprendre ce qu'il s'est réellement passé le 9 mai à 11 h 42.

*

Dans l'amphithéâtre bondé de la faculté de droit de Rome, chacun retient son souffle. L'enseignant, Federico Bruno, doctorant en philosophie, s'est taillé depuis le début de l'année une réputation de redoutable débatteur. C'est pourquoi « Nietzsche et la criminologie », le cours qu'il dispense aux étudiants de troisième année, connaît un succès sans précédent. Il faut dire que, cheveux longs flottant sur les épaules, chemise blanche échancrée, le jeune homme est doté d'un pouvoir charismatique. Et qu'il ne ménage pas effets de manche et formules à l'emporte-pièce pour fasciner son auditoire.

Après avoir arpenté l'estrade à longues enjambées, l'orateur poursuit : « Selon Nietzsche, la morale des forts exalte la puissance, c'est-à-dire la fierté, l'activité libre et heureuse. Nous verrons dans quelques semaines que, pour Nietzsche, la morale des faibles détruit les instincts vitaux. »

Une courte sonnerie interrompt le cours. Federico Bruno rassemble fébrilement ses notes éparses.

— À la semaine prochaine. Même jour même heure, annonce-t-il. Avant d'être assailli par une nuée d'étudiantes vibrionnantes qui le pressent déjà de questions.

*

Isolée de la foule par un ruban de sécurité délimitant la scène de crime, l'équipe du capitaine Alleto s'active autour d'un mannequin étendu sur le sol, à l'emplacement exact où s'était effondrée, la veille, Carla Tortora. S'aidant de photographies et de graphiques informatiques pour déterminer l'angle d'entrée de la balle, l'expert en balistique fiche un émetteur laser à l'arrière du crâne en résine. Une cinquantaine de mètres plus loin, la trace lumineuse vient frapper la façade d'un immeuble de style Art déco.

— Le tireur se trouvait embusqué à la fenêtre du quatrième étage, déclare l'expert. Pour atteindre son but, il a dû vraisemblablement utiliser une carabine équipée d'une lunette.

— La Sapienza, l'université où Carla était inscrite ! s'exclame le capitaine en identifiant le bâtiment mussolinien.

Sans plus attendre, l'équipe se rend sur les lieux dans l'espoir de recueillir des résidus de tir. Effectivement, observés au microscope électronique à balayage, les particules de poussière prélevées sur le rebord de la fenêtre révèlent des traces de poudre provenant de l'amorce d'un projectile.

Quelques heures plus tard, Alleto s'entretient avec le recteur et le doyen de la faculté. Mais, soucieux de tenir à l'écart du scandale leur prestigieux établissement, ces derniers ne montrent aucun empressement à collaborer avec la police.

— Il ne peut s'agir que d'un individu venu de l'extérieur, se contentent-ils de répéter à l'envi en réponse aux questions de l'enquêteur.

— La fenêtre d'où le tir est parti est à l'entrée de la bibliothèque, s'entête le capitaine. Je veux la liste du personnel qui y avait accès ainsi que les noms des étudiants qui s'y trouvaient le jour du meurtre. Si je n'obtiens pas ces renseignements dans la journée, je vous fais inculper tous les deux pour entrave à la justice. Et que vous le vouliez ou non, le scandale éclatera et La Sapienza fera la une de l'actualité.

*

« La violence n'est pas une fin en soi, mais elle permet à l'Homme de transcender l'animal qui est en lui. » La phrase tombe comme un couperet sur les trois cents étudiants, pressés au coude à coude sur les bancs de l'amphithéâtre.

« Mais, avant d'en revenir à Nietzsche, j'aimerais ouvrir une parenthèse pour évoquer aujourd'hui les modalités du crime parfait », poursuit Federico Bruno face aux jeunes gens médusés. « Nous verrons ensuite quels liens nous pourrons tisser entre un meurtre gratuit et la volonté de puissance telle que Nietzsche l'a définie. » Désignant une jeune fille assise au premier rang et qui tape rageusement sur les touches d'un ordinateur portable, Bruno l'interpelle.

— Imaginez, mademoiselle, que, pour une raison ou pour une autre, je veuille tuer quelqu'un, à quelle règle préliminaire devrais-je me conformer ?

— Je suppose que vous devriez réfléchir à la manière de ne pas vous faire prendre ? bredouille l'étudiante en rougissant.

Le chargé de cours interrompt le chahut naissant d'un geste de la main.

— Très bien. Qu'est-ce que cela implique ?

— Que vous devrez vous constituer un alibi et ne pas laisser d'indices matériels traîner derrière vous.

— Vous avez résumé l'essentiel de la problématique. Sachez toutefois qu'environ 80 % des meurtres sont commis dans l'entourage de la victime. Les enquêteurs commenceront donc par s'intéresser aux mobiles du criminel. Ils sont généralement peu nombreux : appât du gain, vengeance, jalousie, élimination d'un rival…

— Que faites-vous des psychopathes, des schizophrènes, des obsédés sexuels qui tuent au hasard ? intervient un garçon du fond de la salle.

— Les sociopathes en général font partie des 20 % restant. Nous y reviendrons. Et nous verrons en quoi leur comportement diffère de celui du tueur qui commet un homicide de sang-froid dans un but esthétique.

Comme sous l'effet d'une brusque inspiration, Bruno rejette en arrière son épaisse chevelure.

— Dans plusieurs de ses films, Alfred Hitchcock décrit avec beaucoup de minutie le mécanisme du crime parfait. Malheureusement, il les gâche en imaginant des dénouements en accord avec la morale puritaine qui prévalait à l'époque aux États-Unis. Ainsi souvenez-vous de *La Corde*, sorti sur les écrans en 1948. Je résume l'argument. Brandon Shaw et Philip Morgan sont étudiants. Mettant en pratique la théorie de leur professeur Rupert Cadell, qui reconnaît aux êtres supérieurs le droit de tuer les êtres inférieurs, ils attirent l'un de leurs camarades dans l'appartement qu'ils partagent à New York et l'étranglent avec un bout de corde. Puis, comble de cynisme, ils préparent un dîner auquel ils convient le soir même, sur le lieu du crime, la famille de la victime, sa petite amie ainsi que Rupert Cadell. Les garçons ont évacué le corps, effacé toute trace du meurtre. Et ils ne possèdent pas de mobile puisqu'ils ne tireront aucun avantage de leur passage à l'acte.

— Si je me souviens bien de l'épilogue, intervient une étudiante, l'attitude de Philip Morgan attire l'attention et les soupçons du professeur Cadell.

— C'est exact. Et, une fois encore, Hitchcock cède aux conventions. Plutôt que de mener courageusement sa construction intellectuelle – que Nietzsche n'aurait pas reniée –, il se rallie aux bien-pensants.

— Qu'auriez-vous fait à la place d'Hitchcock ?

— J'aurais laissé l'intrigue irrésolue jusqu'à ce que le mot fin apparaisse sur l'écran, répond Bruno sans hésiter.

— Mais pourquoi ?

— Parce que le crime était parfait. Irréprochable dans sa conception et dans sa réalisation. C'était un crime philosophique.

*

Installé avec son adjoint dans la bibliothèque de la faculté de droit, Leonardo Alleto interroge les sept étudiants qui y étaient présents à l'heure du meurtre, cinq filles et deux garçons, tous inscrits en première année. Aucun d'entre eux ne connaissait personnellement Carla Tortora et Isabella Rossi. Par ailleurs, la bibliothécaire et l'huissier chargé de distribuer livres et revues affirment ne pas les avoir vus se déplacer à travers la pièce. Et encore moins approcher la fenêtre.

— Je dispose dorénavant de deux suspects, conclut le capitaine des carabiniers. Il ne me reste plus qu'à les placer en garde à vue dans l'attente de leur procès.

— Qui est-ce ? demandent d'une seule voix l'huissier et la bibliothécaire.

— Vous. Si aucun étudiant n'a bougé de sa place entre 11 h 30 et 11 h 45, et si vous affirmez que personne d'extérieur à l'université n'a pénétré dans la bibliothèque, vous êtes les seuls à avoir pu commettre le meurtre.

Devant le regard éberlué des deux fonctionnaires, le policier enfonce le clou.

— Je vous laisse néanmoins une dernière chance. Rompez la loi du silence qui pèse sur cette université. Brisez l'omerta. Dites-moi ce que vous avez vu ou entendu.

— Monsieur le recteur ne nous le pardonnera jamais, gémit la femme.

— D'autant que nous ne sommes sûrs de rien, enchérit l'autre.

— Je prendrai votre témoignage pour ce qu'il vaut, et vos supérieurs n'en sauront rien.

— Eh bien, voilà, commence l'huissier, vers 11 heures et demie, deux doctorants en philosophie sont venus traîner dans la bibliothèque.

— Je me souviens même que l'un d'eux portait au bout du bras un étui à violon. Cela m'a intriguée.

— Continuez, ordonne Alleto. Qu'ont-ils fait ?

— En qualité de chargés de cours, ils sont autorisés à se déplacer dans le bâtiment où bon leur semble. De plus, nous les connaissons bien.

— Nous ne leur avons donc rien demandé, insiste la bibliothécaire. Ils avaient parfaitement le droit d'être là.

— Qu'ont-ils fait ensuite ? insiste le policier.

— Ils ont déambulé silencieusement dans la pièce tout en se parlant à voix basse.

— À ce moment-là, je suis allé chercher un livre dans la réserve, dit l'homme en désignant une porte située au fond de la salle. Je n'ai donc rien vu d'autre.

Alleto vrille son regard dans celui, apeuré, de la bibliothécaire.

— Se sont-ils embusqués près de la fenêtre ?

— Je crois, oui. Je n'en suis pas sûre. Mais j'ai entendu un bruit bizarre dans cette direction.

— Cela pouvait-il ressembler à un coup de feu ?

— Je n'en ai jamais entendu. Sauf au cinéma et à la télévision.

— Alors cela ressemblait-il à ce que l'on entend dans les séries policières ?

— Ça m'a semblé moins fort. Un bruit plus étouffé.

— Qu'avez-vous fait ?

— Quand je me suis approchée de la fenêtre pour comprendre ce qui s'était passé, les doctorants sont venus rapidement à ma rencontre. Ils m'ont saluée très courtoisement et ont quitté la pièce furtivement.

— Je vous remercie. Maintenant, donnez-moi les noms de ces deux garçons.

*

L'arrestation de Federico Bruno et de Paolo Romano, inculpés d'homicide, fait l'effet d'une bombe. À plus d'un titre. D'abord parce que les jeunes gens appartiennent à des familles connues de la bourgeoisie romaine. Le père de Bruno est cardiologue et professeur de médecine ; celui de Romano dirige un institut de sondages. Âgés tous deux de vingt-huit ans, brillants chargés de cours à l'université, ils incarnent une nouvelle génération d'intellectuels italiens, à mille lieues des mafieux et des déséquilibrés qui défrayent habituellement la chronique des faits divers. Ensuite parce que la police criminelle ne dispose d'aucune preuve matérielle prouvant leur culpabilité. L'arme du meurtre n'a pas été retrouvée. Bruno et Romano nient farouchement être impliqués. Ils n'avaient aucun lien avec Carla Tortora, et par conséquent aucun mobile pour l'exécuter. Enfin, pour ajouter encore à la confusion, les déclarations de la bibliothécaire et de l'huissier s'avèrent peu fiables. Ils se rétractent à plusieurs reprises, se contredisent, puis, sous la menace d'être inculpés de faux témoignages et d'entrave à la justice, reviennent à leur première déposition. Naturellement, les avocats engagés par les familles des prévenus mettent à profit ces valses-hésitations pour plaider l'innocence de leurs clients, victimes à leurs yeux d'une grossière erreur judiciaire.

Bien conscient de jouer son va-tout sur des preuves indirectes, le capitaine Alleto avance deux arguments pour étayer son accusation : les jeunes gens étaient les seuls à se trouver sur le lieu et à l'heure où le coup de feu a été tiré ; et, bien qu'il ne soit pas musicien, Federico Bruno transportait un étui à violon qui aurait pu contenir une carabine de précision.

Alleto développe ensuite une hypothèse beaucoup plus subjective. Selon lui, par jeu intellectuel, Bruno et Romano ont perverti la pensée nietzschéenne pour justifier la réalisation d'un crime qu'ils espéraient parfait. Car, de toute évidence, le seul tort de Carla Tortora a été de se trouver au mauvais endroit au mauvais moment. Sa personnalité ou celle d'une tout autre jeune fille importait peu. Le meurtrier et son complice ont choisi une cible au hasard dans le seul but de démontrer une théorie aberrante et méprisable. Le raisonnement d'Alleto soulève aussitôt un tollé au sein de l'université.

— La police criminelle remet-elle en cause le droit fondamental à la liberté d'expression ? s'insurge dans *La Repubblica* le recteur de La Sapienza. Veut-elle contrôler le contenu de l'enseignement universitaire ? Veut-elle refaire le procès de Galilée ? Veut-elle excommunier Spinoza une seconde fois ? Car non seulement les chercheurs et les philosophes ont le droit de s'adonner à des spéculations intellectuelles anticonformistes, mais ils en ont le devoir.

La presse populaire, quant à elle, prend fait et cause en faveur de Carla Tortora. L'étudiante méritante, dont le père est atteint d'un cancer incurable et qui entend consacrer sa carrière d'avocate à la défense des opprimés, a été victime de bourgeois dépravés. Sa mort, absurde et scandaleuse, mérite que les coupables soient condamnés à des peines exemplaires. Des pétitions circulent. Les médias se déchaînent. Tandis que le capitaine Alleto est violemment pris à partie par les représentants des organisations politiques les plus conservatrices, les syndicats étudiants se divisent. Enfin, lorsque les mères de famille descendent dans les rues en brandissant des pancartes à l'effigie de la jeune fille assassinée, le procureur décide d'inculper Federico Bruno et Paolo Romano de meurtre au second degré.

*

Le procès s'ouvre dans une tension palpable. Des ténors du barreau assurent la défense des prévenus.

— La présence de nos clients dans ce prétoire n'a pas lieu d'être, déclare l'un d'eux en guise de préambule. Car l'accusation a été incapable de fournir la moindre preuve matérielle de leur culpabilité. C'est pourquoi nous demandons la clôture *sine die* de cette mascarade de procès.

À défaut d'aveux et d'indices médico-légaux, le procureur doit se contenter de reprendre à son compte l'argumentaire des enquêteurs : deux témoins ont affirmé avoir vu les jeunes gens à l'heure et à l'endroit d'où le coup de feu mortel a été tiré. Quant au mobile du meurtrier et de son complice, il est inscrit en creux dans le cours de philosophie que Federico Bruno dispense à l'université : établir qu'un être qui s'imagine investi d'une mission supérieure est capable de commettre un crime parfait en toute impunité.

Dès lors, les plaidoiries font l'effet de deux plaques d'acier qui se frotteraient l'une sur l'autre. Elles produisent des gerbes d'étincelles, s'émoussent, mais ne perdent rien de leur tranchant. La rue prend le relais. Les terrasses des cafés bourdonnent de conversations passionnées. Aux défenseurs inconditionnels de Carla s'opposent les partisans des doctorants, qui dénoncent « la pensée unique qui fagocite l'indépendance de la justice ». Prudent, le porte-parole du Vatican s'abstient de commenter une affaire en cours.

*

L'attitude de Bruno et de Romano dans le box des accusés va faire pencher le plateau de la balance en leur défaveur. Dans un premier temps, ils nient s'être trouvés dans la bibliothèque de l'université à l'heure du crime. Bruno réfute également avoir jamais été en possession d'un étui à violon. Pour contrer ces allégations, le capitaine Alleto s'emploie, deux jours durant, à visionner les bandes-vidéo des caméras de surveillance braquées sur les rues du quartier. Tandis qu'il désespère de trouver ce qu'il cherche, il apparaît que quelques secondes d'enregistrement laissent distinguer deux silhouettes qui se déplacent furtivement, quelques minutes après l'exécution de Carla Tortora. Mais l'absence de qualité des images ne permet pas de les identifier. Cependant, ce qui ressemble à une petite valise ou à un étui à violon se balance au bout du bras de l'un des individus. Bien que cette trouvaille ne puisse être retenue comme preuve de la présence des prévenus à proximité de la scène de crime, elle contribue à déstabiliser la défense et à troubler les membres du jury.

Mais c'est davantage la froideur et l'arrogance des prévenus qui va peser sur la décision finale. Car Bruno et Romano décident d'adopter une attitude qui scandalise l'Italie. Loin d'exprimer la moindre compassion à l'égard de la victime, ils se murent dans le silence, ricanent, échangent des propos à voix basse. Puis bâillent ostensiblement quand le juge les interpelle. C'en est trop. Le jury les reconnaît coupables.

Le magistrat doit ensuite qualifier l'homicide afin de fixer la hauteur des peines. S'agit-il d'un accident, d'un homicide involontaire ou d'un meurtre au second ou au premier degré ? Estimant que la tenue du procès a déjà été une victoire pour le bon déroulement de la justice et que suffisamment d'encre a coulé dans la presse, il opte pour un jugement de Salomon et condamne Federico Bruno à une peine de huit ans de détention et Paolo Romano à une peine de six ans pour complicité d'homicide involontaire. Les avocats de la défense font immédiatement appel du jugement.

*

En septembre 2001, soit quatre ans et demi plus tard, la Cour de cassation renvoie Bruno et Romano devant un tribunal. Cette fois, tout a changé. Les détenus font profil bas. Et, bien que niant toujours leur implication dans le meurtre, ils se disent disposés à tout faire pour que justice puisse être enfin rendue. Ce changement radical d'attitude déconcerte les magistrats et les observateurs. Ils ne sont pas au bout de leurs surprises. Car les avocats présentent deux nouvelles pièces à décharge.

La première atteste que, le jour du meurtre, l'employé d'une entreprise de nettoyage, un certain Giacomo Balla, se trouvait à l'intérieur de l'université dans l'exercice de ses fonctions. Il n'y a travaillé qu'une seule journée avant de donner sa démission et de disparaître, sans doute à l'étranger. Or, après enquête, Bella appartenait aux Nouvelles Brigades rouges. Ainsi cette piste, rapidement abandonnée par le capitaine Alleto, est-elle relancée. Dans le but de commémorer, de la manière la plus cynique et cruelle, le dix-neuvième anniversaire de l'assassinat d'Aldo Moro, un groupuscule d'extrême gauche a-t-il commandité le meurtre d'une étudiante prise au hasard ?

La seconde intervention des avocats conteste l'unique preuve médico-légale dont disposaient les policiers : la présence de résidu de poudre recueilli sur le bord de la fenêtre de la bibliothèque, et qui semblait indiquer la présence du tireur. Reprenant les résultats de l'analyse balistique réalisée à l'époque, une contre-expertise révèle que seules des particules d'antimoine et de baryum avaient été détectées au microscope électronique. Certes, ces particules sont compatibles avec un coup de feu, mais, selon les normes en vigueur en Italie, trois particules de nature différente doivent être isolées pour pouvoir l'affirmer avec certitude : antimoine, baryum et plomb. L'absence de plomb dans les échantillons invalide donc la preuve sur laquelle s'était jusqu'à présent fondée l'accusation pour prétendre que le meurtrier se trouvait à proximité de la fenêtre de la bibliothèque. Par voie de conséquence, la preuve tombe et n'incrimine plus directement Bruno et Romano.

Un an d'attente est encore nécessaire avant qu'un nouveau jugement soit rendu. Au terme de ce délai, le juge prononce un non-lieu et ordonne la libération immédiate des deux condamnés.

*

Ayant soutenu sa thèse de doctorat en prison et obtenu son diplôme, Federico Bruno, officiellement réhabilité, enseigne aujourd'hui la philosophie dans un lycée romain. Comble d'ironie, c'est précisément dans cet établissement que Carla Tortora avait fait ses études secondaires, avant de s'inscrire à l'université une fois son baccalauréat en poche !

À la suite de cette affaire invraisemblable, le recteur de La Sapienza a cru bon d'intégrer deux nouveaux séminaires au cursus de ses étudiants : « Les causes psychanalytiques de l'homicide » et « Impunité et psycho-analyse ». Je vous laisse apprécier la pertinence de cette initiative…

25

Au pied de la lettre

Walter Cornett et son père se cognent le poing à la manière des rappeurs et des basketteurs.

— Salut fils, ne leur laisse aucune chance. Transperce le filet.

— OK, papa. À ce soir. Je rentrerai directement à la maison après le match.

Le garçon de dix-sept ans saute du pick-up et, en trois bonds, entre en coup de vent dans le gymnase.

Nous sommes le 19 janvier 1995 à Chokoloskee, un bourg touristique de Floride, situé en bordure du parc national des Everglades. Il est 16 h 30.

Quatre heures plus tard, Estelle, la mère du garçon, s'inquiète. Trois de ses enfants ont déjà englouti le dîner et Walter n'a toujours pas donné signe de vie.

— Peut-être est-il rentré en moto avec un copain et qu'ils ont eu un accident, hasarde-t-elle en s'adressant à son mari. Peux-tu vérifier cela auprès de l'hôpital s'il te plaît.

— Comme tu voudras.

Quelques minutes plus tard, la réponse est négative. Aucun accident de la circulation n'a été à déplorer en fin d'après-midi. Et aucun adolescent n'a été hospitalisé pour une raison quelconque.

— Il n'y a pas lieu de s'inquiéter. Je soupçonne Walter d'avoir une nouvelle petite amie, spécule Joe

Cornett. Les tourtereaux ont dû perdre la notion du temps.

Depuis qu'ils ont délaissé sans regret pluie et brouillard britanniques pour s'installer sous le soleil de Floride et ouvrir, à Chokoloskee, un magasin d'outillage, les Cornett et leurs cinq enfants, âgés de vingt à sept ans, ont trouvé le cadre de vie dont ils rêvaient : la faune et la flore sauvages de cette immense région marécageuse constituent un terrain de jeu paradisiaque, gâté il est vrai par une chaleur humide le plus souvent caniculaire.

Après une nuit d'attente infructueuse et angoissée, les parents du garçon appellent la police.

— Walter n'a pas fugué, déclare d'emblée Estelle Cornett à Emily Key, le shérif du comté.

— J'aimerais bien vous croire, mais les adolescents sont souvent imprévisibles, ironise la policière.

— Ils le sont assurément. Je connais les défauts et les faiblesses de mon fils. Mais jamais il ne nous aurait laissés passer une nuit blanche sans donner de nouvelles.

— Si vous le dites, madame Cornett.

Emily Key se rend au gymnase où, la veille, Walter a disputé un match de basket.

— Rien à signaler, déclare le coach. Walter était en forme. Il a marqué six paniers dont trois lancers francs. Son ami, John Button, est venu le chercher à l'issue du match. Ils sont partis ensemble, à pied, vers 18 heures.

Emily Key grimpe dans sa Jeep, traverse la ville, et stoppe devant un immeuble en bois de style vaguement colonial. Elle sonne à la porte d'un appartement que se partagent trois étudiants. Button, un grand roux d'une vingtaine d'années, vient ouvrir. Face à la policière, il ne manifeste aucune émotion. Ni peur ni surprise.

— Hier, Walter m'a raccompagné. Je lui ai montré le nouveau jeu vidéo que je venais d'acheter. Vers 18 h 30, il m'a dit qu'il allait se baigner dans la Turner River.

— L'avez-vous revu plus tard dans la soirée ?

— Non. Il m'a dit que, après la baignade, il rentrerait directement chez lui.

Emily Key rend compte aux Cornett de la conversation qu'elle vient d'avoir avec l'ami de leur fils.

— Walter, se baigner dans la Turner River ? C'est impossible ! s'exclame Joe.

— Pourquoi dites-vous cela ? demande le shérif.

— Comme vous le savez sans doute, ce bras d'eau stagnante est infesté d'alligators et de crocodiles. Et Walter en a une peur panique. C'est pourquoi il ne se baigne que dans les criques sécurisées par des filets de protection.

Emily Key agite les mains au-dessus de sa tête en signe d'impuissance.

— C'est ce que son copain m'a raconté en tout cas. Pourquoi mentirait-il ?

— Attendez, intervient Estelle. Souvenez-vous : hier vers 18 h 30, nous avons subi un orage tropical. Nous nous étions d'ailleurs fait la réflexion que Walter avait dû se mettre à l'abri quelque part et attendre une accalmie pour rentrer dîner.

— Ce qui veut dire qu'il avait une seconde bonne raison pour ne pas aller se baigner dans la Turner River, enchérit son mari.

— Je dois néanmoins vérifier, tranche la policière. Cet après-midi, j'irai y faire un tour en bateau.

— Que comptez-vous y découvrir ? demande naïvement Estelle.

— Comment dire ? Lorsqu'un saurien s'attaque à une proie, on retrouve généralement des traces dans les mangroves.

— Des traces ?

— Vous m'avez bien comprise, madame Cornett. Pendant que je m'occupe de cela, passez à la banque et contrôlez que Walter n'a pas fait de retrait dans un distributeur ou qu'il n'a pas payé un achat – billet de train, d'avion ou d'autocar – avec une carte de crédit.

La policière s'éloigne. Puis elle revient rapidement sur ses pas.

— J'allais oublier. Parlez-moi de John Button.

— Un bon copain de Walter.

— Dites-m'en davantage.

— John est sorti l'année dernière avec Tanya, notre fille aînée. C'est d'ailleurs par son intermédiaire qu'il a fait la connaissance de Walter.

— Comment qualifieriez-vous cette relation ? insiste Key.

— De collante. John est très amoureux. Il a même offert à Tanya une bague de fiançailles. Elle l'a refusée, prétextant qu'à vingt ans elle était trop jeune pour s'engager.

— Qu'est-il advenu de cette relation ?

— Il y a quelques semaines, Tanya est allée vivre chez sa tante, à Londres. Elle s'est inscrite dans une école de design. Je pense qu'elle a eu besoin de prendre du recul. De desserrer l'étau. Mais John continue de lui écrire des lettres enflammées plusieurs fois par semaine, m'a-t-elle dit.

— L'attitude de Tanya a-t-elle eu des répercussions sur l'amitié que partagent les garçons ?

— Non, pas du tout. John considère toujours Walter comme son alter ego et futur beau-frère.

*

L'inspection de la Turner River ne donne aucun résultat. Et les relevés bancaires du compte de Walter indiquent qu'aucune transaction n'a été effectuée depuis sa disparition. Joe et Estelle Cornett se résignent alors à convoquer une équipe de la télévision locale et lancent un appel bref et pathétique : « Walter, où que tu sois, si tu entends ce message, sache que tu nous manques terriblement. Les jumelles n'arrêtent pas de pleurer et de demander quand tu rentreras à la maison. Appelle-nous et reviens vite. On t'aime. »

L'appel restant vain, Emily Key n'a d'autre choix que de reprendre l'enquête à sa source. Ainsi va-t-elle interroger à nouveau John Button, le dernier à avoir vu l'adolescent.

— Je ne crois pas que Walter soit allé se baigner dans la Turner River, comme vous l'avez prétendu, lance-t-elle en guise d'introduction à l'entretien.

— Qu'est-ce qui vous fait dire ça ?

— Sa mère m'a dit qu'il déteste tout ce qui ressemble de près ou de loin à un alligator. Et vous savez comme moi que cette rivière en est pleine.

Button se balance d'un pied sur l'autre. Puis il entortille une mèche de cheveux sur son front.

— Walter est un grand garçon. Je n'avais pas à vérifier où il se rendrait en quittant mon appartement.

— Certes. Et vous, qu'avez-vous fait après son départ ? demande le shérif.

— Je suis allé livrer un rouleau de moquette à ma sœur. Elle habite Ochopee, à une cinquantaine de kilomètres à l'est.

— Vous disposez d'un véhicule ?

— J'avais loué un pick-up.

— À quelle heure êtes-vous arrivé chez elle ?

— En fait, j'ai rebroussé chemin à mi-parcours car il pleuvait à seaux et la moquette n'était pas protégée à l'arrière du véhicule.

— Vous l'avez toujours ce rouleau de moquette ?

— Oui.

— Puis-je le voir ?

— Suivez-moi dans le garage de l'immeuble.

Emily Key se retrouve dans un box encombré d'un bric-à-brac invraisemblable. Entassés pêle-mêle, il y a là une bouteille de plongée rouillée, de vieilles paires de chaussures, un VTT auquel il manque une roue et des cartons de livres défraîchis. Et puis un peu plus loin, à l'écart, un rouleau de moquette vert-de-gris.

— C'est ça que vous comptiez offrir à votre sœur ? demande la policière en faisant mine de se pincer le nez. Vous la détestez à ce point ?

— …

— Vous avez loué un pick-up dans le but de transporter cette chose dont personne ne voudrait ? Dépliez-la.

Le garçon s'exécute.

La moquette est non seulement élimée, mais elle est constellée de taches brunes et malodorantes.

— C'est quoi ça, du ketchup ou du sang ? Hamburger tombé par terre ou dépeçage de cadavre ?

Le garçon, agacé, hausse les épaules.

— Ni l'un ni l'autre, bien sûr.

— Je plaisantais, se croit obligée de préciser la policière.

Mais elle ajoute aussitôt :

— Je n'ai pas de mandat pour embarquer ce truc et le faire analyser par la Scientifique. Et comme je ne veux pas me mettre en porte-à-faux vis-à-vis d'un juge, je vous laisse le choix. Soit vous signez une décharge, soit vous me suivez au commissariat, le temps qu'on fasse toute la paperasse.

— C'est bon, dites-moi ce que je dois signer.

Emily Key tire un téléphone portable de sa poche, appuie sur une touche, et donne des instructions.

— Deux de mes gars vont venir saisir la moquette. En les attendant, dites-moi où se trouve le pick-up que vous avez loué ?

— Je l'ai rendu à l'agence de location ce matin.

Quand Emily Key apprend que le véhicule n'a pas été utilisé par un nouveau client, elle le fait transporter au laboratoire afin que les experts le passent au peigne fin. L'analyse est négative. Les sièges, le tapis de sol, le coffre ne contiennent ni taches de sang, cheveux, ou fibres suspectes. En revanche, la distance parcourue par Button, et qui figure sur la fiche de location du pick-up, intrigue l'enquêtrice. Elle s'en ouvre indirectement au garçon par téléphone.

— John, redites-moi exactement où vous êtes allé avec le pick-up ?

— Je vous l'ai déjà dit. Je voulais me rendre à Ochopee. Comme il tombait des cordes, j'ai fait demi-tour à mi-parcours.

— C'est bien noté. Êtes-vous allé ailleurs, plus tard dans la soirée ?

— Oui, mon voisin, Ben Gardner, m'a demandé de l'emmener au pub. Je lui ai rendu ce service.

— Donnez-moi le nom de ce pub.

— L'*Everglades'shelter*.

— À quelle distance se trouve-t-il de Chokoloskee ?

— À environ 4 ou 5 kilomètres, sur l'autoroute 29.

— Je vérifierai. Vous avez donc parcouru une dizaine de kilomètres supplémentaires. À quelle heure avez-vous regagné votre appartement ?

— Vers 21 heures.

— Vos colocataires peuvent-ils le confirmer ?

— Oui. Ils venaient juste de rentrer du cinéma. Nous avons bu une bière ensemble devant la télé.

— Qu'avez-vous fait d'autre ?

— Rien. J'avais l'intention d'aller pêcher au lamparo. Mais j'y ai renoncé. Je ne me suis plus servi du pick-up avant de le rendre, ce matin, à l'agence de location.

— Merci, John, c'est sympa de coopérer avec autant d'enthousiasme.

La policière interrompt la communication et consulte une carte routière de la région, calculette en main. Elle s'aperçoit que la distance parcourue par le garçon est d'environ 60 kilomètres. En ajoutant une marge d'erreur de 20 %, l'addition des trajets n'excède pas 70 kilomètres. Or le contrat de location du véhicule stipule que Button a roulé 119 kilomètres, soit une différence d'environ 50 kilomètres. Pour quelle raison Button omet-il de mentionner les autres déplacements qu'il a effectués dans la nuit du 19 janvier ? Qu'a-t-il à cacher ?

Dans l'espoir de le découvrir, le shérif convoque les colocataires de Button au commissariat, ainsi que Ben Gardner, le voisin qu'il prétend avoir conduit au pub. Tous confirment ses déclarations. Naturellement, ils peuvent aussi mentir pour lui fournir un alibi.

Par ailleurs, après analyse au *Sangur Test,* les experts du laboratoire de la police sont en mesure d'affirmer que les projections brunes, observées sur la moquette, ne sont pas du sang séché.

*

Durant les semaines suivantes, l'enquête s'enlise. Emily Key n'ignore pas que John Button lui a dissimulé une partie de la vérité, mais elle ne dispose d'aucune preuve indirecte pour le considérer officiellement comme suspect.

Elle repart donc une nouvelle fois de zéro et récapitule les quelques scénarios envisageables. Première hypothèse : en dépit de la répugnance que lui inspirent les crocodiles, Walter Cornett a pu se baigner malgré tout dans la Turner River. Excellent nageur, il est peu probable qu'il s'y soit noyé. À moins que, durant l'orage, la foudre ne l'ait frappé ou qu'un saurien ne l'ait attaqué. Mais, dans le premier cas, son corps aurait dû remonter à la surface. Dans le second, des lambeaux de chair auraient dû être visibles, accrochés dans les mangroves qui bordent les berges de la rivière. Or, en inspectant les eaux stagnantes à bord d'une vedette rapide et en les survolant en hélicoptère à basse altitude, la policière n'a rien trouvé de tel.

Emily Key envisage ensuite l'hypothèse bien improbable de la fugue. Car, outre le fait d'entretenir d'excellentes relations avec ses parents, Walter s'était rendu au gymnase sans emporter d'argent, de carte de crédit, ou les rares objets auxquels il tenait. Ainsi où et comment aurait-il pu survivre plusieurs semaines sans la moindre ressource ?

Le shérif reporte alors son attention sur les membres de l'équipe de basket-ball dont Walter était le capitaine. En enquêtant auprès du coach, elle découvre qu'un certain William Meyer nourrissait une haine farouche à son égard, sa jalousie s'étant exacerbée quand sa petite amie l'avait délaissé au profit de son rival. Meyer se serait-il vengé de Cornett en lui tendant un piège ? Aurait-il agi seul ou avec l'aide de complices ? Emily Key interroge les membres de l'équipe, perquisitionne le logement des parents de Meyer, et soumet ce dernier au détecteur de mensonge. En vain. En désespoir de cause, elle fait appel à une brigade cynophile pour ratisser les différents itinéraires qu'aurait pu emprunter Walter pour rentrer chez lui après avoir quitté l'appartement de John Button. Cette ultime démarche ne donne aucun résultat, le limier perdant la trace du garçon aux abords de l'immeuble.

Il ne reste dès lors plus qu'à envisager une ultime hypothèse : Walter aurait pu être enlevé par un ou plusieurs ravisseurs. Naturellement si la personne disparue avait été une jeune fille, le shérif aurait privilégié cette piste dès le début de son enquête. Mais l'histoire criminelle enseigne que des prédateurs s'attaquent parfois indifféremment aux jeunes gens des deux sexes. Emily Key adresse donc un nouvel avis de recherche aux polices d'États et aux agences fédérales.

Durant ces semaines d'attente interminables, la famille Cornett s'efforce de ne pas céder au désespoir. Et Tanya, la fille aînée du couple, regagne la Floride pour soutenir ses frères et sœurs. John Button, qui se prétend toujours follement amoureux d'elle, se précipite à l'aéroport de Miami pour l'accueillir et lui témoigner réconfort et affection.

*

Une semaine plus tard, le shérif téléphone à Estelle Cornett.

— Je dois vous rencontrer de toute urgence.

— Avez-vous fait une quelconque découverte ? demande d'une voix angoissée la mère de famille.

— Un guide touristique, qui naviguait sur la Turner River, a repêché un sac à dos. Il était vide et flottait entre deux eaux. J'aimerais que vous m'aidiez à l'identifier.

Mme Cornett est formelle : le sac retrouvé est bien celui utilisé par Walter pour transporter son équipement sportif, le 19 janvier.

Dès lors, Emily Key déploie tous les moyens dont elle dispose pour explorer cette piste. Des artificiers font sauter des charges explosives dans les eaux stagnantes afin de tuer et d'éloigner les sauriens. Puis, la visibilité étant quasiment nulle, des plongeurs quadrillent le fond boueux à l'aide de filins. Au bout de quelques heures, un homme-grenouille refait surface, une montre à la main. Emily Key la restitue aux parents du disparu.

— Oui, c'est bien celle que Walter portait au poignet le jour de sa disparition, reconnaît Joe.

Trop bouleversée pour s'exprimer devant micros et caméras, Estelle court s'enfermer chez elle prier avec ses enfants.

La montre de plongée est munie d'un système de double fermeture. Ce qui revient à dire qu'elle n'a pas pu se détacher par accident. Le shérif en conclut que, soit le garçon a été effectivement dévoré par un crocodile, soit il a été tué sur la berge et que son meurtrier s'est débarrassé de ses effets personnels en les jetant dans la rivière. Dans l'un ou l'autre cas, force est de constater que les chances de retrouver Walter vivant sont maintenant réduites à néant.

Au cours d'une conférence de presse, Emily Key demande aux journalistes présents de publier dans leur média respectif une carte d'état-major représentant le secteur marécageux où la montre et le sac ont été retrouvés. La carte s'accompagne d'une injonction : « Si vous avez remarqué quoi que ce soit d'étrange ou d'inhabituel dans cette zone des marais, manifestez-vous d'urgence au bureau du shérif. »

*

Contre toute attente, le lendemain de la publication, un garçon prend contact avec les autorités. Il se nomme Trevor Condren. Il est lycéen et fait partie de l'équipe de basket-ball dont Walter Cornett était le capitaine.

— Qu'as-tu à me dire, Trevor ? demande Key.

— Eh bien, voilà, il y a deux mois, je me suis rendu dans le secteur dont vous avez parlé dans les journaux.

— Qu'étais-tu allé y faire ?

— Mon copain, John Button, avait insisté pour que je l'accompagne car c'est un endroit plein de serpents. Et il avait peur d'y aller seul.

— Je comprends.

— John voulait repérer un endroit pour y retourner plus tard camper avec sa copine.

Pour dissimuler les effets du flash d'adrénaline qui vient d'enflammer son cerveau, Emily Key affecte l'humour.

— Si tant est qu'une fille normalement constituée accepte de s'aventurer, la nuit, avec son copain au milieu des serpents.

Le garçon sourit à son tour.

— C'est ce que j'avais dit à John. Mais il trouvait l'idée géniale et ne voulait pas en démordre.

— De quelle manière avait-il marqué l'emplacement où il comptait revenir planter sa tente ?

— Il avait fait un cercle avec des pierres. Tout simplement.

— Serais-tu capable de retrouver cet endroit ?

— Oui. J'avais enregistré les coordonnées sur le GPS de mon portable.

*

Guidés par le lycéen, Emily Key et deux de ses adjoints se rendent sur les lieux. Et ce qu'ils découvrent les stupéfie. Car il ne s'agit plus d'un cercle de pierres, mais d'une fosse creusée dans la terre spongieuse de la berge. Une fosse d'environ 2,15 mètres de long sur 1 mètre de large et de profondeur. Une tombe vide aux dimensions du corps d'un joueur de basket !

En possession de cet indice incriminant, l'enquêtrice se fait délivrer un mandat d'arrêt et de perquisition à l'encontre de John Button. L'appartement du suspect est fouillé et aspergé de luminol. Au contact de faibles traces de sang, invisibles à l'œil nu, ce réactif produit un éclat bleu caractéristique. Comme le résultat est négatif, la policière n'a d'autre choix que de réinterroger le suspect dans l'espoir d'obtenir des aveux.

— Sachez pour commencer que je ne crois pas un mot à votre histoire de vieille moquette, soi-disant destinée à votre sœur. En fait, je pense plutôt que vous avez utilisé le pick-up de location pour transporter le corps de Walter Cornett, après l'avoir assassiné.

— C'est absurde. Je vous assure que je vous ai dit la vérité, se défend Button.

— J'ai téléphoné à votre sœur. Elle n'était au courant de rien.

— Évidemment puisque je voulais lui faire la surprise.

— Vous vouliez déballer votre carpette usée et pleine de taches et claironner joyeusement : « Coucou, sœurette, regarde le truc superbe que je t'ai apporté ! »

— Vous déformez tout.

— J'éclaircirai cette incohérence en temps utile. Dans l'immédiat, je préférerais que vous me parliez de votre ami Trevor Condren.

Le visage de Button vire brusquement au gris. Le shérif poursuit :

— Trevor a eu la gentillesse de me conduire au campement que vous aviez préparé sur une berge de la Turner

River. Je suppose que vous voyez ce à quoi je fais allusion.

Le suspect croise les bras avec force. Comme s'il voulait empêcher son cœur de bondir hors de sa poitrine.

— Vous me suivez toujours, John ? Je ne vous entends plus.

— Je ne vous dirai plus rien sans la présence d'un avocat, grogne le garçon, la tête enfoncée dans les épaules.

— C'est votre droit. Vous pouvez aussi me dire la vérité, alléger votre conscience. Pensez à Tanya qui est sans nouvelle de son frère depuis des semaines.

— Je suis étudiant. Je n'ai pas d'argent. Je voudrais bénéficier de l'assistance d'un avocat commis d'office.

*

Tandis que Button s'entretient à l'écart avec son défenseur, Emily Key affûte ses arguments. Elle dispose dorénavant d'une preuve indirecte de la culpabilité du suspect. Va-t-il avouer son crime ? Va-t-il enfin permettre aux parents de Walter de faire leur deuil ?

Une demi-heure plus tard, l'entretien reprend.

— Avez-vous creusé une tombe avec l'intention d'inhumer la dépouille de Walter Cornett ? demande l'enquêtrice.

— Mon client n'a pas creusé la moindre tombe, s'offusque l'avocat.

Emily Key extrait d'un dossier de grands tirages photographiques en couleurs. Elle les fait glisser sur la table.

— Maître, dites-moi comment vous appelez une fosse qui a exactement les dimensions d'un corps…

— Ce trou était, en effet, destiné à dissimuler quelque chose d'illégal.

Ce qui ressemble à une confession fait bondir la policière hors de ses gonds. Elle ravale sa colère.

— Vous avez raison : tuer un innocent et avoir le projet d'enterrer son cadavre à l'abri des regards sont des pratiques généralement considérées comme illégales.

— Vous vous méprenez complètement. Mon client avait juste l'intention de planter un peu de marijuana dans cette fosse. Marijuana qu'il destinait, je tiens à le préciser, à sa consommation personnelle.

Cette fois, c'en est trop. Éberluée, Emily Key regarde tour à tour le suspect et son avocat.

— C'est extraordinaire, s'exclame-t-elle. Cela fait quinze ans que je dirige des enquêtes et personne n'avait encore jamais osé me prendre à ce point-là pour une imbécile.

— Si vous n'inculpez pas mon client, nous ne répondrons plus à vos questions, contre-attaque l'avocat en empoignant fermement Button par le coude.

En l'absence du corps de la victime, des aveux du suspect, d'un mobile ou d'un solide maillage de preuves indirectes, Emily Key est dans l'impossibilité de boucler son enquête.

*

Six mois passent. Six longs mois qui n'apportent aucun élément nouveau. Le suspect s'est installé à Miami pour poursuivre des études. Pour ne pas risquer de perdre sa trace, Emily Key a obtenu d'un juge l'autorisation de le faire discrètement placer sous surveillance policière.

*

Le 23 août 1995, un appel téléphonique relance enfin cette pénible affaire. Une fermière du comté appelle le bureau du shérif pour signaler que, en fauchant une parcelle de prairie, elle a mis au jour des fragments d'os humains. Emily Key se rend immédiatement sur place, accompagnée d'un coroner. Un cadavre, en état de décomposition avancée, est dégagé. Il est enveloppé dans une couverture. Ses pieds et ses mains sont liés au moyen d'une cordelette.

Un examen de la denture et une expertise ADN confirment que les restes mortuaires appartiennent à Walter Cornett.

Dans un premier temps, l'autopsie ne permet pas de déterminer les causes du décès. Le médecin légiste ne constate pas d'impacts de balle, de traces de coups ou de blessures par arme blanche. En revanche, une analyse toxicologique, pratiquée sur des cheveux et des cellules hépatiques révèle que la victime a absorbé un dangereux cocktail médicamenteux, capable de la plonger dans un état comateux. Un morceau de sac en plastique, resté collé sur le visage, permet par ailleurs de reconstituer le mode opératoire du meurtrier. Walter Cornett a absorbé, vraisemblablement de son plein gré, ce qui devait ressembler à une boisson énergisante, semblable à celles que les sportifs ont l'habitude de consommer. Son agresseur a attendu qu'il perde conscience pour lui lier chevilles et poignets et l'étouffer à l'aide du sac.

Forte de ces éléments, Emily Key confie au laboratoire la couverture qui enveloppait le cadavre, ainsi que la cordelette qui ligaturait ses membres. En attendant les résultats, elle reprend sa carte d'état-major et sa calculette. Et elle ne tarde pas à découvrir que la distance aller-retour entre le bourg de Chokoloskee et la prairie dans laquelle le corps a été enterré est de 110 kilomètres. Ajoutée au trajet effectué pour conduire son voisin au pub, cette distance correspond précisément à ce qu'indiquait le contrat de location du pick-up souscrit par John Button. Mais, à nouveau, cet élément ne constitue pas une preuve matérielle de culpabilité. Heureusement, l'analyse de la couverture indique la présence étrangère de six fibres de polypropylène. Elles offrent une parfaite similitude avec l'échantillon de la moquette que Button avait transportée et que le shérif avait pris la précaution de conserver.

*

Emily Key obtient un mandat d'arrêt et procède à l'interpellation de John Button. Inculpé de meurtre avec préméditation, il est placé en détention préventive jusqu'à l'ouverture de son procès. À la consternation de la famille de Walter Cornett, la ligne de défense du prévenu est particulièrement odieuse, puisque son avocat plaide la légitime défense.

— Mon client a été sexuellement agressé par M. Cornett, lorsqu'ils s'étaient retrouvés seuls dans son appartement. M. Button s'était alors trouvé dans l'obligation de se défendre avec la plus grande vigueur, lance son avocat.

L'argumentation fallacieuse est vite balayée par le procureur.

— Afin que les membres du jury comprennent bien la démarche de votre client, maître, je vais rappeler comment, selon vous, les événements se sont déroulés. Pour se défendre de l'attaque sexuelle de son camarade, John Button a confectionné devant lui un cocktail toxique à base de médicaments qu'il lui a fait boire en prétendant qu'il s'agissait d'une boisson énergétique. Lorsque Cornett a perdu connaissance, plutôt que d'appeler une ambulance et d'avertir la police, votre client lui a attaché les membres à l'aide d'une cordelette et l'a étouffé en lui recouvrant le visage d'un sac en plastique. Puis, il a dissimulé le corps dans un rouleau de moquette et est allé l'enterrer dans une prairie, 50 kilomètres plus loin. Vous conviendrez, dans ces conditions, que M. Button a poussé la notion de légitime défense à ses extrêmes limites.

La réaction du jury et du public est mitigée. Les uns s'esclaffent, les autres s'indignent bruyamment. S'avouant battu et à court d'argument, l'avocat de la défense opère un brutal changement de stratégie.

— Monsieur le juge, puis-je changer mon système de défense ?

— Faites, si toutefois il vous reste une chance d'épargner à votre client une peine de prison à perpétuité.

— Je plaide la déficience mentale. Durant sa période de détention préventive, mon client a été longuement examiné par un expert-psychiatre. M. Button souffre de troubles bipolaires qui l'ont progressivement transformé en sociopathe. Je crains qu'aujourd'hui sa place ne soit plus derrière les barreaux d'une cellule, mais dans un établissement spécialisé.

Le juge interrompt la séance.

— Je dois y réfléchir et consulter les rapports d'expertise. Nous reprendrons le débat demain matin à 9 heures.

Le magistrat se tourne vers l'accusé.

— Dites-moi, monsieur Button, vous n'avez jamais évoqué le mobile qui vous avait poussé à assassiner Walter Cornett. J'aimerais vous entendre sur ce point.

— J'étais très amoureux de Tanya, la sœur de Walter. Ne partageant pas mes sentiments, elle était allée faire des études à Londres. Pendant six mois, je n'ai pas cessé de lui écrire, de la supplier de rentrer en Floride. Je l'agaçais. Un jour, elle m'a écrit qu'elle ne reviendrait que s'il arrivait malheur à l'un des membres de sa famille. J'ai pris cela au pied de la lettre. J'ai tué Walter dans le seul but de la faire revenir.

TABLE

Avant-propos 7

1. Seppuku 9
2. Le gang des Costello 27
3. Les vingt-six dernières secondes 45
4. Un voyage de noces 67
5. La nuit du millénaire 83
6. La preuve par le sang 101
7. Confession dans le couloir de la mort 115
8. Sept molosses 133
9. Le tueur de l'échiquier 147
10. Un grain de pollen 165
11. Le diable en sa demeure 183
12. Les amants de Vérone 199
13. Piégé dans la Toile 221
14. Massacre en soutane 237
15. Une femme-caméléon 251
16. Meurtre entre les lignes 271
17. À qui est ce corps ? 293
18. La traque 309
19. Le sang de la chouette 327
20. Une balle perdue 351
21. Sans preuves à l'appui 371
22. La mort en direct 389
23. Une petite ferme perdue dans les collines 407
24. Un crime philosophique 427
25. Au pied de la lettre 443

DU MÊME AUTEUR (suite)

L'Empreinte de la bête : 50 histoires où l'animal a le premier rôle, Albin Michel, 2000.
Les Amants diaboliques : 55 récits passionnément mortels, Albin Michel, 1999.
L'Enfant criminel, Albin Michel, 1998.
Les Aventuriers du XXe siècle, vol. 3. Journées d'enfer, Albin Michel, 1998.
Les Aventuriers du XXe siècle, vol. 2. Ils ont vu l'au-delà, Albin Michel, 1997.
Les Aventuriers du XXe siècle, vol. 1. Carrefour des angoisses, Albin Michel, 1997.
Possession : l'étrange destin des choses, Albin Michel, 1996.
Issue fatale : 75 histoires extraordinaires, Albin Michel, 1996.
Tragédie à la une : la Belle Époque des assassins, avec Alain Monestier, Albin Michel, 1995.
Nuits d'angoisse : 50 histoires vraies, TF1 Éditions, 1995.
Crimes de sang, TF1 Éditions, 1995.
La Peur derrière la porte, TF1 Éditions, 1995.
Instant crucial : les stupéfiants rendez-vous du hasard, Albin Michel, 1995.
Instinct mortel : 70 histoires vraies, Albin Michel, 1994, rééd. Albin Michel, 1996, Éditions de la Seine, 2001.
Les Génies de l'arnaque : 80 chefs-d'œuvre de l'escroquerie, Albin Michel, 1994.
Dictionnaire des 1 000 trucs, TF1 Éditions, 1992.
L'Année criminelle : les 80 histoires extraordinaires de l'année, TF1 Éditions, 1992.
Dossiers secrets, Éditions n° 1, 1989.
Les Crimes passionnels : 50 histoires vraies, TF1 Éditions, 1989.
Par tous les moyens : 38 histoires bouleversantes de sauvetage, Éditions n° 1, 1988.
Histoires choc, Éditions n° 1, 1987.
Marqués par la gloire : 23 destins exceptionnels, Éditions n° 1, 1986.
Les assassins sont parmi nous, Éditions n° 1, 1986.
Histoires de mystères, avec Jean-François Nahmias, Éditions n° 1, 1985.
Au nom de l'amour : 59 histoires de passion, Éditions n° 1, 1985.

Les Tueurs diaboliques, Éditions n° 1, 1985.
Dossiers secrets, Éditions n° 1, 1984.
Les Grands Crimes de l'histoire, Éditions n° 1, 1984.
Suspens, vol. 2, Éditions n° 1, 1994.
Suspens, vol. 1, Éditions n° 1, 1983.
Quand les femmes tuent, Éditions n° 1, 1983.
Histoires vraies, vol. 2, Éditions n° 1, 1982.
Histoires vraies, vol. 1, Éditions n° 1, 1981.
C'est arrivé un jour, vol. 2, Éditions n° 1, 1979.
C'est arrivé un jour, vol. 1, Éditions n° 1, 1979.
Les Dossiers d'Interpol, vol. 2, avec Jacques Antoine, Éditions n° 1, 1979.
Les Dossiers d'Interpol, vol. 1, avec Jacques Antoine, Éditions n° 1, 1979.
Les Aventuriers, avec Jacques Antoine, Fayard, 1978.
Les Dossiers extraordinaires de Pierre Bellemare, avec Jacques Antoine, Fayard, 1976.

Romans

Nul ne sait qui nous sommes, avec Grégory Frank, Albin Michel, 2007.
La Fourmilière, avec Grégory Frank, Éditions n° 1, 1987.
L'histoire d'une petite vallée qui peut-être n'existe plus, avec Jacques Floran, Stock, 1978.

Almanachs

L'Almanach de Pierre Bellemare 2009-2010 : pour que chaque jour soit un jour bon, Albin Michel, 2008.
L'Almanach de Pierre Bellemare 2008-2009 : pour que chaque jour soit un jour bon, Albin Michel, 2007.
L'Almanach de Pierre Bellemare 2007-2008 : pour que chaque jour soit un bon jour, Albin Michel, 2006.
L'Almanach de Pierre Bellemare 2006-2007 : pour que chaque jour soit un bon jour, Albin Michel, 2005.
L'Almanach de Pierre Bellemare 2005-2006 : pour que chaque jour soit un jour bon, Albin Michel, 2004.
L'Almanach de Pierre Bellemare 2004-2005 : pour que chaque jour soit un jour bon, Albin Michel, 2003.

Composition et mise en page

NORD COMPO
multimédia

CET OUVRAGE
A ÉTÉ ACHEVÉ D'IMPRIMER
SUR ROTO-PAGE
PAR L'IMPRIMERIE FLOCH
À MAYENNE EN SEPTEMBRE 2013

N° d'édition : L.01ELKN000455.N001. N° d'impression : 85455
Dépôt légal : octobre 2013
Imprimé en France